Lutz

Mathematikschulbücher im Förderschwerpunkt Lernen

D1725609

Stephanie Lutz

Mathematikschulbücher im Förderschwerpunkt Lernen

Die Relevanz des Mathematikschulbuchs im Unterricht aus Sicht von Lehrkräften

Verlag Julius Klinkhardt
Bad Heilbrunn • 2017

k

Die vorliegende Arbeit wurde von der Ludwig-Maximilians-Universität München unter dem Titel „Mathematikschulbücher im Fokus – Die Relevanz des Mathematikschulbuchs im Unterricht für Schülerinnen und Schüler mit sonderpädagogischem Förderbedarf im Förderschwerpunkt Lernen aus Sicht von Lehrkräften an Förderzentren in Bayern" als Dissertation angenommen.
Gutachter: Prof. Dr. Ulrich Heimlich, Prof. Dr. Joachim Kahlert.
Datum der mündlichen Prüfung: 31.01.2017.

Dieser Titel wurde in das Programm des Verlages mittels eines Peer-Review-Verfahrens aufgenommen.
Für weitere Informationen siehe www.klinkhardt.de.

Bibliografische Information der Deutschen Nationalbibliothek
Die Deutsche Nationalbibliothek verzeichnet diese Publikation
in der Deutschen Nationalbibliografie; detaillierte bibliografische Daten
sind im Internet abrufbar über http://dnb.d-nb.de.

Coverabbildung: © Anita Frischhut, Landshut.
Satz: Kay Fretwurst, Spreeau.

Druck und Bindung: AZ Druck und Datentechnik, Kempten.
Printed in Germany 2017.
Gedruckt auf chlorfrei gebleichtem alterungsbeständigem Papier.

ISBN 978-3-7815-2186-5

Danksagung

Zunächst möchte ich mich bei meiner Familie bedanken, die mich tatkräftig in der Vorbereitung, Durchführung und schließlich der Zeit des Schreibens unterstützt hat. Ich erhielt so manche Aufmunterung, wenn der Fortschritt der Arbeit ins Stocken geriet. Seit meiner Kindheit hat meine Familie mich dabei unterstützt und gefördert, meine Ziele zu verwirklichen und so manche Hürde zu meistern. Dafür sage ich vor allem meinen Eltern und Großeltern, aber auch meinem Freund Martin und seiner Mutter, meinem Bruder und seiner Frau herzlichen Dank.
Jedoch wäre diese Arbeit gar nicht entstanden, hätte ich nicht von Herrn Prof. Dr. Heimlich das Angebot erhalten, als Wissenschaftliche Assistentin unter seiner Leitung promovieren zu können. Für seine Förderung, die vielfältigen Anregungen und seine Gesprächsbereitschaft möchte ich meinem Doktorvater vielmals danken. Die sechs Jahre am Lehrstuhl für Lernbehindertenpädagogik waren für mich eine wertvolle Zeit, die ich nicht missen möchte.
Mein Dank geht auch an Prof. Dr. Kahlert für das Zweitgutachten.
Darüber hinaus sind meine Kolleginnen und Kollegen am Lehrstuhl für Lernbehindertenpädagogik in München zu nennen, die mich während dieser Zeit begleitet und mir in vielen Angelegenheiten geholfen haben.
Nicht zu vergessen sind die 661 Fragebogenausfüllerinnen und -ausfüller, alle das Vorhaben unterstützenden Schulleiterinnen und Schulleiter sowie alle weiteren Personen, die zum Gelingen der Erhebung beigetragen haben. Hierzu zählt vor allem auch meine Freundin Veronika, die nicht nur die Illustration auf dem Fragebogendeckblatt angefertigt hat, sondern mir auch mit gekröcheltem Kaffee und offenem Ohr stets zur Seite stand.
Ein großes Dankeschön abschließend an alle, insbesondere Freunde und Bekannte, die hier nicht explizit benannt sind, aber mir trotzdem dabei geholfen haben, dieses Promotionsprojekt zu Ende zu führen.

Vielen Dank!

Inhaltsverzeichnis

1 Einleitung

Ein Schulbuch zu entwickeln, das, wenngleich teilweise revidiert und verbessert, dennoch etwa 300 Jahre verwendet wird, zudem die Inhalte der ganzen Primarstufe enthält, multifunktional einsetzbar ist und zu selbsttätigem Lernen anregt, erscheint heute als ein unmögliches Unterfangen und gelang in der Geschichte bislang nur Johann Amos Comenius (vgl. Sandfuchs 2010, S. 12; Nezel 1996, S. 57).

Scheinbar bot sein Werk „Orbis sensualium pictus" passende Inhalte und geeignete Methoden, um über einen so langen Zeitraum verwendet zu werden. In diesem Fall ist das Wort „Leitmedium" vermutlich noch zu schwach. Was beinhaltete jedoch dieses Buch? Was zeichnete es aus, dass es zur damaligen Zeit so eine Verbreitung fand? Können das heutige Schulbücher ebenfalls leisten, wenngleich vermutlich eine kürzere Lebensdauer anzunehmen ist? Was veranlasst Lehrerinnen und Lehrer heutzutage dazu, Schulbücher zu verwenden oder aber lieber andere Medien im Unterricht einzusetzen?

Diesen und weiteren Fragen soll im Rahmen der Arbeit nachgegangen werden, wobei in bestimmten Bereichen eine Schwerpunktsetzung erfolgt. Während des Entstehungsprozesses und erster Recherchen zum Thema Schulbuch wurden bereits einige Forschungslücken entdeckt, die eine konkrete Auseinandersetzung erforderten. So konnte festgestellt werden, dass es nahezu keine Schulbuchforschung an Förderschulen gibt bzw. Schülerinnen und Schüler mit sonderpädagogischem Förderbedarf häufig von Untersuchungen ausgenommen bzw. nach der Teilnahme zu diesen keine gezielten Daten veröffentlicht werden. Somit kristallisierte sich recht frühzeitig eine Fokussierung auf diese Schülergruppe heraus, wobei hiermit eine Schwierigkeit verbunden ist: die Terminologie. Es liegt eine große Vielfalt an Termini für diese Schülerschaft vor, was eine Vergleichbarkeit deutlich erschwert. Dieses Phänomen erstreckt sich über viele Länder hinweg. Jedoch besteht auch innerhalb Deutschlands zwischen den Bundesländern kein klarer Konsens für einen Begriff, der einheitlich verwendet wird und gleiche diagnostische Kriterien beinhaltet. Wenngleich der Begriff „sonderpädagogischer Förderbedarf", der von der Kultusministerkonferenz (KMK) 1994 empfohlen wurde, seither mehrfach aufgegriffen wurde, so gibt es gerade aus wissenschaftlicher Sicht deutliche Kritik daran. Die vorliegende Arbeit hat sich dennoch auf die Termini „sonderpädagogischer Förderbedarf im Förderschwerpunkt Lernen" sowie auf „gravierende Lernschwierigkeiten" festgelegt, wobei eine genaue Erörterung und Definition im Laufe der Arbeit erfolgt. Trotzdem finden in dieser Arbeit auch weitere Begriffe Anwendung. Bezeichnungen werden bei Zitaten übernommen, so dass die Korrektheit von Quellenangaben stets gewährleistet bleibt.

Des Weiteren wurden noch zwei weitere Festlegungen getroffen. Die Erste erfolgte zugunsten der Forschung in einem bestimmten Unterrichtsfach. Hier erwies sich Mathematik als äußerst gewinnbringend, da für dieses Fach an Förderschulen in allen Jahrgangsstufen Schulbücher zugelassen sind und somit Vergleiche über Klassenstufen hinweg vorgenommen werden können. Weitere Beweggründe und Abwägungen werden in den einzelnen Kapiteln erläutert.

Die zweite Entscheidung beinhaltete eine Eingrenzung auf ein bestimmtes Bundesland. Hier wurde Bayern gewählt, weshalb es in den nachfolgenden Kapiteln bevorzugt behandelt und exemplarisch dargestellt wird. Dies ist beispielsweise dann der Fall, wenn das Zulassungsverfahren oder aber die aktuelle Datenlage bezogen auf Schülerinnen und Schüler sowie auf Lehrkräfte erläutert werden sollen.

Bevor jedoch die Relevanz von Mathematikschulbüchern für den Förderschwerpunkt Lernen näher untersucht werden kann, wird eine theoretische Fundierung in Teil A geschaffen, die grundlegend für die anschließende Erhebung in Teil B ist. Teil A beinhaltet dabei vor allem begriffliche Klärungen, für die Arbeit bedeutsame Theorien sowie den aktuellen Forschungsstand. Zunächst wird in Kapitel 2 das Schulbuch in den Fokus gerückt. Neben einem Definitionsversuch des Schulbuchs werden die einzelnen Merkmale und Bedeutungen dieses Mediums dargestellt. Eine klare Abgrenzung des Schulbuchs zu anderen Medien soll vor allem durch die Abklärung von Eigenschaften geschehen sowie durch die mit dem Schulbuch verfolgten Intentionen bzw. Funktionen nahe gebracht werden. Es wird darauf eingegangen, welche Qualitätsmerkmale ein gutes Schulbuch aufweist, um anschließend eine Sammlung von Vor- und Nachteilen des Schulbuchs anzuführen. Ein weiterer Bedingungsfaktor, der sich auf den Einsatz des Schulbuchs auswirken kann, sind rechtliche und politische Vorgaben wie beispielsweise Zulassungsverfahren. Der aktuelle Stand zum Ablauf des bayerischen Zulassungsverfahrens im Vergleich zu anderen Bundesländern wird daher ebenfalls erläutert, bevor abschließend wesentliche Aspekte zusammengefasst werden.

Nach der Begriffsarbeit zum Schulbuch rückt anschließend die Schulbuchforschung in das Blickfeld. Im 3. Kapitel wird daher näher auf die Schulbuchforschung eingegangen, die sich im Laufe der Zeit als eigenes Forschungsgebiet etabliert hat und sich über einen langen Zeitraum entwickeln musste. Dabei entstanden auch verschiedene Institutionen, Vereinigungen und Verbände, die es sich zur Aufgabe gemacht haben, das Schulbuch in das Zentrum ihrer Forschungsbemühungen zu stellen. Ausführlich werden die drei Forschungstypen der Schulbuchforschung, die prozess-, produkt- und wirkungsorientierte Forschung, dargestellt, bevor das Kapitel in einer Zusammenfassung wesentlicher Inhalte endet.

Anschließend erfolgt eine Betrachtung des zweiten Schwerpunkts neben der Schulbuchforschung: der Förderschwerpunkt Lernen. Im Kapitel 4 wird nach einer Klärung des Begriffs „Lernen" mit einer Gegenüberstellung der verschiedenen Termini im Bereich der Sonderpädagogik bezogen auf den Förderschwerpunkt Lernen begonnen. Vornehmlich steht die begriffliche Klärung des sonderpädagogischen Förderbedarfs im Förderschwerpunkt Lernen, der (gravierenden) Lernschwierigkeiten sowie der Lernbeeinträchtigungen im Mittelpunkt. Daran schließen sich Betrachtungsweisen, sog. Paradigmen, der Pädagogik bei Lernschwierigkeiten an, die gleichermaßen Erklärungsansätze für das Entstehen von Lernschwierigkeiten wie Interventionsansätze liefern sollen. Daraufhin werden die Schülerinnen und Schüler mit gravierenden Lernschwierigkeiten in das Blickfeld gerückt. Diesen stehen verschiedene Förderorte und -möglichkeiten offen, da im Zuge der Inklusionsbestrebung sich eine Vielfalt an Maßnahmen in Bayern gebildet hat. Wesentlich ist auch die Darstellung der aktuellen Datenlage zu den Schülerinnen und Schülern mit sonderpädagogischem Förderbedarf sowie den Lehrkräften in Bayern. Die dort dargestellten Fakten bilden die Grundlage für das spätere empirische Vorgehen. Auch hier folgt abschließend eine Zusammenfassung.

Zwei weitere Kapitel sind für die theoretische Fundierung der Untersuchung entscheidend. Im 5. Kapitel werden daher wesentliche Aspekte zusammengeführt: Medien- bzw. Schulbuchverwendung im Unterricht bei Schülern mit gravierenden Lernschwierigkeiten. Dabei werden zunächst wichtige Prinzipien des Mathematikunterrichts im Förderschwerpunkt Lernen eingebettet in ein Rahmenkonzept für den Mathematikunterricht nach Wember vorgestellt, bevor das Mathematikschulbuch selbst in den Fokus rückt. Neben Prinzipien und der Ausstattung von lernmittelfreien Büchern stehen der Auswahlprozess zugunsten eines Schulbuchs und der tatsächliche Einsatz des Mediums Schulbuch vor und im Unterricht im Mittelpunkt dieser Unterkapitel. Da Lehrer auch andere Medien im Unterricht einsetzen, wird diesem Aspekt ein Exkurs gewidmet. Die Aus- und Weiterbildung der Lehrerinnen und Lehrer wird ebenfalls erörtert. Kapitel 5 endet mit einer Zusammenfassung.

Der aktuelle Stand der Schulbuchforschung in Bezug auf Schülerinnen und Schüler mit gravierenden Lernschwierigkeiten wird im 6. Kapitel offengelegt. Neben Schwierigkeiten, die sich bei der Darstellung des Forschungsstands ergeben, werden die nationale und internationale Schulbuchforschung beschrieben. Am Ende des 6. Kapitels wird Wesentliches zusammengefasst.

Durch die theoretische Fundierung ist ein Defizit an empirischer Forschung in der Mathematikschulbuchforschung im Förderschwerpunkt Lernen aufgedeckt worden. Daher wird eine Untersuchung in diesem Bereich durchgeführt, die im Teil B der Arbeit ausführlich beschrieben wird.

Zunächst wird hierfür im 7. Kapitel die Zielsetzung der im Rahmen dieser Arbeit durchgeführten Studie festgelegt. Danach werden sechs Hypothesen und zehn weitere Fragestellungen auf der Grundlage der vorangegangenen Kapitel entwickelt, deren Klärung im Rahmen der Studie erfolgen soll.

Dies erfordert eine bestimmte methodologische Vorgehensweise. Nach einer Einordnung der vorliegenden Untersuchung unter verschiedenen Aspekten werden das Studiendesign, das Untersuchungsfeld sowie die unabhängigen Variablen vorgestellt. Umfassend wird das verwendete Messinstrument erläutert. Der zeitliche Ablauf der Studie, wesentliche Aspekte zum Pretest und die Nennung der abhängigen Variablen folgen. Die Auswertungsmethodik schließt das 8. Kapitel ab.

Die Ergebnisse der Untersuchung werden im 9. Kapitel dargestellt. Nach der Stichprobenbeschreibung werden alle Ergebnisse bezogen auf die aufgestellten Hypothesen, zu den Fragestellungen bezogen auf alle Befragungsteilnehmer und bezogen auf alle befragten Schulbuchverwender erläutert. Weitere Befunde folgen.

Eine Interpretation und Diskussion der Hypothesen sowie der Ergebnisse werden im 10. Kapitel geführt. Die Unterkapitel beinhalten noch einmal die wesentlichen Ergebnisse und ordnen andere Studienbefunde zu. Nach einer Diskussion über die Rolle des Schulbuchs im Medienverbund wird die Arbeit im 11. Kapitel mit einem Fazit und Ausblick beendet.

Abschließend sind noch einige wichtige Anmerkungen zu machen: Zur besseren Lesbarkeit wird in der vorliegenden Arbeit bei Personen und Personengruppen vornehmlich die maskuline Form als geschlechtsneutrale Form verwendet. Dabei sind beide Geschlechter gleichermaßen gemeint und weibliche Personen eingeschlossen. Sollen Personen des weiblichen Geschlechts explizit betont werden, wird diese Form dementsprechend gebraucht.

Tabellen und Abbildungen enthalten stets Angaben zum Autor, um die Urheberschaft zu verdeutlichen. Veränderungen sind als solche gekennzeichnet. Die Quellen werden explizit benannt, wenn die Abbildung oder Tabelle auf der Grundlage anderer Autoren beruht. Bei eigenen Überlegungen, Ergebnissen oder selbst erstellten Abbildungen sind keine zusätzlichen Quellen vermerkt. Anlehnungen an andere Autoren sind durch „nach" gekennzeichnet.

Zitate werden immer korrekt und inklusive Hervorhebungen übernommen. Mögliche Fehler oder Schreibweisen nach alter Rechtschreibung sind exakt wiedergegeben und mittels „[sic!]" gekennzeichnet. Die Hinzufügung „[sic!]" ist stets von der Autorin und wird nicht noch einmal zusätzlich als Einfügung gekennzeichnet. Weitere Veränderungen, in Form von Auslassungen, Anpassungen, Umstellungen und/oder Einfügungen, sind als solche jeweils benannt.

Teil A: Das Mathematikschulbuch im Unterricht bei Schülern mit gravierenden Lernschwierigkeiten – Theoretische Grundlagen

2 Zur Bedeutung des Schulbuchs als Unterrichtsmedium

Was ist ein Schulbuch?
Hinter dieser zunächst einfachen, zumindest einfach klingenden, Frage verbirgt sich ein ganzer Fragenkomplex, dessen Beantwortung das Ziel dieses Kapitels darstellt. Dies wird als notwendig erachtet, um ein einheitliches Begriffsverständnis grundlegen zu können. Es geht darum herauszufinden, ob es DAS Schulbuch gibt. Zudem sollen weitere Zusammenhänge und die Bedeutung des Schulbuchs vorrangig herausgearbeitet werden. Dafür wird zunächst der Versuch einer Definition (2.1) unternommen, um klare Abgrenzungen zu schaffen und ein einheitliches Verständnis herzuleiten.

Anschließend wird den Fragen zu wesentlichen, charakteristischen Elementen des Schulbuchs nachgegangen (2.2): Wie kann das Schulbuch in die anderen Unterrichtsmedien eingeordnet werden? Welche besonderen Eigenschaften besitzt es? Welche Funktionen erfüllt es? Was zeichnet ein qualitativ hochwertiges Schulbuch aus? Wie lernt man mit Schulbüchern? Wie steht das Schulbuch im Vergleich zu anderen Medien? Welche Vor- und Nachteile beinhaltet es?

Wenngleich der Fokus auf Schulbücher allgemein liegt, werden, wenn möglich, Schulbücher für das Fach Mathematik sowie das Bundesland Bayern stärker herausgestellt bzw. als Beispiele herangezogen, da diese für die spätere Untersuchung eine hohe Relevanz besitzen.

Nach der Beantwortung dieser Fragen wird am Ende des Kapitels eine Besonderheit des Schulbuchs dargestellt: das Zulassungsverfahren. Beispielhaft am bayerischen Zulassungsverfahren für Lehrmittel wird aufgezeigt, dass das Schulbuch im Gegensatz zu anderen Unterrichtsmedien einen wesentlichen Unterschied besitzt. Es wird durch staatliche Kontrolle erst zugelassen (2.3). Eine Zusammenfassung rundet das Kapitel ab (2.4).

2.1 Das Schulbuch – ein Definitionsversuch

Obwohl der Begriff „Schulbuch" nicht klar definiert ist, gibt es ein Einverständnis darüber, was ein Schulbuch ist. Unter Schulbücher werden Bücher verstanden, die speziell für den Unterricht nach bestimmten Kriterien konzipiert werden. Sandfuchs definiert Schulbücher als „eigens für den Schulunterricht entwickelte Lehr-, Lern- und Arbeitsmittel. Sie enthalten Lerninhalte eines Faches oder Lernbereichs in systematischer, didaktisch und methodisch aufbereiteter Form" (Sandfuchs 2010, S. 19).

Während Sandfuchs die Aufbereitung der Lerninhalte betont, hebt Bamberger die Passung an die Schüler hervor.

> „Das Schulbuch ist gekennzeichnet durch den Schülerbezug in der inhaltlichen Anpassung an die kognitiven Voraussetzungen des Schülers und durch die methodische Aufbereitung der Texte, welche die Aufnahme des Inhalts erleichtern und bestmögliche Wirkungen erzielen soll". (Bamberger 1995, S. 47)

Wiater ist ebenfalls um eine Einordnung bemüht und erläutert zusätzlich die Aufgaben des Schulbuchs:

> „Als Textart steht das Schulbuch zwischen Sachbuch und dem wissenschaftlichen Fachbuch. Seiner Konzeption nach dient es als didaktisches Medium in Buchform zur Planung, Initiierung, Unterstützung und Evaluation schulischer Informations- und Kommunikationsprozesse (Lernprozesse)." (Wiater 2003b, S. 12)

Astleitner hingegen weist auf die Nutzung durch verschiedene Personen hin. Für ihn stellt das Schulbuch „einen Informationsträger für schulische Lehrinhalte dar. In seiner traditionellen Form liegt es gedruckt vor und wird in Interaktion von Lehrpersonen und Lernenden genutzt" (Astleitner 2012, S. 101). Die digitalisierte Form eines Schulbuchs als E-Book erleichtert seiner Meinung nach den Zugriff auf dieses Medium. Diese stellt für ihn jedoch keinen pädagogischen Mehrwert im Vergleich zu einem „Schulbuch plus" (a. a. O., S. 102), das zusätzliche Speichermedien, Aufgabensammlungen und weitere Online-Angebote bereithält, oder dem „Mobile Distance Learning" (ebd.) dar. Hierunter versteht Astleitner „vollständige Fernunterrichtskurse (mit Ankündigungen, Handouts, Blogs, Notizen, Diskussionen etc.) auf kleinen technischen Geräten" (ebd.).

Oft bestehen Schulbücher nicht nur aus einem „Buch als Medium (je Jahrgang), sondern aus einem Medienverbund, in der Regel aus Schülerband, Arbeitsmappe und Lehrerband" (Rauch/Wurster 1997, S. 24). So werden beispielsweise bei der Vergabe der „Best European Schoolbook Rewards" alle Materialien mit in den Wettbewerb einbezogen, die zu dem jeweiligen Schulbuch gehören:

> „A schoolbook is defined as a book to be used in school, but in order to ensure a fair and thorough evaluation of all entries and the learning environment in which they are going to be used, the concept of schoolbook is in this competition expanded to include additional educational materials that are accompanying the schoolbook" (Schoolbook Awards c/o European Educational Publisher Group o. J.a, o. S.).

Auch für Banse steht das Schulbuch nicht mehr allein, sondern wird mit einer Vielzahl an Medien umrahmt.

> „Arbeitshefte, Workbooks, Grammatiken bei Fremdsprachen, Karteien, Lernprogramme auf CD-ROMs (manchmal im Arbeitsheft, manchmal nicht), Poster, Karteien [sic!], Musik-CDs und diverse andere Kleinteile je nach Fach und Altersstufe [sic!]" (Banse 2010, S. 61).

Darüber hinaus betont Banse den regionalen Charakter der Schulbücher, da sie sich nicht nur auf Lehrpläne bestimmter Länder beziehen, sondern auch thematisch oft regional ausgerichtet sind (vgl. ebd.).

Ebenso sehen Rauch und Wurster das Schulbuch als Teil eines Medienverbunds, das sich anhand verschiedener Merkmale deutlich von anderen Medien abgrenzen lässt. Einen Überblick bietet die nachfolgende Abbildung.

Das Schulbuch...

... ist ein gebundenes Buch, dessen Zeichenträger Papier ist.
... bietet Lerninhalte systematisch geplant und methodisch aufbereitet dar.
... orientiert sich am institutionalisierten Lernen zwischen 6 und 18 Jahren.
... erfordert üblicherweise Lehrpersonal.
... entsteht in aller Regel auf der Grundlage von Lehrplänen.
... bezieht sich meist auf einen ganzen Jahrgang bzw. eine Bildungsstufe.
... erhält jeder Schüler.
... unterscheidet sich nach der Schulart.
... vermittelt Erfahrungen im Medium Sprache und der Bilder.
... filtert Erfahrungen aus und reduziert die Realität in erheblichem Umfang.
... speichert und dokumentiert Erfahrungen.
... ist mit geringstem Aufwand verfügbar.
... ist unabhängig von Raum und Zeit einsetzbar und wiederverwendbar.
... ist massenhaft verbreitet.
... wird durch Zulassung öffentlich kontrolliert.
... ist ein "Leitmedium"!?
... ist für ein Schulfach konzipiert.

Abb. 1: Merkmale des Schulbuchs nach Rauch/Wurster (nach Rauch/Wurster 1997, S. 24 ff.)

Gerade das bei Rauch und Wurster gegen Ende der Aufzählung genannte Merkmal „Leitmedium" ist durchaus umstritten, wobei Heckt es durch das Prüfverfahren zum Leitmedium erklärt.

> „Da Lehrwerke einem kultusministeriellem Prüfverfahren unterliegen, kann man sie nach wie vor als Leitmedium betrachten, auch wenn ihre Entwicklung und Ausgestaltung privatwirtschaftlich organisiert ist, d. h. in der Hand von Schulbuchverlagen liegen" (Heckt 2009, S. 60).

Ob das Schulbuch durch die Zulassung, nach eingehender Prüfung durch eine dafür zuständige Stelle (vgl. 2.3), zum „Leitmedium" wird, bleibt offen. Jedoch ist das hier erwähnte Prüfverfahren eine wesentliche Eigenschaft eines Schulbuchs. Anhand dieses Kriteriums unterscheidet es sich am stärksten von anderen Büchern und darüber hinaus von anderen Unterrichtsmedien.

Zusammenfassend kann daher folgende Definition für das Schulbuch festgehalten werden: Im Rahmen dieser Arbeit wird das Schulbuch als Schülerbuch verstanden, das durch andere Medien wie Lehrerhandbuch oder Lehrerbegleitheft, Übungsheft, Arbeitsmappe oder Schülerbegleitheft ergänzt werden kann und somit zumeist Teil eines Medienverbundes ist. Das Schulbuch ist ein Lehr- und Lernmittel, das für den Einsatz im Unterricht konzipiert, didaktisch aufbereitet und methodisch auf die Lern- und Leistungsvoraussetzungen der Schüler angepasst ist, jedoch auch von der Lehrkraft verwendet wird bzw. werden kann. Kennzeichnend ist überdies die systematische inhaltliche Ausrichtung an den jeweils geltenden Lehrplänen des (Bundes-) Landes. Das Schulbuch bedarf einer staatlichen Zulassung.

Betrachtet man die unterschiedlichen Definitionen von traditionellen oder „neuen" Schulbüchern, so wird in allen betont, dass es für den Einsatz im Unterricht bzw. zum Lernen speziell nach bestimmten Maßstäben und Vorgaben aufbereitet ist. Trifft das nicht auch auf alle anderen Medien im Unterricht zu?

2.2 Das Schulbuch als Unterrichtsmedium

Medien lassen sich „als Mittler beschreiben, durch die in kommunikativen Zusammenhängen potenzielle Zeichen mit technischer Unterstützung produziert, übertragen, gespeichert, wiedergegeben oder verarbeitet und in abbildhafter oder symbolischer Form präsentiert werden" (Tulodziecki 2011, S. 201). Wenn Tafeln, Bücher, Filme, Computer u. ä. zum Zweck der Wissensvermittlung eingesetzt werden, handelt es sich nach dieser Definition um Medien.

> „Ein Medium wird erst durch die kommunikationsbezogenen Absichten oder Nutzungen bzw. durch die kommunikativen Zusammenhänge, in denen es steht, zu einem Medium." (Tulodziecki/Herzig/Grafe 2010, S. 32)

Das Schulbuch ist aber nicht das einzige Medium und somit Mittler oder Mittel zur Wissensvermittlung, das im Unterricht verwendet wird bzw. werden kann. Ebenso werden andere Medien in Lernsettings eingesetzt. Wiater bringt dies folgendermaßen auf den Punkt:

> „Schulbücher sind Medien. Wie die traditionellen und die digitalen Medien enthalten und vermitteln sie Informationen [...], die im schulischen Lernprozess didaktisch und pädagogisch nutzbar gemacht werden können." (Wiater 2013, S. 18; Auslassung: S. L.)

Somit stehen Schulbücher nicht allein als Medium im Unterricht, wenngleich sie beispielsweise Heckt als „Leitmedien [bezeichnet], was sicher nicht zuletzt auf ihrer Konzeption und Fachsystematik beruht" (Heckt 2009, S. 59; Einfügung: S. L.). Auch Sretenovic schreibt ihnen eine zentrale Medienrolle zu.

> „Dem Lehrbuch kommt als Unterrichtsmedium insofern überragende Bedeutung zu, als es im Vergleich zu anderen Unterrichtsmedien in der Regel als einziges dem Schüler unmittelbar, bleibend und gültig zur Entnahme von Information und als Lernmittel zur Verfügung steht" (Sretenovic 1990, S. 455).

Deshalb ist es zunächst wichtig, das Schulbuch im Verbund mit weiteren Medien genauer zu betrachten.

2.2.1 Das Schulbuch im Medienverbund

Unterrichtsmedien werden durch diese Eigenschaften gekennzeichnet:

- „Die Aussagen richten sich an einen durch die Institutionen Schule oder Aus- und Weiterbildung festgelegten Personenkreis.
- Zwischen Medien und Lernenden vermittelt zumeist eine Lehrperson. [...]
- Sie dienen der Aneignung von Kenntnissen, Fähigkeiten und Fertigkeiten sowie dem Erwerb von Einsichten und Erkenntnissen." (Maier 1998, S. 17; Auslassungen: S. L.)

Diese sehr allgemein gehaltene Charakterisierung ermöglicht noch keine klare Abgrenzung und Systematisierung von Medien. Zur Unterscheidung verschiedener Medien gibt es viele Herangehensweisen und dementsprechend viele Klassifikationssysteme, die jedoch oft nicht konsistent sind und daher anhand von Einzelmerkmalen Zuordnungen treffen, z. B. gedruckte versus digitale Medien (vgl. Döring/Ingerl 2008, S. 417).

Ein Medienmodell nach Meder zeigt die nachfolgende Grafik, die die verschiedenen Möglichkeiten zur Klassifikation von Medien darstellt (vgl. Abbildung 2). Dabei ist Meders Modell auf alle Medien anwendbar. Er unterscheidet sinnliche, funktionale, technologische, technische sowie soziale Aspekte. Es bietet sich an, nach diesen verschiedenen Gesichtspunkten auch schulische Medien zu klassifizieren, wobei Meder für sie einen speziellen Begriff verwendet: „didaktische Medien". Er bezeichnet sie als „die Darstellungsmedien, die der Lehrende einsetzt, um den zu vermittelnden Stoff angemessen zu veranschaulichen" (Meder 2009, S. 745) und so das Lernen zu fördern.

Zusätzlich unterscheidet er die „klassischen didaktischen Medien [...] *Tafel und Kreide, Flipchart, Overheadprojektor, Filmprojektor, Lehrbücher und Arbeitsblätter.* Die neuen Medien ergänzen mit *Beamer, Internetzugang* und generell mit multimedialer Präsentationssoftware das Spektrum" (a. a. O., S. 745 f.; Auslassungen: S. L.; Hervorhebungen im Original).

Abb. 2: Klassifikation von Medien nach Meder (nach a. a. O., S. 743 ff.)

Adl-Amini verwendet ein drei-Ebenen-Modell, um Medien einzuordnen. Dabei bezieht er sich ausschließlich auf schulische Medien und nennt zunächst auf der ersten Ebene das Medium als ein „Hilfsmittel, das ziel- und inhaltsneutral in jedem Unterricht eingesetzt werden kann" (Adl-Amini 1994, S. 23) und das Visualisierungs- sowie Demonstrationszwecke erfüllt. Auf der nächsten Ebene ist das Medium nicht mehr Mittel zur Erfüllung eines bestimmten Zwecks, sondern selbst Inhalts- und Informationsträger (vgl. a. a. O., S. 24). Auf der dritten Ebene dient das Medium nicht mehr der Lerninhaltsvermittlung. Es „fungiert vielmehr als Katalysator für geistige Formung" (a. a. O., S. 25). Einen Überblick der Gruppierung nach Adl-Amini stellt Tabelle 1 vor. Nach diesem Kategorisierungsschema wäre das Schulbuch auf der ersten Ebene einzuordnen.

Tab. 1: Systematische Einordnung der Medien in drei Ebenen nach Adl-Amini (nach a. a. O., S. 23 ff.)

Ebene	Medium	Funktionsrahmen	Beispiele
erste Ebene	Hilfsmittel	Mittel-Zweck-Relation	Tafel
zweite Ebene	Träger von gestalteten Inhalten und Sinnzusammenhängen	Interaktiver Nachvollzug von Sinn	Film, Sprache, Fernsehen
dritte Ebene	geformtes Material mit formender Rück- wirkung auf die geistige Entwicklung	Einformung des Materials und Ausformung des Geistes	Montessori- Material

Auch Kiper und Mischke unterscheiden Unterrichtsmedien, die sie in drei Kategorien einordnen:

- In darbietendem Unterricht werden **Lehrmittel** wie Lehrbücher, Karten, Filme, etc. eingesetzt.
- **Lernmittel**, wie beispielsweise Bücher, Arbeitsblätter, Internet, unterstützen das Lernen des Schülers.
- **Ergebnisse eines Lernprozesses** können u. a. Bilder, Grafiken oder Power-Point-Präsentationen sein (vgl. Kiper/Mischke 2009, S. 88).

Nach dieser Klassifizierung ließen sich Schulbücher sowohl Lehrmitteln als auch Lernmitteln zuweisen, je nachdem, welche Aufgaben sie übernehmen.

Eine wesentlich detailliertere Einteilung von Unterrichtsmedien bietet von Martial an. Er unterscheidet zunächst Medien als Lernobjekte und als Hilfsmittel. Während erstere eine direkte Auseinandersetzung des Lernenden erfordern, haben Hilfsmittel eine vermittelnde Rolle zwischen Lernenden und Lernobjekt, indem sie beispielsweise das Lernobjekt entstehen lassen wie z. B. Tafel und Kreide das Lernobjekt Tafelbild (vgl. von Martial 2005, S. 16 ff.). Unterrichtsmedien als „Lernobjekte ermöglichen [...] Erfahrungen, die dem Erreichen der Lernziele dienen. Als Hilfsmittel werden sie dazu verwendet, Lernobjekte zugänglich zu machen oder zu erzeugen." (a. a. O., S. 19; Auslassungen: S. L.) Zusätzlich unterteilt von Martial die Lernobjekte in Originale, die sich wiederum in natürliche Gegenstände und Artefakte unterscheiden lassen, und informationelle Objekte, die räumlich analog, nichträumlich analog oder symbolisch ein Original darstellen. Das Schulbuch wird in dieser Klassifikation als Beispiel für eine symbolische Darstellung eingeordnet, wenn es lediglich Text enthält. Es kann auch als Kombination zwischen nichträumlich analogen und symbolischen Darstellungen verstanden werden, wenn im Buch Texte und Bilder zu finden sind (vgl. a. a. O., S. 20 ff.). Diese Art der Klassifikation liefert eine klare Aufgliederung von verschiedenen Unterrichtsmedien in allen Fächern und berücksichtigt zudem, wie das jeweilige Medium den Lernprozess des Schülers direkt oder indirekt unterstützt.

Soll jedoch eine Klassifikation bezogen auf ein bestimmtes Unterrichtsfach erfolgen, kann eine andere Gruppierung sinnvoller sein. In Abbildung 3 wird der Versuch der Zuordnung einzelner Unterrichtsmedien und -materialien unternommen, die vornehmlich im Fach Mathematik zum Einsatz kommen, ohne jedoch dem Anspruch auf Vollständigkeit gerecht werden zu können.

Audio-visuelle Medien wie (Schul-)Fernsehen, DVD etc. wurden in Abbildung 3 nicht integriert, da Filme zu mathematischen Themen nur in sehr geringer Anzahl vorhanden sind und diese eher für andere, insbesondere sachkundliche Fächer eine hohe Relevanz besitzen.

gedruckte Medien:
- Schulbuch
- Arbeitsblatt
- Arbeitsheft
- Kopiervorlagen von Verlagen
- Fachzeitschrift
- Nachschlagewerk, Rechenhilfe,
  Formelsammlung, etc.

digitale Medien:
- Computer
- Laptop/Tablet
- spezielle Software
- Lehr-/Lernprogramme
- Internet

visuelle Medien:
- Tafel
- Bilder, Grafiken
- Overheadprojektor/Tageslichtprojektor
- Dokumentenkamera
- Whiteboard (interaktiv)
- Beamer

Lernmittel/-hilfen:
- Realgegenstände
- mathematische Lernmittel wie bspw.
  Lernkarteien, Plättchen, etc.
- Lernspiele
- Rechenspiele
- Montessori-Material

Abb. 3: Unterrichtsmedien für den Mathematikunterricht

Je nach Schule, Jahrgangsstufe, Klasse und natürlich auch Schülern kommt es zu unterschiedlichen Kombinationen und Einsatzhäufigkeiten der einzelnen Medien. Jeder Lehrer misst dabei jedem einzelnen Medium einen anderen Stellenwert zu.

Häufig findet auch eine Aufteilung in klassische oder auch traditionelle Medien und neue, digitale oder auch interaktive Medien im schulischen Kontext Verwendung. Wichtigstes Unterscheidungsmerkmal zwischen alten und neuen Medien ist die statische versus die interaktive Gestaltung. Während alte Medien alle Informationen liefern, die zu einem bestimmten Zeitpunkt bestanden, und einen festen Ablauf sowie das Endergebnis vorgeben, können neue Medien aktiv auf Wünsche und Bedürfnisse des Medienverwenders eingehen. Der Nutzer kann über Inhalte entscheiden und das Endprodukt bestimmen (vgl. Döring/Ingerl 2008, S. 418 f.). Dies eröffnet ihm mehr Freiräume, den Lernprozess zu gestalten. Döring und Ingerl erweitern die zwei Begriffe noch um die „neuesten Medien' [...], wenn Medientechnologien gemeint sind, die über die gängige Computertechnologie hinausgehen" (a. a. O., S. 420; Auslassungen: S. L.). Im Gegensatz zum Computer haben diese jedoch bislang noch keinen Einzug in den schulischen Alltag gehalten. Dies soll kurz am Beispiel von Bayern aufgezeigt werden. Gemäß einer forsa-Erhebung verfügen rund 70 % aller bayerischer Lehrer über einen Internetzugang und die Möglichkeit, einen dienstlichen Rechner zur Unterrichtsvorbereitung und für dienstliche Belange zu nutzen (vgl. forsa Politik- und Sozialforschung GmbH 2014, S. 3 f.).

> „Mit dem Computer und allen computergestützten neuen Medien gelangte auch die Funktion interaktiver Medien in den Fokus didaktischen Handelns" (Meder 2009, S. 746).

Aus diesem Grund prägte Meder noch einen zweiten, umfassenderen Begriff, den der Bildungsmedien, „in denen das Selbst- und Weltverhältnis verändert werden kann, gleichgültig ob angeleitet oder selbst erarbeitet" (ebd.). Bildungsmedien tragen zur „Fundierung, Bestärkung und Verbreitung von Bildung" (Toman 2006, S. 6) bei. Sie beinhalten neben den didaktischen Medien, auch andere insbesondere das Internet und die damit verbundenen virtuellen Möglichkeiten, sich medial eine Wirklichkeit zu schaffen und so einen Bildungsprozess anzustoßen (vgl. Meder 2009, S. 746 ff.; Toman 2006, S. 6).

Diese Bildungsfunktion digitaler Medien, die sich bislang häufig nur auf den Freizeitbereich erstreckte, soll nun auch verstärkt im schulischen Bereich genutzt werden. Beispielhaft seien in dieser Hinsicht unternommene Bemühungen wiederum in Bayern aufgezeigt, die sich auch in anderen Bundesländern finden lassen.

Um das Einbinden neuer Medien in den Unterricht weiter voran zu bringen, wurde in Bayern ein Modellversuch mit dem Namen „lernreich 2.0" unternommen. An der Durchführung des Projekts sind die Stiftung Bildungspakt Bayern, das Bayerische Staatsministerium für Bildung und Kultus, Wissenschaft und Kunst sowie die Vereinigung der Bayerischen Wirtschaft e.V. (vbw) beteiligt. Zusätzlich erfolgt eine wissenschaftliche Begleitung durch die Ludwig-Maximilians-Universität München und die Universität Augsburg. Teilnehmer dieses Modellversuchs sind 45 Mittel- und Realschulen sowie Gymnasien in Bayern. Zur Vertiefung des Übens und damit des Lernerfolgs der Schüler werden webbasierte Übungsformate mit unterschiedlichen Schwierigkeitsgraden angeboten. Erprobt werden auch andere Feedbackformen sowie Möglichkeiten des Prüfens (vgl. Stiftung Bildungspakt Bayern 2014, S. 2 ff.).

Die stetig voranschreitende Verbreitung digitaler Medien im Alltag und in der Schule führt dazu, dass die klassischen Medien immer mehr an Aufmerksamkeit verlieren. So vernachlässigt beispielsweise Maier Printmedien (und damit indirekt das Schulbuch) bei seiner Darstellung über die Medienverwendung im Unterricht (vgl. Maier 1998, S. 23).

Wiater sieht sogar die Zukunft des Schulbuchs durch neue und evtl. neueste Medien begrenzt.

> „Es [das Schulbuch] wird traditionell in seinen Inhalten ergänzt durch begleitende Lehrerhandbücher, durch Wandbilder und andere Unterrichtsmedien wie Tafel, Arbeitsblatt, Overheadfolie, Film/Video, Kassetten und erhält in der Gegenwart Konkurrenz durch e-learning-Angebote, multimediale Lernumgebungen und CD-Rom, die sich anheischig machen, das Schulbuch zu ersetzen." (Wiater 2003b, S. 12; Einfügungen: S. L.)

Dabei kann jedes Medium für sich eine Bereicherung des Unterrichts darstellen.

> „Die Bereitstellung der klassischen und der interaktiven Medien im Verbund erweitert die Vielfalt des Unterrichts und ermöglicht es den Jungen und Mädchen, ihre eigene Betroffenheit mit den jeweiligen Themen in komplexen Situationen zu erfahren, zu reflektieren und für ihr weiteres Handeln zu nutzen." (Duismann 2006, S. 71)

Somit sollte weniger eine Art „Wettstreit" bezogen auf die Beliebtheit der einzelnen Medien geführt werden, seien es nun klassische oder neue Medien.

> „Keine Schule, von der Grundschule bis zu den allgemeinbildenden Schulen der Sekundarstufe II, kann auf eine systematische Auseinandersetzung mit den klassischen und den interaktiven Medien verzichten – gleiches gilt für jede Förderschule." (Meschenmoser 2006, S. 31)

Vielmehr sollte die Aufmerksamkeit auf die Verwendung der Medien gerichtet werden. Das bedeutet zum einen, dass alle Schüler im Umgang mit Medien Kompetenzen erlangen müssen. Zum anderen steht dahinter die Verantwortung jedes Lehrers sich intensiv mit Medien zu beschäftigen (vgl. ebd.). Diese vertiefte Auseinandersetzung sollte alle Medien einschließen und sich nicht auf einzelne beschränken.

Weidenmann schreibt allen Unterrichtsmedien eine funktionale Bedeutung zu, die allen Schülern in der gleichen Weise begegnen.

> „Alle Schüler einer Klasse arbeiten mit den gleichen Lehrbüchern, sehen die gleichen Folien, erhalten die gleichen Hand-outs, lesen die gleichen Tafelanschriften." (Weidenmann 2001, S. 91)

Ihre Funktion besteht zumeist in der Präsentation von Lerninformationen. Dabei ist es aber erforderlich, dass der Lehrer seine Schüler anleitet. Das Lernen mit Medien, also auch mit dem Schulbuch, geschieht nicht eigenständig. Weidenmann überspitzt es noch weiter und meint:

> „Selbständiges Lernen mithilfe von Medien ist unerwünscht" (ebd.).

Zwar unterstreicht er mit dieser Aussage die Schlüsselrolle des Lehrers bei der Verwendung von Schulbüchern und aller anderen Medien. Ob aber wirklich eigenständiges Lernen mit Medien unerwünscht ist, bleibt fraglich. Es gibt jedoch unterschiedliche Konzepte, wie diese eingesetzt werden können. Deshalb wird im nachfolgenden Abschnitt auf verschiedene Konzepte der Medienverwendung näher eingegangen.

2.2.2 Konzepte der Medienverwendung

Die Mediendidaktik stellt Überlegungen an, „bei denen es im wesentlichen [sic!] darum geht, wie Medien bzw. Medienangebote oder Medienbeiträge zur Erreichung pädagogisch gerechtfertigter Ziele gestaltet und verwendet werden können bzw. sollen" (Toman 2006, S. 5). Dabei können unterschiedliche Konzepte zur Medienverwendung im Unterricht zum Einsatz kommen:

- **Lehrmittelkonzept** (engl. **teaching aid concept**):
  Hier dienen Medien beispielsweise der Visualisierung und unterstützen das Lehren. Als Beispiel ist der „Orbis sensualium pictus" von Comenius zu nennen, der mit Hilfe von Bildern zur Begriffsbildung beitragen soll. Der Lehrer ist frei in der Entscheidung für und gegen ein Medium sowie der anschließenden Verwendung und auch in der Planung nicht gebunden (vgl. Tulodziecki 2009, S. 293; Tulodziecki/Herzig/Grafe 2010, S. 101).

- **Arbeitsmittelkonzept:**
  Medien sind, beispielsweise in der Reformpädagogik, speziell für den Schüler konzipiert und leisten ihren Beitrag zum Lernen (vgl. Tulodziecki 2009, S. 293).
  Lernmaterial wie beispielsweise Montessorimaterial, aber auch alle anderen Medien und Werkzeuge unterstützen das aktive und eigenständige Lernen des Schülers, wobei das Material an sich Aufgaben beinhaltet und zur Bearbeitung ermuntert. Der Lehrkraft kommt dabei eine strukturierende, vorbreitende, beobachtende und beratende Funktion zu, die bei Bedarf unterstützend eingreift (vgl. Tulodziecki/Herzig/Grafe 2010, S. 101 f.).

- **Bausteinkonzept:**
  Hier bereichern oder ergänzen inhaltlich und didaktisch strukturierte Medien, ähnlich einem „Baustein", den Unterricht. Zwar ist der Lehrer frei in der Entscheidung über den Einsatz eines bestimmten Bausteins, beispielsweise eines Lehrfilms, kann diesen Baustein jedoch nicht verändern (vgl. Tulodziecki 2009, S. 293).

  > „Das Bausteinkonzept ist mit dem Anspruch verknüpft, bestimmte Lehrfunktionen auf mediale Angebote zu übertragen und die Lehrpersonen dadurch für einzelne Phasen des Unterrichts zu entlasten." (Tulodziecki/Herzig/Grafe 2010, S. 102).

  Dies geschieht durch bereits vorgeplante Bausteine. Diese muss die Lehrkraft vor dem Unterrichtseinsatz bezogen auf die Passung des Bausteins auf die jeweilige Klasse kritisch analysieren, bevor diese zielgerichtet im Unterricht eingesetzt werden können. Im Gegensatz zum Arbeitsmittelkonzept nimmt der Schüler eher eine reaktive Lernrolle ein (vgl. a. a. O., S. 103).

- **Systemkonzept:**
  Hierunter versteht man eine Medienverwendung, die von Experten nach didaktisch-methodischen Gesichtspunkten vorstrukturiert und vorbereitet wurde. Dem Lehrer wird statt einer

aktiv-unterrichtsgestaltenden, lediglich eine beratende Rolle zuteil, was von vielen als problematisch angesehen wurde/wird (vgl. Tulodziecki 2009, S. 293).

„Kennzeichen dieses Konzepts ist der Versuch, möglichst sämtliche Komponenten zu erfassen, die für Lehr-Lernprozesse wichtig sind, um auf dieser Basis Lehrsysteme bereitzustellen, die das Lehren mehr oder weniger vollständig übernehmen sollen." (Tulodziecki/Herzig/Grafe 2010, S. 103)

Dies beinhaltet u. a. die Schwierigkeit, dass die Medien zu wenig auf die Zielgruppe, deren Bedürfnisse und Voraussetzungen ausgerichtet sind und angepasst werden können, was laut Tulodziecki, Herzig und Grafe zu einer geringen Verwendung von Medienverbundsystemen im Alltagsunterricht führt. In der außerschulischen Nutzung bspw. bei der Erwachsenenbildung sind Grundelemente des Systemkonzepts enthalten. Insbesondere in Bereichen, die Selbstlernen erfordern, sind sie anzutreffen (vgl. a. a. O., S. 104).

„Allerdings konnten sich im schulischen Alltag weder Lehrmaschinen durchsetzen noch umfangreiche Medienverbundsysteme mit aufeinander abgestimmten Schulfernsehsendungen, Lehrprogrammbüchern und Arbeitsblättern" (ebd.).

An dieser Stelle sei angemerkt, dass die „meisten Lehrmittel [...] eigentliche Medienverbundsysteme sind, die sich auf unterschiedliche Symbolsysteme stützen. Sie bestehen aus Teilen, wie z. B. Schülermaterialien, Lehrermaterialien mit Vorlagen, audiovisuelle Medien, Vorlagen, Aufgabensammlungen" (Heitzmann/Niggli 2010, S. 10; Auslassungen: S. L.). In dieser Form sind sie durchaus im schulischen Alltag zu finden.

- **Lernumgebungskonzept:**
Der Lerner ist in diesem Konzept aktiv beteiligt und wählt eigenständig die Medien aus, die seinen Lernprozess unterstützen. Hypermediale Lernumgebungen können dabei einen Beitrag zur Konstruktion von Vorstellungen leisten, wenngleich sie die reale Begegnung mit dem Lerngegenstand ersetzen sollen (vgl. Tulodziecki 2009, S. 293). Im Lernumgebungskonzept soll Lernen „vielmehr als aktive Auseinandersetzung von Lernenden mit ihrer Lernumgebung gestaltet werden" (Tulodziecki/Herzig/Grafe 2010, S. 104).

Die aktive und selbsttätige Beschäftigung des Lerners mit umfassenden Aufgaben, die auch eine gezielte Durchführungsplanung erfordern, stehen im Vordergrund. Mediale Ergebnisse können das Endprodukt darstellen. Bedeutendes Kriterium des Lernumgebungskonzepts ist der Einbezug der Schüler und Lehrer in den gesamten Lernprozess, wobei der Lehrer eher anleitend und unterstützend tätig wird (vgl. a. a. O., S. 104 f.).

„Von den Lernenden wird ein selbstständiges Vorgehen erwartet, das – über die Beteiligung an der Planung, die Entwicklung eigener Fragen, die selbstständige Erarbeitung von Grundlagen sowie die eigenständige Aufgabenlösung – auch eine sinnvolle Erweiterung der Lernmaterialien sowie eine eigene Erstellung medialer Beiträge umfassen kann." (a. a. O., S. 105)

Einen guten, tabellarischen Überblick über die vorgestellten mediendidaktischen Konzepte liefern Tulodziecki, Herzig und Grafe. Dort nennen sie Beispiele für die verschiedenen Konzepte und beschreiben neben weiteren konzeptunterscheidenden Kriterien auch die Aufgaben des Lehrers. Es wird deutlich, dass der Lehrer in fast allen Konzepten mehr oder weniger Planungsverantwortung besitzt und Entscheidungen zu treffen hat, ob, welche und wie er einzelne Medienangebote im Unterricht einsetzt (vgl. a. a. O., S. 112). Hier ist die Bedeutung des Lehrers bei der Wahl des Mediums unverkennbar, ganz gleich welches mediendidaktische Konzept zum Tragen kommt.

Versucht man nun das Schulbuch einzuordnen, stellt man fest, dass das Schulbuch in den verschiedenen Konzepten mit unterschiedlich starker Gewichtung zum Einsatz kommt. Vermehrt ist es im Arbeitsmittelkonzept zu finden. Hier dient das Buch als Aufgabenlieferant und unterstützt das wenn möglich selbstständige Lernen des Schülers. Im Gegensatz zur Overheadprojektorfolie oder anderen Präsentationsmedien stellt das Schulbuch kein klassisches Beispiel für das Lehrmittelkonzept dar, kann aber durchaus zur Visualisierung eingesetzt werden. Das Bausteinkonzept arbeitet hingegen eher mit Filmen oder Lehrprogrammen als mit Schulbüchern. Das Systemkonzept beinhaltet vornehmlich Medienverbundsysteme, bei denen Bücher ergänzend zu Filmen und weiteren Materialien eingesetzt werden. Für die Lernumgebung stellt das Schulbuch eine Informationsquelle neben vielen anderen dar.

Diese Einordnung verdeutlicht noch einmal die Rolle des Schulbuchs als Lehr- und Lernmittel. Es stellt somit ein das Lernen unterstützendes Medium dar, dass sowohl dem Lehrer bei der Vorbereitung und Durchführung des Unterrichts hilfreich sein kann als auch den Schüler im Lernprozess begleiten kann, indem es beispielsweise Aufgaben bereit hält und/oder das selbstständige Lernen soweit als möglich fördert.

Je nachdem, wie das Schulbuch im Unterricht eingesetzt wird, können folgende Aspekte variieren:

- Je nach Wahl des Buches ist der Lehr-Lernprozess bereits mehr oder weniger ausgeprägt vorgegeben.
- Der Lehrer kann im Planungsprozess u. U. durch Entwicklungsteams unterstützt werden, wenn er sich für ein Medienangebot entscheidet, dass didaktisch-methodische Vorüberlegungen bietet.
- Der Lehrer erhält unterschiedliche Aufgaben und Rollen.
- Die Lernaktivitäten des Schülers können sich je nach Wahl des Konzepts der Medienverwendung ebenfalls verändern (vgl. a. a. O., S. 110 f.).

Offen bleibt abschließend die Frage, ob und welche weiteren Rollen das Schulbuch beispielsweise im Lernumgebungskonzept einnehmen kann. Dafür muss das Schulbuch verschiedene Eigenschaften besitzen, die andere Medien ggf. besser in sich vereinen können. Daher wird zunächst geklärt, welche (Medien-) Eigenschaften das Schulbuch aufweist und welche Funktionen es erfüllen kann.

2.2.3 Funktionen des Mediums Schulbuch

Bei einer systematischen Einordung des Schulbuchs ist dieses nicht nur ein nach didaktischen und methodischen Erkenntnissen gestaltetes Lernmittel, das ausschließlich im schulischen Kontext betrachtet werden kann und muss. Es ist überdies auch immer Ausdruck der politischen, sozialen und gesellschaftlichen Gegebenheiten der jeweiligen Zeit, die durch Akzentuierungen in den jeweiligen Schulbüchern deutlich werden.

> „Als staatlich approbierte Medien sind Schulbücher jedoch auch [...] Zeitdokumente gesellschaftlichen Bewußtseins [sic!] von Inhalt und Struktur eines Unterrichtsgegenstandes und gewünschten Formen seiner Vermittlung" (Thonhauser 1992, S. 56; Auslassungen: S. L.).

Das Schulbuch kann somit nicht „aus seinem *gesellschaftlichen Kontext* isoliert [...] analysiert und beurteilt werden. Schulbücher sind Dokumente der Zeitgeschichte und damit gesellschaftliche Produkte" (Weinbrenner 1992, S. 50; Hervorhebung im Original; Auslassungen: S. L.) Jürgens stimmt dem zu und stellt fest, „dass Lehrwerke (wie Literatur) immer auch ein Spiegel ihrer Zeit sind, und dies nicht nur in Zeiten einer bewussten Instrumentalisierung. Das gilt im Übrigen auch für Lehrwerke a-politischer Fächer." (Jürgens 2009, S. 305)

Somit wurden mit dem Schulbuch seit jeher gezielt politische Interessen verfolgt. Es erfüllt u. a. eine politische Funktion. Indirekt nimmt der Staat auf das Schulbuch durch das Lehrmittelzulassungsverfahren Einfluss (vgl. Wiater 2003b, S. 12 f.; vgl. 2.3).

„Lehrpläne sind ‚das populärste administrative Lenkungsinstrument' des Staates." (Wiater 2005, S. 41)

Mit der Umsetzung des Lehrplanes in den Schulbüchern steuert der Staat indirekt den schulischen Unterricht und die Erziehung. Hofmann und Astleitner unterstreichen das mit der Bezeichnung von Schulbüchern als „amtlich ‚abgesegnet[e]' Materialien" (Hofmann/Astleitner 2010, S. 214; Anpassung: S. L.) oder wie Rauch und Wurster es beschreiben: „das Schulbuch als Erfüllungsgehilfe des Lehrplans" (Rauch/Wurster 1997, S. 32).

Neben der politischen Funktion erfüllt das Schulbuch auch gesellschaftliche Funktionen wie die Lerninhaltsnormierung gemäß dem Grundgesetz, die Einhaltung von Bildungs- und Erziehungszielen, die Gewährleistung von gleichen Lerninhalten und grundlegendem Wissen und Können in den verschiedenen Bundesländern, die Achtung der Gleichstellung sowie die Förderung bildungspolitischer Ziele (vgl. Wiater 2003b, S. 14; Fey/Neumann 2013, S. 62).

Diesem Gedankengang folgen ebenso Rauch und Wurster, die dem Schulbuch drei außerschulische Funktionen zuweisen: die kulturelle, die politische und die ökonomische Funktion. Das Schulbuch vermittelt nicht nur von der Gesellschaft erwünschte Wertvorstellungen (kulturelle Funktion), sondern ist auch vom Staat legitimiert (politische Funktion). Zudem soll es kostengünstig dem Lehrer zur Verfügung stehen (ökonomische Funktion) (vgl. Rauch/Wurster 1997, S. 28 ff.).

Auf die hier bereits deutlich gewordenen verschiedenen Dimensionen eines Schulbuchs ging 1976 bereits Stein näher ein, der das Schulbuch als Informatorium, Pädagogicum und Politicum einordnete (vgl. Stein 1976, S. 8 f.; Stein 2003, S. 25 ff.):

- **Informatorium:**
  Die inhaltliche Dimension des Schulbuchs legt das Augenmerk auf die politische Sozialisationswirkung. Das Schulbuch als Informationsträger soll kritisches Hinterfragen ermöglichen und zum Nachdenken anregen.

- **Pädagogicum:**
  Hierbei werden beabsichtigte und unbeabsichtigte schulische und erzieherische Wirkungen des Schulbuchs als Unterstützer von schulischen Lernprozessen in den Blick genommen. Das Schulbuch „ist zugleich Mittel und Mittler, sowohl für den Inhalts- als auch für den Beziehungsaspekt schulischen Lehrens und Lernens relevant" (a. a. O., S. 26).

- **Politicum:**
  Von Interesse sind politische Bedingungszusammenhänge sowie Wirkungen, aber auch die einzelnen am Schulbuchentstehungsprozess Beteiligten und Schulbuchnutzer. Als wichtige Tatsache sieht Stein, „dass Schulbücher didaktische Hilfsmittel für schulische Informations- und Kommunikationsprozesse sind, die seit jeher unter eindeutig staatlicher Kontrolle stehen [...] sowie angesichts konkurrierender gesellschaftlicher Forderungen entwickelt, produziert und eingesetzt werden" (a. a. O., S. 25; Auslassungen: S. L.). Das Schulbuch ist „von der Bildungspolitik zugelassen und folgt den jeweiligen politischen Rahmenbedingungen einer bestimmten Zeit" (Wiater 2013, S. 18). Ein großer Teil der Schulbuchforschung befasst sich nach wie vor mit gesellschaftspolitischen Themen in Schulbüchern (vgl. 3.2).

Die Funktion des Politicums ergänzt Höhne noch, indem er das Schulbuch als Konstruktorium bezeichnet, in dem „unterschiedliche Deutungen, Wissen und Interpretationen [eingehen], die von verschiedenen gesellschaftlichen Akteuren ausgehandelt worden sind und sich im Schulbuchwissen verdichten" (Höhne 2003, S. 45; Einfügung: S. L.). Diese Akteure sind sich ihrer Einflussmöglichkeiten durch das Schulbuch bewusst, was dazu führt, dass sie versuchen, ihre Interessen im Schulbuch zu vertreten und mit anderen Akteuren auszuhandeln. Höhne spricht in diesem Zusammenhang von einer „Diskursarena" (vgl. a. a. O., S. 64 f.; Fey/Neumann 2013, S. 62 f.). Diese theoretische Betrachtung des Schulbuchs in verschiedenen Kontexten und die damit verbundenen Funktionen des Schulbuchs sind immer noch aktuell:

> „Die heutige Schulbuchtheorie sieht das Schulbuch deshalb erstens als Produkt und Faktor gesellschaftlicher Prozesse, zweitens als Arbeitsmittel, Lernhilfe und Gegenstand des schulischen Lernprozesses und drittens als Element einer multimedialen Lernumgebung." (Wiater 2003b, S. 12)

Jedoch ist laut Wiater eine Veränderung in der Gewichtung der Funktionen zu beobachten. Während das Schulbuch immer weniger die Funktionen des Politicums und des Pädagogicums erfüllt, wird es als Informaticum und Konstruktorium bedeutsamer (vgl. Wiater 2005, S. 61). Wenngleich Wiater der Meinung ist, dass das Schulbuch „naturgemäß nicht in der Lage ist, die spezifischen lernortsbezogenen Bedingungen von Schule, Unterricht, Erziehung und Enkulturation zu berücksichtigen" (ebd.), so erfüllt es trotzdem vor allem spezielle didaktisch-pädagogische Funktionen. Hacker beschrieb bereits 1980 verschiedene Lehrfunktionen des Schulbuchs, die ein Schulbuch erfüllen sollte (vgl. Hacker 1980, S. 15 ff.):

- **Strukturierungsfunktion**
  Diese beinhaltet eine systematische und logische Aufteilung aller Lerninhalte, die sowohl bei der langfristigen Jahres- als auch der kurzfristigeren Wochenplanung zum Tragen kommt (vgl. a. a. O., S. 15 f.). Dabei orientiert sich die Unterrichtsvorbereitung vornehmlich an den in den Lehrplänen vorgegebenen Inhalten. Es lassen sich auch die Begriffe „Konkretisierungsfunktion" (Hoppe 2011, S. 19) oder „Lenkungsfunktion" (Toman 2006, S. 76) finden. Ergänzend dazu sehen Rauch und Wurster, dass das Schulbuch zur Vollständigkeitssicherung beiträgt und Inhalte nicht vergessen werden bzw. unbehandelt bleiben, aber auch dass bestimmte Themen von vornherein keinen Einzug in das Schulbuch erhalten (Kanalisierungsfunktion) (vgl. Rauch/Wurster 1997, S. 32 ff.).

- **Repräsentationsfunktion**
  Texte und Bilder bieten in Schulbüchern anschaulich und ausführlich Informationen und Erklärungen an und repräsentieren so auf einer sprachlichen und/oder bildlichen Ebene die Realität (vgl. Hacker 1980, S. 17 ff.). Dies erfordert zumeist „gegenüber der Realität beträchtliche Reduktionen" (Rauch/Wurster 1997, S. 34). Diese Anschauungsfunktion erfüllten schon die ersten Schulbücher, deren Einsatz im Unterricht bereits durch Comenius forciert wurde.

  > „Sein ‚orbis sensualium pictus' [...] gilt als der Vorläufer nicht nur der Fibeln, sondern aller mit dem Mittel der Veranschaulichung arbeitenden Lehrbücher" (Schorb 1998, S. 11; Auslassungen: S. L.).

- **Steuerungsfunktion**
  Schulbücher können den Unterrichtsverlauf beispielsweise durch vorgegebene Aufgabenstellungen und Impulse steuern. Diese sollten jedoch nur anregenden Charakter beispielsweise bei der Unterrichtsvorbereitung haben, die Lehrkraft jedoch nicht im Handeln einschränken (vgl. Hacker 1980, S. 20 f.). Je nachdem, wie das Buch eingesetzt wird, kann „das Lernen mit dem Schulbuch auf einer Skala von *Fremdsteuerung bis zur Selbststeuerung* angesiedelt" (Rauch/Wurster 1997, S. 35; Hervorhebung im Original) sein.

- **Motivierungsfunktion**

  „Lernunlust, fehlende Aufmerksamkeit sind nicht mehr nur bei Lernbehinderten festzustellen, alle Schüler sind davon erfaßt [sic!]" (Hacker 1980, S. 22).

  Diesen soll durch ansprechende äußere und methodische Gestaltung des Buches entgegengewirkt werden. Schülergemäß dargebotene Inhalte beispielsweise durch spielerische Elemente in Form eines Comics oder Rätsels haben Aufforderungscharakter. Zudem stellt das Schulbuch Anregungen und Ideen für die Unterrichtsplanung bereit, die ggf. auch durch den Einsatz anderer Medien unterstützt werden können (vgl. a. a. O., S. 22 f.).

  Zudem beinhaltet die Motivierungs- bzw. Aktivierungsfunktion nicht nur das kurzfristige Interesse, sondern auch die Steuerung der Aufmerksamkeit über einen längeren Zeitraum (vgl. Toman 2006, S. 76). Rauch und Wurster gehen sogar noch einen Schritt weiter. Ihnen zufolge kann das Buch nicht nur motivieren.

  „Ein gut gemachtes, insbesondere gut gestaltetes Schulbuch kann das Lernen intensivieren." (Rauch/ Wurster 1997, S. 37)

- **Differenzierungsfunktion**

  Um die unterschiedlichen Interessen, Begabungen und Leistungen der Schüler zu berücksichtigen, ist ein differenzierender oder sogar individualisierender Unterricht notwendig. Dies ist zum einen durch einen vom Lehrer gesteuerten Einsatz von differenzierenden Maßnahmen möglich. So kann die Lehrkraft den einzelnen Kindern je nach Leistungsniveau passende Aufgaben aus Schulbüchern zuordnen. Zum anderen wären Schulbücher wünschenswert, die den heterogenen Anforderungen der Schüler Rechnung tragen. Möglich wären auf verschiedene Niveaugruppen ausgerichtete oder quantitativ variierende Aufgabenstellungen (vgl. Hacker 1980, S. 24 f.).

- **Übungs- und Kontrollfunktion**

  Darunter versteht Hacker ein variables Übungsangebot, das Methoden- und Materialvielfalt beinhaltet, zu unterschiedlichen Arbeits- und Sozialformen anregt und unterschiedliche Lösungsfindung aufgrund abwechslungsreicher Aufgabentypen erlaubt. Merk- bzw. Orientierungshilfen sowie in einem adäquaten Maß vorhandene Kontrollmöglichkeiten bereichern ein Schulbuch und regen zum Wiederholen und Sichern an. Gerade das Merkwissen sollte jedoch dem Unterrichtsgeschehen entnommen und mit eigenen Formulierungen ergänzt werden (vgl. a. a. O., S. 25 ff.).

Von Hackers sechs Lehrfunktionen betont Zimmermann zwei, die er als Hauptanforderungen des Lehrers an ein Mathematikbuch sieht: das Anbieten von Übungsaufgaben sowie Unterstützung bei der Unterrichtsvorbereitung (vgl. Zimmermann 1992, S. 11).

Toman ergänzt drei weitere Funktionen von Medien: die medienerzieherische Funktion, die zu einer kritisch-reflexiven Einstellung des Schülers gegenüber Medien anregt, die Unterstützung von Informationsverarbeitung sowie die gedächtnisstützende Funktion (vgl. Toman 2006, S. 76). Speziell für Schulbücher fasst er folgende Aufgaben zusammen:

„Die Funktion von Schulbüchern erstreckt sich über Darstellung von Lerninhalten, die Repräsentation der Wirklichkeit, exemplarische Veranschaulichungen, Steuerung des Arbeitsprozesses, Anregung zur Weiterarbeit sowie Übung und Kontrolle." (a. a. O., S. 108)

Hoppe stellt bei ihrer Vorstellung der unterschiedlichen Funktionen stets den arbeitserleichternden und die Lehrkraft entlastenden Aspekt des Schulbuchs heraus, sei es durch die Lehrobjektivierung oder die anderen von Hacker genannten Funktionen (vgl. Hoppe 2011, S. 19 f.; Rauch/Wurster 1997, S. 37).

Eine Lehrerentlastung sieht auch Wendt, da das Schulbuch nach Durchlaufen und Bestehen des Zulassungsverfahrens nach vielfältigen Kriterien überprüft wurde und so die Qualität gesichert ist. Lehrer müssen somit nicht erneut ein Prüfverfahren durchführen (vgl. P. Wendt 2010, S. 87).

Während Hacker diese Funktionen als Lehrfunktionen bezeichnet, subsumiert Wiater unter dem Oberbegriff pädagogisch-didaktische Funktionen folgende Aufgaben des Schulbuches: das Herausbilden von Gesellschaftsmitgliedern, ebenfalls eine Wissensrepräsentation, -strukturierung und -steuerung, eine Entlastung sowie Nutzung als Mittler (vgl. Wiater 2003b, S. 14).

Kahlert bezieht sich ebenfalls auf Hacker und fasst verschiedene Funktionen von Schulbüchern zusammen:

- Das Schulbuch ist Ausdruck für „das kulturelle Selbstverständnis einer Gesellschaft [...] und [...] so etwas wie ein Kerncurriculum für die Verständigung in einer heterogenen Gesellschaft [... sowohl] bezogen auf Wissensinhalte als auch auf Wertorientierungen" (Kahlert 2010, S. 42; Auslassungen und Einfügung: S. L.). Daher sollte stets folgender Aspekt bedacht werden:

  „Das Schulbuch *beeinflußt* [sic!] *Einstellungen und Welthaltungen der Schüler*" (Rauch/Wurster 1997, S. 34; Hervorhebungen im Original).

- Eine weitere Funktion des Schulbuchs ist die „*Unterstützung bei der Umsetzung von Lehrplänen, Bildungsstandards und grundlegenden Bildungs- und Erziehungszielen*" (Kahlert 2010, S. 42; Hervorhebungen im Original). Hacker bezeichnet dies als Strukturierungsfunktion.

- Das Schulbuch stellt einen „*Innovationsträger*" (ebd.; Hervorhebung im Original) für didaktische und methodische Neuerungen dar, die mithilfe des Schulbuchs Einzug in die Schulen erhalten.

  „Denn die neuen Schulbücher und Medien sollen helfen, die Veränderungen in die Schulen zu transportieren" (Baer 2010, S. 71).

- Angelehnt an die Steuerungsfunktion nach Hacker leisten Schulbücher einen Beitrag zum „*Strukturieren von Wissensgebieten*" (Kahlert 2010, S. 42; Hervorhebung im Original). Diese bauen sinnvoll und auf der Grundlage theoretischer Modelle auf einander auf.

- „*Lernunterstützung*" (ebd.; Hervorhebung im Original) bieten Schulbücher durch anschauliche, motivierende, differenzierte Aufgaben an.

- Zur „*Förderung der Selbstständigkeit*" (a. a. O., S. 43; Hervorhebung im Original) regen Schulbücher an, indem sie dem Schüler die Möglichkeit eröffnen, sich auf den Unterricht vor- oder diesen nachzubereiten. Gelerntes sollten die Schüler in der Unterrichtsnachbearbeitung mit dem Buch begreifen können. Aber auch selbstständiges Erarbeiten und Wiederholen sollte möglich sein (vgl. Wellenreuther 2013, S. 232; S. 240).

- Eine „*Handlungs- und Rechtssicherheit für Lehrkräfte*" (Kahlert 2010, S. 43; Hervorhebung im Original) ermöglichen Schulbücher, da sie mit der vorgegebenen Struktur einen Orientierungsrahmen bei Diskussionen bieten können.

- „*Transparenz für Eltern*" (ebd.; Hervorhebung im Original) kann mithilfe von Schulbüchern in Elterngesprächen insbesondere bei Fragen nach Unterrichtsinhalten hergestellt werden.

In dieser Aufzählung wird bereits deutlich, dass es unterschiedliche Funktionen je nach Adressat gibt. Dies hat auch Merzyn erkannt, der die Funktionen des Schulbuchs verschiedenen Nutzern zuordnet (vgl. Abbildung 4).

Funktionen für den Schüler:

- Informationsfunktion
- Motivierungsfunktion
- Repräsentationsfunktion
- Strukturierungs- und Steuerungsfunktion
- Arbeits- und Übungsfunktion
- Individualisierungs- und Differenzierungsfunktion
- Arbeitstechnikfunktion

Funktionen für den Lehrer:

- Anregungs-, Informations- oder Vorbereitungsfunktion
- Fortbildungs- und Reformfunktion

Funktion für die Eltern und die Öffentlichkeit:

- Repräsentationsfunktion

Funktionen für die Fachdidaktik:

- Erneuerungsfunktion
- Konkretisierungsfunktion

Abb. 4: Funktionen des Schulbuchs nach Merzyn (nach Merzyn 1994, S. 25 ff.)

Zusätzlich erklärt Merzyn noch, dass Schulbücher auch für die Fachdidaktik bedeutsam sind, da sie „zur notwendigen ständigen Erneuerung des Unterrichts entscheidend [beitragen]" (a. a. O., S. 32; Einfügung: S. L.). Zudem „konkretisieren und interpretieren [sie] theoretische fachdidaktische Ansätze" (ebd.; Einfügung: S. L.). Während diese zwei fachdidaktischen Aspekte bislang von anderen Autoren nicht explizit erläutert wurden, lassen sich in der Systematik nach Merzyn wiederkehrende Elemente finden. Beispielsweise greifen Merzyns Funktionen für den Schüler aus Abbildung 4 die zuvor in diesem Kapitel erläuterten Funktionen anderer Autoren auf. Gleichbedeutend stellen sich Merzyns *Fortbildungsfunktion* und die von Kahlert bezeichnete Funktion als *„Innovationsträger"* (Kahlert 2010, S. 42; Hervorhebung im Original) dar. Dahinter steht die Aufgabe des Schulbuchs, „Lehrer mit den neuen Inhalten und mit ihrer Umsetzung in [sic!] Unterricht vertraut zu machen" (Merzyn 1994, S. 30 f.). Gleiches gilt für die *Repräsentationsfunktion* von Merzyn und die *Transparenz für Eltern* von Kahlert.

Unabhängig davon, welche Aufzählung an Funktionen man bevorzugt, bleibt anzumerken, dass jedes einzelne Lehrwerk eine unterschiedliche Gewichtung der einzelnen Funktionen in sich vereint (vgl. Jürgens 2009, S. 309). Ordnet man das Schulbuch in einen Gesamtzusammenhang ein und betrachtet es als Medium allgemein, sind andere Funktionen vordringlich. Die von Tulodziecki genannten Medienfunktionen gelten auch für das Schulbuch:

> „[A]ls Mittel der Einführung bedeutsamer Aufgaben, als Informationsquelle oder Lernhilfe, als Werkzeug für eigene Aufgabenlösungen, als Material für Analysen oder Bearbeitungen, als Instrument der Speicherung und Präsentation eigener Arbeitsergebnisse, als Werkzeug für eigene Gestaltungen sowie als Hilfsmittel für Kommunikation und Kooperation." (Tulodziecki 2011, S. 203; Anpassung: S. L.)

Die nachfolgende Übersicht unternimmt den Versuch, weitere unterschiedliche Nutzungsmöglichkeiten und Funktionen von Medien darzustellen und mit ihrer Bedeutung für das Schulbuch abzugleichen.

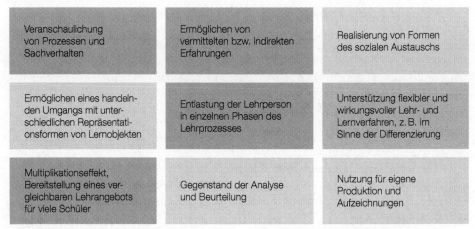

Abb. 5: Mediendidaktische Funktionen des Schulbuchs nach Tulodziecki (nach Tulodziecki 2009, S. 294)

Die Farbintensität in der Abbildung 5 repräsentiert die Passung mit dem Schulbuch. Es wird deutlich, dass das Schulbuch vielfältige Medienfunktionen, wenn auch unterschiedlich stark ausgeprägt, erfüllt. Nicht nur in dieser Hinsicht kann der Ausprägungsgrad unterschiedlich sein. Auch bezogen auf den Grad der Steuerung lassen sich Medien einteilen.

Die von Medien übernommenen Lehrfunktionen können nach Maier von Unterstützen bis Steuern des Lernens reichen. Die planerische und methodische Kompetenz der Unterrichtenden weist Medien als Werkzeug eine unterstützende Funktion beim Vortrag, bei Erklärungen oder beim Visualisieren zu. Teilfunktionen übernehmende Medien entlasten den Lehrer und fördern das selbstständige Lernen des Schülers. Über längere Unterrichtsphasen eingesetzte und mit vorgegebenen Zielen für eine fiktive Adressatengruppe versehene Leitmedien überlassen dem Lehrer nur noch die Auswahl des Mediums und die Integration in den Unterricht. Für individualisierten Unterricht werden Selbstlernmedien angeboten (vgl. Maier 1998, S. 24f.). Die unterschiedlichen Lehrfunktionen lassen sich wie folgt darstellen (vgl. Abbildung 6).

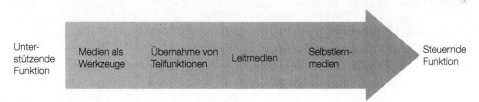

Abb. 6: Lehrfunktionen von Medien nach Maier (nach ebd.)

Trotz unterschiedlicher Steuerungsstärke unterstützen alle Lehrfunktionen die Strukturierung des Unterrichts. Diese Strukturierungsleistung von Lehrmitteln ist für viele Lehrer in der täglichen Unterrichtsgestaltung wichtig. Lehrmittel werden von ihnen eingesetzt, weil sie „den Unterricht übersichtlich halten, die Komplexität von Themen reduzieren, das zeitliche Nacheinander festlegen, die inhaltlichen Stationen des Lernens herstellen sowie die Struktur von Aufgaben und Leistungen bestimmen" (Oelkers 2010, S. 34). Lehrmittel können somit einen Beitrag zur Qualität von Unterricht, aber auch zur Implementierung von Bildungsstandards leisten. Mit Medien kann eine „Effektivierung des Unterrichts" (Kiper/Mischke 2009, S. 89) erzielt werden. Insbesondere Mathematiklehrmittel werden aufgrund der aufeinander aufbauenden Inhalte von Lehrern als sehr handlungsleitend erlebt (vgl. Bollman-Zuberbühler/Totter/Keller 2012, S. 180). Dies ist vor allem dann der Fall, wenn es sich um qualitativ hochwertige Bücher handelt. Daher wird anschließend der Blick darauf gelenkt, welche Qualitätskriterien ein Schulbuch erfüllen sollte und muss.

2.2.4 Qualitätskriterien eines Schulbuches

Der vor allem durch das Schulbuch „Orbis sensualium pictus" bekannt gewordene Johann Amos Comenius beschrieb schon im 17. Jahrhundert Gestaltungskriterien von Schulbüchern, die sich folgenden Oberbegriffen zuordnen lassen:

- universelle Eignung für mehrere Unterrichtszwecke und -bereiche,
- Anknüpfen an das Vorwissen insbesondere im Bereich der Sprache,
- sachlogischer Aufbau und Vernetzung der Inhalte,
- Realitätsnähe,
- Steigerung vom Konkreten zur Abstraktion,
- Lernmotivation und -freude,
- Aufbau des Stoffes nach Fundamentum und Additum,
- Visualisierung und Veranschaulichung,
- Einheitlichkeit im Aufbau und der Gestaltung,
- sinnvolle Ergänzungen (vgl. Nezel 1996, S. 62 f.).

Die Gültigkeit dieser vor über 300 Jahren entwickelten Gestaltungskriterien lässt sich auch heute noch bestätigen. Wenngleich sich die Formulierungen unterscheiden mögen, so sind doch deutliche Überschneidungen mit aktuellen Merkmalen guter Lehrmittel erkennbar, wie sie beispielsweise die Interkantonale Lehrmittelzentrale in Rapperswil in der Schweiz zusammengestellt hat:

- Förderung der Kompetenzentwicklung durch Einbezug des Vorwissens und der Fähigkeiten der Schüler,
- Förderung des selbstständigen Lernens durch eine verständliche, gut strukturierte und lebensnahe Gestaltung,
- Unterstützung des aktiven, entdeckenden Lernens durch differenzierte, anregende Aufgaben,
- altersentsprechende und sachgerechte Darbietung der Inhalte,
- dem Sprachschatz der Kinder und Jugendlichen angemessene und verständliche Sprache,
- Unterstützung des Lernprozesses und der Lernmotivation durch geeignete Visualisierungen,
- Angebot an zusätzlich hinzuziehbaren digitalen Medien,
- Unterstützung des Lehrers in der Planung, Vorbereitung und Durchführung des Unterrichts sowie Anregungen zur Weiterbildung,
- flexible Anwendbarkeit bei heterogener Schülerschaft mit unterschiedlichen Bedürfnissen und Lernvoraussetzungen,
- Hilfe bei der Diagnostik und Beurteilung des Lernstandes der Schüler (vgl. Interkantonale Lehrmittelzentrale ilz 2013, S. 4 ff.).

Aber auch andere Autoren stellen eine Zusammenfassung über Qualitätskriterien für Schulbücher vor. So gibt Sandfuchs Hinweise zu guten Schulbüchern, die einen Beitrag zu einem „guten, effektiven, interessanten, nachhaltig wirksamen Unterricht" (Sandfuchs 2006, S. 7) leisten können:

- Bucherstellung durch kompetente Fachleute,
- logischer Aufbau,
- inhaltliche Strukturierung,

- Betonung zentraler Lernziele,
- Anregung zu Methodenvielfalt,
- Konzentration auf Lernziele und Basiskompetenzen,
- Anleitung zu strategischem und produktivem Lernen,
- Differenzierung nach Niveaustufen,
- Ermöglichung eines Einbezugs der Eltern,
- Anschaulichkeit und gute Verständlichkeit,
- Kombination verschiedener grafischer Elemente (z. B. Bild und Text),
- ansprechende Gestaltung und Anregung zum selbstständigen Lernen,
- Einbezug des Lehrerhandbuchs (vgl. ebd.; Sandfuchs 2010, S. 21).

Die hier erwähnten Gestaltungskriterien bzw. Merkmale sind gleichermaßen in Kriterienkatalogen enthalten, die in den einzelnen Bundesländern zur Beurteilung von Lehrmitteln verwendet werden.

> „Neben ihrer sachlichen und fachlichen Korrektheit, der Repräsentation von Lehrplaninhalten und -zielen, der Orientierung an den zu erreichenden Kompetenzen, Wissensständen und den dafür erfor-derlichen inhaltlichen und methodischen Angeboten müssen Lehrwerke zahlreichen übergreifenden Aspekten genügen." (Heckt 2009, S. 60)

Dies gewährleisten Prüfverfahren, die vor Zulassung der Schulbücher durchgeführt werden (vgl. 2.3). Schulbuchzulassungsverfahren sind „ein wichtiges Mittel der Qualitätssicherung" (Neumann 2014a, S. 96).

Auch im internationalen Bereich sind ähnliche Merkmale zu finden. Doll und Rehfinger verweisen auf „Qualitätskriterien, die aktuell die Vergabe des ‚Best European Schoolbook Award' leiten und die aus den Prinzipien moderner Lehr-Lern-Theorien abgeleitet wurden" (Doll/Rehfinger 2012, S. 26). Diese acht Kriterien mit den jeweiligen Untergruppen sind in der Abbildung 7 dargestellt.

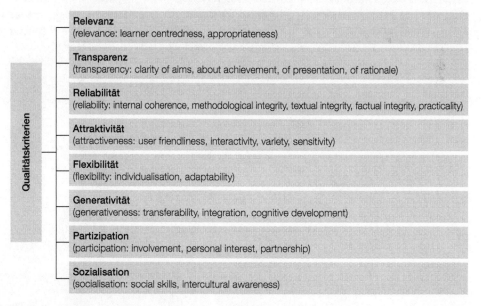

Abb. 7: Qualitätskriterien des „Best European Schoolbook Awards" (nach Schoolbook Awards c/o European Educational Publisher Group o. J.b, o. S.; Übersetzung: S. L.)

Anhand dieser Kriterien erfolgt durch die Best European Schoolbook Awards Jury eine Beurteilung von Schulbüchern, die in vier Kategorien nach Altersstufen und elektronischen Medien eingeteilt werden. Folgendermaßen lassen sich die Kriterien konkretisieren:

- Relevanz: Orientierung an Vorkenntnissen der Schüler, Lebensweltbezug,
- Transparenz: der Lernziele, des Lernfortschritts, der Instruktionen und des Layouts sowie in der Begründung des methodischen Vorgehens,
- Reliabilität: sachlogischer Aufbau, Bezug zu zeitgemäßen didaktisch-methodischen Erkenntnissen, Aktualität, Ermöglichung von Lernerfolgen,
- Attraktivität: Benutzerfreundlichkeit, Rückmeldung über Lernerfolge, abwechslungsreiche Aufgabenstellungen, Aufbau einer angenehmen Lernatmosphäre,
- Flexibilität: in Bezug auf Vorerfahrungen, Lernstile und Eigenaktivität sowie Möglichkeiten zur Differenzierung und Individualisierung,
- Generativität: Anregung zum Transfer des Gelernten, Verbindung bestehender Konzepte und neuer Lerninhalte, Angebote zu strategischem Lernen,
- Partizipation: Förderung der aktiven Beteiligung am Lernprozess, Personalisierung des Lernprozesses,
- Sozialisation: Förderung des Empathievermögens, der Kooperationsbereitschaft und des interkulturellen Lernens (vgl. ebd.).

Ein weiteres beachtenswertes Qualitätskriterium stellt die Verständlichkeit dar. Die Textverstehenstheorie liefert dabei einige Grundsätze zur Steigerung der Verständlichkeit von Texten. Dazu zählen eine übersichtliche, nachvollziehbare Gliederung sowie ein sachlogischer Aufbau, der Gebrauch einer einfachen Sprache, aber auch Zusätze wie Visualisierungen und Hilfen, steuernde Anweisungen sowie gestalterische Elemente wie das Textlayout (vgl. Wellenreuther 2013, S. 218). Dabei wird nicht nur auf gut lesbare Schriftgrößen und -typen und andere Formatierungen geachtet. Auch übernehmen Zeichnungen eine lernförderliche Funktion, indem sie beispielsweise Dinge und Sachverhalte realitätsnah darstellen, Zusammenhänge verdeutlichen, Lösungswege aufzeigen und zur Ergebnisfindung beitragen (vgl. Banse 2010, S. 61). Nachfolgendes Schaubild stellt die einzelnen Möglichkeiten noch einmal zusammenfassend dar (vgl. Abbildung 8).

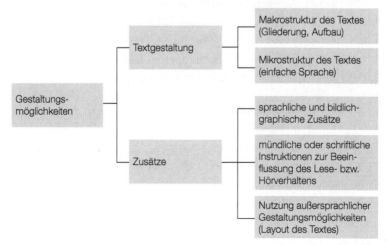

Abb. 8: Möglichkeiten der Gestaltung von Texten zur Steigerung des Textverstehens von außen nach Wellenreuther (nach Wellenreuther 2013, S. 218)

Neben diesen Möglichkeiten, das Textverstehen von außen zu unterstützen, kann es auch von innen durch den Lerner und dessen Anwendung seines Vorwissens sowie seiner vorhandenen Erarbeitungsstrategien gesteuert werden (vgl. a. a. O., S. 218 f.). Dieser zweite Bereich ist vornehmlich bei der Wissensaneignung von Bedeutung und sollte von Lehrern im Unterricht beachtet werden. Ebenso wie die äußeren Möglichkeiten kann also auch der Lerner selbst entscheidend das Textverstehen beeinflussen. Trotzdem bedingen sich äußere und innere Möglichkeiten.

> „Eine gute Mikro- und Makrostruktur eines Textes ist umso wichtiger, je geringer die Vorkenntnisse der Schüler sind." (a. a. O., S. 220)

Die Förderung des Textverstehens ist somit insbesondere auch für Schüler mit Lernschwierigkeiten wichtig. Eine Möglichkeit der Förderung besteht für Hechler in der Methode des Reciprocal Teachings (vgl. O. Hechler 2014, S. 153).
Deshalb sollte neben den gestalterischen Elementen eines Textes auch der Lerner in den Blick genommen werden. Dessen Voraussetzungen wie beispielsweise das Vorwissen oder seine Motivation leisten einen ebenso großen Beitrag zum Verständnis (vgl. Gräsel 2010, S. 139).
Wenn man sich nicht nur auf Texte, sondern spezieller auf Mathematikschulbücher konzentriert, ist auch hier die Verständlichkeit entscheidend. Hier liegt das Augenmerk vor allem auf verständlichen Erklärungen, die den Schülern das Lernen erleichtern können.
Dafür ist es notwendig und sinnvoll, ...
- ... dass Erklärungen verständlich und vollständig, aber nicht überfrachtet sind.
- ... dass Aufgaben durch Visualisierungen Informationen so bereitstellen, damit es zu keiner kognitiven Belastung kommt.
- ... dass Aufgaben hierarchisch in ihrer Schwierigkeit ansteigen.
- ... dass es durch Zusammenfassungen zu einem vertieften Verständnis kommt (vgl. Wellenreuther 2013, S. 222 f.).

Die hier aufgeführten Erkenntnisse können einen Beitrag zur Qualitätssteigerung von Mathematikschulbüchern durch Beachtung der Verständlichkeitstheorie beispielsweise durch Verwendung von verständlichen Erklärungen leisten.

> „Mündliche Erklärungen, die durch verständliche schriftliche Erklärungen unterstützt werden, erleichtern eine Verknüpfung von Vorwissen und Lernangebot." (a. a. O., S. 248)

Ein Buch mit sprachlich optimierten Erklärungen trägt zum Lernerfolg und zur Lernfreude bei. Dies gilt insbesondere auch für lernschwächere Schüler (vgl. ebd.).
Betrachtet man die von den verschiedenen Autoren aufgeführten Qualitätskriterien von Schulbüchern, so werden vielfältige Überschneidungen deutlich. Auffällig ist, dass einzelne Qualitätskriterien in allen Sammlungen vorkommen, wenngleich die Formulierung variiert. Dazu zählen beispielsweise der Lebensweltbezug und die realitätsnahe, dem Alter des Schülers entsprechende Aufbereitung, die es ihm ermöglicht, das Neue mit bereits vorhandenem Wissen zu verknüpfen. Wichtig ist eine anregende, abwechslungsreiche Aufgabenstellung, die die Selbstständigkeit und die Eigenaktivität des Schülers anregt. Die Verständlichkeit zeigt sich einerseits durch einen sachlogischen Aufbau und eine gute Übersichtlichkeit, andererseits in der Veranschaulichung sowie sprachlichen Verständlichkeit. Durch differenzierte Aufgaben werden die heterogenen Voraussetzungen der Schüler berücksichtigt. So können Lernprozesse beim Schüler gut angestoßen und Lernerfolge ermöglicht werden. Die Lernmotivation spielt somit auch eine entscheidende Rolle.

Jürgens hat sich ebenfalls mit guten Lehrwerken beschäftigt. Sie beschreibt in einem Artikel aus Verlagssicht, was zum Erfolg eines Schulbuchs beiträgt und im Markt verbreitete Schulbücher von anderen unterscheidet. Dabei stellt sie sechs Grunderwartungen der Nutzer vor, denen verkaufsstarke Bücher gerecht werden und die sie gegenüber anderen durchsetzungsfähig machen:

- eine gute Strukturierung,
- eine übersichtliche Gestaltung,
- eine gute Bildqualität,
- eine Vielzahl an Aufgaben und Übungen,
- ein umfangreiches Materialangebot für die Schüler
- und ebenso für die Lehrer (vgl. Jürgens 2007, S. 51).

Abschließend betont sie die Passung zwischen Schulbuch und den Lernvoraussetzungen der Schüler sowie den Methoden des Lehrers.

> „Ein Lehrwerk kann nur dann erfolgreich sein, wenn es auf die unterschiedlichen Ausgangsbedingungen (Lernstände und Lernverhalten) der Kinder mit in Inhalt und Methode differenzierten Angeboten eingeht. Es kann nur dann erfolgreich sein, wenn es möglichst gut zum Unterrichtsstil der Lehrkräfte passt" (ebd.).

Letztendlich spielen daher die verschiedenen Gestaltungsmerkmale oder Kriterien bei der Beurteilung und beim Erwerb von Schulbüchern insofern eine Rolle, als je nach Gewichtung, die man dem einzelnen Merkmal beimisst, das Schulbuch gekauft oder eben nicht angeschafft wird. Auch lässt sich anhand der Qualitätskriterien indirekt die Zufriedenheit des Nutzers ableiten. Je qualitativ hochwertiger ein Buch ist, also je mehr Qualitätskriterien ein Buch erfüllt, desto zufriedener ist der Anwender.

Vielfältige Qualitätsmerkmale müssen auch bei der Wahl zum „Schulbuch des Jahres" erfüllt werden. Seit 2012 ist das Georg-Eckert-Institut für internationale Schulbuchforschung (vgl. 3.3) gemeinsam mit der Leipziger Buchmesse unter der Schirmherrschaft der Kultusministerkonferenz (KMK) bemüht, das beste Schulbuch des Jahres zu küren und damit die Bedeutung dieses Mediums hervorzuheben. Der Preis „Schulbuch des Jahres" soll Verlage anregen, qualitativ hochwertige Bücher zu entwickeln und zu produzieren. Dabei werden u. a. auch Mathematikbücher ausgezeichnet, die das gemeinsame Lernen anregen.

> „Neugierig machen, Lernfreude wecken, kritisches Denken fördern, Zusammenhänge veranschaulichen und neue Perspektiven eröffnen – all das leisten die Sieger. Zu den Auswahlkriterien zählten das didaktische Konzept, der fachwissenschaftliche Bezug, Schülerorientierung, Aufgabenkultur, Verständlichkeit und Gestaltung." (Georg-Eckert-Institut für internationale Schulbuchforschung o. J., o. S.)

Warum ist die Qualität von Schulbüchern überhaupt so wichtig? Wellenreuther nennt hier zwei Gründe:

> „Einmal erlauben gute Schulbücher ein intensives selbstständiges Nachbereiten des Unterrichts durch die Schüler [...]. Außerdem liefern gute Erklärbücher für die Mathematiklehrer mentale Modelle, an dem sie ihren Unterricht orientieren können." (Wellenreuther 2007, S. 18; Auslassungen: S. L.)

Auch entlastet ein gutes Schulbuch den Lehrer bei der Vorbereitung des Unterrichts (vgl. Wellenreuther 2013, S. 240). Diese Entlastung zeigt sich nach Hechler auf verschiedene Weise.

„Für die Lehrkräfte bedeutet ein gutes Schulbuch Unterstützung und Erleichterung der Profession in vielfältiger Hinsicht – Planungssicherheit, fundiertes, aktualisiertes Fachwissen, Verknüpfung des Kompetenzerwerbs der Schüler mit bedeutsamen Inhalten und altersspezifischen Lernzugängen, methodische Vielfalt" (K. Hechler 2010, S. 97).

Wenn die Lehrer durch das Schulbuch eine gute Unterstützung erfahren, wirkt sich das auch auf die Arbeit aus.

„Gute Schulbücher sind ein Schatz und tragen in hohem Maß zur Arbeitszufriedenheit an einer Schule bei." (ebd.)

Es ist also durchaus wichtig, nicht nur *ein* Schulbuch, sondern ein *gutes* Schulbuch zu haben.

„Entscheidend für guten Unterricht ist der Lehrer/die Lehrerin, der/die durch kein noch so qualitätsvolles Bildungsmittel ersetzt werden kann. [...] Allerdings kann ein qualitätsvolles Lehr-/Lernmittel durchaus einen guten Lehrer/eine gute Lehrerin dabei unterstützen, guten Unterricht zu machen, deutlicher formuliert: seinen/ihren guten Unterricht noch besser zu machen." (Matthes/Schütze 2013, S. 8; Auslassungen: S. L.)

Auf die Unterstützung des Lernens durch Medien wird im nachfolgenden Kapitel genauer eingegangen.

2.2.5 Lernen mit dem Unterrichtsmedium Schulbuch

„Das Lernen im Unterricht erfolgt in erster Linie mittels direkter Kommunikation zwischen Lehrpersonen und Schülern. Als Mittel dieser Interaktion stehen Sprache, Gestik und Mimik zur Verfügung." (Toman 2006, S. 15)

Medien werden in diesen Prozess mit einbezogen, um den Lernprozess zu unterstützen und können dabei auch als Ersatz für die personale Interaktion fungieren (vgl. ebd.). Somit kann beispielsweise das Schulbuch als Medium zum wörtlichen Mittler werden, der in kommunikativen Zusammenhängen das Lernen anregt und unterstützt (vgl. Tulodziecki/Herzig/Grafe 2010, S. 32).

„Unterrichtsmedien können ebenso wie Unterrichtsmethoden als Instrumente verstanden werden, deren Einsatz dazu beiträgt, die Ziele des Unterrichts zu realisieren." (von Martial 2005, S. 15)

Für die Intensität der Auseinandersetzung der Lernenden mit dem Lerngegenstand spielt das Interesse eine wesentliche Rolle.

„Wenn also Lernende in der aktiven, selbstgesteuerten Arbeit mit dem Lernmaterial persönliche Selbstwirksamkeit und Kompetenz erleben, wenn sich außerdem das Lernangebot immer wieder verändert und damit neue Anreize bietet, dann werden sie das Lernmaterial intensiver verarbeiten." (Weidenmann 2006, S. 440)

Jedoch sollte auch eine Überladung bzw. Überforderung durch das oder die eingesetzten Medien vermieden werden, damit die Fokussierung auf den Lerninhalt möglich bleibt. Nur so kann eine vertiefte Verarbeitung erreicht werden (vgl. ebd.). Gerade eine Überforderung sollte bei Schülern mit gravierenden Lernschwierigkeiten vermieden werden. Überlegungen hierzu und speziell zum Lernen werden zu einem späteren Zeitpunkt ausführlich erläutert (vgl. 4.1).

2.2.6 Das Schulbuch im Medienvergleich – Vor- und Nachteile

Auf den jährlich stattfindenden Tagungen der Internationale Gesellschaft für historische und systematische Schulbuch- und Bildungsmedienforschung wird immer wieder die Frage nach dem Stellenwert des Schulbuchs gestellt. Durch neu hinzukommende, digitale Medien scheint das Schulbuch seine Stellung als Leitmedium zu verlieren oder seine Rolle zu verändern.

Dies sieht auch Weidenmann so, der in diesem Zusammenhang von Treatments spricht. Als hartes Treatment erachtet er den traditionellen Unterricht.

> „Er ist gekennzeichnet durch ausgeprägte Kontrolle der Lernsituation. Kontrolliert sind Lernort, Lernzeit, Zusammensetzung der Lerngruppe, Lernmaterial, Lernweg und Leistungskontrolle." (Weidenmann 2001, S. 90)

Medien wie das Schulbuch sind demnach auch diesem harten Treatment zuzuordnen. Es wurde speziell für einen Unterricht konzipiert, bei dem die Kontrolle der Lernsituation im Vordergrund steht. Dagegen stehen neue Medien, die weiche Treatments wie Projektunterricht eher begünstigen. Diese bieten im Unterricht mehr Wahlfreiheit bezogen auf Lernzeit, -ort, -form, -partner, -angebot und -quelle und das mit meist geringem Zeit- und Kostenaufwand (vgl. a. a. O., S. 91 ff.).

Aber noch weitere Gründe sprechen gegen das Schulbuch (vgl. Wiater 2003c, S. 220; Weidenmann 2001, S. 97; Fey/Neumann 2013, S. 56 f.; Jürgens 2009, S. 308; Interkantonale Lehrmittelzentrale ilz 2013, S. 6; Baer 2010, S. 80 f.):

- die Starre der vorgegebenen Lerninhalte und -ziele, die dem Lehrer eine gezielte Auswahl vorgeben,
- der indirekte Einfluss des Staates auf das Schulbuch durch Lehrpläne und Zulassungsverfahren,
- die fehlende Aktualität, die u. a. durch Strukturen des Schulbuchmarkts wie der Lehrmittelfreiheit bzw. den langdauernden Zulassungsverfahren resultiert,
- die Ausrichtung auf eine Lehrmethode, auf lehrerzentriertes Arbeiten,
- die teilweise Ersetzung und Ergänzung durch andere (neue) Medien,
- die fehlende Authentizität und Multiperspektivität,
- das fehlende Angebot an Lernumgebungen zum kooperativen Lernen,
- die geringe Eignung für situations- und erfahrungsbezogenes Lernen, da das Schulbuch nicht an die Klasse angepasst ist,
- die fehlende Austauschmöglichkeit mit anderen Kindern und Jugendlichen über die eigene Schule hinaus,
- das Fehlen eines interaktiven Lern- und Übungsangebots,
- die fehlende Anpassungsmöglichkeit von Prüfungsaufgaben,
- das Problem, Schulbücher in angemessener Qualität bereitzustellen,
- begrenzte Lehrmitteletats.

Vielen Schulbüchern gelingt es jedoch, die an sie gestellten Forderungen zu erfüllen. Sie werden den unter 2.2.3 näher erläuterten gesellschaftlichen, politischen und pädagogisch-didaktischen Funktionen gerecht. Deshalb lassen sich nach wie vor Argumente zugunsten des Schulbuchs finden (vgl. Wiater 2003c, S. 219 f.; Jürgens 2009, S. 308; K. Hechler 2010, S. 97 f.; Baer 2010, S. 73 ff.; Stadtfeld 2011, S. 76):

- die didaktische Aufbereitung der Lernziele,
- die Unterstützung bei Unterrichtsplanung und -durchführung,

- die Möglichkeit zur Übung und Vertiefung auch eigenständig durch den Schüler, somit die Ermöglichung von individuellem Lernen und Anregung zur Lerneigenständigkeit,
- die Ermöglichung der Umsetzung von didaktischen Neuerungen,
- die Schülerorientierung,
- die Legitimation für den Einsatz im Unterricht durch Kultusbehörden,
- die Konzentrationsförderung,
- die Möglichkeit zum sofortigen Gebrauch,
- die Beziehung, die ein Schüler zum Buch aufbaut,
- die Möglichkeit zur Transparenz, die Außenstehenden wie Eltern und Nachhilfelehrern einen Überblick über den Lernstoff bietet,
- die fachliche Qualität des Schulbuchs unter Berücksichtigung didaktisch-methodischer Gesichtspunkte,
- die inhaltliche und gestalterische Qualität des Schulbuches,
- die Orientierung für fachfremd Lehrende,
- die Möglichkeit der Vergleichbarkeit der Schüler,
- die Beurteilung des Lernstandes des Schülers,
- die problematische Finanzierung von digitalen Medien aufgrund fehlender Lehrmittel bzw. Lehrmittelbudgets,
- die spezielle Konzeption für den Einsatz im Unterricht,
- die Strukturierung des Unterrichts.

Bei all den Vor- und Nachteilen bleibt beim Lehrer die Entscheidung, ein Schulbuch zu verwenden, da er letztlich über den Einsatz des Buches bestimmen kann. Dabei steht ihm aber die Möglichkeit offen, das Schulbuch nicht als alleiniges Medium zu verwenden:

> „Ein Lehrwerk ermöglicht immer auch die Ergänzung um/den Einsatz durch eigene Materialien: Es muss nicht seitenweise abgearbeitet werden." (Jürgens 2009, S. 308)

Fraglich bleibt zudem, inwieweit das Schulbuch den Ansprüchen des Lehrers gerecht beispielsweise in Bezug auf Aktualität werden kann.

> „Die Entwicklung der Medienlandschaft, vor allem der schnelle und unkomplizierte Zugang zu Informationen via Internet sowie der Prozess der Globalisierung führen dazu, dass Wissen eine immer geringere Halbwertszeit hat, sodass das Schulbuch einem Anspruch an Aktualität immer weniger gerecht werden kann." (Hoppe 2011, S. 20 f.)

Führt das dazu, dass heutzutage andere Medien anstelle des Schulbuchs eingesetzt werden? Finden andere (neue) Medien aus diesen Gründen häufiger Verwendung? Müsste man das Zulassungsverfahren überdenken, um dadurch der Aktualität Rechnung tragen zu können? Der letzten Frage wird im nachfolgende Kapitel nachgegangen.

2.3 Zulassungsverfahren für Lehrmittel dargestellt am Beispiel Bayern

Die staatliche Zulassung ist ein zentrales Kennzeichen bzw. Merkmal eines Schulbuches. Ihm kommt trotz Lernmaterialfülle „aus juristischer Sicht eine hervorgehobene Stellung" (P. Wendt 2010, S. 85) zu. Dies wird unter anderem auch dadurch deutlich, dass es für Schulbücher in den Bundesländern spezielle Verordnungen gibt. Da eine Darstellung der Zulassungsverfahren aller Bundesländer sich als sehr umfangreich gestalten würde, wird Bayern ausgewählt und exemplarisch das dort durchzuführende Zulassungsverfahren umfassend erläutert, wobei auch Unterschiede zu Zulassungen in anderen Bundesländern aufgezeigt werden.

Grundlage für das Zulassungsverfahren in Bayern ist eine spezielle Verordnung über die Zulassung von Lehrmitteln. Diese liefert eine genaue Definition, was unter einem Schulbuch zu verstehen ist und welche Ziele mit dem Schulbuch verfolgt werden. In der Verordnung über die Zulassung von Lernmitteln § 1 in Bayern heißt es:

> „Schulbücher im Sinn von Art. 51 Abs. 1 Satz 1 BayEUG sind Druckerzeugnisse, die
> 1. eigens für Unterrichtszwecke zur Erreichung der in den Lehrplänen festgelegten Lernziele herausgegeben sind,
> 2. die zum Lernergebnis führenden Überlegungen, Ab- und Herleitungen darlegen,
> 3. als Lehr- und Nachschlagewerk dienen und
> 4. für ein bestimmtes Unterrichtsfach den gesamten Stoff eines Schuljahres oder Halbjahreskurses enthalten, wenn nicht zwingende fachliche oder pädagogische Gründe einen geringeren oder vermehrten Stoffumfang erfordern." (Verordnung über die Zulassung von Lernmitteln (Zulassungsverordnung – ZLV) § 1 Abs. 1 Satz 1)

Im Gegensatz zu anderen Bundesländern obliegt die Zulassung von Lehrmitteln in Bayern einem Ministerium, genauer gesagt, dem Bayerischen Staatsministerium für Bildung und Kultus, Wissenschaft und Kunst (bis Oktober 2013: Bayerisches Staatsministerium für Unterricht und Kultus). In anderen Bundesländern, wie beispielsweise seit 2004 in Berlin, findet keine zentrale Zulassung mehr statt (vgl. Senatsverwaltung für Bildung, Jugend und Wissenschaft Berlin o. J., o. S.). Gleiches gilt auch für Hamburg und Schleswig-Holstein (vgl. P. Wendt 2010, S. 90). Dort entscheiden die Schulen selbst, u. a. nach Gesichtspunkten wie Wirtschaftlichkeit, Sparsamkeit, Zweckmäßigkeit und sinnvoller Einsatzmöglichkeit im Unterricht, ob ein Schulbuch angeschafft wird.

Einen Überblick über die verschiedenen, in Deutschland angewendeten Verfahren zur Schulbucheinführung gibt Stöber. Dabei kommen je nach Bundesland ministerielle Zulassungsverfahren (wie in Bayern und Brandenburg), übertragene Verfahren an Landesinstitute (wie in Baden-Württemberg), direkte Begutachtung durch den einzelnen Lehrer (wie in Berlin und Saarland) zur Anwendung (vgl. Stöber 2010, S. 7 ff.).

Auch in Bayern kann der einzelne Lehrer über die Verwendung eines Schulbuchs in seinem Unterricht die Entscheidung treffen. Sollte er sich jedoch für ein zugelassenes Lehrmittel entscheiden, kann das Buch aufgrund der Lehrmittelfreiheit in Bayern für jeden Schüler kostenfrei angeschafft werden. Es gilt in Bayern eine sog. kommunale Finanzierung. Das bedeutet, dass im Rahmen eines festgelegten Schulbuchetats „die kommunalen Schulträger verpflichtet [sind], die Schulbücher zu beschaffen" (Baer 2010, S. 76; Einfügung: S. L.). Je nach Bundesland unterscheidet es sich, durch wen Schulbücher finanziert werden und welchen Umfang eine solche Lehr- bzw. Lernmittelfreiheit umfasst. Lernmittelfreiheit bedeutet „eine weitgehende oder teilweise Finanzierung von Schulbüchern von Ländern oder Kommunen für Ausleihsysteme unabhängig vom familiären Einkommen" (ebd.)

Die Lehrmittelfreiheit, die sich in Bayern nur auf zugelassene Schulbücher beschränkt, ist nicht ausdrücklich in der Verfassung des Bayerischen Staates geregelt. Artikel 129 besagt aber:

> „(1) Alle Kinder sind zum Besuch der Volksschule und der Berufsschule verpflichtet. (2) Der Unterricht an diesen Schulen ist unentgeltlich." (Verfassung des Freistaates Bayern Art. 129 Abs. 1, 2)

Dieser Artikel bildet die Grundlage für die Lehrmittelfreiheit in Bayern. Die Verordnung über die Zulassung von Lernmitteln (Zulassungsverordnung – ZLV) vom 17. November 2008 regelt, welche Schulbücher in den jeweiligen Schulen in Bayern zugelassen sind und verwendet werden dürfen. Die Rechtsgrundlage hierfür stellt der Art. 51 des Bayerischen Gesetzes über das Erziehungs- und Unterrichtswesen (BayEUG) dar. Zugelassen werden nach § 3 ZLV Lernmittel zum schulischen Gebrauch nur, wenn sie

> „1. nicht in Widerspruch zu geltendem Recht stehen,
> 2. die Anforderungen der Lehrpläne erfüllen,
> 3. den Anforderungen entsprechen, die nach pädagogischen Erkenntnissen, insbesondere nach methodischen und didaktischen Grundsätzen sowie nach Auswahl, Anordnung, Darbietung und Umfang des Stoffs für die betreffende Schulart und Jahrgangsstufe angemessen sind,
> 4. im Fach Religionslehre von der betreffenden Religionsgemeinschaft als mit ihren Glaubensgrundsätzen vereinbar erklärt worden sind und
> 5. keine für den Unterricht nicht erforderliche Werbung enthalten." (Verordnung über die Zulassung von Lernmitteln (Zulassungsverordnung – ZLV) § 3)

Von Gutachtern werden laut Jürgens zusätzlich noch folgende Kriterien vor der behördlichen Zulassung geprüft:

> • „die Übereinstimmung mit gesellschaftspolitischen Grundsätzen (z. B. Gleichstellung von Mann und Frau, Integration von Menschen unterschiedlicher Herkunft, aus unterschiedlichen Kultur- und Sprachräumen)
> • die sachliche/fachliche Richtigkeit,
> • die sprachliche Richtigkeit und Verständlichkeit,
> • [...] die Erreichbarkeit der Lehrplanziele für das angegebene Schuljahr,
> • [...] die Anregung geeigneter Lernprozesse,
> • die Anregung fächerübergreifenden Arbeitens,
> • die Sicherung von Wissen, Kompetenzen, Qualifikationen." (Jürgens 2009, S. 306 f.; Auslassungen: S. L.)

Überdies finden ökonomische Überlegungen und gestalterische Aspekte Berücksichtigung. Die vom Staat aufgestellten Kriterien müssen von den Verlagen bei der Entwicklung eines Schulbuchs beachtet werden. Meist befasst sich eine Autorengruppe mit der Entstehung und gestaltet den Vorgaben des Verlags entsprechend das Schulbuch. Wegen der starken Verbreitung und langandauernden Nutzbarkeit neigen Schulbücher zur Unzeitgemäßheit (vgl. Hoppe 2011, S. 17). Bevor ein Schulbuch produziert wird, werden von den einzelnen Verlagen marktwirtschaftliche Überlegungen angestellt, wann (beispielsweise bei Lehrplanwechsel) und für wen (eine möglichst große Zielgruppe) ein Lehrmittel angefertigt werden soll.

> „Nur wenn die Parameter Zielgruppengröße, angestrebter Marktanteil, Personalkapazitäten, Entwicklungs- und Produktionskosten zu einem positiven Ergebnis führen, wird ein Lehrmittel in die Planung aufgenommen." (Jürgens 2009, S. 306)

Sinnvoll wäre zudem eine frühe Beteiligung der Verlage, damit qualitativ hochwertigere Bücher entstehen können, die unter weniger Zeitdruck entwickelt werden können und nicht erst die Implementierung des Lehrplans in die Schulen „abwarten" müssen (vgl. Baer 2010, S. 71). Baer merkt daher kritisch an:

> „Leider werden die Schulbuchverlage zu selten in die Entwicklung neuer Lehrpläne frühzeitig einbezogen, um von Anfang an entsprechende Bildungsmedien vorbereiten zu können." (ebd.)

Welche Schritte bei einer Schulbuchherstellung notwendig sind, schildert Wiater ausführlich (vgl. Wiater 2005, S. 50 f.). Nachdem die Entwicklung des Schulbuchs abgeschlossen ist, muss das Schulbuch das Lehrmittelzulassungsverfahren durchlaufen. Der Prozess der Lehrmittelzulassung ist im nachfolgenden Schaubild skizziert (vgl. Abbildung 9). Das Bayerische Staatsministerium für Bildung und Kultus, Wissenschaft und Kunst wird in der Abbildung mit StMBKWK abgekürzt.

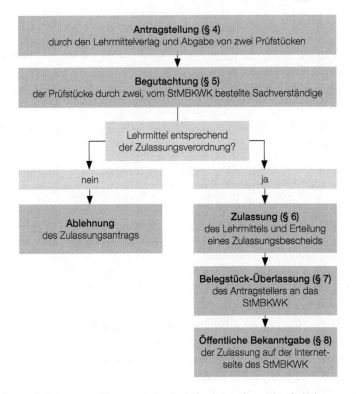

Abb. 9: Das bayerische Zulassungsverfahren von Lehrmitteln (nach Verordnung über die Zulassung von Lernmitteln (Zulassungsverordnung – ZLV) §§ 4-8)

Im Unterricht sollten aus Sicht des Bayerischen Staatsministeriums für Bildung und Kultus, Wissenschaft und Kunst hauptsächlich Unterrichtswerke Verwendung finden, die nach Prüfung der Kriterien die Zulassungsgenehmigung erhalten haben und in einer vom Ministerium geführten Liste veröffentlicht werden. Aus dieser Liste können die jeweiligen Schulen anschließend bedarfsgerecht auswählen.

Durch das vom Staat geregelte Zulassungsverfahren wird indirekt Einfluss auf das Schulwesen genommen. Hierbei wird die politische Funktion des Schulbuchs deutlich (vgl. Wiater 2003b, S. 13). Das bekommen insbesondere Schulbuchverlage und deren Autoren zu spüren. Diese fühlen sich häufig durch die Überprüfung des Staates zu sehr „gegängelt" und beklagen sich über die Kontrolle (vgl. P. Wendt 2010, S. 87; S. 91).

Wellenreuther geht hingegen einen Schritt weiter und möchte eine noch umfangreichere Überprüfung der Schulbücher auf verschiedenen Ebenen. Er ist der Meinung, dass „ein strenger *Zer-*

tifizierungsprozess bei der Zulassung von Schulbüchern erforderlich [ist]. Schulbücher sollten dabei curriculare, fachliche, fachdidaktische und empirische Screenings durchlaufen." (Wellenreuther 2013, S. 239; Hervorhebung im Original; Einfügung: S. L.) Eine Prüfung und Adaption von neuen Schulbuchinhalten wie in japanischen Forschungsschulen trägt aus seiner Sicht zu verständlicheren und qualitativ hochwertigeren Büchern bei (vgl. a. a. O., S. 239 f.). Auch Hofmann und Astleitner plädieren für eine empirische Überprüfung von Schulbüchern.

> „Die erstellten Produkte sollten sich dadurch auszeichnen, dass sie in zumindest *einem* empirischen Durchlauf auf ihre Qualität hin untersucht worden sind." (Hofmann/Astleitner 2010, S. 223; Hervorhebung im Original)

So bleibt für einige Autoren wie beispielsweise auch Vogl nach wie vor die Frage offen: **„Approbation – ein Garant für die Qualität?"** (Vogl 2006, S. 14; Hervorhebung im Original).

2.4 Zusammenfassung

Das Schulbuch ist ein besonderes Medium, das sich nach den Vorgaben eines Lehrplans richten muss, eine definierte Adressatengruppe in Form von Schülern einer Schulart und Klassenstufe besitzt, einen begrenzten Stoffumfang in einem Unterrichtsgegenstand umfasst, den Inhalt didaktisch-methodisch und strukturiert darbietet, für die Verwendung im Unterricht entwickelt wurde und einer behördlichen Zulassung bedarf (vgl. 2.1).

Das Schulbuch kann als ein schulisches Lehr- und Lernmittel vornehmlich für Schüler und Lehrer definiert werden, das in einem Medienverbund von anderen Medien umringt ist. Daher stellt es neben weiteren traditionellen und neuen, digitalen Medien ein wichtiges Medium dar, wobei es unterschiedliche Arten der Klassifizierung der verschiedenen Medien gibt. Dabei kann man allgemeine Klassifikationsmodelle wie das von Meder von speziellen Modellen für schulische Medien wie beispielsweise das von Adl-Amini oder Kiper und Mischke unterscheiden (vgl. 2.2.1). Auch können bei der Medienverwendung unterschiedliche Konzepte zum Tragen kommen: das Lehrmittelkonzept, das Arbeitsmittelkonzept, das Bausteinkonzept, das Systemkonzept und das Lernumgebungskonzept. Je nach Konzept sind die Medien darin unterschiedlich verankert bzw. im Unterricht eingebunden. Die Planungsverantwortung liegt letztlich beim Lehrer, der die Wahl für ein bestimmtes Konzept und damit für ein oder mehrere bestimmte Medien treffen muss. Er erhält dadurch unterschiedlich starke bisweilen auch starre Vorgaben durch das Medium, das die Struktur des Unterrichts beeinflusst (vgl. 2.2.2). Aber Medien wie das Schulbuch erfüllen nicht nur strukturierende Funktionen. Sie übernehmen daneben auch noch informatorische, politische, pädagogische, strukturierende, differenzierende, vertiefende, entlastende Aufgaben (vgl. 2.2.3). Unabhängig davon, welche Funktionen man dem Schulbuch zuweist, kann es nur selten allen gleichzeitig gerecht werden. Zudem liegt es häufig an der Art und Weise, wie das Schulbuch verwendet wird, ob es das Lernen wirksam unterstützt (vgl. 2.2.5). Qualitativ hochwertige Bücher können hierzu einen wertvollen Beitrag leisten (vgl. 2.2.4). Die Aktualität mag einer der Nachteile sein, die für das Schulbuch zu nennen sind. Weitere Nach-, aber auch Vorteile sind mit dem Schulbuch verbunden (vgl. 2.2.6).

Auch ein langdauerndes Zulassungsverfahren scheint sich für einige Autoren wie beispielsweise P. Wendt als negativ zu erweisen, wohingegen damit auch Vorteile verbunden sind. Um den Prozess der Zulassung oder Ablehnung eines Lehrmittels mit seinen verschiedenen Etappen nachvollziehen zu können, wurde im Unterkapitel 2.3 der Ablauf eines solchen Genehmigungsverfahrens aufgezeigt.

Die unterschiedlichen Standpunkte vieler Autoren verdeutlichen die Uneinigkeit, die über das Schulbuch besteht, sowohl was den aktuellen Stellenwert als auch den zukünftigen anbelangt. Trotz unterschiedlicher Meinungen zur zukünftigen Relevanz des Schulbuchs besteht doch Konsens über den Stellenwert in der Vergangenheit, in der das Schulbuch im 20. Jahrhundert stetig an Bedeutung gewonnen hat. Zeitgleich entwickelte sich das Schulbuch zum Forschungsgegenstand. Es entstand ein eigener Forschungszweig speziell für Schulbücher. Daher ist es notwendig, sich näher mit dieser Forschung zu beschäftigen. Die Schulbuchforschung wird im nachfolgenden Kapitel erläutert.

3 Die Entwicklung der Schulbuchforschung

Die Schulbuchforschungstheorie soll Gegenstand dieses Kapitels sein. Dabei stehen vor allem Unterschiede bei der Schulbuchforschung u. a. in Bezug auf Schulbücher unterschiedlicher Fächer im Vordergrund. Dem Fach Mathematik, wie in der Einleitung bereits geschildert, kommt dabei besonderes Augenmerk zu. Zudem sollen Schwerpunkte der Schulbuchforschung ausgemacht werden.

Um Differenzen erarbeiten zu können, muss zunächst der Frage nachgegangen werden, ob Schulbuchforschung bereits ein Forschungsgebiet darstellt (3.1) und wie sich die Schulbuchforschung entwickelt hat (3.2). Welche verschiedenen Institutionen und Vereine sich mit der Schulbuchforschung auseinandersetzen, wird in Kapitel 3.3 beschrieben. Daran schließt eine Darstellung der unterschiedlichen Forschungstypen (3.4) an, bevor in einem letzten Unterkapitel 3.5 wesentliche Aspekte des 3. Kapitels zusammengefasst werden.

3.1 Schulbuchforschung – ein Forschungsgebiet?

„Schulbuch – ein Massenmedium" – so lautet der Titel eines 1977 erschienenen Buches von Kuhn, in dem er ein Porträt eines Gebrauchsgegenstandes erstellen will.

> „Schulbücher sind solche Selbstverständlichkeiten. Sie gehören zur Schule wie einstmals Kreide und Tafelschwamm und neuerdings Overhead-Projektoren." (Kuhn/Rathmeyer 1977, S. 9)

Auch heute, fast 40 Jahre später, kann man sich den unterrichtlichen Alltag vieler Schulen ohne Schulbücher kaum vorstellen. Dies mag vor allem am Stellenwert liegen, den das Schulbuch im Laufe der Jahre erworben hat.

> „Durch die Schulpflicht und durch die Verringerung der Produktionskosten im 20. Jahrhundert stieg die Bedeutung des Schulbuchs." (Druba 2006, S. 33)

Über die Jahre hat das Schulbuch seine Stellung stets behaupten können, auch wenn das Schulbuch „im letzten Jahrhundert wiederholt totgesagt [wurde]: Bei der Einführung des Schulfernsehens etwa, oder als Film und Tonband Verbreitung in den Schulen fanden. Zuletzt war es der Computer, der das Schulbuch überflüssig machen sollte [...] Aber: Totgesagte leben länger!" (Schlegel 2003, S. 175; Einfügung und Auslassungen: S. L.).

Herber und Nosko zeigen sogar in einem Überblick auf, dass das Schulbuch in der Vergangenheit zu verschiedenen Zeitpunkten immer wieder totgesagt wurde (vgl. Herber/Nosko 2012, S. 167 f.), dies aber in der Realität scheinbar nicht der Fall ist.

> „Die Erfahrung und ein Blick in die Schultaschen unserer Schülerinnen und Schüler zeigen aber eine andere Wirklichkeit: Bücher, Hefte und lose Zettel sind nicht selten neben- und aufeinander zu finden. Das ‚digital aufgelöste' und totgesagte Schulbuch erfreut sich trotz angeblicher Unbeliebtheit bester Gesundheit und hat bis heute überlebt." (a. a. O., S. 168).

Auch Hacker vertritt die Meinung, dass das Buch „vom Unterricht offenbar so wenig wegzudenken [ist], wie der Lehrer selbst" (Hacker 1980, S. 7; Einfügung: S. L.). Dieses Medium findet jedoch „in der theoretischen Diskussion [...] nicht dieselbe Aufmerksamkeit" (ebd.; Auslassungen: S. L.). Obwohl beispielsweise Stein ebenfalls das Schulbuch „immer noch als das in schulischer Unterrichts- und Erziehungspraxis dominante didaktische Medium" (Stein 1977,

S. 8) ansieht, liegt nach Höhne *„eine ausgearbeitete Theorie des Schulbuchs, die eine empirisch angeleitete Schulbuchforschung anleiten könnte,* [...] *nicht vor"* (Höhne 2003, S. 30; kursive Hervorhebung im Original; Auslassungen: S. L.).

Weinbrenner benennt in seinem Aufsatz „Grundlagen und Methodenprobleme sozialwissenschaftlicher Schulbuchforschung" drei wesentliche Defizite der Schulbuchforschung:

- das *„theoretische* Defizit [..., da] eine elaborierte und allgemein anerkannte ‚Theorie des Schulbuchs'" (Weinbrenner 1995, S. 21; Hervorhebung im Original; Auslassungen und Einfügung: S. L.) noch nicht vorhanden sei,
- das *„empirische* Defizit" (ebd.; Hervorhebung im Original), das in der mangelnden Erforschung des Einsatzes des Schulbuchs innerhalb und außerhalb des Unterrichts bestehe, sowie
- das *„methodologische* Defizit [..., da noch kein] Satz bewährter Verfahren und Instrumente für die Dimensionierung, Kategorienbildung und Evaluation von Untersuchungen zur Schulbuchforschung" (ebd.; Hervorhebung im Original; Auslassungen und Einfügungen: S. L.) zur Verfügung stehe (vgl. ebd.; Höhne 2005, S. 69 ff.).

Fuchs, Kahlert und Sandfuchs konstatieren ebenfalls erhebliche Defizite in der Forschung und sprechen von einer „Diskrepanz zwischen der Relevanz von Schulbüchern für schulische Lehr- und Lernprozesse einerseits und der Vernachlässigung des Schulbuchs in Schrifttum, Forschung und Lehrerbildung andererseits" (Fuchs/Kahlert/Sandfuchs 2010, S. 7).

Es bleibt daher festzuhalten, dass das Schulbuch ein im Unterricht eingesetztes Medium ist, zu dem Forschung betrieben wird. Es scheint somit durchaus ein Forschungsgegenstand zu sein, wenngleich aus Sicht verschiedener Autoren hierzu scheinbar noch Forschungsbedarf besteht. Wie jedoch hat sich die Schulbuchforschung entwickelt. Wie sieht die historische Schulbuchforschung aus?

3.2 Von den Anfängen der Schulbuchforschung

Die Erfindung der Schulbücher war gleichzeitig auch der Beginn der Schulbuchforschung. Mit dem ab 1452 einsetzenden Buchdruck wurde gleichermaßen das Schulbuch immer populärer, wenngleich es anfangs nicht jedem Schüler zur Verfügung stand. Begründet wurde die Schulbuchforschung durch Johann Amos Comenius (1592-1670), der selbst Schulbücher schrieb und Kriterien für gute Schulbücher formulierte. Die Schulpflichteinführung im 18./19. Jahrhundert erforderte dann vermehrt den Einsatz von Schulbüchern (vgl. Wiater 2003a, S. 7 ff.).

Während die ersten Schulbücher eher auf das Lesen und die Allgemeinbildung ausgerichtet waren, wurde dem Rechnen und dem Rechenunterricht bis ins 18. Jahrhundert an weiterführenden Schulen eher eine untergeordnete Rolle beigemessen. Zusätzlich entstanden im Lauf der Zeit Rechenbücher.

> „Mit der Verbreitung der arabischen Zahlen im 16. Jahrhundert setzt eine Flut von Rechenbüchern ein, die nach dem gleichen Schema aufgebaut sind" (Wesoly 2012, S. 79).

Diese Bücher wurden jedoch vornehmlich von Lehrern und Rechenmeistern oder aber Kaufleuten zum Nachschlagen gekauft und genutzt. Auch die auf Schüler ausgerichteten Rechenbücher beinhalteten neben Rechenaufgaben kaufmännisches und Allgemeinwissen beispielsweise zum Gewichtsvergleich oder zu Währungsumrechnung (vgl. a. a. O., S. 81 f.).

An die Lebenswelt der Kinder angepasste Rechenbücher waren trotz Bemühungen von Einzelnen wie Comenius, Sturm, Pescheck, Paricius so gut wie nicht vorhanden. Das Rechnen im Elementarunterricht wurde zumeist ohne Schul- bzw. Rechenbücher gelehrt (vgl. a. a. O., S. 83 f.).

> „Alle damaligen Rechenbücher waren ja nicht Schulbücher im heutigen Sinn. Sie gehörten in die Hand von Lehrern und Autodidakten" (a. a. O., S. 84).

In der Tatsache, dass von Rechenbüchern in Schulen nur geringer Gebrauch gemacht wurde, ist es begründet und verständlich, dass sich die Schulbuchforschung daher mehr auf textbeinhaltende Schulbücher fokussierte. Diese boten und bieten von jeher die Möglichkeit zur Analyse unter spezifischen Gesichtspunkten und zu bestimmten Themenstellungen (vgl. 3.4.2). Ab 1918 wurden Schulbücher beispielsweise häufig auf ihre politische Korrektheit hin überprüft.

> „Die Intentionen der Schulbuchforschung konzentrierten sich bis in die ersten Nachkriegsjahre des 20. Jahrhunderts auf Fragen des weltanschaulichen Hintergrunds, der sachgerechten Darstellung, der schülergemäßen Aufmachung und der didaktisch-methodischen Konzeption" (Wiater 2003a, S. 8).

Ab 1965 untersuchte man ideologiekritisch, welche politische Macht von Schulbüchern in der Vergangenheit ausging und diese aktuell ausübten. Sozialwissenschaftliche Gesichtspunkte rückten immer mehr in das Interesse (vgl. ebd.).

Die neuere Forschung hingegen befasst sich mit nationalen und internationalen Analysen zu Einstellungen und Denkweisen in Schulbüchern. Sie bemüht sich einen kulturübergreifenden Beitrag in der Vermittlung zwischen Völkern zu leisten.

> „Schulbuchforschung heute versteht sich nicht mehr nur als Analyse von Texten und ihren Funktionen im Schulunterricht, sie weiß sich vielmehr eingebunden in Ziele internationaler Aufklärungs-, Konfliktlösungs- und Verständigungsarbeit" (a. a. O., S. 9).

Wesentliche Forschungsanteile leisteten und leisten bis heute insbesondere bestimmte Vereinigungen und Verbände, die nachfolgend vorgestellt werden.

3.3 Institutionelle Schulbuchforschung

1951 wurde in Braunschweig das Internationale Institut für Schulbuchverbesserung gegründet, das heute den Namen Georg-Eckert-Institut für Internationale Schulbuchforschung trägt. Aufgabe des Georg-Eckert-Instituts (GEI) ist u. a. der Vergleich von historisch, politisch und geographisch bedeutsamen Darstellungen in den deutschen Schulbüchern mit denen in anderen Ländern. Auch Empfehlungen zu Darstellungen, Tagungen, Beratungen sowie das Erstellen von Gutachten zählen zum Auftragsspektrum des Instituts (vgl. Georg-Eckert-Institut für Internationale Schulbuchforschung 1985, S. 5).

Zentraler Bestandteil sind Inhaltsanalysen von Geschichtsbüchern unter gesellschaftskritischen und politischen Gesichtspunkten. Dabei sind Vorurteile, das Bild der Familie, im Speziellen Frauen und Mädchen, Religionen etc. häufige Themen (vgl. Georg-Eckert-Institut für Internationale Schulbuchforschung 2010, S. 9 ff.).

Von Borries fasst die Schwerpunkte des Georg-Eckert-Instituts wie folgt zusammen:

> „Dabei ist […] eine Konzentration auf fachwissenschaftliche Fragen (z. B. Zurückbleiben hinter dem Forschungsstand), auf strikte Richtlinientreue (z. B. Eignung für Zulassung im Bundesland X oder

Y) und auf friedenspädagogisch-friedenspolitische Aktivitäten (z. B. ‚Entgiftung' von Vorurteilen zwecks Versöhnung mit ehemals feindlichen Nachbarn) üblich" (von Borries 2012, S. 43; Auslassung: S. L.).

Das Institut selbst nennt als seine Zielsetzungen:

> „Gesellschaftliche Wirkungen von Schulbüchern, ihre Produktionsbedingungen sowie schulische Rezeptionsprozesse im Kontext anderer Bildungsmedien gehören zu den neuen Feldern des GEI, das sich vor allem mit Schulbüchern für den Bereich der *social studies* (Geschichte, Geographie, Sozialkunde) beschäftigt." (Georg-Eckert-Institut für Internationale Schulbuchforschung 2013; Hervorhebung im Original)

Seit 2011 ist das Georg-Eckert-Institut Mitglied der Leibniz-Gemeinschaft.

Das Institut für Schulbuchforschung in Duisburg (1977-1991) hatte eine gegenwartsbezogene Zielsetzung mit dem Fokus auf die politische Bedeutung des Schulbuchs. Kritisch, aber mit dem Ziel der Verbesserung und Weiterentwicklung befassten sich vor allem Gerd Stein und Horst E. Schallenberger mit dem Schulbuch (vgl. Wiater 2003d, S. 8). Mittlerweile existiert dieses Institut nicht mehr.

1997 entstand die Internationale Gesellschaft für historische und systematische Schulbuchforschung e. V. (ab 2013 mit dem Zusatz „Bildungsmedienforschung"), zu deren Aufgaben die Vernetzung von interdisziplinärer Schulbuchforschung sowie eine starke Öffentlichkeitsarbeit, beispielsweise durch ein jährliches Symposium, zählen (vgl. Internationale Gesellschaft für historische und systematische Schulbuch- und Bildungsmedienforschung e. V. 2015, o. S.).

Die im September 2012 stattfindende Tagung der Internationalen Gesellschaft für historische und systematische Schulbuchforschung e. V. in Ichenhausen beschäftigte sich mit der Bedeutung von digitalen Medien, konstatierte aber dem Schulbuch nach wie vor einen hohen Stellenwert, „wenn es sich als das Leitmedium mit Orientierungsfunktion profiliert" (Internationale Gesellschaft für historische und systematische Schulbuch- und Bildungsmedienforschung e. V. 2014, o. S.).

Analoge und digitale Bildungsmedien werden zudem seit 2008 auf den alle zwei Jahre stattfindenden Bildungskonferenzen des Verbands Bildungsmedien e. V. thematisiert. Auch hier stehen verschiedene Analysen im Vordergrund.

> „Dabei geht es unter anderem um Analysen zu den politischen, ökonomischen wie gesellschaftlichen Rahmenbedingungen der Produktion von Lernmitteln und Unterrichtsmaterialien. Es werden Positionen zur Nutzung von Lehrwerken im Bildungsalltag ebenso erörtert wie die konkrete Funktionalität von Lehrwerken im Kontext schulischer Bildungsreformen. Zudem befassen sich die Veranstaltungen mit den Erwartungshaltungen, die an Bildungsmedien gestellt werden und mit deren Produktions- und Evaluationsprozessen." (Verband Bildungsmedien e. V. 2015, o. S.)

Inhalte und Ergebnisse der Tagungen werden als Tagungsbericht zur Verfügung gestellt. Dass scheinbar eine breite Ausrichtung auf weitere Medien erfolgen sollte, wird an den geänderten Bezeichnungen deutlich. Bis 2013 wurde statt von „Bildungskonferenzen" von „Schulbuchkonferenzen" gesprochen und anstelle von „Lehrwerke" und „Bildungsmedien" stand die Bezeichnung „Schulbücher".

Die unterschiedlichen Institute, Gesellschaften und Verbände, die sich mit Schulbuchforschung auseinandersetzen, eint ihre Aufgabe: die Bedeutung des Schulbuchs in verschiedenen Kontexten mit variierender Schwerpunktsetzung zu erforschen. Wiater sieht fünf Schwerpunkte in folgenden Bereichen:

Abb. 10: Schwerpunkte der Schulbuchforschung nach Wiater (nach Wiater 2003b, S. 14 ff.)

Je nach Schwerpunkt kommen dabei unterschiedliche Forschungstypen zum Einsatz.

3.4 Forschungstypen der Schulbuchforschung

Weinbrenner unterscheidet im Hinblick auf die Schulbuchforschung grundsätzlich drei Forschungstypen:

- die prozessorientierte Schulbuchforschung,
- die produktorientierte Schulbuchforschung und
- die wirkungsorientierte Schulbuchforschung (vgl. Weinbrenner 1992, S. 34 ff.; Weinbrenner 1995, S. 22 ff.).

Diese drei Forschungstypen werden anschließend ausführlich erläutert.

3.4.1 Die prozessorientierte Schulbuchforschung

Die prozessorientierte Schulbuchforschung „orientiert sich am *Lebenszyklus des Schulbuchs* und umfaßt [sic!] insgesamt sechs Forschungsfelder" (a. a. O., S. 22; Hervorhebung im Original).

Abb. 11: Der Lebenszyklus des Schulbuchs nach Weinbrenner (nach Weinbrenner 1992, S. 34; Weinbrenner 1995, S. 22)

Matthes beobachtet in diesem Bereich der Schulbuchforschung „eine Zunahme von (histo-rischen und aktuellen) Arbeiten zur *Genese von Schulbüchern* (Bedeutung der Verlage; gesell-schaftliche und ökonomische Voraussetzungen) und zur Schulbuchapprobation" (Matthes 2014, S. 21; Hervorhebung im Original), die sich Methoden wie Institutions- und Kon-textstudien oder Analysen bedienen. Mittels Befragungen (sei es schriftlich oder mündlich in Form von Interviews) oder durch Beobachtungen wird das Forschungsfeld der Verwendung des Schulbuchs erschlossen, das immer mehr in das Interesse der Schulbuchforscher rückt. Dabei werden die Schüler und insbesondere Lehrer in den Fokus der Erhebungen genommen und weniger die Eltern (vgl. ebd.).

3.4.2 Die produktorientierte Schulbuchforschung

Die produktorientierte Schulbuchforschung untersucht mittels inhaltsanalytischer Verfahren das Schulbuch als Unterrichtsmedium und als Mittel der visuellen Kommunikation. Hier-zu zählen die historische und vergleichende Schulbuchforschung. Auf diesen Forschungstyp konzentrierte sich bislang die deutsche Schulbuchforschung (vgl. Weinbrenner 1992, S. 34 ff.; Weinbrenner 1995, S. 22 ff.; Doll/Rehfinger 2012, S. 22; Matthes 2014, S. 17).

Wichtige Dimensionen einer produktorientierten Schulbuchforschung sind für Weinbrenner die Wissenschaftstheorie, das Design, die Fachwissenschaft, die Fachdidaktik und die Erzie-hungswissenschaft (vgl. Weinbrenner 1995, S. 24).

Diese verschiedenen Dimensionen werden oft in der inhaltlichen Schwerpunktsetzung deut-lich. Es werden Themen wie „Vorurteile und Stereotype/Freund- und Feindbilder; Geschlecht; Lebensformen; Ethnie; Religion; Politische Systeme; Kolonialismus; Nationale und europä-ische Identität(en); Erinnerungskulturen" (Matthes 2014, S. 17) behandelt, aber auch didak-tisch-methodische Aspekte erforscht. Zusätzlich wurden speziell Aufgaben in Schulbüchern in den Blick genommen (vgl. ebd.).

Dafür kommen bei der produktorientierten Forschung unterschiedliche Verfahren bzw. For-schungsansätze zum Einsatz, die in drei große Gruppen eingeteilt werden, wenngleich es sicher-lich Überschneidungen gibt:

- **Inhaltsanalytische Verfahren**
  Diese Schulbuchforschungsart fokussiert hauptsächlich auf den inhaltlichen Aspekt von Schulbüchern sowie deren Gestaltung (vgl. Doll/Rehfinger 2012, S. 22). Thonhauser nennt sie auch „gegenstandsorientierte Schulbuchanalysen" (Thonhauser 1992, S. 60). Dementspre-chend setzen inhaltsanalytische Verfahren zur Untersuchung von Schulbüchern wie beispiels-weise die qualitative Inhaltsanalyse „an der Struktur und Bedeutung des zu analysierenden Materials, also des Textes" (Mayring 2008, S. 26) an. Dabei kommen häufig „an sprachlichen bzw. künstlerischen Texten im engeren Sinne orientierte [...] Interpretationsverfahren" (Lam-nek 2010, S. 73; Auslassungen: S. L.) zum Einsatz.
  Im Bereich der (kultur-)historischen und vergleichenden Forschung werden Schulbücher u. a. nach bestimmten Gesichtspunkten wie Freund- und Feindbilder (vgl. Djurović/Mat-thes 2010), der Darstellung der Kreuzzüge (vgl. Biener 2011), die Präsentation der Familie (vgl. Matthes/Heinze 2006) oder Kindheitskonzepten (vgl. Stürmer 2014) sowie interkultu-rellem Lernen mit Schulbüchern (vgl. Matthes/Heinze 2004) analysiert[1]. Die hier auszugs-weise genannten Herausgeber fassen Untersuchungsergebnisse von verschiedenen Autoren zusammen, die vornehmlich an Deutsch- bzw. Geschichtsbüchern gezielt textanalytische Verfahren angewendet haben. Dies liegt vor allem darin begründet, dass Schulbücher „Spie-

---

1 Diese Aufzählung ist lediglich exemplarisch zu sehen und erhebt keinerlei Anspruch auf Vollständigkeit.

gel der gesamtgesellschaftlichen Verfassung und Bewußtseinslage [sic!] [sind]. Schulbuchforschung ist insofern immer auch *Zeitgeistforschung*" (Weinbrenner 1992, S. 50; Hervorhebung im Original; Einfügung: S. L.).

Somit können mittels inhaltsanalytischer Verfahren bestimmte geschichtliche oder aktuelle inhaltliche Aspekte auf der Grundlage von Texten umfassend erforscht werden. Der sprachliche Anteil in Mathematikbüchern ist meist sehr gering, weshalb Mathematikbücher bei der produktorientierten Forschung weniger relevant sind. Das Ziel der Hermeneutik, also das Auslegen und Verstehen von Texten, lässt sich mit dieser Schulbuchart nur schwer durchführen.

Vergleichende Schulbuchforschung im Fach Mathematik nimmt daher eher Schulbuchinhalte aus verschiedenen Ländern in den Blick und vergleicht sie miteinander. Die unterschiedlichen Schulbücher als Ausdruck des Lehrplanes ermöglichen einen Einblick in das Was und Wie des Lehrens und Lernens.

„If textbooks serve as a sort of national curriculum, then international comparisons of textbook lessons can provide a partial picture of not only what is taught but also how it is taught across nations." (Mayer/Sims/Tajika 1995, S. 456)

Unter diesem Aspekt betrachtet, können auch Mathematikbücher im Rahmen der produktorientierten Forschung einen Beitrag leisten. Trotzdem bleibt festzuhalten, dass der Forschungsschwerpunkt auf Texte ausgerichtet ist, die vermehrt in Fächern wie bspw. Deutsch oder Geschichte vorkommen.

„Zwar lässt sich inzwischen ein Zuwachs an Forschungsarbeiten verzeichnen, Kernthemen der Untersuchungen sind aber meist die Verständlichkeit von Schulbüchern und der Umgang mit sensiblen Themen in Schulbüchern wie zum Beispiel die Präsentation von Rollenbildern. Bestimmte Fächer, wie zum Beispiel Geschichte, werden auffällig häufig untersucht." (Neumann 2014a, S. 87)

Neumann erwähnt hier einen weiteren Forschungszweig der produktorientierten Forschung: die Verständlichkeitsforschung.

- **Verständlichkeits-/Lesbarkeitsforschung**

„Die ‚formelbasierte‘ Lesbarkeitsforschung ist ein weiterer Bereich der produktorientierten Forschung" (Doll/Rehfinger 2012, S. 22).

Matthes bezeichnet die Lesbarkeitsforschung als „Dauerbrenner" (Matthes 2014, S. 19). Thonhauser ordnet sie den didaktisch orientierten Schulbuchanalysen unter, die sich im Gegensatz zu gegenstandsorientierten Schulbuchanalysen „Fragestellungen [zuwenden], die nicht inhaltliche, sondern (in engerem Sinne) didaktische Mängel aufzudecken unternehmen" (Thonhauser 1992, S. 65; Einfügung: S. L.).

Die Lesbarkeitsforschung strebt eine Formel an, die durch Messung von bestimmten Textmerkmalen Aussagen über die Verständlichkeit des Textes liefert. Zudem wurde sie anfangs benutzt, um bei Anwendung beispielsweise bestimmter Satzstrukturen das Lernen zu verbessern, was laut Britton, Gulgoz und Glynn wenig Effekte hatte.

„In the early days of textbook rewriting research, it was hoped that learning could be increased by simply using more common words and less complex sentences, as suggested by a naive interpretation of readability formula research. But such rewriting turned out to be of very limited value"(Britton/Gulgoz/Glynn 1993, S. 7).

Diese formelbasierte Methode hat lediglich eine geringe Aussagekraft bzw. Effekt im Gegensatz zum sog. „Hamburger Verständlichkeitskonzept", das von Langer, Schulz von Thun und Tausch entwickelt wurde. Dieses findet wegen seiner positiven Effekte auf das Lernen in der Praxis Anwendung, wenngleich es auch einige Mängel aufweist. Analog zur formel-basierten Lesbarkeitsforschung werden mit dem Hamburger Verständlichkeitskonzept Tex-te nach bestimmten Merkmalen untersucht und u. a. auch eine organisatorische Dimension verwendet (vgl. Wellenreuther 2013, S. 196 ff.). Wenn die vier Dimensionen „EINFACH-HEIT" (vgl. Langer/Schulz von Thun/Tausch 1974, S. 11), „GLIEDERUNG-ORDNUNG" (a. a. O., S. 12), „KÜRZE-PRÄGNANZ" (ebd.) und „ZUSÄTZLICHE STIMULANZ" (ebd.) bei der Erstellung von Texten beachtet werden, kann damit die Textverständlichkeit und die Merkleistung verbessert werden (vgl. ebd.).

Jedoch vernachlässigt dieses Konzept teilweise den Einbezug des Lerners und basiert auf der Annahme, dass der Lernerfolg direkt von der Verständlichkeit beeinflusst wird. Darüber hin-aus wird u. a. die Gewichtung der einzelnen Dimensionen kritisiert (vgl. Wellenreuther 2013, S. 196 ff.).

1993 befassten sich Britton, Gulgoz und Glynn näher mit den Effekten von Schulbüchern auf das Lernen und verglichen verschiedene Studien miteinander. Dabei stellten sie in der Mehrheit aller Studien fest, dass es zu einer Steigerung des Lernzuwachses kam. Dies gelang beispielsweise durch Umschreiben der Texte unter Beachtung folgender Techniken:

„(a) reorganization of the order of ideas, (b) signaling the structure of the content, (c) incorporating preview sentences, (d) adding logical connectives and other structural information, (e) changing or re-moving details, and (f) explicitly stating main ideas and examples" (Britton/Gulgoz/Glynn 1993, S. 2).

Auch das Hinzufügen linguistischer und paralinguistischer Elemente kann Texte und damit den Lernerfolg verbessern.

„Elements used in this way included headings, logical connectives, preview sentences, underlining, sum-maries, numbering of listings, and typographical emphazisers" (a. a. O., S. 7).

Sie stellten überdies fest, dass eine Beurteilung, welche Texte die besten Lernergebnisse er-bringen können, möglich ist. Eine Expertengruppe kann so Schulbücher und ihre Eignung für das Lernen durchaus feststellen (vgl. a. a. O., S. 21 ff.).

Die Bedeutung der Textverständlichkeit haben auch andere Autoren erkannt, die weitere Modelle für die Textverständlichkeit bzw. das Textverstehen entwickelt haben wie beispiels-weise Kintsch und van Dijk (vgl. Kintsch/van Dijk 1978). Gemein ist allen Modellen, dass sie textanalytische Verfahren anwenden, um bestimmte textimmanente Merkmale zu erfassen, die letztendlich Aussagen über die Verständlichkeit treffen sollen.

Die Vorteile von Textverständlichkeitsverfahren sieht Iluk in der guten Anwendbarkeit sowie der Zuverlässigkeit der Textmerkmalsidentifikation und damit einhergehend der Möglichkeit der Veränderung von Texten für einen gewinnbringenden Einsatz im Unterricht (vgl. Iluk 2014, S. 312). Durchgeführte „Schulexperimente bestätigten, dass eine gezielte Modifikation des terminologischen und syntaktischen Schwierigkeitsgrades eines Lehrwerktextes die Lern-effizienz signifikant verbessern kann" (ebd.).

Sicherlich können auch Studien der Lesbarkeitsforschung zugeordnet werden, die den Schwerpunkt auf die im Buch verwendete Sprache bzw. sprachlichen Strukturen legen. Die Aktualität der Lesbarkeitsforschung beweist Obermayer, die Heimat- und Sachunterrichts-bücher der vierten Klasse unter dem Gesichtspunkt der Verwendung der Bildungssprache und der daraus resultierenden Verständlichkeit für Schüler analysiert hat (vgl. Obermayer 2013)[2].

---

2 Weitere Studien zum Textverständnis seien an dieser Stelle nicht erwähnt, da sie für die vorliegende Arbeit nicht als essentiell erachtet werden. Einen Überblick gibt Wellenreuther (vgl. Wellenreuther 2013, S. 204 ff.).

Wenn Mathematikbücher im Rahmen der Verständlichkeitsforschung untersucht werden, bildet oftmals der verwendete Text die Basis für die Analysen. Dies können z. B. die Erklärungen im Buch sein. Wellenreuther, der unterschiedliche Ursachen für das durchschnittliche Abschneiden der deutschen Schüler in Mathematik bei der TIMS-Studie (Third International Mathematics and Science Study) diskutiert, fasst in diesem Zusammenhang u. a. auch Ergebnisse aus Studien zur Rolle von Schulbüchern zusammen (vgl. Wellenreuther 2007, S. 3 ff.). Er führt an, dass im internationalen Vergleich japanische oder chinesische Schulbücher besser erklärende Mathematikschulbücher sind. Die Einsatzhäufigkeit des Mathematikschulbuchs ist in Japan geringer als in Deutschland oder den USA. Deutsche Mathematikschulbücher werden vornehmlich zu Übungszwecken konzipiert. Das selbstständige Erarbeiten oder Nachbereiten steht eher im Hintergrund (vgl. a. a. O., S. 14 f.).

Es bleibt abschließend festzuhalten, dass die verschiedenen Verständlichkeitskonzepte und die in diesem Rahmen entwickelten Methoden einen wesentlichen Beitrag zum Lernerfolg des Schülers leisten können, indem Texte in Schulbüchern verbessert und vereinfacht werden, um sie so für Schüler leichter verständlich zu machen.

„Unter dem Aspekt der besseren Förderung ist es wichtig, Lernen durch verständlichere Schulbücher zu erleichtern. Dadurch können auch Grundlagen gelegt werden, Schüler zu befähigen, auch kompliziertere Texte schrittweise zu erarbeiten." (Wellenreuther 2013, S. 200)

- **Kriterienkataloge und Raster**

Neben inhaltlichen und sprachlichen Untersuchungen stehen für die Überprüfung von anderen Strukturelementen zusätzlich verschiedene Kriterienkataloge, sog. „Raster" zur Verfügung. Diese beinhalten ebenso Analysen einzelner Merkmale, stellen aber eine besondere Form der produktorientierten Schulbuchforschung dar. Aus diesem Grund werden sie hier gesondert aufgeführt.

Die bekanntesten Raster sind das von Rauch und Tomaschewski entwickelte „Reutlinger Raster zur Analyse und Bewertung von Schulbüchern und Begleitmaterialien" (vgl. Rauch/ Wurster 1997, S. 275 ff.) sowie das „Salzburger Raster zur Lehrwerkanalyse" (vgl. Astleitner/ Sams/Thonhauser 1998, S. 36 ff.), die in Zulassungs- und Genehmigungsprozessen Anwendung finden sollen. Diese nehmen die einzelnen Bücher umfassend in den Blick, indem sie die Bücher nach vielfältigen Gesichtspunkten einzuordnen versuchen. Je nach Autor bzw. Kriterienkatalog variiert die Schwerpunktsetzung für die Beurteilung der Schulbücher und den zugehörigen Begleitmedien stark.

So analysiert das „Reutlinger Raster" Lehrwerke, genauer gesagt den Lehrer- und Schülerband sowie die Arbeitsmappe, nach insgesamt neun Kategorien: 1. Bibliographische Angaben, 2. Ziele und Inhalte, 3. Lehrverfahren, 4. Adressaten, 5. Gestaltung, 6. Text, 7. Aufgaben, 8. Bild, 9. Bild/Text (vgl. Rauch/Tomaschewski 1986, S. 101; Rauch/Wurster 1997, S. 278).

Dem Anwender des Rasters stehen verschiedene Bewertungsvarianten für die Schulbücher und Begleitmedien zur Verfügung. Neben vereinzelt verlangten freien Formulierungen soll meist Zutreffendes angekreuzt bzw. umkreist werden. Dabei ist der Analyst bisweilen aufgefordert, die Ausprägung eines Merkmals mittels einer mehrstufigen Skala einzuschätzen. Die für jede einzelne Frage angekreuzten Punktwerte werden addiert und in sog. „Kategoriendiagrammen" übersichtlich dargestellt (vgl. Rauch/Tomaschewski 1986, S. 105; Rauch/Wurster 1997, S. 283 f.). Da zumeist eine subjektive Bewertung einzelner Merkmale vom Beurteiler gefordert wird, ist eine Vergleichbarkeit der Ergebnisse deutlich erschwert.

Das „Salzburger Raster" verlangt eine Inhaltsanalyse von Lehrwerken nach elf Hauptkategorien: 1. Allgemeines zum Lehrwerk, 2. Ausstattung des Lehrwerks, 3. Handhabbarkeit des Lehrwerks, 4. Ziele, 5. Inhaltliche Qualität, 6. Sprachliche Gestaltung, 7. Methodische Gestaltung, 8. Funktionen für die Planung und Durchführung des Unterrichts, 9. Bilder/ Grafiken/Tabellen, 10. Umgang mit politischem Gehalt, 11. Informationen über Autor/ -innen sowie Entstehungsbedingungen des Lehrwerks (Motivenbericht) (vgl. Astleitner/ Sams/Thonhauser 1998, S. 38). Nach einer kurzen Beschreibung des Lehrwerks folgt die Beurteilung meist anhand einer fünfstufigen Rating-Skala bzw. der Wahl zwischen Ja-Nein-Antwortmöglichkeiten (vgl. a. a. O., S. 39 ff.). Eine übersichtliche Darstellungsmöglichkeit der Gesamtergebnisse ist nicht vorhanden.

Für Schulkonferenzen kann ein Kriterienkatalog von Bamberger verwendet werden. Er gibt eine „Zusammenfassung der Ergebnisse der internationalen Schulbuchforschung [heraus], die schon in den Schulbüchern verschiedener Länder beachtet worden sind" (Bamberger 1995, S. 92; Einfügung: S. L.). Zur Schulbuchbeurteilung steht eine fünfstufige Ratingskala (ein hoher Wert bezeichnet eine hohe Zustimmung bzw. Ausprägung) zur Verfügung, die auf 17 Kriterien angewendet werden sollen:

1. die inhaltliche und methodische Zielsetzung des Vorworts und des Inhaltsverzeichnisses,
2. die Erfüllung der Lehrfunktionen im Buchaufbau,
3. die motivierende Einleitung über Lernstrategien,
4. die didaktische Vielseitigkeit,
5. die Hervorhebung von Wesentlichem,
6. die Abstimmung verschiedener Strukturelemente,
7. die Anregung zur Selbsttätigkeit,
8. Lebens- und Praxisbezüge,
9. die kognitive, affektive und handlungsorientierte Herausforderung der Schüler,
10. die Funktionen der Fragen und Aufgaben,
11. die Schüleradäquatheit,
12. die sprachliche Schwierigkeit,
13. die Nutzung von Erfahrungen mit älteren Schulbüchern in der Gestaltung des Buches,
14. die Beachtung der „Zukunftspädagogik",
15. die Beachtung der Erkenntnisse der Lernpsychologie,
16. das Vorhandensein eines Glossars sowie
17. eines ausführlichen Registers (vgl. a. a. O., S. 92 ff.).

Ebenso kann die Entscheidung über die Einführung eines Lehrwerks vom Kollegium oder einem Fachteam getroffen werden. Hierbei sollten nach Jürgens folgende Gesichtspunkte berücksichtigt werden:

- „Zusatzmaterial: für Lernende/Lehrende?
- Texte: Auswahl, Verständlichkeit...?
- Bilder: Auswahl, Qualität, Funktionalität?
- Relation Text – Bild?
- Aufgabenstellungen: Anzahl? Verständlichkeit?
- Fragen: Zur Festigung des Gelernten? Zum Erschließen von Informationen? Zum Transfer auf andere Materialien?
- Mehr Lehrbuch oder mehr Arbeitsbuch?
- Angebote zur Übung, Wiederholung, Differenzierung?
- Übereinstimmung mit der Lebenswelt der Zielgruppe?
- Übereinstimmung mit Zielen / Schwerpunkten der Schule?" (Jürgens 2009, S. 307)

Darüber hinaus lässt sich in Fachzeitschriften beispielsweise auch ein anwendungsbezogener „Lehrwerk-Check" zur Qualitätsbestimmung und zur Reflexion des persönlichen Umgangs mit Schulbüchern finden (vgl. Kahlert 2006, S. 11). Dieser „Lehrwerk-Check" regt mittels sechs Fragenkomplexen, auch unter Einbezug der Kollegen, zur pädagogischen Reflexion an: zum Einsatz und zur Auswahl, zur inhaltlichen Qualität, zu methodischen Aspekten, zur Benutzerfreundlichkeit und Verständlichkeit und abschließend mit erweiternden Fragen (vgl. a. a. O., S. 12 f.).

Zudem gibt es seit 2009 in der Schweiz ein Online-Instrument namens *levanto*, um Lehrmittel mittels 52 Beurteilungskriterien zu bewerten, die sich jeweils einem pädagogisch-didaktischen, einem thematisch-inhaltlichen und einem formal-gestalterischen Bereich zuordnen lassen (vgl. Wirthensohn 2012, S. 199 f.).

2015 umfasst der Beurteilungskatalog zu *levanto 2.0* bereits 58 Statements, die in die Beurteilung einfließen. Der pädagogisch-didaktische Bereich enthält dabei die Dimensionen Lehrplankongruenz, Lernprozess, Zielgruppenorientierung, Individualisierung und Beurteilung. Der thematisch-inhaltliche Bereich befasst sich u. a. mit Kriterien wie Werthaltungen, Heterogenität, dem Aufbau, der Differenzierung, etc., wohingegen der formal-gestalterische Bereich Beurteilungskriterien zu den Dimensionen Gestaltung und Übersicht sowie Herstellung und Distribution anbietet. Neu ist der digital-inaktive Bereich (vgl. Interkantonale Lehrmittelzentrale ilz 2015, S. 1 ff.).

Auf der Internetseite *www.levanto.ch* kann eine Checkliste mit den Beurteilungskriterien geordnet nach Dimensionen und Bereichen heruntergeladen werden. Wirthensohn erklärt, dass dieses aus dem Akronym für den Begriff Lehrmittelevaluationstool entstandene, webbasierte Instrument „sich inzwischen zum de facto Standard in der deutschsprachigen Schweiz entwickelt" (Wirthensohn 2012, S. 199) hat. Es bietet neben der Möglichkeit zur Erstellung eines Gewichtungsprofils und einer Einschätzung über Stärken und Schwächen des zu beurteilenden Schulbuchs, eine grafische Auswertung mittels Polar- und Barcharts. Auch Gruppenauswertungen stehen zur Verfügung (vgl. a. a. O., S. 202 f.). Auch wenn *levanto* bereits in einigen Kantonen der Schweiz sowie im Fürstentum Liechtenstein erfolgreich verwendet wird, sind dem Instrument nach Wirthensohn Grenzen gesetzt, die es zu bedenken gilt.

„So beinhaltet *LEVANTO* bisher beispielsweise keine fachbezogenen Kriterien [... und] ersetzt auch keine Erprobung im realen Schulfeld" (a. a. O., S. 212; Hervorhebung im Original; Auslassung und Einfügung: S. L.).

Auch das Zulassungsverfahren von Lehrmitteln beansprucht einen Kriterienkatalog, der beispielhaft für ein Bundesland in dieser Arbeit vorgestellt wird (vgl. 2.3; 5.2.1). Der Kriterienkatalog hat zum Zweck, dass Lehrer auf zugelassene Schulbücher zugreifen können, ohne diese vorher nach bestimmten Kriterien untersuchen zu müssen. Die Qualität des Schulbuchs wurde schließlich im Genehmigungsverfahren bereits überprüft (vgl. P. Wendt 2010, S. 87).

Die Aktualität von Kriterienkatalogen lässt sich exemplarisch an einer Studie von Bentzinger, Werner und Drinhaus-Lang aufzeigen, die Fibeln für den Einsatz im Förderschwerpunkt Lernen untersucht haben. Basierend auf theoretischen Grundlagen entwickelten sie Kriterien für die Fibelanalyse, die sich in linguistische, fachdidaktisch-methodische, förderschwerpunktspezifische und den Schriftspracherwerb betreffende Kriterien aufteilen. Anhand dieser kann anschließend jede Fibel bewertet werden (vgl. Bentzinger/Werner/Drinhaus-Lang 2016, S. 352 f.).

Kahlert zeigt sich durchaus kritisch gegenüber den verschiedenen Analyserastern wie beispielsweise dem „Reutlinger Raster", die wenngleich sie Schulbücher sehr umfassend und theoretisch gut begründet in den Blick nehmen, doch unterschiedlich in Abhängigkeit vom Begutachter interpretiert werden können. Hinzu kommt, dass verschiedene Anforderungen von Seiten der Nutzer, seien es Schüler oder Lehrer, an das Buch gestellt werden. Diese reichen von Anknüpfen am Vorwissen, der Verständlichkeit der Gliederung bis hin zur Menge der enthaltenen Übungsaufgaben (vgl. Kahlert 2010, S. 50 f.).

Für Fey und Neumann ist weniger die Objektivität in der Beurteilung fraglich. Sie hinterfragen die Raster eher bezogen auf das Verhältnis von Analyse und Evaluation. Sie bemängeln dabei vor allem das Fehlen einer Anleitung zur systematischen Urteilsfindung (vgl. Fey/Neumann 2013, S. 66).

In der Unterrichtsforschung stellen jedoch solche Raster bzw. Kriterienkataloge ein wichtiges Verfahren dar. Dabei werden in neueren Forschungen die Kriterien mittels statistischer Methoden wie Interrater-Reliabilität festgelegt, so dass das durchaus berechtigte Argument der Interpretationsabhängigkeit, das vielen Rastern vorgeworfen werden kann, minimiert wird. Dies bedarf jedoch geschulter Beurteiler (vgl. a. a. O., S. 65). Dies ist im Rahmen von größeren Forschungsvorhaben sicherlich machbar und zielführend, für Kollegien, die über die Anschaffung von Büchern entscheiden, ist es eher keine praktikable Methode.

Das Forschungsfeld sog. *„Evaluationsstudien* (Entwicklung und Anwendung von Kriterienrastern für ein gutes Schulbuch mit aktuellen Weiterentwicklungen in der PISA-Ära)"* (Matthes 2014, S. 19; Hervorhebung im Original) stellt einen über lange Zeit existierenden und immer noch aktuellen Teilbereich der produktorientierten Schulbuchforschung dar. Nicht zuletzt trägt auch er dazu bei, dass die produktorientierte Forschung einen hohen Stellenwert hat und zu diesem Forschungstyp bereits eine Vielzahl an Studien stattgefunden haben.

„Untersuchungen zu den Lehrwerken selbst, zu den darin vermittelten Inhalten, zur Text- oder Aufgabenauswahl, aber auch zur Textverständlichkeit, zu Text-Bild-Bezügen, Rollenklischees u. a. sowie fachspezifische Vergleichsuntersuchungen liegen [...] vor" (Heckt 2009, S. 60; Auslassungen: S. L.).

Neben der produktorientierten Forschung, die hier in die drei Zweige der inhaltsanalytischen Verfahren, der Verständlichkeits-/Lesbarkeitsforschung sowie der Analyse mittels Kriterienkatalogen und Rastern unterteilt dargestellt wurde, gibt es noch einen weiteren Forschungstyp, der bislang in der Forschung eher weniger Beachtung fand: die Rezipientenforschung. Analytische Herangehensweisen vernachlässigen häufig den Einbezug von den Personen, die direkt mit der Produktion befasst sind oder täglich das Schulbuch verwenden. Dieser Meinung ist auch Thonhauser.

„Wahrscheinlich wäre Schulbuchforschung praktisch ergiebiger, wenn sie ihre Ergebnisse als Angebot zu einem kritischen Dialog mit Praktikern bzw. Betroffenen gestalten könnte, in den auch diese ihre Aspekte einbringen können." (Thonhauser 1992, S. 59)

Daher soll nun die wirkungsorientierte Schulbuchforschung in den Blick genommen werden.

3.4.3 Die wirkungsorientierte Schulbuchforschung

Neben dieser von Stein als Schulbuchforschung im engeren Sinne bezeichneten Inhaltsanalyse von Schulbüchern steht die Schulbuchforschung im weiteren Sinne. Hierunter ordnet Stein u. a. die Wirkungs- und Rezipientenforschung (vgl. Stein 1976, S. 10).

Die Rezipientenforschung hat im pädagogischen Bereich zunehmend an Bedeutung gewonnen, „insofern hier nicht allein zum Zwecke der Beschreibung der Realität medialer Rezeption geforscht wird, sondern zur Begründung medienpädagogischen Handelns, um die Qualität der

Rezeption zu verbessern" (Schorb 1998, S. 18). Dabei stehen der Aneignungsprozess und die Rezipienten im Mittelpunkt dieser Forschung, um anschließend aufbauend auf Forschungsresultaten das Lernen mit Medien zu verbessern (vgl. ebd.).

Somit steht bei der wirkungsorientierten Schulbuchforschung (auch Rezeptionsforschung) das Schulbuch vornehmlich in Bezug auf seine Wirkungen auf Schüler und Lehrer im Vordergrund (vgl. Weinbrenner 1992, S. 34 ff.; Weinbrenner 1995, S. 22 ff.). Weinbrenner erkennt ein gravierendes Forschungsdefizit in diesem Teil der Schul- und Unterrichtsforschung.

> „Ob und inwieweit ein Schulbuch von Lehrern und Schülern als Informationsquelle und Lernmedium benutzt werden kann, ob es als interessant und motivierend empfunden wird, ob es in einer schülergemäßen und verständlichen Sprache geschrieben wurde, ob ausreichende Lernhilfen und Benutzerhinweise vorhanden sind – diese und viele andere genuin *pädagogische* Fragestellungen warten auch innerhalb dieses Forschungstyps noch weitgehend auf ihre Bearbeitung" (Weinbrenner 1992, S. 38; Hervorhebung im Original).

Darüber hinaus kann auch die Wirkung auf die Öffentlichkeit oder auf internationale Beziehungen in den Blick genommen werden.

1 Wirkung auf den *Schüler*
    1.1 Ist die Darstellung der Themen im Schulbuch der Verständnisebene des Schülers angemessen?
    1.2 Werden durch die Art der Darstellung Bedürfnisse, Situation und Interessenlage der Schüler angesprochen? Werden Sie durch das Schulbuch motiviert, sich mit den dort dargestellten Sachverhalten auseinanderzusetzen?
    1.3 Ist das Schulbuch als Medium zur selbstständigen Aneignung und kritischen Auseinandersetzung mit Sachthemen des Unterrichts geeignet?

2 Wirkung auf den *Lehrer*
    2.1 Entspricht das Schulbuch der fachlichen sowie didaktisch-methodischen Intention des Lehrers?
    2.2 Ist das Schulbuch für den Lehrer Informationsquelle und Lernmedium?
    2.3 Haben die im Schulbuch dargestellten Sachverhalte einen Einfluß [sic!] auf Einstellungen, Denkgewohnheiten und Verhaltensweisen von Lehrern?

3 Wirkung auf die *Öffentlichkeit*
    3.2 [sic!] In welcher Weise wird in der Öffentlichkeit auf bestimmte Schulbücher reagiert?
    - Seitens der Eltern und ihrer Verbände,
    - seitens der Gewerkschaften und Unternehmerverbände,
    - seitens der Parteien
    - seitens der Massenmedien
    - seitens der zuständigen Hochschuldisziplinen?
    3.2 Gibt es öffentliche Stellungnahmen (z. B. „Schulbuchschelte")?
    3.3 Wird durch die o. g. Gruppen versucht, Druck auf Lehrer, Kultusminister, Autoren, Verlage usw. mit dem Ziel auszuüben, Inhalte des Schulbuches zu verändern, seinen Gebrauch im Unterricht einzuschränken oder ihm die Zulassung zu entziehen?

4 Wirkung auf die *internationalen Beziehungen*
    4.1 In welcher Weise werden andere Länder, Völker, Rassen im Schulbuch dargestellt?
    4.2 Sind Vorurteile, Ressentiments, Feindbilder und andere Realitätsverzerrungen in diesen Darstellungen erkennbar?
    4.3 Ist das Schulbuch geeignet, die Schüler zu Toleranz, Weltoffenheit, internationaler Solidarität und zur Völkerverständigung zu erziehen?

Abb. 12: Wirkungsorientierte Schulbuchforschung (Das Schulbuch als Sozialisationsfaktor) nach Weinbrenner (a. a. O., S. 37; Nachbildung: S. L.)

Die Abbildung 12 verdeutlicht mögliche Fragestellungen der wirkungsorientierten Schulbuch-forschung. Weinbrenner sieht vier Gruppen als wesentlich an, auf die Wirkungen erzielt werden können:

- Schüler,
- Lehrer,
- Öffentlichkeit,
- Internationale Beziehungen (vgl. ebd.).

Das Schulbuch erscheint somit als ein in ein großes Wirkungsgefüge eingebettetes Medium, das verschiedenen Rezipienten gerecht werden muss. Daher wählte auch Stein zusätzlich den Begriff der Rezipientenforschung (vgl. Stein 1976, S. 10). Dabei hat das Schulbuch nicht nur Auswirkungen auf verschiedene Bereiche bzw. Personen, es wird auch selbst von diesen be-einflusst.

Die Feststellung des Schulbucheinflusses auf die einzelnen Gruppen stellt laut Ditton insofern eine Herausforderung dar, als dass das Schulbuch in ein komplexes Bedingungsgefüge eingebun-den ist. Ditton bezeichnet Unterricht als „ein komplexes Unterfangen" (Ditton 2009, S. 178). Aus einer ökologischen Sichtweise heraus betont er die verschiedenen Faktoren, die von außen den Unterricht beeinflussen können. Hier wird der Einfluss der Lernumgebung erkennbar.

> „Somit haben der Lernerfolg und die Unterrichtsqualität viele Väter bzw. Mütter: die Lehrperson (ihre fachliche und pädagogisch-didaktische Expertise), die Lernenden (ihre Eingangsvoraussetzungen, Mo-tivation bzw. Interesse), die Unterrichtsinhalte (Lehrpläne, Curricula), die Unterrichtsgestaltung und die für den Unterricht verfügbare Zeit." (ebd.)

In einer kritischen Betrachtung der erziehungswissenschaftlichen Wirkungsforschung gibt Thonhauser zu bedenken, dass die direkte Wirkung von Schulbüchern auf den Lernerfolg der Schüler nur schwer nachweisbar ist.

> „Selbst in relativ einfachen Zusammenhängen – z.B. des Erst-Schreib-Lese-Unterrichts – liegt stets ein Bündel von zusammenwirkenden Faktoren vor, deren Auspartialisierung unter den erreichbaren For-schungskonditionen kaum gelingen wird." (Thonhauser 1995, S. 184)

Weidenmann übt ebenfalls Kritik insbesondere an der traditionellen Medienwirkungsforschung und bemängelt die geringe Generalisierung von Medienforschungsergebnissen. Er ist der Mei-nung, dass weniger das Medium oder die Medien im Vergleich auf ihre Wirkung untersucht werden, sondern eher das Treatment also die Art der Unterweisung mit den einzelnen Medien (vgl. Weidenmann 2006, S. 428 f.). Eine große Bedeutung für die Gestaltung von Lernprozessen hat somit u. a. der Lehrer, wobei jeder einzelne unterschiedliche Voraussetzungen, Qualifikatio-nen und Kompetenzen mitbringt (vgl. Schümer 1991, S. 16).
Zu beachten sind daher

> „angenommene Wirkungen der weiteren im Unterricht lernwirksamen Faktoren (Thema, Lehrkraft, Komposition der Schulklasse, Sozialform, Unterrichtsmethode, etc.), die bei der Nutzung eines Schul-buchs in einer Lernumgebung bedeutsam sind und die mit der Qualität des Schulbuchs und seines Einsatzes im Unterricht in Wechselwirkung treten können" (Doll/Rehfinger 2012, S. 25).

Die Komplexität dieser Faktoren hat Helmke versucht, in seinem Angebots-Nutzungs-Modell der Unterrichtswirkungsweise zu visualisieren.

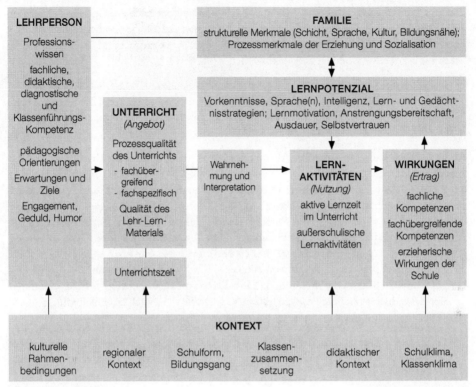

Abb. 13: Ein Angebots-Nutzungs-Modell der Wirkungsweise des Unterrichts nach Helmke (Helmke 2012, S. 71; Nachbildung: S. L.)

In diesem empirisch gesicherten Modell stellt die Qualität des Lehr-Lern-Materials lediglich eine Unterkategorie eines Faktors der Unterrichtsqualität dar. Neben dem Unterricht wirken sich beispielsweise auch der Kontext, die Familie, Merkmale der Lehrperson sowie das Lernpotenzial und die -aktivitäten des Schülers aus. Allerdings erklärt Helmke, dass „die didaktische Qualität und der Anregungsgehalt der Lehr- und Lernwerke [...] selbstverständlich einen Einfluss darauf [haben], wie gelehrt und gelernt wird" (a. a. O., S. 79; Umstellung: S. L.).

Im Bereich der Unterrichtsforschung, worunter die Schulbuchforschung eingeordnet werden kann, stehen Lehrern und Schülern Fragebogen zur Beurteilung der Unterrichtsqualität zur Verfügung, wie beispielsweise die im Projekt EMU (Evidenzbasierte Methoden der Unterrichtsdiagnostik und -entwicklung) entstandenen Fragebogen und Interviewleitfäden. Für diese gibt es keine Schulartbegrenzung, so dass diese auch an Förderzentren einsetzbar sind. Jedoch werden Schulbücher und andere Medien in diesen Instrumenten nicht berücksichtigt bzw. bewertet, sondern andere Schwerpunkte gesetzt, wie beispielsweise Klassenmanagement, lernförderliches Klima und Motivierung, Heterogenität, kognitive Aktivierung, Umgang mit Emotionen oder Störungen, etc. (vgl. a. a. O., S. 283 f.).

Neben der Methode der Befragung eignen sich bei der wirkungsorientierten Schulbuchforschung auch Experimente oder Studien, die direkt versuchen, die Wirkungen des Schulbuchs im Gebrauch einzufangen. Hierbei können videobasierte Studien wertvolle Beiträge leisten.

Die im Unterricht angefertigten Videoaufnahmen ermöglichen nach Aussagen von Johansson einen Perspektivenwechsel, da das Datenmaterial aus unterschiedlichen Sichtweisen betrachtet werden kann. So kann der Komplexität des Unterrichts etwas begegnet und auf bestimmte Aspekte wie bspw. das Schulbuch fokussiert werden.

> „To use video-recorded classroom lessons as a basis for educational research can be a solution for some of the problems that a researcher encounters in the complex milieu of a classroom. An advantage is, for example, that it is possible to analyze and re-analyze the data from different perspectives." (Johansson 2006, Appendix Article III, S. 13).

Auf diese Weise kann der Einsatz des Buches direkt dokumentiert werden. Es ist möglich einen Ausschnitt über die unterrichtliche Nutzung des Schulbuchs zu erfassen. Jedoch bleibt offen, ob es mittels Beobachtungen gelingen kann, die Wirkung des Schulbuchs direkt zu erfassen. Andere, am Unterricht beteiligte Faktoren wie der Kontext, die Familie oder die Lehrperson, wie sie Helmke in seinem Angebots-Nutzungs-Modell dargestellt hat (vgl. Helmke 2012, S. 71; Abbildung 13), haben ebenfalls Auswirkungen auf das Unterrichtsgeschehen und das Lernen. Wechselwirkungen und Effekte dieser Faktoren sind schwer messbar.

Hinzu kommt, dass es wegen des experimentellen Charakters fraglich ist, ob ein „natürlicher" Umgang mit dem Buch beobachtet werden kann oder ob die Lehrkräfte und Schüler sich anders „als üblich" verhalten. Auf die Problematik bei Videografie weist auch Buchhaupt hin.

> „So ist die Frage der Reaktivität der Situation (also die Veränderung der Situation durch die Kamera) eine in jeder Studie zu reflektierende Bedingung, die prinzipiell in jeder Form der Datenerhebung zum Tragen kommt, im Rahmen von Videostudien aber möglicherweise besonders deutlich ist." (Buchhaupt 2016, S. 165)

Im Rahmen eines Experiments ist eine Kontrollgruppe sinnvoll, damit wissenschaftliche Standards eingehalten und Unterschiede zwischen den Gruppen festgestellt werden können. Diese Kontroll- bzw. Vergleichsgruppe müsste gleiche Voraussetzungen mitbringen. Auch die Rahmenbedingungen sollten so ähnlich wie möglich sein, um sie systematisch variieren zu können. Es müsste nahezu ausgeschlossen sein, dass die Nutzung durch die Schüler von anderen Faktoren wie Lehrstil, Lehrerpersönlichkeit etc. beeinflusst wird. Nur so ließen sich Effekte messen und vergleichen (vgl. Bortz/Döring 2006, S. 54).

Stadtfeld betont, wie schwierig eine Gleichhaltung aller Variablen des Unterrichtsprozesses ist:

> „In einem experimentellen Forschungsdesign wäre es nämlich erforderlich, außer einer einzigen Variablen – den jeweils verwendeten Medien – alle anderen Variablen des Unterrichtsprozesses unter verschiedenen Bedingungen gleichzuhalten, um kausale Aussagen bezüglich der spezifischen Leistungen von Lehrmitteln bzw. Neuen Medien schlüssig belegen zu können. Genau das ist aber nicht möglich." (Stadtfeld 2011, S. 75 f.)

Dass so eine Beobachtung des Medieneinsatzes nicht nur möglich, sondern auch zielführend für die Erforschung der Unterrichtsqualität und damit auch der verwendeten Medien sein kann, beweist beispielhaft eine in Tschechien durchgeführte, videobasierte Studie von Janík, Najvarová und Janík. Es erfolgte eine Analyse der im Physik-, Geographie- und Englischunterricht verwendeten Medien unter Berücksichtigung auch zeitlicher Aspekte. Dabei zeigte sich, dass das Lehrwerk im Englischunterricht durchschnittlich mit 7:33 Minuten am häufigsten eingesetzt wurde. Im Physikunterricht betrug der Zeitanteil 3:06 Minuten und im Geographieunterricht lediglich 0:47 Minuten von insgesamt 45 Minuten[3]. Insgesamt zeigte sich, dass zwischen 40 und 50 Prozent des Unterrichts in den videographierten Stunden ohne Medien und Mittel stattfand (vgl. Janík/Najvarová/Janík 2014, S. 296 ff.).

Unterrichtsbeobachtungen können durch Tagebücher ergänzt werden, in denen die Schulbuchverwender Art und Weise der Schulbuchnutzung dokumentieren. Dieses Vorgehen hat Rezat in seiner Studie gewählt. In seiner Untersuchung sollten die Gymnasiasten Markierungen der behandelten Ausschnitte im Schulbuch vornehmen und Gründe für die Nutzung angeben (vgl. Rezat 2010, S. 2 f.).

Tagebücher oder Mitschriften bedürfen einer konsequenten und sorgfältigen Führung, um wissenschaftlich fundierte Aussagen treffen zu können. Solche Anforderungen können jedoch lediglich an Schüler in höheren Jahrgangsstufen gestellt werden. Überdies verlangt es ein hohes Maß an Bereitschaft und Engagement von den Beteiligten.

Eine letzte Möglichkeit, um Schulbücher oder andere Medien zu beurteilen, wären Medienvergleichsstudien. Nach einem Vortest werden zwei Gruppen gebildet: eine Gruppe, die mit einem Medium arbeitet, und eine zweite Gruppe ohne das Medium. In einem Posttest werden dann Lerneffekte ermittelt und, wenn möglich signifikante, Unterschiede in den Ergebnissen der einzelnen Untersuchungsgruppen festgestellt. Solche Vergleichsstudien besitzen eher schwache Aussagekraft und wurden bislang meist nur zu Schulfernsehen oder digitalen Medien durchgeführt (vgl. Tulodziecki/Herzig/Grafe 2010, S. 75 ff.). Diese Medien finden auch in Evaluationsstudien Anwendung. Jedoch bemängeln Tulodziecki, Herzig und Grafe, dass sich die Evaluationsstudien „auf mediale Angebote beziehen, die ohne explizite theoretische Grundlagen entwickelt wurden" (a.a.O., S. 85 f.) und „in der Regel nicht mit repräsentativen Stichproben durchgeführt werden (a.a.O., S. 86).

Auch wenn gezeigt werden konnte, dass lineare Wirkungen einzelner Komponenten wie beispielsweise des Schulbuchs nur schwer messbar sind, erscheint es dennoch durchaus gewinnbringend, sich mit der wirkungsorientierten Unterrichtsforschung näher zu beschäftigen.

3.5 Zusammenfassung

Die Forschung zum Schulbuch ist in den letzten Jahren deutlich in das Interesse der Forscher gerückt, wenngleich immer noch von einem Forschungsdefizit ausgegangen werden kann (vgl. 3.1; 3.2).

Sie wird nicht nur von einzelnen Autoren betrieben, sondern auch von Institutionen, Verbänden oder Vereinigungen unterstützt und getragen. Bestimmte Institute und Verbände wie das Georg-Eckert-Institut für Internationale Schulbuchforschung, die Internationale Gesellschaft für historische und systematische Schulbuch- und Bildungsmedienforschung e.V. oder der Verband Bildungsmedien e.V. haben sich zum Ziel gesetzt, Schulbuchforschung voran zu treiben (vgl. 3.3).

Dabei kann die Forschung in verschiedene Forschungstypen unterschieden werden: die prozess-, produkt- und wirkungsorientierte Schulbuchforschung.

---

3 Anmerkung: In der Originalquelle von Janík, Najvarová und Janík sind jeweils Text und Abbildung falsch zugeordnet. Die Abbildungen 3 und 5 sind vertauscht, wie die Zahlen in Tab. 3 belegen (vgl. Janík/Najvarová/Janík 2014, S. 297 ff.). Die Verfasserin der vorliegenden Arbeit hat die richtige Zuordnung bei den oben genannten Zeitangaben berücksichtigt.

Während die prozessorientierte Forschung auf dem Lebenszyklus eines Schulbuchs fokussiert (vgl. 3.4.1), verwendet die produktorientierte Schulbuchforschung eher analytische Verfahren, um beispielsweise bestimmte Aspekte eines Schulbuchs genauer herauszustellen. Neben den inhaltsanalytischen Verfahren können auch Kriterienkataloge und Raster unter diesem Forschungstyp subsumiert werden, wenngleich Kriterienkataloge keine eigene Gruppe im wissenschaftlichen Sinn darstellen. Ebenso der produktorientierten Schulbuchforschung zuzuordnen ist die Verständlichkeits- oder Lesbarkeitsforschung (vgl. 3.4.2). Der dritte Forschungsbereich umfasst die wirkungsorientierte Forschung oder auch Rezipientenforschung, die Wirkungen des Schulbuchs auf die Adressaten der Schulbücher in den Vordergrund stellt (vgl. 3.4.3).

Schulbuchforschung steht dabei stets in einer engen Verknüpfung zur Unterrichtsforschung. Es ist deutlich geworden, dass das Schulbuch in dieses komplexe Bedingungsgefüge eingebunden ist und nicht isoliert betrachtet werden kann. Die Lernumgebung nimmt Einfluss auf das Schulbuch an sich, z.B. auf die darin enthaltenen Inhalte, sowie auf dessen Einsatz im Unterricht. Verschiedene Gruppen, Schüler, Lehrer, Eltern, die Öffentlichkeit, Verlage etc. sind beteiligt und wirken auf das Schulbuch und dessen Gebrauch ein.

Um die unterschiedlichen Perspektiven des Schulbuchs zu untersuchen, liefern die einzelnen Forschungstypen verschiedene Ansatzpunkte und Vorgehensweisen. Jeder Forschungstyp verlangt spezielle Methoden, um letztlich das Schulbuch bezogen auf bestimmte Aspekte beurteilen zu können. Dies kann etwa der Inhalt sein, der auf seine Verständlichkeit oder fachwissenschaftliche Schwerpunkte untersucht werden kann. Konkrete Beispiele sind bereits genannt worden.

Die einzelnen Beurteilungsmöglichkeiten lassen sich folgendermaßen zusammenfassen, wie Abbildung 14 zeigt.

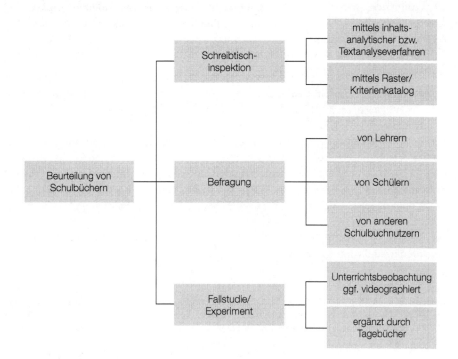

Abb. 14: Häufig angewandte Methoden zur Beurteilung von Schulbüchern

Die dargestellten Methoden beziehen dabei unterschiedliche Personen in den Beurteilungspro-zess mit ein. Während analytische Herangehensweisen weniger an den Wirkungen interessiert sind, die das Schulbuch auf die Personen hat, die direkt und täglich mit dem Schulbuch befasst sind, lassen andere Verfahren dem Personenkreis der Akteure, die mit dem Schulbuch arbeiten, besondere Aufmerksamkeit zukommen. Das sind vor allem Schüler und Lehrer und im Fall der hier dargestellten Untersuchung Schüler mit sonderpädagogischem Förderbedarf im Förder-schwerpunkt Lernen.

4 Sonderpädagogischer Förderbedarf im Förderschwerpunkt Lernen – gravierende Lernschwierigkeiten – Lernbeeinträchtigungen

Es gab und gibt eine Vielzahl an Bezeichnungen für Schüler mit sonderpädagogischem Förderbedarf im Förderschwerpunkt Lernen. So verwendet beispielsweise Heimlich „gravierende Lernschwierigkeiten" (vgl. Heimlich 2009, S. 11), wohingegen früher eher der Begriff „Lernbehinderung" Verwendung fand. Andere Autoren bevorzugen „Lernbeeinträchtigung", manche „Lernstörung". Die Bezeichnung war im Laufe der Zeit einem fortwährenden Wandel unterworfen und führte bislang zu keiner Festlegung auf einen Fachterminus (vgl. Heimlich/Wember 2014, S. 51; Werning/Lütje-Klose 2012, S. 18).

Da sich die Begriffe vielfach durch ein divergentes Verständnis auszeichnen, erscheint es notwendig, eine Begriffsklärung voranzustellen und die einzelnen Begriffe miteinander zu vergleichen. Dabei ist es zunächst wichtig, den Begriff „Lernen" zu klären (4.1), bevor anschließend Schwierigkeiten im Lernen in den Blick genommen werden können (4.2). Allerdings wird auf eine vollständige historische Darstellung der Begriffsentwicklung verzichtet, da zwar eine klare Abgrenzung der aktuell verwendeten Begriffe notwendig, aber eine geschichtliche Herleitung für die vorliegende Thematik und die im Rahmen dieser Arbeit durchgeführte Untersuchung nicht zielführend ist. Wesentliche Entwicklungen werden aber in der Arbeit dargestellt. Eine ausführliche Darstellung der geschichtlichen Entwicklung der Sonderpädagogik ist bei Ellger-Rüttgardt zu finden (vgl. Ellger-Rüttgardt 2008).

Was zeichnet Schüler mit gravierenden Lernschwierigkeiten aus? Wodurch werden ihre Schwierigkeiten bedingt? Sind diese nur im Kind zu verorten oder bestehen noch weitere verursachende Momente? Welcher Lernort ist geeignet, um den Lernvoraussetzungen dieser Schüler gerecht zu werden? Wie ist die aktuelle Datenlage?

Die Klärung dieser und weiterer Fragen findet in den verschiedenen Unterkapiteln statt. Aktuelle Sichtweisen in der Pädagogik bei Lernschwierigkeiten werden in Kapitel 4.3 aufgegriffen, bevor anschließend im Kapitel 4.4 genauer Schüler mit sonderpädagogischem Förderbedarf insbesondere im Förderschwerpunkt Lernen beschrieben werden. Dass eine Förderung bei festgestelltem sonderpädagogischen Förderbedarf an unterschiedlichen Schulen stattfinden kann, wird näher in Kapitel 4.5 im Rahmen der Inklusionsdebatte beleuchtet. Dabei erfolgt bereits an dieser Stelle eine Schwerpunktlegung auf Bayern, da dies für die spätere Forschung wichtig ist. Genaue Zahlen und Informationen zu Schülern mit gravierenden Lernschwierigkeiten und sonderpädagogischen Lehrkräften in Bayern werden in Kapitel 4.6 aufgezeigt. Den Abschluss des 4. Kapitels bildet erneut aus einer Zusammenfassung der Unterkapitel (4.7).

4.1 Der Begriff des Lernens

Der Begriff „Lernen" kann aus verschiedenen Blickwinkeln betrachtet werden. Zumeist wird unter Lernen eine Verhaltensänderung verstanden, die auf der Grundlage von Erfahrung basiert.

> „Lernen ist die Bezeichnung für Veränderungen im Erleben und Verhalten bzw. in Verhaltensdispositionen eines Individuums, die in Folge von – meist wiederholten – Erfahrungen mit bestimmten Reizen oder Reizkonstellationen entstehen." (Wember/Heimlich 2014, S. 54)

Bundschuh betont überdies die Persönlichkeitsentfaltung als Ziel.

> „Lernen bedeutet Aktualisierung und Änderung von Verhalten mit dem Ziel der bestmöglichen Entfaltung der Persönlichkeit im Kontext weitgehend selbstständiger Konstruktion und Bewältigung des eigenen zukünftigen Lebens." (Bundschuh 2007, S. 178)

Bereits in dieser Erklärung wird der Begriff der „Konstruktion" betont, welcher in der konstruktivistischen Erkenntnistheorie eine wesentliche Rolle spielt. Die konstruktivistische Sichtweise hat sich in den letzten Jahren immer mehr auf den Unterricht und besonders auf didaktische Konzepte ausgewirkt, da sie die aktive Rolle des Lerners betont, der sich sein Wissen konstruiert. Dies geschieht in sozialen Kontexten und auf der Grundlage von bereits vorhandenem Wissen (vgl. Werning 2014, S. 261). Da diese Sichtweise grundlegend für weitere Überlegungen ist, die im Einzelnen später näher ausgeführt werden, sei das konstruktivistische Erkenntnismodell an dieser Stelle erläutert.

Im Konstruktivismus werden verschiedene Wissenschaftsdiziplinen aufgegriffen und dabei vor allem kognitions- und erkenntnistheoretische Fragestellungen mit einbezogen.

> „Im Mittelpunkt steht die Frage, wie Erkenntnisse und Wissen subjektiv aufgebaut werden und wie die Beziehung zwischen Wissen und Wirklichkeit gestaltet ist." (a. a. O., S. 261)

Maturana und Varela gehen dem Phänomen des Erkennens in ihrem Buch „Der Baum der Erkenntnis" nach. Sie stellen fest, dass Handlung und Erfahrung zusammenhängen.

> „Diese Zirkularität, diese Verkettung von Handlung und Erfahrung, diese Untrennbarkeit einer bestimmten Art zu sein von der Art, wie die Welt uns erscheint, sagt uns, daß [sic!] *jeder Akt des Erkennens eine Welt hervorbringt*" (Maturana/Varela 1987, S. 31; Hervorhebung im Original).

Dabei gehen sie davon aus, dass der Mensch mit anderen Personen koexistieren möchte, was das Schaffen einer gemeinsamen Welt erfordert.

> „Die einzige Chance für die Koexistenz ist also die Suche nach einer umfassenderen Perspektive, einem Existenzbereich, in dem beide Parteien in der Hervorbringung einer gemeinsamen Welt zusammenfinden." (a. a. O., S. 264)

Somit gibt es keine von uns unabhängige Wirklichkeit.

> „Die Wirklichkeit, in der wir leben, ist vielmehr Prozess und Ergebnis unseres Zusammenlebens, unserer Kommunikationen und Interaktionen." (Werning 2014, S. 261)

Vor allem der soziale Konstruktivismus rückt die Interaktion und Kommunikation in den Vordergrund, eine Sichtweise, die gerade für das Lernen in der Schule eine entscheidende Rolle spielt. Gergen, der von sozialem Konstruktionismus spricht, hebt seinerseits die Interaktion und die Beziehung als grundlegend und bedeutsam hervor, da der Mensch sich alleine keine Welt erschaffen könne.

> „Sinn und Bedeutung ergeben sich aus aufeinander bezogenen Interaktionen zwischen Menschen – aus Diskussionen, Verhandlungen und Übereinstimmungen. Aus dieser Sicht sind Beziehungen Grundlage für alles, was verstehbar ist." (Gergen 2002, S. 67)

Dieses Verständnis zeigt deutlich, wie wichtig soziale Kontakte, aber auch Anregungen durch die Umwelt sind (vgl. Heimlich 2009, S. 224), damit der Mensch seine Welt in Interaktion mit seiner Umwelt hervorbringen kann. Der Mensch knüpft dabei an bereits bestehendes Wissen an und kann es erweitern. Diese sozial-konstruktivistische Anschauung lässt sich auch in diversen Lehrplänen, wie bspw. dem LehrplanPLUS Grundschule, wiederfinden.

> „Lernen ist ein Prozess der Verhaltensänderung und des Wissenserwerbs, bei dem der Mensch von Geburt an – auf der Basis seiner Erfahrungen, Kenntnisse und Kompetenzen – aktiver Konstrukteur seines Wissens ist. Kommunikation ist ein zentrales Element des Wissensaufbaus. Kinder konstruieren ihr Weltverständnis durch den Austausch mit anderen." (Bayerisches Staatsministerium für Bildung und Kultus, Wissenschaft und Kunst 2014a, S. 11)

Manchmal kann es sein, dass mehr als nur ein Austausch oder eine anregende Lernumgebung benötigt wird, um zu lernen. Es bedarf zusätzlicher (sonderpädagogischer) Unterstützung. Dies bildet den Schwerpunkt des nächsten Kapitels.

4.2 Gegenüberstellung der Begriffe sonderpädagogischer Förderbedarf im Förderschwerpunkt Lernen, gravierende Lernschwierigkeiten und Lernbeeinträchtigungen

Bei dem komplexen Vorgang des Lernens kann es durchaus zu Schwierigkeiten kommen, die, wenn sie sich als langdauernd und übergreifend auf viele Bereiche erweisen, auch zu gravierenden Lernproblemen, Schulleistungsproblemen oder gar zu Schulversagen und damit zum Verlassen der Schule ohne einen spezifischen Abschluss führen können (vgl. Werning/Lütje-Klose 2012, S. 14).

Diese Probleme benötigen dann zur Überwindung Unterstützung, ggf. auch sonderpädagogische Unterstützung. Diese Denkweise findet sich in den „Empfehlungen zum Förderschwerpunkt Lernen" der Kultusministerkonferenz (KMK) aus dem Jahr 1999 wieder, die eine Definition von sonderpädagogischem Förderbedarf liefert.

> „Sonderpädagogischer Förderbedarf ist bei Kindern und Jugendlichen gegeben, die in ihrer Lern- und Leistungsentwicklung so erheblichen Beeinträchtigungen unterliegen, dass sie auch mit zusätzlichen Lernhilfen der allgemeinen Schulen nicht ihren Möglichkeiten entsprechend gefördert werden können. Sie benötigen sonderpädagogischer Unterstützung, um unter den gegebenen Voraussetzungen eine bestmögliche Förderung zu erfahren" (Sekretariat der Ständigen Konferenz der Kultusminister der Länder in der Bundesrepublik Deutschland 1999, S. 4f.).

Bereits 1994 war in den „Empfehlungen zur sonderpädagogischen Förderung in den Schulen der Bundesrepublik Deutschland" der Kultusministerkonferenz von sonderpädagogischem Förderbedarf die Rede, wobei hier noch eine etwas vagere Formulierung in Form von „anzunehmen" statt „gegeben" verwendet wurde und auch die Beeinträchtigungen in den „Bildungs-, Entwicklungs- und Lernmöglichkeiten" (Sekretariat der Ständigen Konferenz der Kultusminister der Länder in der Bundesrepublik Deutschland 1994, S. 5) beschrieben wurden (vgl. ebd.). Aber auch hier war die sonderpädagogische Unterstützung wesentliches Merkmal der Definition.

Obwohl die KMK-Empfehlungen lediglich einen empfehlenden bzw. Orientierung anbietenden und keinen verbindlichen Charakter haben, so wurde und wird vielfach auf diese Definition Bezug genommen, auch wenn die Definition insbesondere aus wissenschaftlicher Sicht zu kritisieren ist. Problematisch an der KMK-Definition des sonderpädagogischen Förderbedarfs ist die darin enthaltene Tautologie (vgl. Heimlich 2009, S. 25; Diefenbach 2008, S. 63), da „hier das zu Erklärende (der sonderpädagogische Förderbedarf) durch sich selbst (die sonderpädagogische Förderung) erklärt [wird], was den Anforderungen an eine wissenschaftliche Definition des Begriffs bislang noch nicht standhält" (Heimlich 2009, S. 25; Einfügung: S.L.).

Jedoch hat mit dem Erscheinen der „Empfehlungen zur sonderpädagogischen Förderung in den Schulen der Bundesrepublik Deutschland" im Jahr 1994 ein Umdenken im Bereich der Sonderpädagogik stattgefunden.

> „Ausgehend von einem veränderten Verständnis von Behinderung markieren sie [die KMK-Empfehlungen von 1994] die Wende zur Integration aus Sicht der KMK." (Drave/Rumpler/Wachtel 2000, S. 18; Einfügungen: S. L.)

Dieser Perspektivenwechsel zeigt sich vor allem in der Fokussierung auf den (individuellen sonderpädagogischen) Förderbedarf statt wie bisher auf die Defizite des Kindes. Die daraus resultierende veränderte, prozessuale Diagnostik mit Betonung der Kind-Umfeld-Analyse zielt auf die Integration der Schüler in die allgemeinen Schulen (vgl. a. a. O., S. 19; Sekretariat der Ständigen Konferenz der Kultusminister der Länder in der Bundesrepublik Deutschland 1994, S. 6 ff.).

Vor allem der früher verwendete Begriff „Lernbehinderung" war stark auf die Defizite des Kindes ausgerichtet. Kanter ordnete in seiner Systematik die Begriffe „Lernbehinderung" und „Lernstörung" dem Oberbegriff „Lernbeeinträchtigung" bzw. „Beeinträchtigung des Lernens" unter (vgl. Kanter 1977, S. 47; S. 58). Lernbehinderung definierte er als „die schwerwiegende, umfängliche und langdauernde Beeinträchtigung der Lernprozesse und des Lernaufbaues eines Menschen" (a. a. O., S. 34). Somit unterschied sich Lernbehinderung von Lernstörung in den Kriterien „Schweregrad, Umfang und Zeitdauer" (a. a. O., S. 47) insofern, als Lernbehinderung dann festgestellt wurde, „wenn sich die Lernprobleme in mehr als einem Schulfach zeigten, die Lernrückstände sich über mehr als ein Schuljahr erstreckten und der IQ [Intelligenzquotient] mehr als eine Standardabweichung unter dem Durchschnitt lag" (Heimlich 2009, S. 20; Einfügung: S. L.).

Insbesondere das Kriterium der unterdurchschnittlichen kognitiven Leistungsfähigkeit in Form von „Defiziten in der allgemeinen Intelligenz (der IQ liegt zwischen 55 und 85)" (Grünke 2000, S. 66) stand bei der Diagnose Lernbehinderung im Vordergrund. Man glaubte, mit dieser Definition von Lernbehinderung relativ eindeutige und objektiv überprüfbare Kriterien beispielsweise durch die Verwendung von Intelligenztests zur Feststellung des IQ gefunden zu haben, um damit eine Überweisung an eine Schule für Lernbehinderte zu rechtfertigen.

> „Aufgrund der historischen Weichenstellung zu Beginn des 20. Jahrhunderts, schulversagende Kinder aus der Volksschule auszusondern, haben die entwickelten Begriffe zur Erklärung oder Beschreibung des Schulversagens auch immer die Funktion, die Differenz zwischen Regel- und Hilfs-, Sonder- bzw. Förderschülern zu markieren." (Werning/Lütje-Klose 2012, S. 20)

Jedoch stellte sich in der Praxis heraus, dass die aufgestellten Überweisungskriterien nicht in allen Fällen eingehalten wurden, so dass beispielsweise auch (über-)durchschnittlich intelligente Schüler an Schulen für Lernbehinderte unterrichtet wurden.

An der damals vorherrschenden Sichtweise ist vor allem kritisch zu sehen, dass Lernbehinderung ausschließlich ein individuelles Problem bzw. Defizit des Schülers darstellte. Man versuchte „spezifische Merkmale zur zweifelsfreien Bestimmung und Abgrenzung dieses Phänomens bezogen auf die Person herauszuarbeiten" (ebd.). Neuere Denkweisen erkennen hingegen auch das Umfeld als beeinflussenden Faktor an (vgl. Heimlich/Wember 2014, S. 52).

Diese „Abkehr von einer individualisierenden Begrifflichkeit hin zur Berücksichtigung kontextueller Bedingungen bei Lernschwierigkeiten" (Werning/Lütje-Klose 2012, S. 20) verdeutlichen die Empfehlungen der KMK aus dem Jahr 1999.

„Bei Schülerinnen und Schülern mit Beeinträchtigungen des Lernens ist die Beziehung zwischen Individuum und Umwelt dauerhaft bzw. zeitweilig so erschwert, dass sie die Ziele und Inhalte der Lehrpläne der allgemeinen Schule nicht oder nur ansatzweise erreichen können. Diesen Kindern und Jugendlichen und ihren Eltern muss Hilfe durch Angebote im Förderschwerpunkt Lernen zuteil werden [sic!]." (Sekretariat der Ständigen Konferenz der Kultusminister der Länder in der Bundesrepublik Deutschland 1999, S. 2)

Die Abkehr von der Defizitorientierung hin zur Betonung einer kontextbezogenen Sichtweise mit Hervorhebung der Notwendigkeit einer (sonderpädagogischen) Förderung kann daher als das wichtigste Element der KMK-Empfehlungen aus den Jahren 1994 und 1999 gelten.

Da die KMK-Definition die Anforderungen an eine wissenschaftliche Definition nicht erfüllt, ist die Bezeichnung „sonderpädagogischer Förderbedarf im Förderschwerpunkt Lernen" zu überdenken, was die Verwendung eines anderen, alternativen Begriffs notwendig macht: „Gravierende Lernschwierigkeiten" (Heimlich 2009, S. 26). Der in den KMK-Empfehlungen benannte notwendige zusätzliche Bedarf an sonderpädagogischer Förderung und Unterstützung ist auch für gravierende Lernschwierigkeiten charakteristisch. Diese können im Gegensatz zu Lernproblemen bzw. *„allgemeine[n] Lernschwierigkeiten"* (Heimlich/Wember 2014, S. 53; Hervorhebung im Original; Anpassung: S. L.) nicht mehr von der Person selbst überwunden werden, sondern bedürfen einer Hilfe von außen z. B. von Sonderpädagogen (vgl. Heimlich 2009, S. 29).

„Gravierende Lernschwierigkeiten sind dadurch gekennzeichnet, dass sie nur mit zusätzlicher sonderpädagogischer Förderung bewältigt werden können." (ebd.)

Dabei beschränkt sich der Begriff „Lernschwierigkeit" nicht nur auf den schulischen Kontext. Er ermöglicht zusätzlich eine Ausweitung auch auf außerschulische Bereiche und betont die Übertragbarkeit des Begriffs auf unterschiedliche Alters- und Lebensbereiche, da Lernschwierigkeiten bei allen Lernprozessen auftreten können (vgl. Heimlich/Wember 2014, S. 53; Heimlich 2009, S. 27). Sie „ergeben sich jeweils an der Anforderungsschwelle zwischen vorhandenen Fähigkeiten bzw. Fertigkeiten und noch zu erwerbenden" (a. a. O., S. 26).

Hinter diesem Verständnis von Lernschwierigkeiten steht u. a. das Entwicklungsmodell von Vygotskij, der zur „Einschätzung eines Entwicklungsstands [...] nicht nur das aktuelle Niveau, sondern auch die Zone der nächsten Entwicklung" (Vygotskij 2002, S. 326; Auslassungen: S. L.) berücksichtigt. Das ist bei jedem Lernprozess notwendig, da „die Zone der nächsten Entwicklung unmittelbare Bedeutung für die Dynamik der intellektuellen Entwicklung und des Lernerfolgs als das aktuelle Entwicklungsniveau" (a. a. O., S. 327) hat, ganz gleich, auf welchem Entwicklungsniveau sich das Kind oder der Jugendliche befindet oder ob es sich um ein Kind oder Jugendlichen mit allgemeinen, gravierenden oder ohne Lernschwierigkeiten handelt.

Die Entwicklung des Kindes stellt gleichermaßen Piaget in den Vordergrund, der in seinem Modell der kognitiven Entwicklung verschiedene Phasen erläutert, die das Kind durchläuft (vgl. Piaget 1994, S. 153 ff.; Woolfolk 2008, S. 41 ff.). Dabei werden die Denkprozesse, die zunächst sensomotorische Aktionen beinhalten, immer abstrakter. Piaget macht Angaben zum Alter, wann sich die Kinder in einer der vier Perioden bzw. Phasen befinden (vgl. Piaget 1994, S. 31 ff.), wenngleich diese Angabe je nach Kind durchaus variieren können. Zudem betont Piaget die Bedeutung der Sprache, da die „Bildung des Denkens als begriffliche ‚Vorstellung' [...] beim Kind zweifellos vom Erwerb der Sprache abhängig [ist]" (Piaget 1993, S. 99; Umstellung: S. L.) sowie den Zusammenhang zwischen Handeln und Denken. Er sieht „Operationen als Ergebnis verinnerlichter Handlungen" (a. a. O., S. 98) an, wobei „[...] die Sprache diese Verinnerlichung [erleichtert]" (a. a. O., S. 101; Umstellung: S. L.).

Des Weiteren können auch Deweys Entwicklungstheorien als grundlegend für das Verständnis von Lernschwierigkeiten gesehen werden. Dewey hebt die Erfahrung für das Lernen besonders heraus, die sowohl eine aktive Seite in Form von Handeln und Ausprobieren als auch passive Seite beinhaltet. Beide Elemente sind für die Erfahrung wesentlich (vgl. Dewey 2011, S. 186).

> „Indem wir die Rolle zu bestimmen suchten, die das Denken in der Erfahrung spielt, bemerkten wir zunächst, daß [sic!] der Begriff der Erfahrung eine Beziehung einschließt zwischen einem Handeln und Probieren mit einem ‚Erleiden', das die Folge davon ist. Die Abtrennung der aktiven Phase des *Tuns* von der passiven des *Erleidens* zerstört die Bedeutung einer Erfahrung für das Leben. Denken bedeutet die planmäßige und sorgfältige Herstellung von Beziehungen zwischen Handlungen und ihren Folgen." (a. a. O., S. 202; im Original Hervorhebungen im Sperrsatz)

Das Denken basiert auf Erfahrungen, die in einem Austausch mit der Umwelt stattfinden. Diese Interaktion mit der Umwelt stellt dabei eine Gemeinsamkeit der verschiedenen Entwicklungsmodelle dar. Alle betonen die Aktivität des Lerners, der den Lernprozess eigenaktiv steuert. Dennoch können in jedem Lernprozess Schwierigkeiten im Lernen stattfinden, die in der Regel der Lerner selbst überwinden kann (vgl. Heimlich 2009, S. 27).

Kinder und Jugendliche mit gravierenden Lernschwierigkeiten unterscheiden sich letztendlich nicht in ihrer Entwicklung von Kindern und Jugendlichen ohne Lernschwierigkeiten, sondern nur in ihrem Bedarf an Unterstützung zur Bewältigung der Lernschwierigkeiten. Entscheidend ist vielmehr eine zeitnahe Unterstützung und Förderung, aber auch eine frühe Diagnostik (vgl. a. a. O., S. 29), um entsprechende Lernprozesse anzuregen.

Ein weiterer Vorteil des Begriffs „Lernschwierigkeit" ist sicher in der Verständlichkeit auch international zu sehen, da er an den englischen Begriff der *„learning difficulties"* (a. a. O., S. 28; Hervorhebung im Original) anschließt, der in vielen Ländern und zusätzlich im Bereich der inklusiven Pädagogik anerkannt ist. Hinzu kommt, dass „Lernbehinderungen" in anderen Ländern anders verstanden oder mit anderen bzw. anders definierten Begriffen umschrieben werden (vgl. ebd.). Die Bezeichnung „Lernbehinderung" „findet sich ansonsten weder in einem der gängigen Klassifikationssysteme, noch existiert im internationalen Sprachgebrauch ein entsprechender Parallelbegriff" (Grünke 2000, S. 66)

Auch für Ellinger erweist sich der Begriff „Lernschwierigkeit" „als international anschlussfähig und kann als informelle Bezeichnung für Probleme unterschiedlicher Art und unterschiedlicher Ausprägung gelten" (Ellinger 2013a, S. 18). Allerdings ordnet er den Begriff der Lernschwierigkeiten den Lernbeeinträchtigungen unter, die als umfassenden Oberbegriff für „gravierende, umfängliche, personbezogene, systembedingte, langdauernde oder partielle Lerneinschränkungen und -verlangsamungen" (a. a. O., S. 21) stehen. Ellinger definiert Lernbeeinträchtigungen folgendermaßen.

> „Lernbeeinträchtigungen umfassen alle leichten und gravierenden Lernschwierigkeiten, Lernstörungen und sonderpädagogischen Förderbedarfe im Förderschwerpunkt Lernen." (ebd.; im Original kursiv)

Diese Begriffsbestimmung erscheint zunächst wesentlich umfassender, da es die verschiedenen Ausprägungsgrade mit einschließt. Allerdings steht dahinter teilweise ein anderes Verständnis von Lernschwierigkeiten bzw. eine andere Schwerpunktsetzung als die, die Heimlich vertritt. Heimlich betont den präventiven Charakter und die Bedeutung der Förderung mit einer möglichst frühzeitig einsetzenden Diagnostik. Im Gegensatz zu Ellinger ist für ihn der umfänglichere Begriff die „Lernschwierigkeit", die unterschiedlich bezogen auf den Umfang und den Schweregrad ausgeprägt sein kann. Die Dauer als dritter Faktor kann im Einzelfall stark variieren und ist daher eher nachrangig zu betrachten. Wesentliches Element der Definition nach Heimlich ist der jeweilige Bedarf an Unterstützung und Förderung (vgl. Heimlich 2009, S. 29 f.).

Andere Autoren wie beispielsweise Werning und Lütje-Klose bevorzugen den Arbeitsbegriff „Lernbeeinträchtigung" u. a. deshalb, weil „auf administrativer Ebene der Wechsel der Begrifflichkeiten mit Veränderungen der schulischen Förderperspektiven einhergeht" (Werning/ Lütje-Klose 2012, S. 23). Mit dem Begriffswechsel wird versucht, „die Überwindung einer individualisierenden, auf das Kind reduzierten Betrachtung zu verdeutlichen" (a. a. O., S. 24). Aber auch sie geben zu bedenken, dass „dieser Begriff zu unspezifisch [ist]. Auch er kann weder klar umrissene Lernerschwernisse bezeichnen oder ein spezifisches Erscheinungsbild umfassen, noch können aus diesem Begriff konkrete Hinweise für eine pädagogische/sonderpädagogische Förderung abgeleitet werden." (ebd.; Einfügung: S. L.)

Wenngleich unterschiedliche Definitionen existieren, so ist doch den meisten gemein, dass sie den Bedarf an Unterstützung und Förderung beinhalten, der je nach Ausprägungsgrad der Lernbeeinträchtigung oder Lernschwierigkeit von Sonderpädagogen geleistet werden muss oder eben auch nicht. Rauh fasst dies noch einmal prägnant zusammen.

> „Sonderpädagogik/Inklusionspädagogik setzt nicht an der medizinischen Unterscheidung krank/gesund an, sondern am Bedarf nach pädagogisch förderlicher Unterstützung der Teilhabe." (Rauh 2014, S. 255)

Es gibt jedoch noch einen weiteren, wichtigen Aspekt zu betonen: Wenn ein Kind sonderpädagogischen Unterstützungsbedarf benötigt, ist damit keine direkte Zuweisung zu einem Förderort verbunden. Ihm stehen eine Vielfalt an Förderorten und -maßnahmen offen. So kann eine Förderung gleichermaßen an allgemeinen Schulen oder an Förderschulen stattfinden.

> „Das ist insofern zu begrüßen, als damit die Allgemeinen Schulen bezogen auf die individuelle Förderung von Schülern/-innen mit Lernschwierigkeiten in die Pflicht genommen werden." (Heimlich 2009, S. 25)

Die KMK-Empfehlungen von 1999 halten diesen Aspekt folgendermaßen fest:

> „Die sonderpädagogische Förderung erfolgt in allgemeinen Schulen, in Sonderschulen und im Rahmen der Arbeit Sonderpädagogischer Förderzentren." (Sekretariat der Ständigen Konferenz der Kultusminister der Länder in der Bundesrepublik Deutschland 1999, S. 8)

Das Subsidiaritätsprinzip soll fortan bei der Förderung von Kindern und Jugendlichen mit sonderpädagogischem Förderbedarf gelten.

> „Sonderpädagogische Förderung folgt nunmehr dem Subsidiaritätsprinzip, d. h. zuerst ist die Förderung in der allgemeinen Schulen [sic!] sicherzustellen und zu überprüfen, ob hier alle Möglichkeiten der Förderung ausgeschöpft worden sind. Erst dann wird die sonderpädagogische Förderung einbezogen" (Heimlich/Wember 2014, S. 52).

Diese muss, wie bereits erwähnt, nicht an einer Förderschule stattfinden.
In den KMK-Empfehlungen werden zudem neben präventiven Maßnahmen der gemeinsame Unterricht sowie kooperative Formen (vgl. Sekretariat der Ständigen Konferenz der Kultusminister der Länder in der Bundesrepublik Deutschland 1999, S. 13 ff.) betont, welche ausführlich in Kapitel 4.5 bezogen auf Bayern erläutert werden.
Auch wenn „die Definition des sonderpädagogischen Förderbedarfs durch die KMK-Empfehlungen gegenwärtig aus erziehungswissenschaftlicher Sicht noch als unbefriedigend" (Heimlich/Wember 2014, S. 53) zu beurteilen ist, findet der in Deutschland etablierte und seit 1994 offiziell verwendete Begriff (vgl. a. a. O., S. 52; Werning/Lütje-Klose 2012, S. 18) in dieser Arbeit neben dem Terminus der „gravierenden Lernschwierigkeiten" Anwendung. Dies resultiert

u. a. auch daraus, dass in den Publikationen des Statistischen Bundesamts die Bezeichnung „Schüler und Schülerinnen mit sonderpädagogischer Förderung" (Statistisches Bundesamt 2014b, S. 216) zu finden ist. Ebenso unterscheidet das Bayerische Landesamt für Statistik und Datenverarbeitung Schüler mit und ohne sonderpädagogischen Förderbedarf (vgl. Bayerisches Landesamt für Statistik und Datenverarbeitung 2014, S. 17). Der Bildungsbericht verwendet die Bezeichnungen „Schülerinnen und Schüler mit einem Förderbedarf im Bereich ‚Lernen'" (Autorengruppe Bildungsberichterstattung 2014, S. 9), „sonderpädagogischer Förderbedarf" (ebd.) sowie „Kinder und Jugendliche mit und ohne Behinderungen" (ebd.).

Da diese Berichte als Grundlage für spätere statistische Berechnungen dienen, erfolgt eine Orientierung daran in dieser Arbeit. Jedoch muss mit den jeweiligen Angaben kritisch umgegangen werden, da bspw. der Bildungsbericht ausführt, dass aus „der Verschiedenartigkeit der begrifflichen Zuordnungen, aus gewachsenen institutionellen Bedingungen, aus unterschiedlichen professionellen Selbstverständnissen ebenso wie aus den Unterschieden in den Rechtssystemen [...] sich strukturelle Gegensätze [ergeben], die den Prozess der Inklusion erschweren" (ebd.; Umstellung: S. L.). Diese Auswirkungen zeigen sich jedoch nicht nur bezogen auf die Inklusion, sondern beeinträchtigen gleichermaßen die Vergleichbarkeit verschiedener Ergebnisse. Daher führt die Autorengruppe Bildungsberichterstattung noch weiter aus:

> „Die angewandten Diagnoseverfahren – entwicklungsdiagnostische Verfahren im vorschulischen Bereich; die pädagogisch orientierte Feststellung eines sonderpädagogischen Förderbedarfs im Schulalter; überwiegend arbeitsmedizinisch orientierte Gutachtenverfahren im Rahmen der beruflichen Bildung – führen zu unterschiedlichen und miteinander kaum vergleichbaren Ergebnissen. Diese Diagnoseergebnisse unterscheiden sich darüber hinaus auch zusätzlich zwischen Ländern, Regionen und nach Art der Behinderungen deutlich; die daran anknüpfenden Fördermaßnahmen sind infolgedessen höchst unterschiedlich ausgestaltet." (ebd.)

Ein weiterer Aspekt spricht für die Verwendung der Bezeichnung „sonderpädagogischer Förderbedarf". In dieser Arbeit wird verstärkt das Bundesland Bayern in den Blick genommen. Das Bayerische Gesetz über das Erziehungs- und Unterrichtswesen (BayEUG) spricht beispielsweise in Art. 21 von „Schülerinnen und Schülern mit sonderpädagogischem Förderbedarf" (Bayerisches Gesetz über das Erziehungs- und Unterrichtswesen (BayEUG) Art. 21 Abs. 1 Satz 1). Auch der im Jahr 2012 in Bayern erschienene und ab dem Schuljahr 2014/2015 verbindlich geltende Rahmenlehrplan für den Förderschwerpunkt Lernen adaptierte die Terminologie der Kultusministerkonferenz und enthält ebenfalls die Bezeichnung Schülerinnen und Schüler mit sonderpädagogischem Förderbedarf im Förderschwerpunkt Lernen (vgl. Bayerisches Staatsministerium für Unterricht und Kultus 2012a, Teil 1, S. 9).

Letztendlich ist das dahinterliegende Verständnis des Begriffs entscheidend. Auch der Begriff der Lernbeeinträchtigung könnte geeignet sein, wenn Lernbeeinträchtigung wie bei Werning und Lütje-Klose als Kennzeichen einer Gruppe verstanden werden, „die aufgrund erheblicher und vielfältiger Erschwernisse in ihrem Lernen beeinträchtigt sind und werden, die in der Schule häufig versagen und aufgrund ihrer meist erheblich erschwerten Lebens- und Entwicklungsbedingungen kompetenter pädagogischer Unterstützung bedürfen" (Werning/Lütje-Klose 2012, S. 24). Jedoch fehlt hier die Betonung der *sonder*pädagogischen Förderung, die in den Definitionen der KMK (vgl. Sekretariat der Ständigen Konferenz der Kultusminister der Länder in der Bundesrepublik Deutschland 1999, S. 4 f.) und nach Heimlich (vgl. Heimlich 2009, S. 29) stärker herausgestellt wird.

Es konnte deutlich gemacht werden, dass sich eine Festlegung auf einen einzigen Begriff als sehr schwierig erweist und aus „einer wissenschaftlichen Perspektive [...] alle diese Begrifflichkeiten ungenau [sind]" (Werning/Lütje-Klose 2012, S. 18; Umstellung: S. L.). Zudem wurde ausführlich erläutert, warum sich der Begriff (gravierende) Lernschwierigkeiten als wertvoll für die Arbeit darstellt. Somit findet eine Anwendung beider Begriffe, „sonderpädagogischer Förderbedarf im Förderschwerpunkt Lernen" und „gravierende Lernschwierigkeiten", statt.

Um sonderpädagogisches Handeln bei Schülern mit Lernschwierigkeiten zu begründen, ist es notwendig, die eigene Sichtweise kritisch zu hinterfragen. Im Bereich der Sonderpädagogik sind verschiedene Betrachtungsweisen entwickelt (vgl. Heimlich 2009, S. 203 f.), die wissenschaftliche Erkenntnisse einbeziehen und so zu einer Legitimation des Handelns beitragen können.

> „Sie können dabei helfen, eine Reihe von Erklärungshypothesen für die Entstehung und den Verlauf von Lernschwierigkeiten zu liefern, aber auch Interventionsansätze systematisch zu begründen." (a. a. O., S. 205)

Insbesondere der Bereich der Intervention ist für die im Rahmen dieser Arbeit entwickelte Forschung wichtig und sollte in einen Begründungszusammenhang gestellt werden. Daher soll im nachfolgenden Kapitel auf die unterschiedlichen Sichtweisen näher eingegangen werden.

4.3 Pädagogik bei Lernschwierigkeiten

Für die verschiedenen Betrachtungsweisen verwendete Bleidick den Begriff der Paradigmen.

> „Die Paradigmen bilden Zugangsweisen zum komplexen Phänomen Behinderung; Perspektiven, nicht auf Vollständigkeit hin angelegt, untereinander nicht klar abgegrenzt und mehrfach gebrochen, jeweils für sich einzelne Theorien mittlerer Reichweite." (Bleidick 1999, S. 24)

Aktuell in der Sonderpädagogik gültige Paradigmen stellt der nachfolgende Abschnitt vor.

4.3.1 Aktuelle Paradigmen der Pädagogik bei Lernschwierigkeiten

Heimlich übernimmt den Begriff des Paradigmas für Zugangsweisen zu einer Pädagogik bei Lernschwierigkeiten. Paradigmen „können dabei helfen, eine Reihe von Erklärungshypothesen für die Entstehung und den Verlauf von Lernschwierigkeiten zu liefern, aber auch Interventionsansätze systematisch zu begründen." (Heimlich 2009, S. 205)

Er differenziert dabei vier Paradigmen, die er als bedeutend für die Pädagogik bei Lernschwierigkeiten sieht: das materialistische, das systemtheoretische, das interaktionistische sowie das ökologische Paradigma. Dem medizinischen Paradigma misst er aufgrund nur selten vorkommender somatischer Bedingungsfaktoren als Ursache von Lernschwierigkeiten einen geringen Stellenwert bei (vgl. a. a. O., S. 206 f.).

Im medizinischen Paradigma wird das Multiaxiale Klassifikationsschema (MAS) verwendet, um Lernschwierigkeiten zu klassifizieren.

> „Eine Anlehnung an das Multiaxiale Klassifikationsschema ermöglicht eine übersichtliche ätiologische Gliederung von Lern- und Leistungsstörungen unter Einbeziehung von Entwicklungsstörungen, Intelligenzminderung, psychiatrisch und körperlich neurologischen Erkrankungen sowie psychosozialen Umfeldfaktoren." (Strobel/Warnke 2007, S. 66)

Im Sinne des medizinischen Paradigmas werden Lernschwierigkeiten demnach als Erkrankung oder Behinderung verstanden, also als ein Problem das im Betroffenen allein verankert ist. Die damit einhergehende Orientierung am Defizit bietet jedoch kaum Ansätze für eine sonderpädagogische Förderung (vgl. Heimlich 2009, S. 206). Daher ist dieses Erklärungsmodell im heil- und sonderpädagogischen Bereich wenig brauchbar.

Nestle führt des Weiteren noch das lern- und entwicklungstheoretische Paradigma näher aus, indem er die Theorie der kognitiven Entwicklung nach Piaget und konstruktivistische Lern-theorien vorstellt (vgl. Nestle 2007, S. 117 ff.). Wenngleich nicht als Paradigma, ist der lern- und entwicklungstheoretische Ansatz ebenfalls bei Heimlich enthalten (vgl. Heimlich 2009, S. 223 ff.). Wesentliche Elemente sind bereits in vorherigen Kapiteln dargestellt worden.

Eine ausführliche Vorstellung der aktuell für die Pädagogik bei Lernschwierigkeiten relevanten Paradigmen ist bei Heimlich (vgl. a.a.O., S. 206 ff.) zu finden, die um die Ausführungen von Orthmann Bless zum schulsystemischen Paradigma (vgl. Orthmann Bless 2007, S. 93 ff.), von Werning für das systemisch-konstruktivistische Paradigma (vgl. Werning 2007, S. 128 ff.) und Benkmann für das interaktionstheoretische Paradigma (vgl. Benkmann 2007, S. 81 ff.) ergänzt werden können.

Der Schwerpunkt dieser Arbeit soll auf dem ökologischen Paradigma liegen, das ausführlich nachfolgend beschrieben wird, weil dieses nicht nur den Schüler allein, sondern auch seine Umwelt als Bedingungsfaktor von Lernschwierigkeiten sieht. Diese Sichtweise bietet ein umfassendes Bild von Lernschwierigkeiten und hilft Erklärungen für das Entstehen von Lernschwierigkeiten zu finden. Die Bedeutung des Umfelds für das Lernen ist schon in Kapitel 4.1 ersichtlich geworden und spiegelt sich anschließend auch zunehmend im Kapitel 4.4 wider, das die Schüler mit gravierenden Lernschwierigkeiten beschreibt und die Relevanz der Umwelt z. B. bei soziokultureller Benachteiligung deutlich macht. Zudem scheint es für die vorliegende Arbeit gleichermaßen wichtig, die auf dieser Theorie beruhende, von der Sichtweise des ökologischen Paradigmas ableitbare Interventionen in den Blick zu nehmen. Diese Zugangsweise kann einen Erklärungsansatz für die Notwendigkeit von angemessenen Lernmaterialien und vielfältig gestalteter anregender Umgebungen zur Ermöglichung von vielen verschiedenen Lernerfahrungen liefern. Auch im Rahmen der wirkungsorientierten Schulbuchforschung zeigten sich ökologische Ansätze (vgl. 3.4.3), die nun ausführlicher beschrieben werden sollen.

4.3.2 Lernschwierigkeiten aus der Sichtweise des ökologischen Paradigmas

In der Denkweise des ökologischen Ansatzes „steht der *Mensch mit seinen Lern- und Lebenshindernissen in seiner Lebenswelt*" (Speck 2008, S. 248; Hervorhebungen im Original) im Mittelpunkt. Das vom griechischen Wort οἶκος (= Haus) abgeleitete Wort Ökologie hat für Speck eine sinngebende Bedeutung. Die Aufgabe des Menschen sieht er darin, „sich ‚*einzuhausen*', d. h., das eigene Dasein auf der Basis der gegebenen individuellen Bedingungen im Zusammenwirken mit anderen sinnvoll zu gestalten" (a.a.O., S. 263 f.; Hervorhebung im Original). Für Speck, der Heilpädagogik als „Pädagogik unter dem Aspekt spezieller Erziehungserfordernisse beim Vorliegen von Lern- und Erziehungshindernissen (Behinderungen und sozialen Benachteiligungen)" (a.a.O., S. 18) betrachtet, ist auf der Grundlage dieser heilpädagogischen Sicht der Mensch bei der Aufgabe des Heimisch-Werdens und Sinnfindens, also bei der sinnvollen Lebensgestaltung zu unterstützen. Das Ziel ist die Eingliederung und soziale Teilhabe insbesondere auch von Menschen mit Lern- und Lebenserschwernissen (vgl. a.a.O., S. 264). Diese Ansicht vertritt auch Heimlich, der überzeugt ist, „dass jegliches heil- und sonderpädagogisches Handeln auf die umfassende soziale Teilhabe in möglichst weitgehender Selbstbestimmung von Menschen mit Behinderungen ausgerichtet ist" (Heimlich 2009, S. 6).

Geschichtlich gesehen definierte der Biologe Ernst Haeckel 1866 den Begriff der Ökologie.

> „Unter Oecologie verstehen wir die gesammte [sic!] Wissenschaft *von den Beziehungen des Organismus zur umgebenden Aussenwelt* [sic!]" (Haeckel 1866, S. 286; im Original Hervorhebung im Sperrsatz).

Dieser zunächst im naturwissenschaftlichen Kontext gebrauchte Begriff wurde von dem Anthropologen Gregory Bateson und dem Psychologen Urie Bronfenbrenner in die Sozialwissenschaften übernommen und übertragen (vgl. Heimlich 2009, S. 219; Speck 2008, S. 19).

Bronfenbrenner lieferte dabei in seinem Buch „Die Ökologie der menschlichen Entwicklung" (Bronfenbrenner 1981) grundlegende Impulse. Er erklärt, dass die „Ökologie der menschlichen Entwicklung [...] sich mit der fortschreitenden gegenseitigen Anpassung zwischen dem aktiven, sich entwickelnden Menschen und den wechselnden Eigenschaften seiner unmittelbaren Lebensbereiche" (a. a. O., S. 37; Auslassung: S. L.) befasst.

> „Die ökologische Systemtheorie betrachtet die Person als ein sich in einem komplexen System von Beziehungen entwickelndes Wesen, wobei diese Beziehungen auf verschiedenen Schichten von der Entwicklungsumgebung beeinflusst werden." (Kuschel 2014, S. 283)

Dabei ist neben der gegenseitigen Beeinflussung der einzelnen Schichten, Systeme oder Strukturen vor allem zu beachten, dass nicht nur die direkte Umwelt um die Person, sondern auch weitere Bereiche der Umwelt Einfluss nehmen. Bronfenbrenners ökologische Sichtweise versteht Umwelt als einen sehr weit gefassten Begriff.

> „Man muß [sic!] sich die *Umwelt* aus ökologischer Perspektive topologisch als eine ineinandergeschachtelte [sic!] Anordnung konzentrischer, jeweils von der nächsten umschlossener Strukturen vorstellen." (Bronfenbrenner 1981, S. 38; Hervorhebung im Original)

Für diese Strukturen verwendet er die Bezeichnungen Mikro-, Meso-, Exo- und Makrosystem. Das *Mikrosystem* beinhaltet Aktivitäten, Rollen und Beziehungen und findet in der Interaktion mit der direkt umgebenden Umwelt statt (vgl. ebd.; Heimlich 2009, S. 220). In alltäglicher und intensiver Auseinandersetzung steht das Kind vornehmlich mit den Eltern, Freunden und der Schule, die wiederum untereinander in Wechselwirkung stehen (vgl. Speck 2008, S. 273).
Das *Mesosystem*, das aus mehreren Mikrosystemen besteht, „umfaßt [sic!] die Wechselbeziehungen zwischen den Lebensbereichen, an denen die sich entwickelnde Person aktiv beteiligt ist" (Bronfenbrenner 1981, S. 41). Speck erachtet Familie und Schule als pädagogisch zentralen Systemverbund, der durch seine Verbindung förderlich oder hinderlich sein kann (vgl. Speck 2008, S. 273 f.).
Eine aktive Teilnahme ist beim *Exosystem* nicht mehr gegeben. Jedoch kommt es immer noch zu Auswirkungen auf die Person, beispielsweise durch die Arbeitsstelle der Eltern und die Schulklasse der Geschwister (vgl. Bronfenbrenner 1981, S. 42; Heimlich 2009, S. 220 f.; Speck 2008, S. 274). Somit beinhaltet das Exosystem vornehmlich soziale und gesellschaftliche Strukturen sowie Institutionen (vgl. Kuschel 2014, S. 283).
Umgeben werden diese drei Systeme schließlich vom *Makrosystem*, welches kulturelle Grundsätze, Weltanschauungen und Gesetze einschließt und indirekt auf die darin enthaltenen Systeme Einfluss hat (vgl. Bronfenbrenner 1981, S. 42; Heimlich 2009, S. 220 f.). Beispielhaft können hier „sozio-ökonomische, ethnische und religiöse Systeme (allgemeine Armut, kulturelle Traditionen, religiös gebundene Moral)" (Speck 2008, S. 274) genannt werden.
Ergänzend wird später eine zeitliche Achse, das *Chronosystem*, von Bronfenbrenner hinzugefügt, da die einzelnen Systeme und Umweltebenen im Laufe des Lebens der jeweiligen Person Veränderungen unterliegen (vgl. Heimlich 2009, S. 221). Das Chronosystem ist eine „Zeitachse, auf der biografische Ereignisse oder Übergänge angeordnet sind, sie zu bestimmten Abschnitten im Lebenslauf auftreten." (Kuschel 2014, S. 283)
Anschaulich stellen Heimlich (vgl. Heimlich 2009, S. 221) oder Tesch-Römer und Albert (vgl. Tesch-Römer/Albert 2012, S. 144) dieses Umweltstrukturmodell dar. Auch wenn sich nicht jedes System unmittelbar auf die Entwicklung des Kindes auswirkt, so nehmen sie trotzdem Einfluss darauf (vgl. Kuschel 2014, S. 284). Kuschel fasst die gegenseitige Interferenz folgendermaßen zusammen:

„Die unmittelbaren Beziehungen des Kindes im Mikro-System werden dabei durch die Beziehungen zwischen den Elementen des Meso-Systems, den sozialen Rahmenbedingungen (Exo-System), dem kulturellen und sozialen Kontext (Makro-System) und historischen Veränderungen (Chrono-System) beeinflusst." (a.a.O., S. 325f.)

Die Bedeutung dieser Einflussnahme durch die Umwelt erkannte auch Vygotskij, der die soziale Interaktion des Kindes mit seiner Umwelt als entscheidend für das kindliche Denken und dessen Entwicklung hält. Er sieht es als Tatsache an, „dass ein Kind in Zusammenarbeit, unter Anleitung und mit Unterstützung immer mehr leisten und schwierigere Aufgaben lösen kann als selbstständig." (Vygotskij 2002, S. 327) Er erklärt zudem, dass „der tatsächliche Entwicklungsprozess des kindlichen Denkens [...] sich nicht vom individuellen zum sozialisierten, sondern vom sozialen zum individuellen Denken [vollzieht]" (a.a.O., S. 97; Umstellung: S.L.). Woolfolk fasst dies folgendermaßen zusammen:

„Mit anderen Worten, höhere mentale Prozesse werden im Laufe von geteilten Tätigkeiten zwischen dem Kind und einer anderen Person zuerst ko-konstruiert. Danach werden die **Ko-Konstruktionen** vom Kind internalisiert und werden ein Teil der kognitiven Entwicklung des Kindes." (Woolfolk 2008, S. 54; Hervorhebung im Original)

Der umgebende Kontext, also „sowohl die allgemeine Kultur, in der ein Kind aufwächst, [...] als auch das unmittelbare spezifische Setting, das ein Kind umschließt" (Kuschel 2014, S. 308; Auslassungen: S.L.) wirken sich auf das Denken aus. Hier lassen sich die ökologischen und systemischen Zusammenhänge der Theorie Bronfenbrenners auf den Bereich des Denkens und damit auch des Lernens übertragen.
Die ökologische Sichtweise versteht Lernschwierigkeiten „als erschwerte Lernsituationen [...], in denen die Wahrnehmung der beteiligten Personen in unterschiedlichen Kontexten hinderliche Bedingungen für das Lernen hervorbringt" (Heimlich 2009, S. 222). Es wird deutlich, dass die Qualität der Lernerfahrungen eine entscheidende Rolle für das Lernen spielt. Somit können förderliche Angebote das Kind zum Lernen motivieren und das Lernen unterstützen.

„Gerade Heil- und Sonderpädagogen/-innen stehen damit vor der Aufgabe, die jeweiligen Spiel- und Lernumgebungen so zu gestalten, das [sic!] alle Kinder und Jugendlichen auf der Basis ihrer je spezifischen Fähigkeiten daran teilhaben können." (ebd.)

Anregend gestaltete Lehr-Lernsituationen, die eine aktive Auseinandersetzung mit der Umwelt beispielsweise durch auf den Schüler ausgerichtete, sinnliche Bildungsangebote sowie soziale Begegnungen ermöglichen, tragen wesentlich zum Lernerfolg des Schülers bei.

„Die Stimulation, d.h. die Beeinflussung durch die Umwelt, stellt im Sinne der Milieutheoretiker den Hauptantrieb menschlichen Lernens und damit der kognitiven Entwicklung dar. Durch Erfahrungen, speziell durch Lernangebote, entwickelt sich der Mensch im Wesentlichen weiter." (Bundschuh 2007, S. 178)

Ziel ist es, statt hinderlicher Lernbedingungen anregende und förderliche Umgebungen zu schaffen, die auf die individuellen Stärken und Schwächen des Kindes eingehen. Hier erhält das Wort „Lernumgebung" eine tiefere Bedeutung.
Es zeigt sich wieder die Verknüpfung zu Lernschwierigkeiten.

„Lernschwierigkeiten werden manifestiert, wenn [...] die individuellen Lernvoraussetzungen und die angebotenen Lerngelegenheiten nicht ausreichend oder nicht angemessen aufeinander abgestimmt sind" (Gold 2011, S. 10; Auslassung: S.L.).

In welchen Bereichen vor allem (gravierende) Lernschwierigkeiten auftreten können und was Lernschwierigkeiten sind, wird im nachfolgenden Kapitel näher beleuchtet.

4.4 Schüler mit sonderpädagogischem Förderbedarf im Förderschwerpunkt Lernen bzw. gravierenden Lernschwierigkeiten

Was bedeutet nun sonderpädagogischer Förderbedarf im Förderschwerpunkt Lernen? Wie äußern sich gravierende Lernschwierigkeiten? Sind gravierende Lernschwierigkeiten „ein genetisch bedingter Begabungsmangel" (Kretschmann 2009, S. 448) oder gibt es andere Begründungszusammenhänge bzw. Faktoren die sie begünstigen können? Auf diese Fragestellungen wird nachfolgend näher eingegangen.

Wie bereits ausführlich dargelegt, ergeben sich Lernschwierigkeiten „in erschwerten Lern- und Lebenssituationen aus einer unzureichenden Passung zwischen den schulischen Leistungserwartungen und den aktuellen Lernvoraussetzungen eines/einer Lernenden" (Wember/Heimlich 2014, S. 57). Kennzeichnend für gravierende Lernschwierigkeiten ist die benötigte sonderpädagogische Unterstützung bei der Überwindung dieser Schwierigkeiten, die auch im Vordergrund der Überlegungen stehen sollte, wobei Ursachen und Dauer zunächst zweitrangig sind (vgl. Heimlich 2009, S. 29 f.). Als Klassifikationskriterium kann jedoch die Dauer, aber auch der Umfang und Schweregrad hilfreich sein, da sie eine Unterscheidung von Lernschwierigkeiten und gravierenden Lernschwierigkeiten sichtbar machen. Heimlich bietet hierzu ein Klassifikationsmodell an (vgl. Abbildung 15).

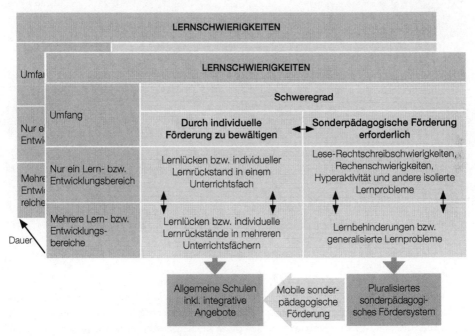

Abb. 15: Klassifikation der Lernschwierigkeiten nach Heimlich (a. a. O., S. 30; Nachbildung: S. L.)

Dieses Modell verdeutlicht, dass isolierte, sich auf einen einzelnen Bereich beschränkende Lernprobleme ebenso sonderpädagogische Förderung erfordern können wie generalisierte umfänglichere Lernprobleme. Vornehmlich treten die Lernprobleme in schulischen Lernbereichen auf.

„Kinder und Jugendliche mit Lernschwierigkeiten haben in erster Linie Probleme beim Lesen-, Schrei-
ben- und Rechnenlernen sowie beim Lernen des Lernens" (a. a. O., S. 33).

Diese vorrangig die schulischen Lernbereiche betreffenden Schwierigkeiten sind direkt im
Unterricht erkennbar. Von diesen sich auf sicht- und wahrnehmbare Prozesse beziehenden,
als *„Lernschwierigkeiten im engeren Sinne"* (ebd.; Hervorhebung im Original) bezeichneten
Schwierigkeiten grenzt Heimlich *„Lernschwierigkeiten im weiteren Sinne"* (a. a. O., S. 34; Hervorhebung im Original) ab. Darunter sind u. a. beispielsweise motivationale oder Konzentrati-
onsprobleme einzuordnen, aber auch Schwierigkeiten, die durch das soziale Umfeld des Kindes
bzw. Jugendlichen bedingt sind (vgl. a. a. O., S. 33 ff.).

Heimlich stellt die komplexen Zusammenhänge zwischen den verschiedenen Ebenen in einem Überblick dar (vgl. Abbildung 16). Die vierte Ebene der Lernschwierigkeiten beinhaltet
nach Heimlich die Ebene der Erklärungsmodelle für Lernschwierigkeiten. Ein Überblick über
die psychologischen (vgl. a. a. O., S. 51 ff.) und soziologische Erklärungsmodelle (vgl. a. a. O.,
S. 74 ff.) lässt sich bei Heimlich finden.

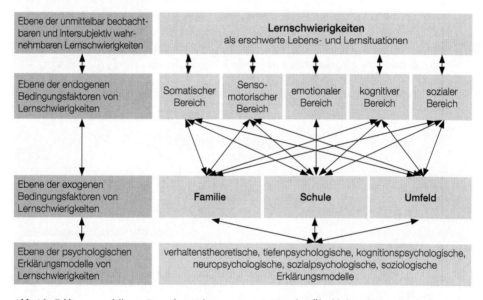

Abb. 16: Erklärungsmodelle von Lernschwierigkeiten – ein systematischer Überblick nach Heimlich (a. a. O., S. 35;
Nachbildung: S. L.)

Es ist bereits angesprochen worden, dass Lernschwierigkeiten hauptsächlich im Bereich der Schulleistungen auftreten bzw. sichtbar werden. Neben Lese-Rechtschreib-Schwierigkeiten kommt es vermehrt zu Problemen im mathematischen Bereich. Mathematische Schwierigkeiten können sich in
Form und Ausprägung sehr unterscheiden. Dies ist unabhängig davon, welche Schulform die Schüler besuchen. Scherer und Moser Opitz beschreiben Schwierigkeiten beim Mathematiklernen so:

„Sie können bei einzelnen Schülerinnen und Schülern bei spezifischen Themen und nur temporär auftreten, sie können sich bei bestimmten Aufgaben zeigen oder aber sich in tiefgreifenden Problemen
äußern, die zu großen stofflichen Lücken und damit verbunden zu einem großen Leistungsrückstand
führen." (Scherer/Moser Opitz 2010, S. 13)

Die meisten Probleme kommen beim Automatisieren, Zählen sowie Problemlösen, in Verständnisschwierigkeiten des Dezimalsystems oder von Operationen vor (vgl. a. a. O., S. 13 ff.).
Aber auch der geringere oder fehlerhafte Einsatz von Rechenstrategien und die Vernetzungen zwischen verschiedenen Darstellungsformen können beispielhaft genannt werden. Lorenz führt zudem noch kognitive Faktoren an, die das mathematische Lernen erschweren können: mangelnde Vorstellungsfähigkeit, ungenügendes Sprachverständnis, unzureichendes Gedächtnis und mangelhafte Rechts-Links-Diskrimination (vgl. Lorenz 2014, S. 44 ff.)[4].
Entscheidend für Scherer und Moser Opitz ist, dass die beschriebene Personengruppe spezifische Unterstützung erhält und der Lehrer Konsequenzen für seinen Unterricht zieht (vgl. Scherer/Moser Opitz 2010, S. 15 f.). Dies sieht auch Heimlich so.

> „Die entscheidende Möglichkeit zur Verhinderung von Rechenschwierigkeiten dürfte [...] die konsequente Ausrichtung des Mathematik-Unterrichts an der alltäglichen und handelnden Grundlage der Herausbildung von mathematischen Operationen in der kindlichen Entwicklung sein." (Heimlich 2009, S. 41; Auslassung: S. L.)

Diese Alltags- und Lebensweltorientierung, die auch im sprachlichen Bereich sinnvoll ist, wird neben anderen unterrichtlichen Überlegungen in Kapitel 5.1 näher ausgeführt.
Ein weiterer beobachtbarer und wichtiger Bereich betrifft das Lernen-Lernen. Die Bedeutung des Lernen-Lernens haben Göhlich und Zirfas deutlich herausgestellt, indem sie das Lernen-Lernen als eine von vier Dimensionen des Lernens bezeichnen. Neben Wissen-Lernen, Können-Lernen und Leben-Lernen stellt das Lernen-Lernen für sie eine von den anderen Aspekten des Lernens untrennbare Dimension dar.

> „Der Aspekt des *Lernen-Lernens* zieht sich in jeweiliger Akzentuierung dieser Begrifflichkeit quer durch die anderen Aspekte und läuft so in jeglichem Lernen mit. Wer ein bestimmtes Wissen, ein bestimmtes Können oder eine bestimmte Lebensweise erlernt, lernt dabei bewusst oder unbewusst auch den Modus, die Art und Weise, in der dieses Wissen-Lernen, Können-Lernen oder Leben-Lernen geschieht." (Göhlich/Zirfas 2007, S. 190; Hervorhebung im Original)

Gerade diese Komplexität, die enge Verknüpfung dieses Aspekts mit den anderen Dimensionen, zeigt, welchen starken Einfluss Schwierigkeiten beim Lernen-Lernen auf die anderen Bereiche des Lernens haben.
Schüler mit Lernschwierigkeiten weisen vielfach Schwierigkeiten im Lernen-Lernen auf. Dabei zeigen sie häufig „Probleme in der Steuerung und Reflexion von Lernprozessen" (Heimlich 2009, S. 35) sowie bei der „Gestaltung von Lernsituationen" (a. a. O., S. 41). Es werden bestimmte Lernmethoden und -strategien nicht oder falsch angewendet.

> – „Es fällt ihnen schwer, ein geplantes Vorgehen auch zielstrebig umzusetzen.
> – Ihnen fehlen (Teil-)Fertigkeiten, um Lern-, Denk- und Gedächtnisstrategien erfolgreich anzuwenden." (Grünke/Grosche 2014, S. 77)

Lauth, Brunstein und Grünke unterscheiden in diesem Zusammenhang „gute" und „schlechte" Lerner. Die Zuordnung zu einer Gruppe zeigt sich darin, ob der Lerner
- nach einem strukturierten, sinnvollen Ablauf lernt,
- die Lernzeit effektiv nutzt und sich ausreichend Zeit nimmt,

---

4 Die spezifischen Schwierigkeiten seien an dieser Stelle nicht im Detail ausgeführt, weil sie für die vorliegende Arbeit nur bedingt gewinnbringend sind.

- Vorwissen und -erfahrungen besitzt und richtig mit dem neuen Lerngegenstand verknüpft, so dass er die Aufgabe versteht,
- vielfältige Lernstrategien und -regeln anwendet,
- die Lerntätigkeiten organisiert und kontrolliert,
- kognitiv und motivational aktiv ist und sich eigenständig zum Lernen motivieren kann (vgl. Lauth/Brunstein/Grünke 2014, S. 24 f.).

Kinder mit Schwierigkeiten beim Lernen-Lernen beachten diese Aspekte nicht bzw. können sie nicht in vollem Umfang oder systematisch umsetzen, so dass es zu fehlerhaften oder ungeeigneten Lernaktivitäten kommt. Daher ist es sinnvoll, sie zu einer guten Informationsverarbeitung zu führen, die vor allem strategisches Lernen beinhaltet. So wird der Schüler „metakognitiv" aktiv (vgl. a. a. O., S. 26; Lauth/Mackowiak 2006, S. 202). Neben der Anleitung zum Erwerb und richtigen Einsatz von Lernstrategien sind in diesem Bereich vor allem klare Strukturen förderlich (vgl. Heimlich 2009, S. 43).

Grünke und Grosche weisen auf vier Problembereiche hin, die bei Schülern mit gravierenden Lernschwierigkeiten fehlen oder weniger ausgeprägt sind: die metakognitive Handlungssteuerung, das Beherrschen von Lernstrategien, das bereichsspezifische Vorwissen sowie die Motivation und Konzentration (vgl. Grünke/Grosche 2014, S. 77).

Hier werden noch weitere erschwerende Lernsituationen deutlich, die sich negativ auf Lernprozesse auswirken können. Diese „somatischen, sensomotorischen, kognitiven, emotionalen und sozialen Aspekte von Lernschwierigkeiten" (Heimlich 2009, S. 34) ordnet Heimlich der Ebene der endogenen Bedingungsfaktoren zu. Er führt u. a. aggressive Verhaltensweisen, Angst, Aufmerksamkeits- und Konzentrationsschwierigkeiten bis hin zur Aufmerksamkeitsdefizit- und Hyperaktivitätsstörung (ADHS) sowie Motivationsprobleme an (vgl. a. a. O., S. 44 ff.).

Als erschwerend können diese Probleme insofern gelten, als sie so in den Vordergrund treten, dass durch sie Lernen oft nur schwer oder gar nicht mehr möglich ist. Beispielsweise ist ein angespanntes, ängstliches Kind vielfach so in seinen Ängsten (vor allem auch gedanklich) gefangen, dass das Lernen blockiert wird. Zusätzlich können aufgrund der Ängste auch körperliche Symptome wie Bauchschmerzen oder Übelkeit auftreten. Dies ist hinderlich für erfolgreiches schulisches Lernen und wirkt sich negativ auf die Schulleistungen aus (vgl. Ellinger 2013a, S. 47). Breitenbach betont dabei besonders die Bedeutung, die Gefühle und großer Stress auf das Lernen haben.

> „Starker Stress, möglicherweise sogar verbunden mit Versagensängsten oder dem Gefühl, bedroht zu sein, engt die Aufnahmefähigkeit ein, hemmt den Lernprozess und reduziert damit die Erfolgschancen." (Breitenbach 2014, S. 247)

Die KMK-Empfehlungen zum Förderschwerpunkt Lernen greifen ebenfalls Aspekte auf, die das Lernen erschweren können. Es können sich dadurch Folgen für grundlegende Entwicklungsbereiche ergeben. Auswirkungen zeigen sich vor allem

- „in der Grob- und Feinmotorik,
- in Wahrnehmungs- und Differenzierungsleistungen,
- in der Aufmerksamkeit,
- in der Entwicklung von Lernstrategien,
- in der Aneignung von Bildungsinhalten,
- in Transferleistungen,
- im sprachlichen Handeln,

- in der Motivation,
- im sozialen Handeln,
- im Aufbau von Selbstwertgefühl und einer realistischen Selbsteinschätzung" (Sekretariat der Ständigen Konferenz der Kultusminister der Länder in der Bundesrepublik Deutschland 1999, S. 3 f.).

Diesen Anforderungen wird in Bayern besonders mit dem Rahmenlehrplan für den Förderschwerpunkt Lernen Rechnung getragen, indem er neben der Fach- und Methodenkompetenzförderung vier Entwicklungsbereiche herausstellt, die für die Förderung von Schülern mit gravierenden Lernschwierigkeiten grundlegend sind.

„Die vier Entwicklungsbereiche **Motorik und Wahrnehmung**, **Denken und Lernstrategien**, **Kommunikation und Sprache** sowie **Emotionen und Soziales Handeln** sind elementare Bestandteile jeglichen Lernprozesses." (Bayerisches Staatsministerium für Unterricht und Kultus 2012a, Teil 1, S. 18; Hervorhebungen im Original)

Dabei gliedern sich die einzelnen Entwicklungsbereiche jeweils noch auf, wie nachfolgende Abbildung zeigt (vgl. Abbildung 17). Zusätzlich zu einer Beschreibung der Entwicklungsbereiche stellt der Rahmenlehrplan sog. „diagnostische Leitfragen" bereit, die Hilfestellung geben, um den individuellen Entwicklungsstand des Schülers zu beschreiben. Auf dieser Basis kann anschließend eine passende Förderung entwickelt werden.

Motorik und Wahrnehmung
- Bewegungserleben
- Grundlegende Bewegungsdimensionen
- Bewegungsplanung und -steuerung
- Visuelle Wahrnehmung
- Auditive Wahrnehmung
- Körperwahrnehmung

Denken und Lernstrategien
- Grundlegende Denkprozesse
- Gedächtnis und Erinnerung
- Problemlösend-abstrahierendes Denken
- Stützfaktoren für Lernen
- Kognitive Lernstrategien

Kommunikation und Sprache
- Nonverbale Kommunikation
- Verbale Kommunikation
- Grundlegende Sprachdimensionen
- Metasprachliche Bewusstheit

Emotionen und Soziales Handeln
- Emotionales Erleben
- Selbstbild
- Empathie
- Team- und Gemeinschaftsfähigkeit
- Konfliktfähigkeit
- Umgangsformen und Tugenden

Abb. 17: Die Gliederung der Entwicklungsbereiche des Rahmenlehrplans für den Förderschwerpunkt Lernen (nach Bayerisches Staatsministerium für Unterricht und Kultus 2012a, Teil 1, S. 26 ff.)

Besonders der vierte Entwicklungsbereich „Emotionen und Soziales Handeln" ist bei Schülern mit sonderpädagogischem Förderbedarf im Förderschwerpunkt Lernen zu beachten. „Empirische Befunde zum gemeinsamen Auftreten von Lern- und Verhaltensstörungen" (Rauh 2014, S. 248) unterstreichen die Bedeutung dieses Entwicklungsbereichs.
Neben den erschwerten Lernsituationen lassen sich Lernschwierigkeiten auch auf erschwerte Lebenssituationen zurückführen (vgl. Heimlich 2009, S. 35). Schließlich „findet Unterricht nicht in einem gegen die Außenwelt abgeschotteten Schonraum statt, sondern im Kontext einer Institution (Schule) und Gesellschaft, so dass außerhalb des Unterrichts liegende Faktoren Einfluss auf diesen nehmen" (Ditton 2009, S. 178). Diesen Aspekt greift auch Ellinger auf, der zusätzlich von den

in der Person verankerten und institutionell erzeugten Lernbeeinträchtigungen die soziokulturell bedingten Lernbeeinträchtigungen unterscheidet (vgl. Ellinger 2013a, S. 17).

> „Neben den personverankerten Lernbeeinträchtigungen, die einen Förderbedarf am Kind benennen, werden Umweltbedingungen und Einflüsse im Elternhaus, in der Wohngegend, in der Verwandtschaft beschrieben und erforscht, die ein Kind zum Schüler mit Förderbedarf im Bereich Lernen machen." (a.a.O., S. 52 f.)

Dies bedeutet nicht, dass jedes Kind, das unter schlechten Umweltbedingungen aufwächst, sonderpädagogischen Förderbedarf hat. Jedoch zeigen verschiedene Studien auf, dass ein Zusammenhang beispielsweise zwischen sozialer Benachteiligung und Lernschwierigkeiten besteht. Dies belegt auch Wocken, der u.a. den Sozialstatus von Förderschülern in Hamburg, Niedersachsen und Brandenburg erhoben hat. Er wies nach, dass der Schulabschluss der Eltern Auswirkungen auf den besuchten Schultyp der Kinder hat.

> „Je höher der Schultyp, desto qualifizierter auch die Schulabschlüsse der Mütter." (Wocken 2005, S. 46)

Gleiches gilt für die Schulabschlüsse der Väter (vgl. a.a.O., S. 47).
Ein ähnliches Bild zeigt auch der Ausbildungsstatus: 53 Prozent der untersuchten Förderschulmütter und 34 Prozent der Förderschulväter in Hamburg hatten keine abgeschlossene Berufsausbildung. Wocken stellt fest, dass es einen „regelhaften, gesetzesförmigen Zusammenhang zwischen dem elterlichen Ausbildungsniveau und dem Status der besuchten Schulform ihrer Kinder" (a.a.O., S. 49) gibt. Dies ist gleichermaßen auf den Erwerbsstatus übertragbar, da auch die Beschäftigungsquote der Eltern Auswirkungen auf den besuchten Schultyp des Kindes hat.

> „Je geringer der Status eines Schultyps, desto geringer ist auch die Beschäftigungsquote." (a.a.O., S. 51)

Auch der Bildungsbericht 2014 dokumentiert erhebliche Unterschiede in Bezug auf die Verteilung der Schüler nach Schularten.

> „Bereits in Jahrgangsstufe 5 besuchen Schülerinnen und Schüler mit hohem im Vergleich zu jenen mit niedrigem soziökonomischen Status seltener Hauptschulen (7 vs. 34 %), jedoch dreimal so häufig ein Gymnasium (64 vs. 21 %). In Jahrgangsstufe 9 beträgt der Unterschied sogar das Vierfache (62 vs. 15 %)." (Autorengruppe Bildungsberichterstattung 2014, S. 75 f.)

Ebenso konnte die World Vision Kinderstudie 2013 einen Zusammenhang zwischen der sozialen Herkunft und dem gewählten Bildungsweg feststellen. Demnach haben Kinder aus niedrigeren sozialen Schichten ungünstigere Startchancen, da sie schlechter von ihren Eltern auf die Schule vorbereitet werden und häufiger von Rückstellungen bei der Einschulung betroffen sind. Der dadurch entstehende Abstand zu Kindern aus höheren sozialen Schichten verstärkt sich zunehmend im Laufe der Schulzeit. Während in der Grundschule sich die verschiedenen sozialen Schichten noch recht gleichmäßig verteilen, wird in den weiterführenden Schulen sichtbar, dass Schüler aus niedrigen sozialen Schichten eher in Förder-/Sonderschulen sowie Hauptschulen als in Schulen mit höheren Bildungsabschlüssen zu finden sind (vgl. Pupeter/Hurrelmann 2013, S. 112 ff.).
Betrachtet man die Verteilung der sozialen Schichten auf die verschiedenen Schulformen, ist deutlich erkennbar, dass im Bereich der Förderschule der größte Teil der Kinder aus der Unterschicht oder zum Teil aus der unteren Mittelschicht stammt. 13 Prozent der 6- bis 11-jährigen und aus der Unterschicht stammenden Kinder besuchen die Förderschule, wohingegen nur 1 Prozent im Gymnasium beschult werden, so die Ergebnisse der World Vision Kinderstudie 2013 (vgl. Abbildung 18).

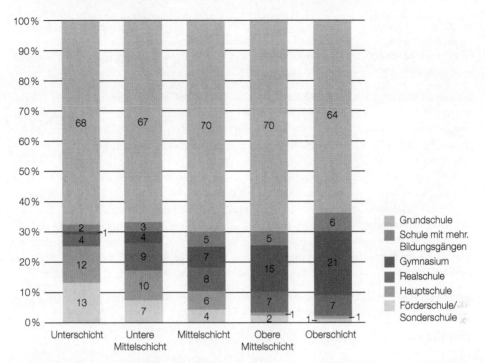

Abb. 18: Besuchte Schulform der Kinder (Angabe der Eltern) nach sozialer Herkunftsschicht in Prozent nach Angaben der World Vision Kinderstudie 2013 (nach a. a. O., S. 114)

Pupeter und Hurrelmann stellen ernüchternd bei einem Rückblick auf die Ergebnisse der letzten Studien von 2007 und 2010 fest:

> „Nach unserem Eindruck hat sich der Zusammenhang von sozialer Herkunft und Bildungslaufbahn in dem von uns erfassten Zeitraum von sechs Jahren verfestigt." (ebd.)

Inzwischen wird der Klassen- und Schichtenbegriff differenzierter durch den Begriff der sozialen bzw. Lebenslage erfasst.

> „Die Begriffe der sozialen Lage und der Lebenslage bilden die Grundlage für die differenzierte Unterscheidung ungleicher Lebensbedingungen gesellschaftlicher Gruppierungen." (Hradil 1999, S. 40)

Auch die Konzepte von Milieus und Lebensstilen finden Anwendung, da sie „neben dem Umfeld der Menschen dessen typische Wahrnehmung und die zugrunde liegenden Werthaltungen [einbeziehen]" (a. a. O., S. 41; Einfügung: S. L.). Unabhängig von einer Festlegung auf einen bestimmten Begriff kann jedoch festgehalten werden, dass die soziale Lage der Familien von Förderschülern ein wesentlicher Faktor ist, der sich als nachteilig erweist.

> „Hinsichtlich der beschriebenen Indikatoren ist sie [die soziale Lage] wesentlich ungünstiger. Sie ist auch unter derzeitigen gesellschaftlichen Bedingungen als benachteiligend einzuschätzen." (Koch 2004a, S. 199; Einfügungen: S. L.)

Neben Befunden aus verschiedenen Studien, dass sich die Schichtzugehörigkeit sozial benachteiligend auswirkt, sind aber noch weitere Aspekte zu beachten. Ellinger unterscheidet hierbei noch folgende Gruppen:

„Grundsätzlich werden *a) Kinder aus armen Familien, b) Kinder mit Migrationshintergrund und aus Flüchtlingsfamilien, c) Risikokinder aus Risikofamilien, d) traumatisierte Kinder* und schließlich *e) Kinder aus benachteiligenden Milieus* als sozial benachteiligt bezeichnet" (Ellinger 2013a, S. 53; Hervorhebungen im Original).

Armut ist demnach ein weiterer Faktor, der sich negativ auf den Lernprozess auswirken kann. So stehen Kindern aus armen Familien weniger Ressourcen zur Verfügung. Das geringere Einkommen und der daraus entstehende Geldmangel können dazu führen, dass Anschaffungen von Bildungs- und Kulturgütern nicht getätigt werden können (vgl. a. a. O., S. 53 f.).

Demgemäß werden laut Datenreport 2013 nur jeweils 0,4 Prozent der Konsumausgaben von Arbeitslosen oder Nichterwerbstätigen für das Bildungswesen verwendet. Auf den Bereich Freizeit, Unterhaltung und Kultur entfallen 6,0 Prozent der Konsumausgaben bei Arbeitslosen und 10,6 Prozent bei Nichterwerbstätigen (vgl. Statistisches Bundesamt (Destatis)/Wissenschaftszentrum Berlin für Sozialforschung (WZB), Zentrales Datenmanagement 2013, S. 147). An dieser Stelle sei jedoch erwähnt, dass Arbeitslosigkeit oder Nichterwerbstätigkeit nicht mit Armut gleichzusetzen sind. Aufgrund unterschiedlicher Definitionen wird in Deutschland sowie der Europäischen Union der Begriff der „relativen Armut(sgefährdung)" verwendet.

„Nach diesem Konzept ist armutsgefährdet, wer im Vergleich zum Durchschnitt der Bevölkerung eine festgelegte Einkommensgrenze unterschreitet." (a. a. O., S. 158)

Zusätzlich wird eine sog. Armutsgefährdungsquote erstellt.

„Sie gibt den Anteil der Menschen in der Bevölkerung an, die weniger als 60 % des mittleren Nettoäquivalenzeinkommens der Gesamtbevölkerung zur Verfügung haben." (a. a. O., S. 158 f.)

Betrachtet man die verschiedenen Bevölkerungsgruppen, die von Armut in Deutschland betroffen sind, lag das Armutsrisiko von Kindern im Alter bis zu zehn Jahren in der Dreijahresperiode 2009-2011 bei 12,8 Prozent. Dieser Wert ist zumindest in den letzten Jahren nicht angestiegen. Für die Altersgruppe der 11- bis 20-Jährigen war die Armutsquote bei 17,2 Prozent (vgl. a. a. O., S. 174).

Der Bildungsabschluss hat ebenfalls Auswirkungen auf die Armutsquote. Wie bereits erläutert ist der Schulabschluss bei Eltern von Förderschülern im Vergleich zu Eltern, deren Kinder andere Schultypen besuchen, niedriger. Für den Bildungsabschluss „Hauptschule ohne Abschluss" lag die Armutsquote in der Dreijahresperiode 2009-2011 bei 28,8 Prozent. Dies ist bezogen auf alle weiteren, aufgeführten Bildungsabschlüsse der höchste in der Statistik angegebene Prozentwert (vgl. a. a. O., S. 175). Der Erwerbsstatus ist ebenfalls kennzeichnend für die Armutsquote: Arbeitslose waren in der Dreijahresperiode 2009-2011 zu 56,1 Prozent von Armut betroffen (vgl. ebd.). Auch besteht ein Zusammenhang zwischen Armut und Migrationshintergrund. Vergleicht man Menschen mit und ohne Migrationshintergrund, so ergeben sich Armutsquoten von 21,5 Prozent bei Menschen mit und 11,3 Prozent ohne Migrationshintergrund (vgl. a. a. O., S. 174).

Zudem sind auch Gemeinsamkeiten zwischen Migrationshintergrund und der Verteilung auf die Schularten zu erkennen.

„Schülerinnen und Schüler mit Migrationshintergrund gehen selbst unter Beachtung des jeweiligen sozioökonomischen Status weiterhin seltener an ein Gymnasium und besuchen häufiger Hauptschulen als diejenigen ohne Migrationshintergrund." (Autorengruppe Bildungsberichterstattung 2014, S. 76)

Die Statistiken des Statistischen Bundesamts bestätigen hingegen eine Überrepräsentation von ausländischen Schülern in bildungsniedrigeren Schulformen. Im Schuljahr 2013/2014 waren in Bayern von 1.298.839 Schülern insgesamt 89.671 ausländische Schüler, was bezogen auf alle Schüler einen Ausländeranteil von 6,9 Prozent bedeutet. An Grundschulen wurde ein ähnlicher Anteil an ausländischen Schülern festgestellt, nämlich 6,7 Prozent (27.940 Schüler). Das Gymnasium wies lediglich einen Ausländeranteil von 3,8 Prozent (13.215 Schüler) und die Realschule von 4,7 Prozent (12.262 Schüler) auf. Hauptschulen hingegen verzeichneten einen Ausländeranteil von 14,7 Prozent (30.044 Schüler). In Förderschulen lag der Anteil an ausländischen Schülern bei 9,4 Prozent (5.085 Schüler) und somit ebenfalls über dem durchschnittlichen Wert aller Schulformen (vgl. Statistisches Bundesamt 2014b, S. 44).

Weitere Nachteile ausländischer Schüler im Vergleich zu deutschen Schülern führt Diefenbach an. Dabei nennt sie u. a. neben geringerer vorschulischer Betreuung, häufigere Rückstellung bei der Einschulung, geringere Lese- und naturwissenschaftliche Kompetenz und die schlechteren Schulabschlüsse (vgl. Diefenbach 2008, S. 76 f.).

Damit wird eine weitere Gruppe erkennbar, die von sozialer Benachteiligung betroffen ist: ausländische Kinder und Kinder mit Migrationshintergrund. Die Begriffe „Ausländer" und „Migrationshintergrund" sind jedoch nicht gleichzusetzen. Staatenlose oder Bürger ohne Besitz der deutschen bzw. mit Besitz einer anderen Staatsbürgerschaft sind der Gruppe der Ausländer zuzuordnen. Im Glossar des Bildungsberichts wird als Erklärung angegeben:

> **„Ausländerinnen und Ausländer**
> Personen, die nicht die deutsche Staatsangehörigkeit besitzen." (Autorengruppe Bildungsberichterstattung 2013, S. VII; Hervorhebung im Original)

Die Definition für Menschen mit Migrationshintergrund bzw. Zuwanderungshintergrund hingegen lautet:

> „Als Menschen mit Zuwanderungshintergrund werden – unabhängig vom Besitz der deutschen Staatsbürgerschaft – sowohl Personen bezeichnet, die selbst nach Deutschland zugewandert sind, als auch Menschen, die zwar in Deutschland geboren sind, deren Eltern oder Großeltern aber aus einem anderen Land stammen." (Stanat/Edele 2015, S. 215 f.; im Original fett)

Allerdings lässt sich Migrationshintergrund häufig schwieriger als die Staatsbürgerschaft erfassen, weshalb Statistiken, wie beispielsweise auch die eben angeführte des Statistischen Bundesamts, auf den eindeutiger nachweisbaren Begriff Ausländer zugreifen.

Aber auch für Menschen mit Migrationshintergrund sind viele Untersuchungen vorhanden, die soziale Ungleichheiten und Benachteiligungen belegen. So schreiben u. a. auch Stanat und Edele, dass nachweisbar ist, „dass Kinder und Jugendliche aus zugewanderten Familien im Durchschnitt geringere schulische Kompetenzen erwerben und weniger qualifizierte Schulabschlüsse erreichen als Gleichaltrige aus Familien ohne Migrationserfahrung" (a. a. O., S. 215). Sie seien insofern benachteiligt, da sie geringere schulische Kompetenzen erzielen, häufiger lediglich einen Hauptschulabschluss oder gar keinen Schulabschluss erreichen und seltener eine duale Berufsausbildung beginnen (vgl. a. a. O., S. 217 ff.).

Bei Kindern mit Migrationshintergrund machen sich vor allem auch geringere sozioökonomische, kulturelle und soziale Ressourcen bemerkbar. Gerade die wenigen finanziellen und Bildungsressourcen wirken sich dabei nachteilig für die Kinder aus.

> „Das bedeutet, die Eltern wollen ihre Kinder unterstützen, können aber nicht, weil sie selbst den nötigen Bildungshintergrund nicht haben und ihr Geld nicht ausreicht, um für zusätzliche Lernmaterialien und die notwendige Nachhilfe zu sorgen." (Ellinger 2013a, S. 56)

Hinzu kommt, dass „Eltern ihren Kindern grundlegende Wissensbestände, Werte und Gewohnheiten, die dem Erfolg in den Bildungsinstitutionen oder auf dem Arbeitsmarkt zu- oder abträglich sind, vermitteln" (Diefenbach 2010, S. 230). Diese können sich gerade in Familien aus anderen Herkunftsländern deutlich von denen in Deutschland unterscheiden und so zu weiteren Problemen führen.

Diese Diskrepanz in Vorstellungen und Sichtweisen muss jedoch nicht nur auf Migrantenfamilien zutreffen.

> „Problematisch ist für Kinder auch, wenn Elternhaus und Schule sehr unähnlich strukturiert sind. Möglicherweise verlangen beide Lebenswelten dem Kind dann widersprüchliche Rollen, Tätigkeiten und Wertorientierungen ab, wodurch die Bewältigung schulischer Anforderungen erschwert wird." (Lauth/Mackowiak 2006, S. 203)

Bei ausländischen Familien oder Migrantenfamilien kann aber noch eine weitere Schwierigkeit hinzukommen. Eine fehlende oder schlechte Beherrschung der Unterrichtssprache Deutsch hat ebenfalls Auswirkungen auf den Schulerfolg. Familiäre Lerngelegenheiten werden als besonders wichtig angesehen, die bei anderssprachigen Familien jedoch bezogen auf die deutsche Sprache selten oder gar nicht zu finden sind (vgl. Stanat/Edele 2015, S. 221).

Ebenso ergeht es oft Kindern aus Flüchtlingsfamilien. Diese ordnet Ellinger den Kindern mit Migrationshintergrund hinzu. Sie wurden oder werden oft in ihrem Lernen durch häufiges Reisen oder Flucht an einem regelmäßigen Schulbesuch gehindert. Dadurch können leicht Leistungsrückstände zu Gleichaltrigen entstehen. Sprachliche und kulturelle Unterschiede erschweren zudem das Lernen (vgl. Ellinger 2013a, S. 56 f.).

Traumatisierte Kinder stellen eine besondere Gruppe der sozial Benachteiligten dar. Sie müssen nach ihrer Flucht die traumatisierenden Erfahrungen noch verarbeiten und sind mit verschiedenen Ängsten konfrontiert. Der Umgang mit diesen Ängsten stellt nicht zuletzt auch viele Pädagogen vor eine herausfordernde Aufgabe (vgl. a. a. O., S. 57; S. 68 ff.).

Bei Kindern in Deutschland, die keine Flucht erlebt haben, können Traumatisierungen infolge von Gewalterfahrungen, Abhängigkeiten der Eltern von bestimmten Suchtmitteln oder Vernachlässigungen entstehen. Teilweise wachsen sie für lange Zeit unter diesen traumatisierenden Bedingungen auf, ohne diesen entfliehen zu können. Das daraus entstehende Trauma, also die „seelische Verletzung, die durch extremes psychisches Stresserleben verursacht wird" (Ellinger 2013b, S. 53), kann verschiedene Folgen nach sich ziehen. Daumenlutschen, Einnässen, das Entwickeln von Ängsten bis hin zur Aggressivität, sozialem Rückzug und Konzentrationsmangel sind beispielhaft angeführte Auswirkungen der Stressreaktionen der Kinder (vgl. a. a. O., S. 55).

Als weitere Gruppe, die von sozialer Benachteiligung betroffen ist, sind Kinder aus Risikofamilien zu nennen. Der Bildungsbericht spricht von drei Risikolagen: ein *bildungsfernes Elternhaus*, bei dem beide Eltern nicht über eine abgeschlossene Berufsausbildung verfügen, die *soziale Risikolage*, die bei Erwerbslosigkeit beider Eltern vorliegt, und die *finanzielle Risikolage*. Diese besteht, wenn das Einkommen der Familie unterhalb der Armutsgefährdungsgrenze angesiedelt ist. Bisweilen kann es auch zu Überschneidungen der Risikolagen kommen (vgl. Autorengruppe Bildungsberichterstattung 2014, S. 23).

Betrachtet man nun die Verteilung der Risikolagen, so fällt auf, dass 37 Prozent der Schüler im Alter von 12 bis unter 17 Jahren, die alle drei Risikolagen aufweisen, der Schulartkategorie „sonstige allgemeinbildende Schulen" zugeordnet werden. Hierunter fallen u. a. auch Förderschulen. 30 Prozent der Schüler mit Risikolagen besuchen die Hauptschule. Im Vergleich dazu stehen nur 6 Prozent Gymnasiasten. Damit sind Schüler mit Risikolagen deutlich überrepräsentiert in Schularten mit niedrigeren Schulabschlüssen (vgl. a. a. O., S. 76 f.). Ein Blick auf die Schulabschlüsse zeigt noch eine weitere Problematik auf.

„In Deutschland stammt die Mehrheit der Abgängerinnen und Abgänger ohne Hauptschulabschluss von Förderschulen" (a. a. O., S. 92).

73 Prozent der Absolventen der Förderschule schlossen diese 2012 ohne Hauptschulabschluss, 24 Prozent mit Hauptschulabschluss ab. Auch wenn die Möglichkeit der Nachholung eines Schulabschlusses gegeben ist, gestaltet sich gerade für Schüler ohne Hauptschulabschluss der Übergang in eine Ausbildung als sehr schwierig (vgl. ebd.). Die Chancen auf einen Ausbildungs-platz und erfolgreiches Durchlaufen der Ausbildung sind deutlich erschwert. Dies führt später wiederum zu schlechter bezahlten Arbeitsplätzen, da eine geringere Qualifizierung vorliegt. Hier zeichnet sich ein Teufelskreis ab.

Ellinger führt noch weitere Probleme an, die gerade bei kumuliertem Auftreten Familien zu Risiko-familien werden lassen (vgl. Ellinger 2013a, S. 57). Zusammengefasst nennt er folgende Probleme:

- „schwere und chronische Krankheit eines Mitglieds der Familie
- Verlust eines Elternteils durch Tod oder Trennung
- Ein-Eltern-Familie
- Arbeitslosigkeit, Armut und Perspektivlosigkeit
- hohe finanzielle Schulden
- sozial randständige und problematische Wohngegend
- hohe Kinderzahl
- sehr junge Eltern und/oder niedriger Bildungsstand
- Migrationshintergrund
- Gewalt und Süchte in der Familie
- Drogenabhängigkeit oder psychische Erkrankung der Eltern." (Ellinger 2013b, S. 58)

Dies hat eine große Relevanz für die Entwicklung der Kinder. Eine „Vielzahl widriger familiärer Lebensumstände des Kindes mit einem erhöhten Risiko für eine spätere Entwicklungsstörung" (Laucht/Schmidt/Esser 2000, S. 99) führen auch Laucht, Schmidt und Esser an. Daher betonen sie, dass vor allem eine Zielgruppe in den Fokus genommen werden sollte, nämlich „Familien aus psychosozial benachteiligten Verhältnissen [...], da sich insbesondere hier Entwicklungspro-bleme und -gefährdungen kumulieren" (a. a. O., S. 107; Auslassungen: S. L.). Zusätzlich zu den von Ellinger genannten Problemen führen sie weitere Problembereiche an wie Delinquenz der Eltern, die Herkunft aus zerrütteten Verhältnissen, ein von Ablehnung und Vernachlässigung geprägtes Milieu sowie postnatal depressive Mütter (vgl. a. a. O., S. 99). Die genannten Pro-blemlagen beschreiben beispielsweise auch Benkmann und Koch (vgl. Benkmann 2007, S. 83 f.; Koch 2004a, S. 189 ff.; Koch 2004b, S. 418 ff.; Koch 2007, S. 108 ff.).

Wenngleich kein direkter Zusammenhang zwischen Aufwachsen in Risikofamilien und Lern-schwierigkeiten besteht, so können die genannten Problemlagen sich als entwicklungsverzö-gernd auswirken, insbesondere wenn mehrere Risikofaktoren bestehen. Häufig führen sie auch zu einem gestörten Bindungsverhalten (vgl. Ellinger 2013b, S. 58 ff.) oder schaffen schlechte Rahmenbedingungen für das Lernen.

Auswirkungen auf die Entwicklung aufgrund psychosozialer Belastungen bestätigen ferner Laucht, Schmidt und Esser.

„Die Ergebnisse der Risikoforschung haben eindrücklich gezeigt, daß [sic!] eine Reihe belastender Le-bensumstände mit erheblichen und dauerhaften Beeinträchtigungen der kindlichen Entwicklung ver-bunden sind." (Laucht/Schmidt/Esser 2000, S. 98)

Jedoch belegt u. a. die Mannheimer Risikokinderstudie auch, dass die Entwicklung von Risikokindern durchaus heterogen sein kann und damit nicht zwingend negativ verlaufen muss.

> „Längst nicht alle Kinder, die Entwicklungsrisiken ausgesetzt sind, leiden unter den nachteiligen Folgen, viele von ihnen entwickeln sich völlig normal." (Laucht 2012, S. 118)

Die dargestellten Befunde zeigen, dass soziale Benachteiligungen eine zentrale Bedeutung für das Lernen und damit auch für Lernschwierigkeiten haben können.

> „Soziale Benachteiligungen und Lernbehinderungen treten vielfach gemeinsam auf, dennoch kann nicht von einem linear-kausalen Zusammenhang ausgegangen werden – es handelt sich vielmehr um ein kovariantes Verhältnis." (Koch 2004b, S. 411)

Abschließend kann resümiert werden, dass Lernschwierigkeiten nicht nur auf erschwerte Lern-, sondern auch auf erschwerte Lebenssituationen zurückzuführen sind. Und obwohl die „Gleichheit bzw. die Angleichung von Bildungschancen [...] übereinstimmend als besonders wichtiges gesellschaftliches Ziel moderner Gesellschaften [gilt]" (Hradil 1999, S. 150; Umstellung: S. L.), können (immer noch) Unterschiede in den Bildungschancen in Deutschland festgestellt werden. Von Hradil aufgezeigte Ungleichheiten weisen darauf hin, dass die Umwelt eine entscheidende Rolle spielt. Diese Ungleichheiten können bezogen auf das Geschlecht, die Religion, die Staatsangehörigkeit oder die soziale Herkunft, darin inbegriffen sind die berufliche Stellung, die Bildung der Eltern und deren Einkommen, bestehen (vgl. a. a. O., S. 157 ff.). Dies unterstreicht auch die Kultusministerkonferenz. Betrachtet man deren Aussage, wird deutlich, wie groß die Auswirkungen der Umwelt auf die Schüler und damit auf mögliche Lernschwierigkeiten sind.

> „Ausmaß und Folgen einer Lernbeeinträchtigung [werden] insbesondere vom soziokulturellen Umfeld, von der Einstellung und dem Verhalten von Bezugspersonen, vor allem von Familienmitgliedern, beeinflusst" (Sekretariat der Ständigen Konferenz der Kultusminister der Länder in der Bundesrepublik Deutschland 1999, S. 4; Einfügung: S. L.).

Auch wenn vor allem exogene Faktoren wie soziale Benachteiligung bei der Entstehung und Aufrechterhaltung oder gar Verfestigung von Lernschwierigkeiten zu beachten sind, so ist dies nicht nur für Lehrer an Förderzentren wichtig.

> „Lehrerinnen und Lehrer erleben täglich die Herausforderungen und massiven Belastungen, die mit der wachsenden Vielfalt der Lebensverhältnisse und soziokulturellen Einflüsse auf ihre Schülerinnen und Schüler verknüpft sind." (Bauch 2014, S. 157)

Daher sollte es Aufgabe aller Lehrkräfte sein, das Umfeld der Schüler genau zu kennen, um Lernen zu ermöglichen, das die Vorerfahrungen und Lebensbedingungen der Schüler berücksichtigt. Mit dieser Aufgabe sind alle Lehrkräfte konfrontiert, die mit Schülern mit gravierenden Lernschwierigkeiten arbeiten, egal an welchem Lernort sich der Schüler befindet. In Bayern stehen Schülern mit sonderpädagogischem Förderbedarf im Förderschwerpunkt Lernen verschiedene Wege offen, die anschließend aufgezeigt werden sollen.

4.5 Inklusion in Schule und Unterricht – dargestellt am Beispiel Bayern

Bereits gegen Ende des 20. Jahrhunderts setzten „Bestrebungen einer gemeinsamen Unterrichtung behinderter und nicht behinderter Kinder in der Regelschule ein; mithin auch Bemühungen, Kinder mit Lernschwierigkeiten nicht mehr aus der Regelschule auszusondern" (Kretschmann 2009, S. 448). Diese Bemühungen wurden durch das Inkrafttreten der „UN-Konvention über die Rechte von Menschen mit Behinderungen", der englische Originaltitel „Convention on the Rights of Persons with Disabilities" (United Nations 2006, o. S.), zusätzlich verstärkt. Die Ratifizierung dieser Konvention im Jahr 2009 hatte und hat große Auswirkungen auf das deutsche Schulsystem und somit auch auf das System der einzelnen Bundesländer. Mit dem Artikel 24, der die Gestaltung eines inklusiven Schulsystems auf allen Ebenen fordert (vgl. ebd.), wurde ein Veränderungsprozess in Gang gesetzt, der zu einem großen Angebot an Förderorten und -möglichkeiten von Schülern mit sonderpädagogischem Förderbedarf geführt hat.

Wie bereits dargestellt wurde, unterscheiden sich die einzelnen Bundesländer in Deutschland nicht nur in Bezug auf die verwendeten Termini und die eingesetzten diagnostischen Verfahren zur Feststellung des sonderpädagogischen Förderbedarfs, auch liegt eine große Vielfalt an Förderorten und -formen vor (vgl. 4.2; Autorengruppe Bildungsberichterstattung 2014, S. 9), so dass es notwendig erscheint, eine Schwerpunktsetzung vorzunehmen. Wesentliche Festlegungen wurden bereits in der Einleitung getroffen und erläutert. Diese beinhalten u. a. den Fokus auf das Bundesland Bayern, da für dieses Bundesland die Erhebung geplant ist. Daher soll nun eingehend das bayerische System vorgestellt und dieses bezogen auf Schüler mit sonderpädagogischem Förderbedarf näher beleuchtet werden.

Das Lernen der Schüler mit gravierenden Lernschwierigkeiten findet in Bayern nicht nur an Förderzentren oder Sonderpädagogischen Förderzentren (SFZ) statt, sondern seit Inkrafttreten des Bayerischen Gesetzes über das Erziehungs- und Unterrichtswesen (BayEUG) zum 01. August 2011 gilt laut Artikel 2:

> „Inklusiver Unterricht ist Aufgabe aller Schulen." (Bayerisches Gesetz über das Erziehungs- und Unterrichtswesen (BayEUG) Art. 2 Abs. 2 Satz 1)

Damit ist eine Pluralisierung der Förderorte verbunden, da den Schülern mit sonderpädagogischem Förderbedarf im Förderschwerpunkt Lernen nun vermehrt die allgemeine Schule als Förderort offen steht. Hinzu kommt die Betonung der allgemeinen Schule.

> „Der Förderort ‚Allgemeine Schule' erhält unter inklusivem Aspekt absolute Priorität" (Heimlich 2011a, S. 52).

Zwar gab es bereits vor der Nivellierung des BayEUG die Möglichkeit beispielsweise der Einzelintegration von Schülern mit sonderpädagogischem Förderbedarf. Jedoch ist mit dieser ein Ausbau des bestehenden Fördersystems verbunden, das neben bereits vorhandenen integrativen Formen der Förderung nun mehr auch inklusive Möglichkeiten vorhält.

Während unter Integration ein Wiederzusammenführen von zuvor Getrenntem im Sinne einer Eingliederung zu verstehen ist, was primär eine Separation voraussetzt (vgl. Heimlich 2009, S. 182; Heimlich 2012a, S. 14), zielt Inklusion darauf, keine Trennung vornehmen zu müssen oder zu wollen. Die Heterogenität der Schüler wird als bereichernd gesehen. Dahinter steht die lateinische Bedeutung des Wortes Inklusion, das Eingeschlossensein bzw. Enthaltensein (vgl. a. a. O., S. 13 f.).

> „Inklusion meint vielmehr eine substanzielle Weiterentwicklung der Integration. Inklusive Bildungseinrichtungen verzichten von vornherein auf jegliche Formen von Aussonderung. Alle Kinder und Jugendlichen eines Stadtteils, Wohngebietes oder Quartiers sind willkommen. Die Unterschiedlichkeit ihrer Lernbedürfnisse, Interessen und Fähigkeiten wird als Ausgangsbedingung jeglichen Bildungsangebotes gesehen." (vgl. a. a. O., S. 12)

Das inklusive Schulsystems Bayerns bietet nach Art. 30a des Bayerischen Gesetzes über das Schul- und Unterrichtswesens (BayEUG) verschiedene Formen des kooperativen Lernens an (vgl. Bayerisches Gesetz über das Erziehungs- und Unterrichtswesen (BayEUG) Art. 30a Abs. 7 Ziff. 1-3):

- In **Kooperationsklassen** (in anderen Bundesländern als integrative Regelklassen bekannt (vgl. Heimlich 2012b, S. 101)) werden meist drei bis fünf Schüler mit sonderpädagogischem Förderbedarf gemeinsam mit Schülern der Grund-, Mittel- oder Berufsschule ohne sonderpädagogischen Förderbedarf unterrichtet. Dabei können zeitweise Mobile Sonderpädagogische Dienste (MSD) unterstützend hinzugezogen werden, aber auch vorhandene Ressourcen der einzelnen Schule (z. B. Klassengröße oder Differenzierungsstunden) ausgenutzt werden. Auch an weiterführenden Schulen ist die Einrichtung von Kooperationsklassen möglich (vgl. Bayerisches Gesetz über das Erziehungs- und Unterrichtswesen (BayEUG), Art. 30a Abs. 7 Ziff. 1).
- **Partnerklassen** (ehemals Außenklassen, in anderen Bundesländern Kooperationsklasse (vgl. Heimlich 2012b, S. 96)) sind gekennzeichnet durch ein hohes Maß an Kooperation einer Klasse der Förderschule und einer Klasse der allgemeinen Schule. Vielfach ist die Förderschulklasse an der allgemeinen Schule angesiedelt, wobei auch die Möglichkeit besteht, dass allgemeine Schulen eine Partnerklasse im Förderzentrum bilden. Partnerklassen werden hauptsächlich für Schüler mit sonderpädagogischem Förderbedarf im Förderschwerpunkt geistige Entwicklung eingerichtet. Sie zielen darauf ab, dass möglichst viele verschiedene Formen des gemeinsamen Unterrichts im Schulalltag verwirklicht werden und ermöglichen durch Patenschaften vielfältige Kontaktmöglichkeiten (vgl. Bayerisches Gesetz über das Erziehungs- und Unterrichtswesen (BayEUG) Art. 30a Abs. 7 Ziff. 2; Heimlich/Lutz 2014a, S. 200).
- Neben den in Bayern nur noch selten bestehenden Förderzentren für den Förderschwerpunkt Lernen gibt es eine Vielzahl an Sonderpädagogischen Förderzentren für die Förderschwerpunkte Lernen, Sprache und emotionale und soziale Entwicklung. Diese „sind als sonderpädagogische Kompetenz- und Beratungszentren sowie alternative Lernorte in den verschiedenen Förderschwerpunkten eine notwendige Ergänzung des allgemeinen schulischen Angebotes. Sie leisten einen zentralen Beitrag zur (Re-)Integration von Kindern und Jugendlichen mit sonderpädagogischem Förderbedarf" (Bayerisches Staatsministerium für Unterricht und Kultus 2013, S. 7). Zudem besteht die Möglichkeit **offene Klassen** an Förderschulen einzurichten, in denen auch Schüler ohne sonderpädagogischen Förderbedarf unterrichtet werden (vgl. Bayerisches Gesetz über das Erziehungs- und Unterrichtswesen (BayEUG) Art. 30a Abs. 7 Ziff. 3).

Darüber hinaus stellt Art. 30b BayEUG noch drei weitere Formen der Inklusion von Schülern mit sonderpädagogischem Förderbedarf vor (vgl. a. a. O., Art. 30b Abs. 2-5):

- Es besteht die Möglichkeit der **Einzelintegration bzw. -inklusion** einzelner Schüler mit sonderpädagogischem Förderbedarf an allgemeinen Schulen mit Unterstützung der Mobilen Sonderpädagogischen Dienste. Zusätzlich kann die Jugend- bzw. Eingliederungshilfe hinzugezogen werden (vgl. Bayerisches Staatsministerium für Unterricht und Kultus 2013, S. 4).
- Art. 30b Abs. 3 Satz 2 BayEUG beschreibt eine **Schule mit dem Schulprofil „Inklusion":**
  „Eine Schule mit dem Schulprofil ‚Inklusion' setzt auf der Grundlage eines gemeinsamen Bildungs- und Erziehungskonzepts in Unterricht und Schulleben individuelle Förderung im Rahmen des Art. 41 Abs. 1 und 5 für alle Schülerinnen und Schüler um" (Bayerisches Gesetz über das Erziehungs- und Unterrichtswesen (BayEUG) Art. 30b Abs. 3 Satz 2).

Diese Schulen bemühen sich im Unterricht und Schulleben den heterogenen Lernvoraussetzungen der Schüler mit und ohne sonderpädagogischem Förderbedarf gerecht zu werden. Bei der Entscheidung für eine Schule mit dem Schulprofil „Inklusion" bedarf es des Einverständnisses der zuständigen Schulaufsichtsbehörde und des involvierten Schulaufwandsträgers. Zudem sind ein ausgearbeitetes Bildungs- und Erziehungskonzept, Vorerfahrungen zu Schülern mit sonderpädagogischem Förderbedarf und die Bereitschaft der am Lern- und Schulentwicklungs-prozess beteiligten Personen inklusiv zu arbeiten die entscheidenden Voraussetzungen für die Durchführung und das Gelingen dieses Konzepts (vgl. a. a. O., Art. 30b Abs. 3 Satz 1-5).

Im Gegensatz zu den bereits beschriebenen kooperativen Formen sind die in diesen Schulen tätigen Lehrer der Förderschule mit mind. 13 Lehrerstunden als Teil des Kollegiums der allgemeinen Schule weisungsgebunden gegenüber der Schulleitung der allgemeinen Schule. Insgesamt werden einer Schule mit dem Schulprofil „Inklusion" etwa 23 Lehrerstunden zur Verfügung gestellt. Das Aufgabenfeld der Lehrer der Förderschule beschränkt sich nicht ausschließlich auf Schüler mit sonderpädagogischem Förderbedarf, sondern umfasst ebenso die Unterstützung und Unterrichtung von Schülern ohne sonderpädagogischen Förderbedarf.

- Art. 30b Abs. 5 BayEUG beschreibt die Möglichkeit zu Errichtung von **Klassen mit festem Lehrertandem**. Gemeinsamer Unterricht in Form von Team-Teaching ist in Klassen möglich, in denen sich Schüler mit sehr hohem sonderpädagogischen Förderbedarf befinden. Zusätzlich besteht die Möglichkeit Schulbegleiter sowie andere Fachkräfte miteinzubeziehen (vgl. a. a. O., Art. 30b Abs. 5 Satz 1-3).
  Diese Form der Lehrertandemklasse wird vielfach für Schüler mit sonderpädagogischem Förderbedarf im Förderschwerpunkt geistige Entwicklung eingerichtet, da hier die Definition „sehr hoher sonderpädagogischer Förderbedarf" durch Mehrfachbeeinträchtigungen erfüllt wird. Schüler mit sonderpädagogischem Förderbedarf im Förderschwerpunkt Lernen sind nur in Ausnahmefällen dieser Gruppe zuzuordnen.

Gold formuliert als Gelingensbedingungen der Inklusion u. a. neben einer intensiven Lernunterstützung und einer kleineren Klassengröße, dass „für den Unterricht [grundsätzlich] zwei Lehrpersonen zur Verfügung stehen [sollten], um ein ziel-, methoden- und lernzeitadaptives Unterrichten zu ermöglichen" (Gold 2011, S. 254; Einfügungen: S. L.). Wie die oben gezeigten Ausführungen deutlich machen, ist dies in Bayern und bundesweit je nach inklusiver Form oft nur zeitweise gegeben.

Zur Unterstützung der einzelnen Schule, ein inklusives Profil zu entwickeln, ist vom Wissenschaftlichen Beirat „Inklusion" ein Leitfaden als Orientierungshilfe erstellt worden. Darin ist das Konzept der inklusiven Schulentwicklung als Mehrebenenmodell dargestellt. Darüber hinaus werden Qualitätsstandards beschrieben. Auch hier wird deutlich, dass Inklusion sich unterschiedlich ausgestalten lässt (vgl. Fischer et al. 2013, S. 7 f.).

> „Bewusst erhalten bleiben muss bei diesem Weg jedoch das gemeinsame **Leitbild der Inklusion** als Zielvorstellung. Der Weg zu dieser Zielvorstellung dürfte gleichwohl in vielen Schulen sehr unterschiedlich ausfallen." (a. a. O., S. 8; Hervorhebung im Original, dort zusätzlich farbliche Hervorhebung)

Neben den dargestellten kooperativen und inklusiven Maßnahmen gibt es für Schüler mit sonderpädagogischem Förderbedarf nach wie vor die Möglichkeit, ein **(Sonderpädagogisches) Förderzentrum (SFZ)** zu besuchen. Der Vollständigkeit halber sei diese Organisationsform ebenfalls erwähnt, auch wenn sie außer in Form der offenen Klasse wenig inklusive Momente bietet. Das Förderzentrum bietet beispielsweise individualisierende Förderung für Schüler an, die den Anforderungen der allgemeinen Schule, „insbesondere der (allzu) leistungsorientierten Grundschule, die unstrittig als Verteilerin von sozialen Chancen fungiert, nicht genügen können" (Schor/Eckerlein 2014, S. 382). Dabei sollte die Rückführung an die allgemeine Schule das vordringliche Ziel sein. Dadurch wird zwar keine Inklusion, jedoch eine Re-Integration angestrebt.

Hinzu kommt, dass wesentlicher Bestandteil und Merkmal eines SFZ neben der Verbindung von den Förderschwerpunkten Lernen, Sprache sowie emotionale und soziale Entwicklung das Angebot an ambulanten Formen ist. So stellt das jeweilige SFZ Mobile Sonderpädagogische Dienste bereit, die in den oben dargestellten Formen unterstützend tätig sind. Im Rahmen inklusiver Bestrebung könnte sich das SFZ als etablierte Schulform zwar einerseits u. U. hemmend auswirken, andererseits ist mit dem SFZ ein wesentlicher Vorteil verbunden.

> „Von Vorteil wird das SFZ in einem inklusiven Bildungssystem vor allem in ländlichen Regionen mit geringer Besiedlung und einer niedrigen Dichte von Schulangeboten insgesamt sein, da auf diesem Wege die Fachlichkeit der sonderpädagogischen Förderung auch im FSL [Förderschwerpunkt Lernen] sichergestellt werden kann." (Heimlich/Lutz 2014b, S. 213; Einfügungen: S. L.)

Die einzelnen Maßnahmen, die Schülern mit sonderpädagogischem Förderbedarf im Förderschwerpunkt Lernen offen stehen, sind nachfolgend noch einmal zusammengefasst dargestellt. Dabei steigt der Grad des kooperativen Lernens nach unten stetig an (vgl. Tabelle 2).

Tab. 2: Formen und Orte der Förderung von Schülern mit sonderpädagogischem Förderbedarf in Bayern nach Bayerischem Staatsministerium für Bildung und Kultus, Wissenschaft und Kunst (nach Bayerisches Gesetz über das Erziehungs- und Unterrichtswesen (BayEUG), Art. 20, 30a, 30b)

Maßnahme	Anzahl der Schüler mit sonderpädagogischem Förderbedarf in einer Klasse	Schulort	Unterstützung
(Sonder-pädagogisches) Förderzentrum	eine ganze Klasse	(Sonderpädagogisches) Förderzentrum	
offene Klassen der Förderschule	eine ganze Klasse mit einzelnen Schülern ohne sonderpädagogischen Förderbedarf	(Sonderpädagogisches) Förderzentrum	
Partnerklasse	eine ganze Klasse	allgemeine Schule (meist Grund- und Mittelschulen), ggf. an Förderzentrum	
Einzelintegration/-inklusion	ein Schüler	allgemeine Schule (meist Grund- und Mittelschulen)	zeitweise durch MSD; ggf. Jugend- bzw. Eingliederungshilfe
Kooperations-klasse	3-5 Schüler	allgemeine Schule (meist Grund- und Mittelschulen)	zeitweise durch MSD
Schule mit dem Schulprofil „Inklusion"	variiert je nach Schule (mind. 10 Schüler pro Schule)	allgemeine Schule (Grund-, Mittel-, Real-schulen, Gymnasien)	Sonderpädagoge mit vorgegebener Stundenzahl, Idealfall: Team-Teaching; bei Bedarf weitere Fachkräfte

In Abbildung 19 wird der Versuch unternommen, diesen Anstieg an kooperativem Lernen zu verbildlichen, wenngleich dies nicht bedeuten soll, dass an Förderschulen keine Kooperation stattfindet. Auch dort sind viele Schulen stark mit externen Systemen vernetzt und um Kooperation sowie kooperatives Lernen bemüht.

> „Durch eine Verstärkung der sonderpädagogischen Förderangebote in umliegenden allgemeinen Schulen und eine steigende Zahl von integrierten Schülerinnen und Schülern im FSL [Förderschwerpunkt Lernen] hat sich bereits in der Vergangenheit die Förderschule vielfach für die Kooperation mit anderen Schulformen geöffnet." (Heimlich/Lutz 2014b, S. 212; Einfügungen: S. L.)

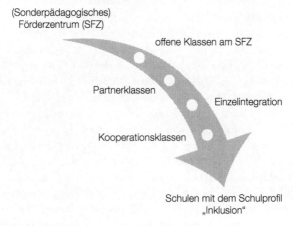

Abb. 19: Von der Separation über die Integration zur Inklusion in Bayern

Die Grafik bietet einen aktuellen Überblick über die einzelnen Etappen von einem separierenden Schulwesen hin zu den bestehenden inklusiven Angeboten in Bayern. Die verschiedenen Angebote, mit Ausnahme des Förderzentrums, werden in dieser Arbeit auch als inklusive Settings verstanden bzw. bezeichnet. Inklusive Settings beinhalten Maßnahmen, Abläufe und Strukturen, die so gestaltet und geordnet sind, dass im täglichen Miteinander keine Ausgrenzung, Separierung und/oder Vereinzelung zugelassen sind oder zumindest weitestgehend vermieden werden, um allgemein anerkannten/geforderten gesamtgesellschaftlichen Standards in jeder Hinsicht zu genügen.

Inklusion ist jedoch nicht nur als verstärkte Kooperation zu verstehen. Inklusion bedeutet, „eine neue Form des Miteinanders zu kreieren, in der Prozesse des Voneinander-Lernens – und zwar aller Beteiligten – möglich werden" (Heimlich 2014, S. 4). Dafür stehen in Bayern verschiedene Wege und Möglichkeiten offen.

Nicht zuletzt stellt auch der Rahmenlehrplan für den Förderschwerpunkt Lernen ein wichtiges Instrument für das Gelingen von inklusiven Momenten dar. Ausdrücklich betont er in der Präambel die „breite Kooperation auf allen Ebenen" (Bayerisches Staatsministerium für Unterricht und Kultus 2012a, Teil 1, S. 11). Zudem ist er nicht mehr an einen bestimmten Schultyp gekoppelt, sondern rückt vielmehr den Schüler mit sonderpädagogischem Förderbedarf im Förderschwerpunkt Lernen, gerade auch in inklusiven Settings, in den Mittelpunkt (vgl. a. a. O., Teil 1, S. 9 ff.). Er sollte gleichermaßen von Lehrern an Förderzentren wie in Grund- und Mittelschulen eingesetzt werden, um die Kompetenzen der Schüler zu fördern. Dies erfordert eine enge Verzahnung mit den Lehrplänen der Grund- und/oder Mittelschule.

> „Der nun vorliegende Lehrplan für den Förderschwerpunkt Lernen verbindet im Sinne eines aufsteigenden Kompetenzmodells diese Basiskompetenzen mit der Adaption der Lehrplananforderungen für die Grundschulen und Hauptschulen." (Heimlich 2011b, S. 15)

Der Rahmenlehrplan für den Förderschwerpunkt Lernen ist damit als Ergänzung zu den Lehrplänen der Grund- und Mittelschulen zu sehen. Er erfüllt dabei die Anforderungen, inklusiv, sonderpädagogisch, offen, vernetzt und kompetenzorientiert zu sein (vgl. a. a. O., S. 18).

Die Lehrpläne der bayerischen Grund- und Mittelschulen befinden sich in einem Erneuerungsprozess. Der LehrplanPLUS Grundschule, der ab dem Schuljahr 2014/2015 in den Jahrgangsstufen 1 sowie 2 verbindlich gilt und jeweils ein Schuljahr später in der 3. sowie dann 4. Jahrgangsstufe in Kraft tritt, hat eine Weiterentwicklung dahingehend erfahren, dass er einen kompetenzorientierten Blick auf das Kind wirft. Die schulische Bildung soll die bestehenden Kompetenzen aufgreifen und systematisch erweitern. Der LehrplanPLUS Grundschule betont zudem Inklusion sowie eine Pädagogik der Vielfalt (vgl. Bayerisches Staatsministerium für Bildung und Kultus, Wissenschaft und Kunst 2014a, S. 10 f.; S. 22). Neben Kompetenzerwartungen gibt der LehrplanPLUS auch Inhalte vor, die mit den Kompetenzerwartungen des Rahmenlehrplans für den Förderschwerpunkt Lernen abgeglichen und individuell je nach sonderpädagogischem Förderbedarf des Kindes festgelegt werden können (vgl. a. a. O., S. 23). Ab dem Schuljahr 2017/2018 tritt der LehrplanPLUS der Mittelschule sukzessiv in Kraft. An allen allgemeinen Schulen in Bayern wird in den kommenden Schuljahren jeweils ein sog. „LehrplanPLUS" eingeführt.

Wie viele Schüler Förderung bedürfen bzw. sonderpädagogischen Förderbedarf haben, wird im nachfolgenden Unterkapitel zur aktuellen Datenlage über Schüler und Lehrkräfte in Bayern erläutert.

4.6 Aktuelle Datenlage zu Schülern mit sonderpädagogischem Förderbedarf im Förderschwerpunkt Lernen und sonderpädagogischen Lehrern in Bayern

Um einen Überblick zu erhalten, werden nun die zu Verfügung stehenden statistischen Daten zu Schülern mit sonderpädagogischem Förderbedarf im Förderschwerpunkt Lernen, aber auch zu sonderpädagogischen Lehrkräften in Bayern dargestellt. Wenngleich diese Daten ständigen Aktualisierungen unterliegen, wird an dieser Stelle die Datenlage beschrieben, die zum Durchführungszeitraum der Hauptuntersuchung bestand. Es ist bekannt, dass gegen Ende der Erstellung dieser Arbeit aktuellere Angaben in Bezug auf die Schulstatistik vorlagen.

4.6.1 Statistische Daten zu Schülern mit sonderpädagogischem Förderbedarf im Förderschwerpunkt Lernen

Im Schuljahr 2010/2011 betrug laut Schulstatistik in Deutschland der Anteil von Schülern mit sonderpädagogischem Förderbedarf 6,3 Prozent. Damit ist die sog. Förderquote, also der prozentuale Anteil der Schüler mit sonderpädagogischem Förderbedarf an allen Schülern der 1. bis 10. Klasse in Vollzeitschulpflicht, auf einem Höchststand (vgl. Dietze 2012, S. 26).

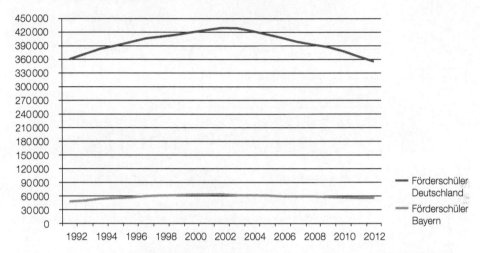

Abb. 20: Entwicklung der Schülerzahlen an Förderschulen in Deutschland und Bayern seit 1992 in absoluten Zahlen nach Angaben des Statistischen Bundesamts (nach Statistisches Bundesamt 2014a, S. 26; S. 31)

Die einzelnen Bundesländer unterscheiden sich dabei stark in der Förderquote. Die bayerische Förderquote ist mit 5,8 Prozent eher gering, wenn man eine Spannbreite von 4,5 Prozent in Rheinland-Pfalz mit 11,3 Prozent in Mecklenburg-Vorpommern bedenkt. Dabei ist in Deutschland ein Rückgang von Schülern mit sonderpädagogischer Förderung innerhalb der letzten zehn Jahre um 9,9 Prozent zu verzeichnen (vgl. Dietze 2012, S. 27; vgl. Abbildung 20). Betrachtet man Bayern genauer, lassen sich für das Schuljahr 2013/2014 folgende Daten belegen: Es existierten 351 Förderzentren und Schulen für Kranke mit 5.005 Klassen. Verglichen mit dem Vorjahr sind das 22 Klassen weniger. Seit den letzten 10 Jahren ist ein Abbau von 22 Schulen und 397 Klassen zu verzeichnen. Insgesamt gab es 53.576 Schülerinnen und Schüler, wovon 33.714 männlich waren. Somit war der männliche Anteil 62,9 Prozent, was einen konstanten Wert über die letzten fast 30 Jahre darstellt (vgl. Bayerisches Landesamt für Statistik und Datenverarbeitung 2014, S. 11).

Der Rückgang der Schülerzahlen im letzten Jahrzehnt war sowohl an Volksschulen zur sonderpädagogischen Förderung und Schulen für Kranke insgesamt als auch beispielsweise in sog. „Klassen mit dem Förderschwerpunkt Lernen" deutlich erkennbar. Die Schülerzahlentwicklung seit 1984/85 ist in der Abbildung 21 dargestellt. Nach Angaben des Statistischen Berichts wurden ab dem Schuljahr 1999/2000 fast 10.000 Schüler aus sog. „Sonderpädagogischen Förderzentren mit dem Förderschwerpunkt Lernen" zur Förderschülerzahl in sog. „Klassen mit Förderschwerpunkt Lernen" mit einberechnet. Dazu kamen ab dem Schuljahr 2004/2005 noch Schüler mit sonderpädagogischem Förderbedarf im Förderschwerpunkt Lernen in förderschwerpunktübergreifenden Klassen an Sonderpädagogischen Förderzentren.

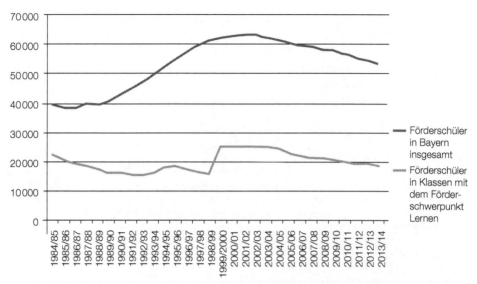

* ab 1999/2000 einschl. Schüler aus Sonderpädagogischen Förderzentren mit dem Förderschwerpunkt Lernen

Abb. 21: Entwicklung der Schülerzahlen an Förderzentren und Schulen für Kranke in Bayern seit 1984/1985 in absoluten Zahlen nach Angaben des Bayerischen Landesamts für Statistik und Datenverarbeitung (nach ebd.)

Der größte Anteil an Schülern mit sonderpädagogischem Förderbedarf hat sonderpädagogischen Förderbedarf im Förderschwerpunkt Lernen. Im Schuljahr 2013/2014 waren es in Bayern 37,8 Prozent aller Förderschüler, die in Klassen für den Förderschwerpunkt Lernen oder in förderschwerpunktübergreifenden Klassen an Sonderpädagogischen Förderzentren unterrichtet wurden (vgl. a. a. O., S. 17).

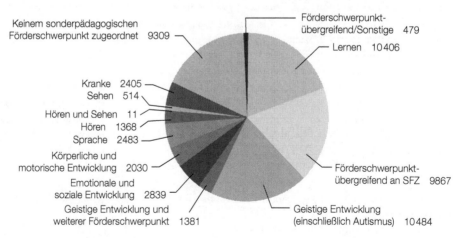

Abb. 22: Schüler an Förderzentren und Schulen für Kranke in Bayern nach Förderschwerpunkten der Schüler im Schuljahr 2013/2014 in absoluten Zahlen nach Angaben des Bayerischen Landesamts für Statistik und Datenverarbeitung (nach ebd.)

Wenn man die Schülerzahlen der einzelnen Förderschwerpunkte vergleicht, ergibt sich ein heterogenes Bild. Dabei erscheint auch eine Schülergruppe, die ohne sonderpädagogischen Förderbedarf an Förderzentren und Schulen für Kranke unterrichtet wird (vgl. Abbildung 22).

Nachfolgend soll die integrative Förderung von Schülern mit gravierenden Lernschwierigkeiten skizziert werden, wenngleich in diesem Bereich Aussagen schwer zu treffen sind, weil in der Schulstatistik keine näheren Angaben zu Organisationsmodellen oder Lernformen zu finden sind. Das Statistische Bundesamt liefert dazu für das Schuljahr 2012/2013 einen etwas gesunkenen Förderquotenwert, wenn man ihn mit dem oben, für das Schuljahr 2010/2011 benannten Wert vergleicht. Die Förderquote in Deutschland lag nun bei 5,7 Prozent. Sie errechnet sich aus der Förderschulbesuchsquote von 4,2 Prozent und der Integrationsquote von 1,5 Prozent. In Bayern blieb die Förderquote nahezu konstant mit 5,6 Prozent bei einer Förderschulbesuchsquote von ebenfalls 4,2 Prozent (vgl. Statistisches Bundesamt 2014a, S. 220 ff.).

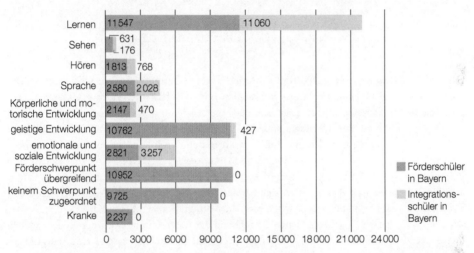

Abb. 23: Schülerzahlen förderschulischer und integrativer Förderung eingeteilt nach Förderschwerpunkten im Schuljahr 2012/2013 in Bayern in absoluten Zahlen nach Angaben des Statistischen Bundesamts (nach a.a.O., S. 220; S. 223)

Das Statistische Bundesamt veröffentlicht auch absolute Zahlen. In Deutschland wurden im Schuljahr 2012/2013 355.139 Schüler in Förderschulen, 129.536 in allgemeinen Schulen integrativ unterrichtet (vgl. a.a.O., S. 220 ff.). Abbildung 23 stellt die absoluten Schülerzahlen in Bayern nach Förderschwerpunkten dar.

Die Anteile der integrativen Förderung variieren stark je nach Förderschwerpunkt. In Bayern wird fast die Hälfte aller Schüler mit sonderpädagogischem Förderbedarf im Förderschwerpunkt Lernen integrativ beschult, wie Abbildung 24 anschaulich zeigt.

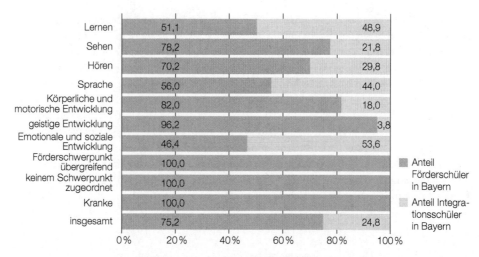

Abb. 24: Verteilung von förderschulischer und integrativer Förderung im Schuljahr 2012/2013 in Bayern in Prozent nach Angaben des Statistischen Bundesamts (nach a. a. O., S. 220; S. 222)

Die zur Verfügung stehenden statistischen Berichte bieten Daten für diverse Schularten in Bayern wie beispielsweise Grund-, Haupt-, Realschulen, G8-Gymnasien, integrierte Gesamtschulen und freie Waldorfschulen an (vgl. a. a. O., S. 220).

Für die im Rahmen zur Umsetzung der UN-Behindertenrechtskonvention im Schuljahr 2011/2012 in Bayern eingeführten Schulen mit dem Schulprofil „Inklusion" (vgl. 4.5) werden jedoch weder vom Statistischen Bundesamt noch vom Bayerischen Landesamt für Statistik und Datenerhebung gesonderte Daten ausgewiesen. Diese sind in den einzeln aufgeführten Schularten enthalten, werden aber nicht speziell benannt oder als gesonderte Schulart geführt. Es ist anzunehmen, dass deren Schüler zu der Gruppe der Integrationsschüler gezählt werden.

Welche Daten liefern die verschiedenen Berichte zu den Lehrkräften an Förderschulen oder in integrativen bzw. inklusiven Settings? Die Datenlage wird im anschließenden Kapitel dargestellt.

4.6.2 Statistische Daten zu sonderpädagogischen Lehrkräften

Das Statistische Bundesamt sowie das Bayerische Landesamt für Statistik und Datenerhebung weisen Daten u. a. bezogen auf Lehrkräfte getrennt nach Schularten aus. In den nachfolgenden Abbildungen werden zunächst Lehrkräfte in den Blick genommen, die ein Lehramt an Sonderschulen absolviert haben. Zu den sonderpädagogischen Lehrkräften an Förderschulen lassen sich gezielt Aussagen treffen, die sich mit der Altersstruktur oder der Verteilung nach Geschlechtern befassen. Abbildung 25 kombiniert beide Merkmale und zeigt den prozentualen Anteil an voll- und teilzeitbeschäftigten Lehrkräften mit einem sonderpädagogischen Studium im Schuljahr 2012/2013 in Bayern nach Geschlecht und Alter differenziert.

Abbildung 25 zeigt deutlich, dass vor allem in den jüngeren Altersgruppen wesentlich mehr Frauen als Männer vertreten sind. Der Anteil an Lehrerinnen beträgt dabei zunächst 89 Prozent und sinkt langsam bis auf 73 Prozent in der Altersgruppe 40- bis unter 45-Jährigen ab. Anschließend steigt der Anteil an Lehrerinnen wieder bis auf 81 Prozent in der Gruppe der 50- bis unter 55-Jährigen an, bevor er immer weiter abfällt. Insgesamt beträgt im Schuljahr 2012/2013 der Anteil der Lehrerinnen an allen voll- und teilzeitbeschäftigten sonderpädagogischen Lehrkräften 74,7 Prozent (vgl. a. a. O., S. 401).

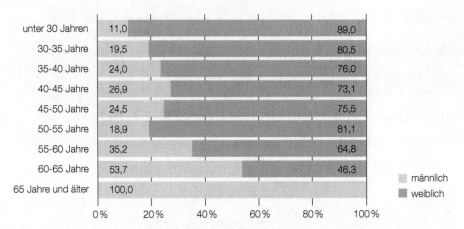

Abb. 25: Voll- und teilzeitbeschäftigte Lehrkräfte, die sonderpädagogische Lehrämter studiert haben, nach Altersgruppen und Geschlecht im Schuljahr 2012/2013 in Bayern in Prozent nach Angaben des Statistischen Bundesamts (nach ebd.)

Liegt der Fokus auf den Altersgruppen an sich, findet sich für das Schuljahr 2013/2014 auf der Grundlage der Daten des Bayerischen Landesamts für Statistik und Datenerhebung für voll- und teilzeitbeschäftigte Lehrkräfte an Förderzentren und Schulen für Kranke, die ein Studium zum „Lehramt an Sonderschulen"[5] abgeschlossen haben, eine relativ gleichmäßige Verteilung auf die verschiedenen Altersgruppen (vgl. Bayerisches Landesamt für Statistik und Datenverarbeitung 2014, S. 26).

Die anteilige Verteilung der Lehrkräfte an Förderzentren und Schulen für Kranke, die in der Abbildung 26 grafisch aufbereitet ist, zeigt, dass lediglich die Altersgruppe unter 30 Jahren sowie älter als 60 Jahre deutlich kleiner im Vergleich zu den anderen Altersgruppen ausfallen (vgl. ebd.). Dies lässt sich durch unterschiedlich lange Studienzeiten bzw. damit verbundenem Beginn der Berufstätigkeit sowie mit vorzeitigen Pensionierungen bzw. Altersteilzeit nachvollziehbar begründen.

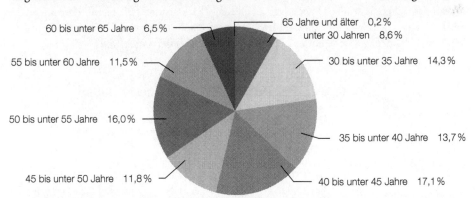

Abb. 26: Voll- und teilzeitbeschäftigte Lehrkräfte mit Lehramt an Sonderschulen aufgeteilt nach Altersgruppen im Schuljahr 2013/2014 tätig an Förderzentren und Schulen für Kranke in Bayern in Prozent nach Angaben des Bayerischen Landesamts für Statistik und Datenverarbeitung (nach ebd.)

---

5 Der Statistische Bericht spricht hier von „Lehramt an Sonderschulen" anstelle der offiziellen Bezeichnung „Lehramt für Sonderpädagogik".

Die Verteilung der Lehrkräfte in absoluten Zahlen verdeutlicht die Abbildung 27, die neben den Altersgruppen erneut die Geschlechter der voll- und teilzeitbeschäftigten Lehrkräfte mit Lehramt an Sonderschulen an Förderzentren und Schulen für Kranke einbezieht.

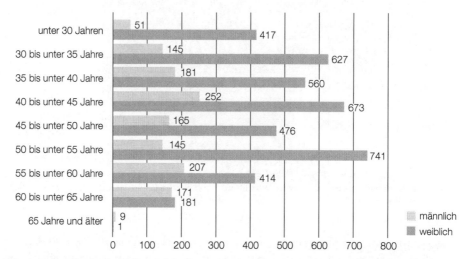

Abb. 27: Voll- und teilzeitbeschäftigte Lehrkräfte mit Lehramt an Sonderschulen aufgeteilt nach Altersgruppen und Geschlecht im Schuljahr 2013/2014 tätig an Förderzentren und Schulen für Kranke in Bayern in absoluten Zahlen nach Angaben des Bayerischen Landesamts für Statistik und Datenverarbeitung (nach ebd.)

Während das Statistische Bundesamt teilweise auch Daten zu stundenweise beschäftigten Lehrkräften liefert, diese jedoch nicht nach Altersgruppen differenziert, wird diese Gruppe bei den Daten des Bayerischen Landesamts für Statistik und Datenerhebung nicht aufgeführt.

Hingegen bietet das Bayerische Landesamt für Statistik und Datenerhebung zusätzlich Zahlen zu anderen an Förderzentren und Schulen für Kranke tätigen Lehrkräften, die nicht Lehramt für Sonderpädagogik studiert haben (vgl. Abbildung 28). Darunter fallen Lehrkräfte mit einem Studium eines Lehramts an Volksschulen ohne spezielle Sonderschullehrerausbildung, Fachlehrkräfte, Heilpädagogische Förderlehrer und Unterrichtshilfen (vgl. ebd.).

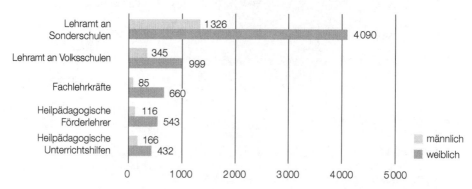

Abb. 28: Voll- und teilzeitbeschäftigte Lehrkräfte tätig an Förderzentren und Schulen für Kranke in Bayern im Schuljahr 2013/2014 nach Geschlecht in absoluten Zahlen nach Angaben des Bayerischen Landesamts für Statistik und Datenverarbeitung (nach ebd.)

Es wird deutlich, dass die größte Gruppe (61,8 Prozent) der an Förderzentren und Schulen für Kranke tätigen Lehrkräfte ein Studium der Sonderpädagogik abgeschlossen hat (vgl. Abbildung 29).

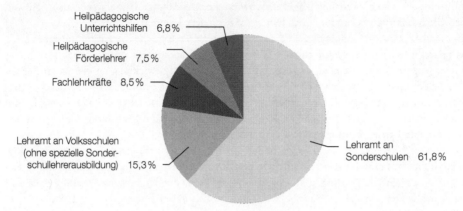

Abb. 29: Voll- und teilzeitbeschäftigte Lehrkräfte tätig an Förderzentren und Schulen für Kranke in Bayern im Schuljahr 2013/2014 nach Lehramt in Prozent nach Angaben des Bayerischen Landesamts für Statistik und Datenverarbeitung (nach ebd.)

Wenngleich Aussagen zu den Lehrkräften an Förderzentren und Schulen für Kranke in Bayern getroffen werden können, so liegen keine gesonderten Daten vor, die die Anzahl von Lehrkräften, die in integrativen bzw. inklusiven Settings tätig sind, näher beschreibt. Somit können weder Rückschlüsse auf die Altersstruktur noch auf die Geschlechterverteilung von Lehrkräften getroffen werden, die beispielsweise an Schulen mit dem Schulprofil „Inklusion" (vgl. 4.5) arbeiten. Es ist zu vermuten, dass diese Gruppe zu den voll- und teilzeitbeschäftigten Lehrkräften an Förderzentren und Schulen für Kranke gezählt werden, da diese meist nur mit einer bestimmten Stundenanzahl in inklusiven Settings tätig sind und die verbleibenden Unterrichtsstunden an Förderzentren ableisten. Gesicherte Aussagen lassen sich aber nicht treffen.

4.7 Zusammenfassung

Unter Lernen wird aus konstruktivistischer Sicht ein eigenaktiver Prozess verstanden, der in Auseinandersetzung mit der Umwelt geschieht. Gemeinsam wird eine Welt hervorgebracht (vgl. 4.1).
Wenngleich Lernen zunächst keine Hilfe benötigt, kann jedoch in einzelnen Prozessen eine gezielte sonderpädagogische Unterstützung notwendig sein. Können diese Schwierigkeiten nicht selbstständig überwunden werden und ist sonderpädagogische Unterstützung erforderlich, spricht Heimlich von gravierenden Lernschwierigkeiten. Neben diesem Begriff gibt es für diese Kinder und Jugendlichen weitere Begrifflichkeiten und Bezeichnungen. Dabei weichen die Definitionen teilweise nur geringfügig voneinander ab, zumeist in ihrer Schwerpunktsetzung und Ausrichtung. Einige sind sehr unspezifisch und erfüllen nicht die Kriterien einer wissenschaftlichen Definition. Obwohl jedoch Unterschiede in den Definitionen erkennbar sind, so stimmen sie doch meistens in dem Bedarf an Unterstützung und Förderung überein. Diese Förderung ist je nach Ausprägungsgrad der Lernbeeinträchtigung oder Lernschwierigkeit von Sonderpädagogen zu leisten. Die Schwierigkeit kann nicht selbstständig überwunden werden.

In dieser Arbeit finden vornehmlich die Begriffe „sonderpädagogischer Förderbedarf im Förderschwerpunkt Lernen" sowie „gravierende Lernschwierigkeiten" Anwendung, da für beide die benötigte sonderpädagogische Unterstützung kennzeichnend ist (vgl. 4.2).

Grundlegend für eine Pädagogik bei Lernschwierigkeiten sind sog. „Paradigmen", also Sichtweisen, die Erklärungsansätze für Lernschwierigkeiten liefern können.

Beispielhaft wurde das ökologische Paradigma, auch als ökologische Systemtheorie bezeichnet, vorgestellt, welches ein verschachteltes Netzwerk an insgesamt fünf Systemen beinhaltet. Aus dieser Betrachtungsweise heraus gilt es, das Kind und seine Entwicklung im Gefüge mit seiner Umwelt zu sehen, die direkt und indirekt Einfluss auf es nimmt. Entscheidend ist, dass das Kind eine zum Lernen anregende Umwelt erfährt. Vor dieser Aufgabe stehen vor allem auch Lehrer im Unterricht, die durch die Bereitstellung von Materialien und u. a. auch des Schulbuchs den Schüler zum Lernen ermutigen und ihn anregen (vgl. 4.3).

Nicht nur im Bereich der Diagnostik, sondern auch für die Förderung des Kindes ist es wichtig, das Kind gemeinsam mit seinem Umfeld in den Blick zu nehmen. Während früher Lernschwierigkeiten als genetisch bedingt erklärt wurden, steht heute die Betrachtung der endogenen und exogenen Bedingungsfaktoren im Fokus. Dabei können in der Person liegende Faktoren, aber auch erschwerende Lebenssituationen zum Entstehen, Erhalt und/oder Festigen von Lernschwierigkeiten beitragen. U. a. konnte gezeigt werden, dass erschwerte Lebenssituationen und schlechtere Umweltbedingungen ein Risiko in der Entwicklung des Kindes und damit für den Schulerfolg darstellen können. Studien beweisen, dass sich die soziale Lage der Familien von Förderschülern deutlich von der Lage der Gesamtbevölkerung unterscheidet und als benachteiligend zu bewerten ist. Wenngleich keine Kausalbeziehung zwischen (gravierenden) Lernschwierigkeiten und sozialer Benachteiligung besteht, so erschweren verschiedene Risikofaktoren das Lernen deutlich (vgl. 4.4).

Gravierende Lernschwierigkeiten bedeuten jedoch nicht automatisch eine Überweisung des Schülers an ein Förderzentrum. Vielmehr gibt es in Bayern eine Vielfalt an Orten zur Förderung von Schülern mit sonderpädagogischem Förderbedarf im Förderschwerpunkt Lernen. Die Schule mit dem Schulprofil „Inklusion" ist dabei die weitreichendste Form der Inklusion, die angeboten wird. Neben dem Besuch eines *Förderzentrums* für einen bestimmten Förderschwerpunkt oder eines *Sonderpädagogischen Förderzentrums* (SFZ) mit und ohne *offenen Klassen* bieten sich weitere Möglichkeiten an: *Kooperationsklassen*, in Einzelfällen *Partnerklassen*, *Einzelintegration bzw. -inklusion* an allgemeinen Schulen mit und ohne Unterstützung der Mobilen Sonderpädagogischen Dienste. Die *Schulen mit dem Schulprofil „Inklusion"* können auch *Klassen mit festem Lehrertandem* einrichten, wobei hier eher selten Schüler mit sonderpädagogischem Förderbedarf im Förderschwerpunkt Lernen vertreten sind (vgl. 4.5).

Im Schuljahr 2013/2014 existierten in Bayern rund 350 Förderzentren und Schulen für Kranke mit über 5.000 Klassen. Von den Schülern mit sonderpädagogischem Förderbedarf hatten fast 40 Prozent sonderpädagogischen Förderbedarf im Förderschwerpunkt Lernen. Davon wurde wiederum fast die Hälfte integrativ beschult. Das bedeutet, dass nicht alle Schüler mit gravierenden Lernschwierigkeiten ein Förderzentrum besuchen, sondern ihnen weitere Förderorte zur Verfügung stehen. Bislang waren jedoch noch keine verlässlichen Daten zu den Schulen mit dem Schulprofil „Inklusion" veröffentlicht (vgl. 4.6.1).

Besondere Aufmerksamkeit kam auch Lehrern zu, die mit Schülern mit gravierenden Lernschwierigkeiten arbeiten. Je nach Altersgruppe ist der Anteil an Lehrerinnen sehr unterschiedlich. Die größte Gruppe der an Förderzentren und Schulen für Kranke tätigen Lehrkräfte hat ein Studium der Sonderpädagogik abgeschlossen (vgl. 4.6.2).

Im nachfolgenden Kapitel liegt die Konzentration auf den Konsequenzen für den Unterricht und speziell den Mathematikunterricht, um den beschriebenen Schülern mit Lernschwierig-keiten gerecht zu werden und ihr Lernen sinnvoll anzuregen und zu unterstützen. Ein weiterer Aspekt sind die dabei eingesetzten Medien.

5 Das Schulbuch im Mathematikunterricht im Förderschwerpunkt Lernen

Schüler mit gravierenden Lernschwierigkeiten zeigen vor allem in schulischen Lernbereichen wie beispielsweise beim Rechenlernen Probleme (vgl. 4.4). Um den Lernvoraussetzungen der Schüler gerecht zu werden und sie im Lernen zu unterstützen, ist zu klären, was hierfür ein Mathematikunterricht anbieten muss (5.1). Danach steht das Mathematikschulbuch für Schüler mit gravierenden Lernschwierigkeiten selbst im Fokus (5.2):

- Prinzipien, die bei der Herstellung des Buches zu berücksichtigen sind (5.2.1),
- eine Aufzählung von zugelassenen Schulbüchern in den einzelnen Bundesländern (5.2.2),
- Aspekte, die die Entscheidung zugunsten eines Schulbuchs beeinflussen können (5.2.3) und
- die tatsächliche Verwendung des Schulbuchs zur Unterrichtsvorbereitung (5.2.4) sowie
- zur Unterrichtsdurchführung (5.2.5).

In einem Exkurs soll auf digitale Medien fokussiert werden, die im Unterricht bei Schülern mit gravierenden Lernschwierigkeiten eine Rolle spielen (5.3). Entscheidend für die Verwendung des Schulbuchs ist, welche Medienkompetenzen die Lehrkräfte besitzen, die mit dem Schulbuch arbeiten. Die Aus- und Fortbildungssituation wird daher im Kapitel 5.4 vorgestellt, bevor zusammenfassend die wesentlichen Inhalte des fünften Kapitels wiedergegeben werden (5.5).

5.1 Mathematikunterricht im Förderschwerpunkt Lernen

Sieht Mathematikunterricht für Schüler mit sonderpädagogischem Förderbedarf im Förderschwerpunkt Lernen anders aus? Wie soll der Unterricht im Lernbereich Mathematik für diese Kinder und Jugendlichen gestaltet sein? Gibt es ein „Rezept", um Rechenproblemen optimal begegnen zu können oder die Entstehung gar zu vermeiden?

Wember nahm sich dieser Problemstellung an, als er in einem Aufsatz 1997 nach einem „Förderunterricht bei Lernproblemen im Lernbereich Mathematik durch mathematische Lebens- und Umweltkunde mit Hand, Herz und Verstand" fragte (Wember 1997, S. 174). Darin betont er eine schülerorientierte Unterrichtsgestaltung, die fünf Forderungen beinhaltet:

1. „Der Förderunterricht in Mathematik sei geistig aktivierend angelegt!" (a. a. O., S. 181)

Ein lebenspraktischer Bezug erleichtert den Schülern den Zugang zu verschiedenen Aufgaben und ermöglicht ihnen so das Finden von eigenen Lösungswegen. Eine starre Anwendung von Lösungsverfahren erschwert einsichtiges Lernen und vermindert die Lernmotivation (vgl. ebd.).

„Die menschliche Fähigkeit, zu interagieren und strukturelle Kopplungen mit anderen Systemen einzugehen, macht es für Lehrkräfte möglich, Lernprozesse zu aktivieren und die Schüler anzuregen, sich innerhalb ihrer eigenen Logik weiterzuentwickeln." (Werning/Lütje-Klose 2012, S. 151)

Dieses systemisch-konstruktivistische Verständnis von Lernen, bei dem sich der Lerner aktiv mit dem Lerngegenstand und seiner Umwelt auseinandersetzt, mit ihr in Interaktion tritt und sich gemeinsam mit ihr seine Welt konstruiert (vgl. 4.1), fordert den Lehrer auf, den Schüler durch strukturierte Anleitung anzuregen, aktiv zu werden (vgl. a. a. O., S. 150 f.).

„Tatsächlich hat der Lehrer aber nur einen indirekten Einfluß [sic!] auf das Lernen der Schüler. Lehrer stellen Lerngelegenheiten bereit, bzw. sie entwickeln den Stoff gemeinsam mit den Schülern, indem sie eine Struktur von Unterrichtsaktivitäten organisieren." (Bromme 1992, S. 90)

Strukturierte, ansprechend gestaltete Arbeitsmaterialien, die eine selbstständige Bearbeitung durch den Schüler ermöglichen, können dabei das Lernen unterstützen. Auch eignen sich insbesondere Lerngegenstände, die Bezug zu der Lebenswelt des Schülers haben und an dessen Vorwissen anknüpfen.

Wember ordnet dies bereits 1988 dem didaktischen Prinzip des *praktischen Problembezugs* zu und betont die Relevanz, an der Lebenswirklichkeit des Schülers mit inhaltlich sinnvollen Aufgaben anzuknüpfen (vgl. Wember 1988, S. 155). Damit einher geht das Prinzip der *Sprache des Schülers*. Für die Verständlichkeit sollten unterrichtliche Probleme und deren Lösung auf dem sprachlichen Niveau der Schüler verfasst sein. Wember betont, dass „Praktisch-problemorientierte Erarbeitungsweisen, die sich der Sprache des Schülers bedienen, [...] die Schüler im Unterricht fordern und zu geistiger Anstrengung aktivieren [sollen]" (a. a. O., S. 156; Umstellung: S. L.). Eng damit verbunden ist daher die nächste Forderung.

2. „Der Förderunterricht in Mathematik sei lebenspraktisch handelnd angelegt!" (Wember 1997, S. 182)

Eine tiefe Durchdringung des Stoffes und eine geistige Aktivierung werden durch handelndes Lernen erreicht. Die Erprobung und Bewertung eigener Lösungsversuche unterstützt das Lernen und fördert die Kreativität sowie die Eigenständigkeit des Kindes, wenn es sich mit alltagsnahen Lernsituationen auseinandersetzt. Dabei werden mathematische Erkenntnisse mit lebenspraktischen Einsichten und alltagstauglichen Fertigkeiten verknüpft (vgl. a. a. O., S. 182 f.). Hier kommt insbesondere auch der Aspekt der Handlungsorientierung zum Tragen. Im Unterricht sollten daher die Prinzipien des *„aktiven Lernens"* (Wember 1988, S. 156; Hervorhebung im Original), des *„handelnde[n] Lernen[s]"* (a. a. O., S. 158; Hervorhebung im Original; Anpassungen: S. L.) und der *„schrittweisen Verinnerlichung"* (a. a. O., S. 159; Hervorhebung im Original) Berücksichtigung finden.

Gold unterstreicht ebenfalls den Aspekt der Handlungsorientierung, indem er u. a. die „Förderung des erfahrungsbasierten Lernens und die Eigenaktivität beim Lernen" (Gold 2011, S. 259) sowie die „Auswahl von Lerninhalten, die alltagsrelevant sind oder eine persönliche Bedeutung gewinnen können" (a. a. O., S. 260), als zwei bewährte Prinzipien im Unterricht bei Schülern mit Lernschwierigkeiten herausstellt. Auch Lorenz erachtet für die Förderung von Rechenfertigkeiten u. a. die „Verbindung der Rechenoperationen mit Alltagshandeln" (Lorenz 2014, S. 54) als besonders wichtig, um gerade auch rechenschwache Kinder beim Lernen zu unterstützen.

3. „Der Förderunterricht in Mathematik stütze die individuelle kognitive Entwicklung!" (Wember 1997, S. 183)

Eine entwicklungsgemäße Aufteilung der Inhalte und eine Individualisierung der Lernziele unterstützt die kognitive Entwicklung des Kindes. Daher ist eine prozessorientierte Förderdiagnostik mit einer konsequenten und lehrstoffbezogenen Analyse der individuellen Lernvoraussetzungen mit entsprechenden differenzierten Interventionsmaßnahmen unerlässlich (vgl. a. a. O., S. 183 ff.).

Hier werden die Prinzipien der *„entwicklungsgemäßen Sequenzierung von Unterrichtsinhalten"* (Wember 1988, S. 157; Hervorhebung im Original) sowie der *„entwicklungsgemäßen Sequenzierung der Lernziele"* (a. a. O., S. 158; Hervorhebung im Original) deutlich. Bezogen auf Mathematikunterricht und den Einsatz von Schulbüchern kann daraus gefolgert werden, dass die Lernaufgaben an das Lern- und Leistungsvermögen der Schüler angepasst sein sollen, um Lernfortschritte zu ermöglichen. Das erfordert differenzierte Aufgabenformate, die die unterschiedlichen Lernvoraussetzungen der Schüler berücksichtigen.

4. „Der Förderunterricht in Mathematik stütze die emotionale und soziale Entwicklung!" (Wember 1997, S. 187)

Eine positive Grundeinstellung der Lehrkraft zu den Lernenden ist für das Lernen förderlich. Ermutigung und genügend Freiraum für sozialkooperatives Lernen in Partner- oder Gruppenarbeit wirken sich förderlich auf die Lernmotivation und Arbeitsbereitschaft aus (vgl. a. a. O., S. 187 f.). Wember nennt dies das Prinzip der *„sozialkooperativen Erarbeitung"* (Wember 1988, S. 160; Hervorhebung im Original). Neben unterschiedlichen Sozialformen, die auch eine Rhythmisierung des Unterrichts ermöglichen, steht hinter dieser Forderung die Lernfreude und -motivation des Schülers. „Motivationale und emotionale Aspekte des Lernvorgangs [zu] beachten und für positive Emotionen während des Lernens [zu] sorgen" (Gold 2011, S. 260; Einfügungen: S. L.), wirkt lernförderlich.

Lorenz betont die Bedeutsamkeit des emotional-motivationalen Aspekts, indem er diesen Bereich neben dem curricularen und kognitiven bei einer Förderung von rechenschwachen Kindern als wesentlichen, parallel zu fördernden Zielbereich sieht. Er nennt u. a. das eigene Kompetenzerleben sowie den Abbau von Ängsten als Beispiel für ein Förderziel. Wenn gleichzeitig eine Förderung in allen drei Bereichen stattfindet, können Erfolgserlebnisse beitragen, entstandene Ängste zu überwinden (vgl. Lorenz 2014, S. 50 f.).

Born und Oehler stimmen mit dieser Meinung für Kinder mit Rechenschwäche überein und heben ihrerseits die positive Lerneinstellung und Motivation als bedeutsam für das Lernen hervor. Dafür sind vor allem kurzfristig erfahrbare Erfolge, die auf realistischen Zielsetzungen beruhen, notwendig (vgl. Born/Oehler 2008, S. 102 ff.).

5. „Der Förderunterricht in Mathematik entfalte sich in Erarbeitung, Übung und Spiel!" (Wember 1997, S. 188)

Bedeutsam ist die Sicherung des Gelernten, die durch Übungen mit spielerischem Charakter unterstützt und vorangetrieben werden kann (vgl. a. a. O., S. 188 f.). Dahinter steht das Prinzip der *„operatorischen Übung"* (Wember 1988, S. 159; Hervorhebung im Original). Dieser Aspekt berücksichtigt nicht nur die verschiedenen Phasen im Unterricht wie Erarbeitung und Übung, er betont auch den Aspekt des Spiels, das altersentsprechend eingebaut sein sollte. Dass das Spiel für alle Schüler und insbesondere auch für Schüler mit Lernschwierigkeiten eine große Bedeutung hat, hebt Heimlich deutlich hervor.

„Spielorientiertes Lernen ist eine Antwortmöglichkeit auf individualisierte Lernbedürfnisse in heterogenen Lerngruppen und kann zwischen Lebens- und Lernsituationen vermitteln." (Heimlich 2015, S. 179)

Die erläuterten fünf Forderungen fasst Wember aktuell in sieben Prinzipien zusammen. Grafisch dargestellt sind sie in der nachfolgenden Abbildung. Sie können einen Beitrag zu einem aktivierenden Förderunterricht für Schüler mit gravierenden Lernschwierigkeiten leisten.

Curriculare Prinzipien
- Praktischer Problembezug
- Sprache des Schülers
- Entwicklungsgemäße Sequenzierung von Unterrichtsinhalten und Lehrzielen

Methodische Prinzipien
- Aktives und handelndes Lernen
- Schrittweise Verinnerlichung
- Sozialkooperative Erarbeitung
- Operative Übung

Abb. 30: Sieben Unterrichtsprinzipien nach Wember (nach Wember 2016, S. 84)

Mit „gutem Unterricht" setzen sich auch Tulodziecki, Herzig und Blömeke auseinander, die die Ergebnisse der *Mathematik-Gesamterhebung Rheinland-Pfalz: Kompetenzen, Unterrichts-merkmale, Schulkontext* (MARKUS) zusammenfassen. Zwar nahmen daran keine Förderschu-len teil, die dort empirisch gewonnenen Ergebnisse zu Kriterien guten Unterrichts können aber auch im Bereich der Förderschulen als gewinnbringend erachtet werden. Neben aktivierenden Aufgaben, die Bezug zum Alltag und der Lebenswelt des Schülers haben sollen, spielt die Moti-vierung der Schüler eine entscheidende Rolle, die ebenfalls an die Lebenssituation der Schüler anknüpfen sollte. Hieran schließt nahtlos der nächste Aspekt an: die Schülerorientierung. Un-terricht sollte sich differenziert und individualisiert an den Lernvoraussetzungen der Schüler vor allem in Erarbeitungs- und Übungsphasen ausrichten. Dabei dient das Vorwissen der Schü-ler als Grundlage. Als vorteilhaft hat sich die Arbeit in Kleingruppen erwiesen. Strukturier-tes Vorgehen insbesondere zu Beginn und Ende der jeweiligen Stunde stellte sich ebenfalls als lernförderlich heraus. Leistungserwartungen sollten so gestellt sein, dass sie keinesfalls zu einer Unterforderung der Schüler führen. Ebenso trägt eine effiziente Klassenführung zu gutem Un-terricht bei (vgl. Tulodziecki/Herzig/Blömeke 2009, S. 196 f.).

Was für Gold prinzipiell für den Unterricht für Schüler mit Lernschwierigkeiten zutrifft, gilt auch in Bezug auf den Mathematikunterricht:

> „Alle wirksamen Lehrmethoden wirken grundsätzlich auch bei Schülerinnen und Schülern mit Lern-schwierigkeiten und -störungen" (Gold 2011, S. 241).

Sie sind jedoch „in besonderer Weise auf eine möglichst optimale Unterrichtsgestaltung an-gewiesen" (ebd.). Als passende Methoden haben sich sowohl direkt-instruktionale, aber auch kooperative und entdecken lassende Methoden und Formen gezeigt (vgl. ebd.).

Einen aktiv-entdeckenden Mathematikunterricht, der die Eigenaktivität und Selbstorganisation der Schüler in den Mittelpunkt stellt, erachten auch Scherer und Moser Opitz für diese Schüler als sinnvoll. Dennoch sind sie der Meinung, dass die Umsetzung des Ansatzes noch nicht ausrei-chend ist (vgl. Scherer/Moser Opitz 2010, S. 10; S. 19 f.). Zudem betonen sie,

> „dass der Mathematikunterricht für Schülerinnen und Schüler mit Förderbedarf im Förderschwerpunkt Lernen angepasst und der Lernstoff gezielt ausgewählt werden muss. Dies darf jedoch nicht nach dem Prinzip ‚dieselben Lerninhalte – nur langsamer und kleinschrittiger' geschehen, sondern muss sich an für den mathematischen Lernprozess zentralen Inhalten orientieren und auf der Grundlage von fach-lichen Überlegungen und Erkenntnissen aus empirischen Untersuchungen geschehen" (a. a. O., S. 10).

Der Lehrer hat dabei die Aufgabe, den individuellen Lernprozess des Schülers zu unterstützen und gezielt zu organisieren.

> „Schüler sind nicht passive Rezipienten des neuen Wissens. Lernen und Behalten macht die aktive Aus-einandersetzung mit dem Stoff und die Verbindung des bereits Gelernten mit dem neu zu Lernenden notwendig." (Bromme 1992, S. 78)

Dafür ist ein durchdachter Einsatz der zur Verfügung stehenden Materialien unabdingbar. „Lernschwache Schülerinnen und Schüler brauchen im Unterricht besondere Unterstützung oder spezifische Förderangebote" (ebd.), auch wenn sich ihr Lernen nicht von dem von ande-ren Kindern unterscheidet. Trotzdem ist es wichtig, dass die Lehrperson neben einer offenen Grundhaltung dem Schüler gegenüber fachliches und fachdidaktisches Grundwissen bzw. Kompetenzen besitzt (vgl. Scherer/Moser Opitz 2010, S. 21 ff.).

Shulman schlägt die Unterscheidung in drei verschiedene Wissensformen vor.

„I suggest we distinguish among three categories of content knowledge: (a) subject matter content knowledge, (b) pedagogical content knowledge, and (c) curricular knowledge." (Shulman 1986, S. 9)

Scherer und Moser Opitz greifen diese drei Formen des Fachwissens auf. Während „*Content knowledge* [...] bspw. Wissen zu den Unterrichtsinhalten und zu deren Strukturierung [beinhaltet]" (Scherer/Moser Opitz 2010, S. 25; Hervorhebung im Original; Umstellung: S. L.), versteht man unter dem *pedagogical content knowledge* „the ways of representing and formulating the subject that make it comprehensible to others" (Shulman 1986, S. 9). Beim *curriculum knowledge* ist ein Wissen über Lerninhalte und -ziele und dazu passende Lernmaterialien gefordert (vgl. Scherer/Moser Opitz 2010, S. 25).

Diese schwer voneinander trennbaren Kompetenzen des Lehrers sind für die Förderung von rechenschwachen Schülern bedeutsam (vgl. a. a. O., S. 26). Die „eigene fachliche Auseinandersetzung der Lehrenden mit mathematischen Inhalten bzw. deren eigene Lernprozesse, [...] die Auseinandersetzung mit den Lernprozessen der Schülerinnen und Schüler und mit unterrichtsrelevantem Fachwissen (z. B. Auswahl von Lerninhalten, Vorgehensweisen, Materialien)" (ebd.) tragen dazu bei, dass der Lehrer den Schülern beim Aufbau seiner Kompetenzen helfen kann.

> „So zeichnet sich guter Unterricht dadurch aus, dass er den Erwerb der Kompetenzen seitens der Lernenden bestmöglich unterstützt, wobei zu den Kompetenzen zählen: intelligentes und anwendungsfähiges Wissen; variabel nutzbare Schlüsselqualifikationen (z. B. angemessene Lernstrategien), soziale Kompetenzen und Wertorientierungen." (Ditton 2009, S. 177)

Die Bedeutung und Betonung der Kompetenzorientierung lässt sich im Bereich der Pädagogik bei Lernschwierigkeiten in Bayern im Rahmenlehrplan für den Förderschwerpunkt Lernen (vgl. Bayerisches Staatsministerium für Unterricht und Kultus 2012a) wiederfinden. Der neue Lehrplan, der ab dem Schuljahr 2015/2016 verbindlich in Bayern für Schüler mit sonderpädagogischem Förderbedarf im Förderschwerpunkt Lernen anzuwenden ist und sich bereits seit 2011/2012 in der Implementierungsphase befindet (vgl. Staatsinstitut für Schulqualität und Bildungsforschung München o. J., o. S.), formuliert u. a. Fach- und Methodenkompetenzen. Der Lehrer erhält die Aufgabe, den Schüler individuell bei der Entwicklung und Steigerung seiner Fähigkeiten und Fertigkeiten zu begleiten.

> „Die Auswahl der angestrebten Kompetenzen trifft die Lehrkraft in pädagogischer Verantwortung auf der Basis der ermittelten Lernausgangslage sowie des individuellen Förderbedarfs der einzelnen Schülerin bzw. des einzelnen Schülers." (Bayerisches Staatsministerium für Unterricht und Kultus 2012a, Teil 1, S. 16)

Dies erfordert von der Lehrkraft neben diagnostischen Kompetenzen auch zusätzlich gute methodische und didaktische Kompetenzen, um den Lernprozess des Schülers unterstützen zu können.

> „Einerseits geht es darum, Lernergebnisse differenziert sichtbar zu machen durch entsprechende, an Standards orientierte Aufgabenstellung, andererseits werden *Lernaufgaben* und *Anforderungssituationen* benötigt, die die Kompetenzentwicklung umfassend und differenziert fördern." (Bauch 2014, S. 150; Hervorhebungen im Original)

Dafür ist eine gezielte Entscheidung bezogen auf Aufgaben(formate), Arbeits- und Sozialformen sowie die eingesetzten Medien z. B. das Schulbuch vom Lehrer zu treffen (vgl. a. a. O., S. 158 f.). Dabei können im Mathematikunterricht vielfältige Sozialformen zum Einsatz kommen. Je nachdem, wie viele Lernende beteiligt sind, unterscheidet man zwischen „*Klassenunterricht*" (Tulodziecki/Herzig/Blömeke 2009, S. 148; Hervorhebung im Original), „*Kleingruppenarbeit*" (ebd.), „*Partnerarbeit*" (ebd.) und „*Einzelarbeit*" (ebd.). Wichtig ist, „dass ein guter Lehrer Lernprozesse und nicht die Lerner steuert. Die Steuerung kann material über Aufgabenstellungen, Materialien, Methoden und Medien erfolgen oder aber personal über die Moderation der Lernprozesse" (Leisen 2014, S. 168).

Stellt man den Lernprozess des Schülers vereinfacht dar, knüpft der Schüler an seine Vorkenntnisse und -erfahrungen an und versucht die Aufgabe selbstständig mit dem vorhandenen Vorwissen zu lösen. Das Lernen an sich geschieht dabei eigenständig. Lernziele und -inhalte legt vornehmlich das Kind fest. Lebensnahe Aufgaben sind dabei besonders geeignet (vgl. Grünke 2006, S. 241 f.). Die aktuelle Lern- und Entwicklungspsychologie geht ebenfalls von dem eigenaktiven Lernvorgang des Schülers aus. Wember hebt seinerseits die Bedeutung der Schüleraktivitäten hervor und erklärt, dass diese Vorstellung für alle Kinder, ob mit oder ohne (gravierende) Lernschwierigkeiten, gilt:

> „Das Kind lernt aktiv, indem es Informationen aus der Umwelt assimiliert und dabei zugleich akkommodiert, d. h. es passt Lerninhalte seinen ihm aktuell zur Verfügung stehenden Lern- und Verständnismöglichkeiten an und verändert und erweitert gleichzeitig seine Strategien des Lernens und Verstehens. Ein solches Bild vom aktiven Lerner, der sich in konstruktiver Eigenaktivität entwickelt, passt auch auf das im Lernen behinderte Kind" (Wember 2016, S. 83 f.).

Dieses Verständnis beinhaltet eine andere Aufgabe und Rolle des Lehrers. Der Lehrer kann als Lernbegleiter und Unterstützer fungieren. Neben authentischen, an die Lebenswelt der Kinder angepassten Aufgaben und vom Kind bestimmten Lernzielen und -inhalten sind dies laut Grünke Merkmale für konstruktivistische Unterrichtsmethoden (vgl. Grünke 2006, S. 241 f.). Darunter ordnet er bestimmte „reformpädagogische Konzepte wie Montessori- oder die Freinet-Pädagogik sowie die meisten Realisierungen von entdeckenden Lernformen oder des problem- und handlungsorientierten Unterrichts" (a. a. O., S. 242).

Gegensätzlich zu den konstruktivistischen Methoden sieht Grünke lehrkraftzentrierte Vorgehensweisen wie die Direkte Instruktion, die in drei Phasen abwechselnd verläuft:

- „Präsentation neuer Inhalte und Demonstration der Vorgehensweise bei der Aufgabenbewältigung,
- Üben unter Anleitung und
- eigenständiges Üben" (a. a. O., S. 241).

Ebenso werden bei der Strategieinstruktion Techniken erlernt, um selbstständig Informationen zu erfassen und weiterzuverarbeiten. Nach einer Präsentation und Anwendung einer bestimmten Strategie versucht der Schüler diese anzuwenden. Unterstützung erhält er dabei vom Lehrer (vgl. ebd.) Welche Fördermethoden sich bei Kindern mit Lernstörungen als besonders wirksam herausgestellt haben, hat Grünke in einer Synopse zusammengestellt. Er kommt dabei zu dem Ergebnis, dass ein „übungsbetontes, schrittweise aufeinander aufbauendes, feedbackbetontes, strategisch ausgerichtetes und lehrkraftzentriertes Vorgehen im Sinne einer Direkten und einer Strategieinstruktion [...] der Schulreife, der Intelligenz und der Fähigkeit zur komplexen Verarbeitung sowie der Problemlösefähigkeit sehr zuträglich [ist]" (a. a. O., S. 250; Umstellung: S. L.). Für den Auf- und Ausbau von Rechenfertigkeiten eignen sich Direkte und Strategie- bzw. Selbstinstruktion (vgl. ebd.).

Auf der Grundlage dieser Ergebnisse erscheint eine Mischung der Unterrichtsmethoden sinnvoll. Diese könnte so aussehen, dass der Lehrer den Lernprozess beispielsweise durch das Angebot geeigneter Materialien und Methoden unterstützt. Eine anregende Lernumgebung kann dem Schüler das Lernen erleichtern (vgl. Abbildung 31). Trotzdem hat der Lerner nach wie vor die Möglichkeit, seinen Lernprozess eigenaktiv zu gestalten. Er erhält jedoch hilfreiche Anregungen und Unterstützung.

Mittels Selbstinstruktion kann er nach und nach Techniken beispielsweise beim Lösen von Sachaufgaben einüben und in sein Repertoire übernehmen. Phasen mit Direkter Instruktion können immer wieder sinnvoll zusätzlich in den Unterrichtsverlauf eingebaut werden, z. B. zum Aufbau arithmetischen Faktenwissens (vgl. Lambert 2015, S. 193).

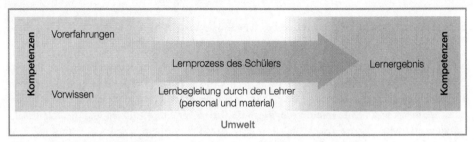

Abb. 31: Der Lernprozess des Schülers

Wichtig für den Lernprozess des Schülers erscheint, dass die Lernanforderungen stets an den Voraussetzungen des Lernenden angepasst sind. Wird dies nicht beachtet, können laut Andrea Schulz Lernschwierigkeiten entstehen. Neben biologischen und psychischen Komponenten sieht sie auch soziale Komponenten wie die Lernumwelt als wichtige Ursachen für das Entstehen von Entwicklungsverzögerungen und Lernschwierigkeiten (vor allem in Mathematik). Zu den außerhalb des Lerners liegenden Einflussfaktoren zählt sie u. a. die Kompetenzen des Lehrers und seinen Lehrstil, aber auch Schulbücher und Lernmaterialien sowie das Curriculum. In diesen Bereichen kann somit Einfluss auf das Lernen genommen werden, auch wenn sie betont, dass viele Faktoren zum Lernerfolg oder -misserfolg beitragen können (vgl. A. Schulz 2007, S. 360 ff.). Sie weist jedoch noch auf einen wichtigen Aspekt bezogen auf Mathematikunterricht hin.

> „Erschwerend hinzu kommt die Hierarchie des Unterrichtsstoffes, die insbesondere im Mathematikunterricht stark ausgeprägt ist. Jeder neue Lernschritt baut auf dem vorangegangenen auf. Fehlen wichtige Grundlagen, kann auch für weiterführende Inhalte kein Verständnis aufgebaut werden." (a. a. O., S. 362; im Original kursiv)

Für das Lernen und den Lernerfolg von Schülern mit Lernschwierigkeiten bleibt als Resümee festzuhalten, dass die Schule und damit verbunden auch der Unterricht einen wesentlichen Beitrag leisten, aber auch das familiäre Umfeld entscheidend ist. Lineare Wirkungen von einzelnen Elementen des Unterrichts lassen sich nur bedingt feststellen (vgl. 3.4.3), jedoch können Empfehlungen für eine gute Unterrichtsgestaltung getroffen werden, die zu einem guten (Mathematik-)Unterricht beitragen.

> „In Metaanalysen wurde einerseits die Bedeutung der familiären Sozialisation und des soziokulturellen Hintergrundes bestätigt, andererseits wurde deutlich, wie wichtig die Organisation von Schule und die pädagogisch durchdachte Gestaltung des Schullebens und insbesondere die Quantität und Qualität des Unterrichts ist. Die gilt zwar grundsätzlich für alle, aber in besonderer Weise für benachteiligte und leistungsbeeinträchtigte Kinder und Jugendliche." (Wember 2016, S. 87)

Die hier aufgezeigten Aspekte bezogen auf den Mathematikunterricht bei Schülern mit gravierenden Lernschwierigkeiten sind nicht auf eine Schulform festgelegt, sondern orientieren sich an den Bedürfnissen von Schülern mit Lernschwierigkeiten an jedem Schulort. Das bedeutet, dass die genannten Prinzipien sowohl für den Unterricht an Förderzentren als auch in inklusiven Settings (vgl. 4.5) gelten.

Wie jedoch wird das Schulbuch in den Mathematikunterricht eingebunden? Welchen Stellenwert hat es im Vergleich zu anderen Medien? Wie setzen Lehrer das Buch konkret im Unterricht ein?

5.2 Mathematikschulbücher für den Förderschwerpunkt Lernen

Zunächst sollen schwerpunktmäßig Prinzipien im Blickfeld stehen, die bei Schulbüchern beachtet werden müssen, wenn sie im Unterricht bei Schülern mit sonderpädagogischem Förderbedarf im Förderschwerpunkt Lernen eingesetzt werden. Danach werden die den Schülern und Lehrern zur Verfügung stehenden Bücher genauer beleuchtet, bevor anschließend auf die Nutzung fokussiert wird. Dafür werden der Auswahlprozess für ein Schulbuch und die Schulbuchnutzung erläutert. Diese erstreckt sich von der Unterrichtsvorbereitung bis hin zur konkreten Verwendung im Unterricht.

5.2.1 Prinzipien von Mathematikschulbüchern im Förderschwerpunkt Lernen

Bei der Förderung von Schülern mit Lernschwierigkeiten sind, wie bereits angesprochen, verschiedene Aspekte hilfreich: ein motivierendes Lernmaterial, handlungsorientiertes und aktivierendes Lernen, Einbettung der Thematik in die Lebenswelt des Schülers sowie differenzierte auf die Lernausgangslage zugeschnittene Lernangebote (vgl. Kretschmann 2009, S. 449).

Stets wird bei Maßnahmen zur Förderung lernschwacher Kinder und Jugendlicher ein an den Schüler angepasstes Lernmaterial genannt. So führt auch Sandfuchs bei der Darstellung verschiedener Maßnahmen u. a. an, dass „neben ein angemessenes Lernangebot [...] eine angenehme, angstfreie Atmosphäre treten [muss, die] Lerninhalte [...] in kleinstmögliche sinnvolle Lernschritte zu zergliedern [... und] anschauliche Lernhilfen erforderlich [sind]" (Sandfuchs 2009, S. 274; Auslassungen und Einfügungen: S. L.). Auch betont er die Festigung des Gelernten durch Übung und Wiederholung (vgl. ebd.).

Diese Anforderungen können sicherlich an Lehrwerke an allen Schularten und bezogen auf alle Schüler gestellt werden. Jedoch ist gerade für Schüler mit sonderpädagogischem Förderbedarf im Förderschwerpunkt Lernen die Anpassung der Aufgabenstellungen u. a. an ihr Denken und die bereits vorhandenen Lernstrategien wichtig. Dies gelingt jedoch nicht immer, beispielsweise bei Textaufgaben.

> „Viele Textaufgaben, die in Schulbüchern vorkommen, erfordern keinen Mathematisierungsprozess, sind realitätsfern und dienen einseitig zum Üben eines bestimmten Aufgabentyps." (Scherer/Moser Opitz 2010, S. 15)

Entscheidend ist, dass der Lehrer die Lernausgangslage des Schülers kennt und eine Lernumgebung anbietet, die einen Lernzuwachs ermöglicht.

> „Lerner treten mit Vorwissen, mit Vorerfahrungen und mit einem Bestand an Kompetenzen in die Lernumgebung des Unterrichts ein und verlassen diese Lernumgebung mit mehr Wissen, mehr Können und mit erweiterten und verbesserten Kompetenzen." (Leisen 2014, S. 169)

Aufgaben sollten daher so ausgewählt werden, dass sie ein Anknüpfen am bereits vorhandenen Wissen und Können der Schüler sowie die Erarbeitung von verschiedenen Lösungswegen ermöglichen (vgl. Baumert et al. 2011, S. 13). Denn im „Mathematikunterricht wird das Niveau der kognitiven Herausforderung primär durch die ausgewählten Aufgaben und deren Behandlung im Unterricht bestimmt" (ebd.). Somit kommt den Aufgaben eine herausragende Rolle im Lernprozess zu.

Gerade die Passung an die kognitiven Lernvoraussetzungen kann maßgeblich das Lernen beeinflussen und zum Lernerfolg beitragen. Drei Aspekte führen laut Wellenreuther zu einer Verbesserung der Lernbedingungen:

- „*Schulisches Lernen hat an dem Vorwissen und der Lebens- und Erfahrungswelt der Kinder anzuknüpfen*" (Wellenreuther 2013, S. 247; kursive Hervorhebung im Original), um so einen Bezug des Schülers zwischen dem Lerngegenstand und der Lebenswelt des Schülers herzustellen.
- Bezugnehmend auf den russischen Psychologen Lev S. Vygotskij sollen „Anforderungen […] im Bereich der *Zone der nächsten Entwicklung* liegen" (ebd.; Hervorhebung im Original; Auslassungen: S. L.).
- Durch eine gute Struktur und Gliederung, Veranschaulichungen, zusammenfassende und überblickgebende Texte kann ein Gerüst (Scaffolding) aufgebaut werden, das dem Schüler das Lernen erleichtert (vgl. ebd.).

Neben diesen lernunterstützenden Anforderungen werden noch weitere an das Schulbuch gestellt. Bereits in Kapitel 2.2.4 wurden ausführlich allgemeine Qualitätskriterien von Schulbüchern dargestellt, die es bei der Herstellung und Gestaltung zu beachten gilt. Ob diese im Entwicklungs- und Entstehungsprozess eingehalten wurden, wird in vielen Bundesländern in einem Zulassungsverfahren für Lehrmittel überprüft (vgl. 2.3). Dabei werden die Schulbücher auf ihre Passung für den Einsatz in einem bestimmten Fach und einer bestimmten Schulart kontrolliert. Jedoch garantiert die „Approbation von Lehrbüchern […] lediglich, dass die Inhalte des Lehrplans abgedeckt sind" (Vogl 2006, S. 15; Auslassung: S. L.). Vogl kritisiert vor allem, dass Unterrichtsprinzipien und didaktisch-methodische Grundsätze zu wenig mitberücksichtigt werden (vgl. ebd.).

Dies trifft nur bedingt auf den bayerischen Kriterienkatalog zur Begutachtung von Lernmitteln zu. Neben einem allgemeinen Kriterienkatalog stehen in Bayern für jede Schulart und jedes Schulfach unterschiedliche Kriterienkataloge zur Verfügung, also auch speziell für Mathematikschulbücher für Förderschulen. In diesen Kriterienkatalogen werden „neben verschiedenen, teilweise eher formalen Minimal- bzw. Must-Kriterien auch solche formuliert, die sich als Qualitätskriterien verstehen lassen und sich relativ konkret auf inhaltliche, fachliche bzw. didaktische Prinzipien beziehen" (Fey/Neumann 2013, S. 61 f.).

Der allgemeine Kriterienkatalog enthält Hinweise, wie das spätere Gutachten zum jeweiligen Schulbuch zu verfassen ist, aber auch Kriterien und Vorgaben. Neben den grundsätzlichen Kriterien, die explizit eine klare Strukturierung und das selbstständige Lernen nennen, gehören auch formale Vorgaben wie bspw. zum Druckbild, zu Wiederholungen und zur Papierqualität (vgl. Bayerisches Staatsministerium für Unterricht und Kultus 2010, S. 4 ff.; Bayerisches Staatsministerium für Bildung und Kultus, Wissenschaft und Kunst 2014b, S. 4 ff.). Hierin unterscheiden sich die Kataloge aus den Jahren 2010 und 2014 nicht. Die Neuauflage von 2014 enthält jedoch neue Schwerpunkte bezogen auf die inhaltlichen Kriterien und Vorgaben (vgl. Tabelle 3).

Tab. 3: Vergleich der inhaltlichen Kriterien der allgemeinen Kriterienkataloge zur Begutachtung von Lehrmitteln nach Bayerischem Staatsministerium für Bildung und Kultus, Wissenschaft und Kunst (nach Bayerisches Staatsministerium für Unterricht und Kultus 2010, S. 7 ff.; Bayerisches Staatsministerium für Bildung und Kultus, Wissenschaft und Kunst 2014b, S. 7 ff.)

Inhaltliche Kriterien und Vorgaben aus Sicht des Lehrplans	
Allgemeiner Kriterienkatalog zur Begutachtung von Lernmitteln, 2010	**Allgemeiner Kriterienkatalog zur Begutachtung von Lernmitteln, 2014**
Übereinstimmung mit rechtlichen Bestimmungen verfassungsrechtliche und sonstige gesetzlichen Bestimmungen	
Übereinstimmung mit dem Lehrplan • auf allen Ebenen des Lehrplans • Vollständigkeit der nach dem Lehrplan vorgeschriebenen Inhalte • Vermittlung von Lernstrategien und Methodenkompetenz • lehrplanentsprechende Texte, Grafiken, Bilder • Pflege der deutschen Sprache	
Darstellung und Auswahl ausgewogene Darstellung der Lerninhalte, nicht diskriminierende Personendarstellungen	
Gleichberechtigung von Männern und Frauen	
Integrationsgedanke Förderung des vorurteilsfreien Umgangs mit Menschen unterschiedlicher sozialer Herkunft und aus verschiedenen Kultur- und Sprachräumen	
	Inklusionsauftrag Möglichkeiten des vorbehaltlosen Zusammenlebens von Menschen mit und ohne Behinderungen sowie inklusive Aspekte auch hinsichtlich der Illustration; Anknüpfen an individuelle Vorkenntnisse und vorhandene Kompetenzen, Ermöglichen einer natürlichen Differenzierung und eines produktiven Umgangs mit Heterogenität
Medienpädagogik Medienerziehung unter Berücksichtigung aller Medien, von Printmedien bis hin zu Multimedia	**Medienbildung** Medienbildung unter Berücksichtigung aller Formen von Druckwerken bis hin zu digitalen Medien
Fächerverbindende und fächerübergreifende Aspekte	
Sachrichtigkeit und methodischer Ansatz • Berücksichtigung des neuesten gesicherten Stands der Fachwissenschaft und Fachdidaktik • keine sachlichen Fehler	
Altersgemäßheit und Verständlichkeit • alters- und schulartgemäße Gestaltung • angemessenes Lerntempo	
Motivation Anregung zu Eigentätigkeit	
Gedichte- und Liederkanon	
Softwarespezifische Lernmittel	
Aufgabenstellungen mit realistischen Situationen	

Es wird deutlich, dass sich die beiden Kataloge aus den Jahren 2010 und 2014 in zwölf Punkten bezogen auf die inhaltlichen Kriterien gleichen. Neu im aktuellen Katalog sind der Inklusionsauftrag sowie die Formulierungen zur Medienbildung vormals Medienpädagogik (vgl. a. a. O., S. 9). Die Betonung der Inklusion findet ebenfalls eine Verankerung in den neuen Lehrplänen in Bayern. Beispielsweise hebt der nahezu zeitgleich mit dem Kriterienkatalog entstandene, beginnend ab dem Schuljahr 2014/2015 in Kraft tretende LehrplanPLUS Grundschule ebenfalls eine Pädagogik der Vielfalt hervor.

> „Inklusion als gesellschafts-, sozial- und bildungspolitische Leitidee lehnt Segregation anhand bestimmter Merkmale ab. Sie zielt auf eine Lebenswelt ohne Ausgrenzung und begreift Diversität bzw. Heterogenität als Normalfall, Bereicherung und Bildungschance." (Bayerisches Staatsministerium für Bildung und Kultus, Wissenschaft und Kunst 2014a, S. 10)

Auch wird deutlich, dass die „Grundschule [...] am gesellschaftlichen Auftrag zur Umsetzung von Inklusion mit[wirkt]" (a. a. O., S. 20; Umstellung: S. L.) und beim Lernen die Kinder mit ihren individuellen Voraussetzungen unterstützt.

> „Ausgangspunkt des gemeinsamen Lernens und Lebens in der Grundschule bildet die vorhandene Vielfalt an Erfahrungen, Kompetenzen und Interessen, die Kinder mit- und einbringen. Die Grundschule stärkt und fordert alle ihr anvertrauten Schülerinnen und Schüler ganzheitlich und knüpft an ihre sozialen Kompetenzen sowie ihre biografischen, sprachlichen, kulturellen, weltanschaulichen und religiösen Erfahrungen an." (a. a. O., S. 19)

Zusätzlich zu dem allgemeinen Kriterienkatalog bietet das Bayerische Staatsministerium für Bildung und Kultus, Wissenschaft und Kunst einen Kriterienkatalog zur Beurteilung von Lehrmitteln an Volksschulen zur sonderpädagogischen Förderung. Dieser listet verschiedene Kriterien für das Fach Mathematik auf. Dabei unterscheidet er allgemeine Kriterien und zusätzliche förderschulspezifische Kriterien (vgl. Tabelle 4).

In der Tabelle sind Kriterien grau unterlegt, die sowohl in der Grund- als auch Hauptschulstufe zu finden sind, wobei die Reihenfolge der genannten Kriterien von der Aufzählung in den Katalogen abweichen kann, um die Gegenüberstellung der Inhalte zu verdeutlichen.

Deutlich erkennbar ist, dass das Mathematikschulbuch, um in Bayern an Förderzentren zugelassen zu werden, bereits eine Vielzahl an Kriterien erfüllen muss. Offen bleibt jedoch, ob die Lehrer, die mit dem Schulbuch arbeiten, diese auch als für sich erfüllt beurteilen. Erst im Umgang mit dem Schulbuch im Unterricht ist es möglich, bestimmte Aspekte zu beurteilen, die vielleicht von Gutachtern bei ihrer Schreibtischinspektion übersehen oder anders gewichtet wurden.

So schreibt auch ein Schulbuchautor, dass trotz wissenschaftlicher Fundierung und Einhaltung der vorgegebenen Richtlinien der Bundesländer zu den Lehrwerken, „das Risiko, ob man in den Schulen akzeptiert wird und ob Lehrer und Kinder gern und erfolgreich mit dem Buch lehren und lernen, [...] immer vorhanden [ist]" (Menzel 2007, S. 50; Umstellung: S. L.).

Hinzu kommt noch ein weiterer Aspekt, der so bislang nicht explizit in den Kriterienkatalogen aufgeführt war: die Kompetenzorientierung. Im kompetenzorientierten Unterricht werden komplexe, wesentlich vielschichtigere Lernaufgaben eingesetzt, die

- „sowohl auf vorhandenem Wissen und Können aufbauen (*Anknüpfung*),
- den Erwerb fachlicher und überfachlicher Kompetenzen im inhaltlichen Kontext und mit Verbindung zu benachbarten Domänen ermöglichen (*Vernetzung*),
- problem- wie anwendungsorientiert sind und
- Rückmeldungen auf unterschiedlichen Lösungsniveaus ermöglichen sollen" (Bauch 2014, S. 150 f.; Hervorhebungen im Original).

Tab. 4: Inhalte der Kriterienkataloge zur Beurteilung von Lehrmitteln an Volksschulen zur sonderpädagogischen Förderung im Fach Mathematik (Grund- und Hauptschulstufe im Vergleich) nach Bayerischem Staatsministerium für Bildung und Kultus, Wissenschaft und Kunst (nach Bayerisches Staatsministerium für Bildung und Kultus, Wissenschaft und Kunst 2009a, S. 10 f.; Bayerisches Staatsministerium für Bildung und Kultus, Wissenschaft und Kunst 2009b, S. 7 ff.)

	Grundschulstufe	Hauptschulstufe
Allgemeine Kriterien	Berücksichtigung des pränummerischen Bereichs	Sicherung des mathematischen Grundwissens
	Lehrplangemäßheit von mathematischen Zeichen, Fachbegriffen u. Lösungswegen	Üben im Lösen nicht schematisierter Problemstellungen
	Verwendung von gültigen blindenspezifischen Mathematikzeichen	computerunterstütztes Lernen
	gleichmäßige Gewichtung der mathematischen Teilbereiche	
	taktile Darstellungen zum Teilbereich Geometrie	verschiedenen Darstellungsweisen
	integrierte Aufgaben aus den einzelnen Teilbereichen	integriertes Angebot zu den Bereichen Gleichungen, Sachrechnen u. Geometrie
	Veranschaulichung von Sachverhalten durch zeichnerische Darstellungen	Veranschaulichung von Sachverhalten durch instruktive zeichnerische Darstellungen
	Angebot an fachspezifischen zeichnerischen Lösungsschemata	
	Ausgewogenheit von formalen und situations- bzw. problemorientierten Aufgaben	problemlösendes Denken
	Angebot von Aufgaben in verschiedener Weise	Möglichkeit zur eigenständigen Besorgung des aktuellen Zahlenmaterials
	entdeckendes Lernen	
	offene Aufgabenstellungen	unkomplizierte Zahlenangaben
	Differenzierungsmöglichkeiten	Differenzierungsangebote
	Lösungen auf mehreren Rechenwegen	Lösungen auf mehreren Rechenwegen
	die Kinder interessierende Problemstellungen mit realistischen Zahlenangaben	realitätsnahe Sachsituationen u. Entsprechung des Interessenhorizonts des Schülers
	erzieherische Auswertung	
	Betonung der Lebensbedeutsamkeit	
	Übung und Wiederholung	Übung und Wiederholung
	Selbsttätigkeit und Selbstkontrolle	Selbsttätigkeit
	fächerübergreifendes u. -verbindendes Lernen	fächerübergreifendes Arbeiten
	weiterführende, vertiefende Aufgaben	weiterführende Lernangebote

Zusätzliche förderschulspezifische Kriterien	Berücksichtigung spez. Probleme des Rechenlernens	Berücksichtigung der Vorerfahrungen der Schüler
	Berücksichtigung unterschiedlicher Förderbedarfe in einzelnen Entwicklungsbereichen	praxisbezogene Aufgaben
	Darstellung der Leistungsvoraussetzungen	geringe Betonung formaler Vorgehensweisen
	handlungsorientiertes Lernen	schlussfolgerndes Rechnen als Prinzip
		Hilfen zum bewussten Einsatz der Sprache
		Berücksichtigung des Schätzens und Überschlagens
		Verwendung gebräuchlicher Formeln
		Alltagsbezug und zum Beruf
		konkrete Darstellung von Sachfällen
		Aufforderung zu lebenspraktischen Vergleichen aus dem Werkstattalltag
		kurze, strukturierte Texte
		Einsatz des Taschenrechners
		Berücksichtigung additiver Lehrplanthemen
		ausreichend variable Aufgabenstellungen
		übersichtliche geometrische Darstellungen

Diese Anforderungen werden spätestens ab dem Inkrafttreten des Rahmenlehrplans für den Förderschwerpunkt Lernen zum Schuljahr 2015/2016 zunehmend an Bedeutung gewinnen. Da die Schulbuchherstellung ein langdauernder Prozess ist (vgl. 2.3) und vorhandene Bücher über längere Zeiträume genutzt werden, kann es sein, dass Schulbücher (noch) nicht in vollem Umfang den Ansprüchen eines kompetenzorientierten Unterrichts gerecht werden (können). So kann es sein, dass Schulbücher (noch) (zu) wenig komplexe Aufgabenformate enthalten. Inwieweit Schulbuchverlage die veränderte Aufgabenkultur in zukünftigen Auflagen ihrer Schulbücher berücksichtigen oder sie dies zur Entwicklung neuer Lernmaterialien und -medien anregt, wird sich in einigen Jahren nach dem verbindlichen Inkrafttreten des Lehrplans ab 1. August 2015 abzeichnen und nachvollziehen lassen. Bislang hat lediglich die Implementierungsphase des Rahmenlehrplans seit dem Schuljahr 2011/2012 begonnen (vgl. Staatsinstitut für Schulqualität und Bildungsforschung München o.J., o.S.). Trotzdem ist es notwendig, auf die im Unterricht vorhandene Heterogenität einzugehen.

„Davon sind Lehr- und Lernmaterialien insofern betroffen, als sich an ihnen die Frage von Inklusion und Exklusion in besonderer Weise bricht." (E. Fuchs 2011b, S. 13)

5.2.2 Vorhandene Schulbücher im Förderschwerpunkt Lernen

Um den Ist-Stand (April 2012) an Schulbüchern zu ermitteln, die speziell für Schüler mit sonderpädagogischem Förderbedarf im Förderschwerpunkt Lernen zugelassen sind, wurde mittels der von den einzelnen Bundesländern online zur Verfügung gestellten Kataloge zu zugelassenen Schulbüchern sowie für Rheinland-Pfalz durch Recherche und Nachfrage beim Ministerium für Bildung, Wissenschaft, Weiterbildung und Kultur eine Übersicht (vgl. Abbildung 32) erstellt. Diese zeigt alle Schulbücher, die den Zulassungskriterien des jeweiligen Bundeslandes gerecht werden und speziell für den Förderschwerpunkt Lernen zugelassen sind. In Bayern existieren verglichen mit anderen Bundesländern nur wenige zugelassene Schulbücher.

Zwar können in Bayern ergänzend zugelassene Schulbücher für die Grund- und Mittelschulen verwendet werden, diese sind jedoch auf die Lern- und Leistungsvoraussetzungen von Grund- und Mittelschülern ausgerichtet und nicht speziell für Schüler mit sonderpädagogischem Förderbedarf im Förderschwerpunkt Lernen konzipiert.

		BW	BY	BE/BB	HB	HH*	HE	MV	NI	NW	RP	SL	SN	ST	SH*	TH
Cornelsen	Einstern 1 Mathematik Teilband 1							X		X						X
	Einstern 2 Mathematik Teilband 2							X		X						X
	Einstern 3 Mathematik Teilband 3					X				X						X
	Einstern 4 Mathematik Teilband 4					X				X						X
	Einstern 1 Mathematik Neubearb.	X														X
	Einstern 2 Mathematik Neubearb.															X
	Klick! 1 Mathematik Teil 1	X								X						
	Klick! 1 Mathematik Teil 2	X								X			X			
	Klick! 2 Mathematik Teilband 2	X								X			X			
	Klick! 3 Mathematik Teilband 3	X								X			X			
	Klick! 4 Mathematik Teilband 4	X								X			X			
	Klick! 5 Mathematik Teilband 1									X			X			
	Klick! 6 Mathematik Teilband 2									X			X			
	Klick! 7 Mathematik Teilband 3									X						
	Mathematik Unterstufe				X											
	Mathematik Mittelstufe				X											
	Mathematik Oberstufe		X		X											
	Mathematik Oberstufe													X		
	Mein Mathematikbuch 1/2							X								
	Mein Mathematikbuch 3-4							X								
	Mein Mathematikbuch ab Kl. 5							X								
	Mein Mathematikbuch 7/8							X								
	Mein Mathematikbuch ab Kl. 9							X								
Klett	Wochenplan Mathematik 1 Teilband 1	X														
	Wochenplan Mathematik 2 Teilband 2	X														
	Wochenplan Mathematik 3 Teilband 3	X														
	Wochenplan Mathematik 4 Teilband 4	X														
Bildungsverlag EINS	Navi 1 Mathematik Teilband 1		X					X		X						
	Navi 2 Mathematik Teilband 2							X		X						
	Navi 3 Mathematik Teilband 3							X		X						
	Navi 4 Mathematik Teilband 4							X		X						
	Navi 5 Mathematik Teilband 1							X		X						
	Navi 6 Mathematik Teilband 2							X		X						
	Navi 7 Mathematik Teilband 3							X		X						
	Rechnen Schritt für Schritt Lernstufe 2									X						
	Rechnen Schritt für Schritt Lernstufe 3									X						
	Rechnen Schritt für Schritt Lernstufe 4									X						
	Rechnen Schritt für Schritt Lernstufe 5									X						
	Rechnen Schritt für Schritt Lernstufe 6									X						
	Rechnen Schritt für Schritt Lernstufe 7									X						
	Rechnen Schritt für Schritt Lernstufe 8									X						
	Rechnen Schritt für Schritt Lernstufe 9									X						
	Rechnen Schritt für Schritt Lernstufe 10									X						
	Mathe ganz einfach 5/6	X									X					
	Mathe ganz einfach 7/8	X									X					
	Mathe ganz einfach 9/10	X									X					
	Mathe von 1 bis 10	X														
	Mathe von 1 bis 100 Teil 1	X														
	Mathe von 1 bis 100 Teil 2	X														
	Mathe Mosaik Arbeitsbuch 1.1												X			
	Mathe Mosaik Arbeitsbuch 1.2												X			
Schroedel	Stark in Mathematik 1 Band 1 (5/6)	X				X					X					
	Stark in Mathematik 2 Band 2 (7/8)	X				X					X					
	Stark in Mathematik 3 Band 3 (9/10)	X				X					X					
	Stark in Mathematik Lernstufe 1	X									X					
	Stark in Mathematik Lernstufe 2-3 = St. in M. Unterstufe										X					
	Stark in Mathematik Lernstufe 5/6 =St. in M. Mittelstufe										X					
	Stark in Mathematik ab Lernstufe 7 =St. in M. Oberstufe										X					
Holland + Josenhans	Berufsvorbereitendes Rechnen						X									
Handw. u. Techn.	Mathematik und Fachrechnen						X									
	Rechnen zur Vorbereitung auf den Beruf						X									
Diesterweg	Mathematik entdecken und verstehen 1	X												X		
	Mathematik entdecken und verstehen 2	X												X		
	Mathematik entdecken und verstehen 3	X												X		
	Mathematik entdecken und verstehen 4	X												X		

* keine Zulassungspflicht

Abb. 32: Zugelassene Schulbücher sortiert nach Bundesländern (nach Ergebnissen einer Internetrecherche[6]; Stand: 10.04.2012)

6 Die Rechercheergebnisse sind auf Anfrage bei der Autorin erhältlich. In der Grafik sind die offiziellen Abkürzungen für die Bundesländer in Deutschland verwendet worden (vgl. Abkürzungsverzeichnis S. 271).

Angaben zu der Ausstattung der bayerischen Schulen bezogen auf Schulbücher können kaum gemacht werden, da hierzu wenig Ergebnisse veröffentlicht werden. Es liegen lediglich Ergebnisse der TIMS-Studie bezogen auf Deutschland vor. Da hier auch Förderschulen teilnahmen, kann das Ergebnis wohl übertragen werden. Es „zeigt sich in Bezug auf Bibliotheksmaterialien für Schülerinnen und Schüler in Deutschland ein vergleichsweise hohes Defizit für den Bereich Mathematik, obwohl Schulen in Deutschland relativ gut mit Schul- und Klassenbibliotheken ausgestattet sind" (Drossel et al. 2012, S. 180 f.). Dies trifft auf 15,4 Prozent aller deutschen Schüler zu (vgl. a. a. O., S. 181).

Wie es letztlich zur Auswahl eines im Unterricht einzusetzenden Schulbuchs kommt, wird nachfolgend erläutert.

5.2.3 Der Prozess der Auswahl und Entscheidung zugunsten eines bestimmten Schulbuchs

> „Der Einsatz von sachangemessenen und adressatengemäßen Medien stellt im heutigen medienorientierten und –bestimmten [sic!] Zeitalter große und neue Anforderungen an alle, die Unterrichts- und Erziehungsprozesse kompetent, handlungsorientiert und wirkungsvoll gestalten wollen." (Toman 2006, S. 7)

Daher stellt der Auswahlprozess eines bestimmten, für den Unterricht zielführenden Mediums eine schwierige Aufgabe dar. Ob und welches konkrete Schulbuch letztendlich gekauft wird, muss jede Schule individuell und bedarfsgerecht treffen. Dies wird meistens in Fachteams, in einer Budget- und einer Gesamtkonferenz festgelegt. Zuvor haben einzelne Fachlehrer oder ein Team anschaffungswürdige Bücher eingehend geprüft und Auswahlkriterien wie Aktualität, Altersgemäßheit, Anregung zur Lerneigenständigkeit und -souveränität, Gewicht, politische Richtigkeit und ein umfassender Inhalt berücksichtigt (vgl. K. Hechler 2010, S. 98 f.). Je nach Größe und Schulart kann dieses Vorgehen variieren.

Anschließend muss sich der einzelne Lehrer für oder gegen die Verwendung eines Schulbuchs für seine Klasse entscheiden. Dabei stehen ihm die neu angeschafften, aber auch bereits an der Schule vorhandene Schulbücher zur Verfügung. Für die Entscheidung haben Lehrer durchaus auch „eine Art Kriterienraster im Kopf [...], das ihnen zunächst ein Evidenzurteil ermöglicht (kann ich im Unterricht einsetzen oder eben nicht)" (Heckt 2009, S. 58; Auslassungen: S. L.). Sollte die Brauchbarkeit bejaht werden, geht der Lehrer näher auf inhaltliche Aspekte, Schwierigkeitsgrad, Schülergemäßheit, methodische Aufbereitung, gestalterische Elemente und Begleitmaterialien ein, wenngleich er sich dieser Überlegungen nicht immer genau bewusst ist (vgl. ebd.).

Der Lehrer steht somit vor der Aufgabe,

> „bei der Planung einer Unterrichtseinheit oder einer Unterrichtsreihe Medienangebote im Hinblick auf ihre lerntheoretischen Grundlagen und ihre didaktischen Implikationen zu analysieren. Auf der Basis solcher Analysen kann dann eine fundierte Einschätzung erfolgen, ob sich ein bestimmtes Medienangebot eignet, um die gewünschten Ziele – unter Beachtung der jeweiligen Lernvoraussetzungen – zu erreichen." (Tulodziecki/Herzig/Grafe 2010, S. 73)

Die Durchführung einer didaktischen Unterrichtsanalyse ist somit unerlässlich, um eine Passung der eingesetzten Medien zu den Unterrichtszielen und -inhalten, den Lernvoraussetzungen der Schüler sowie anderer den Unterricht beeinflussender Faktoren zu erreichen (vgl. Toman 2006, S. 77).

> „Verlässliche Kriterien zur Beurteilung eines Schulbuchs sind die Voraussetzung für eine entsprechende Auswahl und Verwendung dieses Unterrichtsmediums." (Bamberger et al. 1998, S. 9; im Original fett)

Solche Beurteilungskriterien können beispielsweise zum Schulbuch passende Arbeitsmaterialen wie ein Schülerbegleitheft oder ein Lehrerhandbuch sein. Diese können den Auswahlprozess erleichtern, indem sie dem Lehrer zusätzliche Differenzierungsmöglichkeiten bzw. didaktisch-methodische Vorüberlegungen bieten.

> „Informationen zur Konzeption, zu Möglichkeiten des methodischen Einsatzes, zu Übungsmöglich-keiten, zu zusätzlichen Arbeitsmaterialien [...,] diese Informationsgrundlage erlaubt insbesondere fach-fremden Lehrkräften den sinnvollen Einsatz eines Schulbuches." (Sandfuchs 2006, S. 8; Auslassung: S. L.).

Eine ähnliche Sichtweise, insbesondere auch für Mathematik fachfremd unterrichtende Leh-rer, hat Grassmann. Sie sieht Lehrwerke nicht als Ersatz einer Ausbildung, jedoch das Schul-buch zusammen mit dem Lehrerhandbuch als hilfreiche Unterstützung für den Lehrer. Die Handreichungen werden genutzt, „um Informationen über die Konzeption des Buches, über den Aufbau und auch über Potenzen, die in Aufgaben stecken, zu erhalten. Anregungen für die Unterrichtsgestaltung, Angebote für Alternativen [...,] Anregungen zum Einführen neuer Lern-inhalte [... sowie] Anregungen zur Differenzierung" (Grassmann 2006, S. 29; Auslassungen und Einfügung: S. L.) holen sich die Lehrer vielfach mit dem Schulbuch.
Daher fasst Hechler zusammen:

> „Die Qualität des Lehrerhandbuchs spielt bei der Auswahl eines Schulbuchs durchaus eine Rolle" (K. Hechler 2010, S. 100).

Die Vertreter des „Berliner Modells" der lern- und lehrtheoretischen Didaktik Paul Heimann, Gunter Otto und Wolfgang Schulz sehen die Medienwahl als ein Entscheidungsmoment an, das im Rahmen einer Strukturanalyse des Unterrichts durchgeführt werden muss (vgl. Toman 2006, S. 42; W. Schulz 1972, S. 23 f.). Die Strukturanalyse als „Kernstück der Lerntheoretischen Di-daktik" (Jank/Meyer 2011, S. 262) kann dabei einen wichtigen Beitrag zur Planung und Analy-se von Unterricht leisten. Sie besteht aus sechs Kategorien, wobei vier als sog. „Entscheidungs-felder" bezeichnet werden. Diese sind Intentionalität, Thematik, Methodik und Medienwahl. Als Bedingungsfelder werden die anthropologischen sowie sozialkulturellen Voraussetzungen bezeichnet, die von den Schülern und Lehrern eingebracht werden bzw. gesellschaftlichen Be-dingungen unterliegen (vgl. a. a. O., S. 262 ff.).

> „Im Mittelpunkt der Lerntheoretischen Didaktik steht also ein verhältnismäßig einfach strukturiertes Raster von sechs Begriffen, die – so die Autoren – eine *vollständige* Erfassung wesentlicher Vorausset-zungen und Entscheidungsaufgaben des Unterrichts ermöglichen." (a. a. O., S. 264; Hervorhebung im Original)

Medien sind dabei eine wichtige Konstante, über die der Lehrer entscheiden muss. Als Me-dien werden „alle Unterrichtsmittel bezeichnet, deren sich Lehrende und Lernende bedienen, um sich über Intentionen, Themen und Verfahren des Unterrichts zu verständigen" (W. Schulz 1972, S. 34). Hier wird bereits der methodische Zusammenhang sichtbar, da das Schulbuch Lehr- und Lernmittel zugleich sein kann und somit unterschiedlich eingesetzt werden kann. Dies liegt unter anderem darin begründet, dass Medien polyvalent oder monovalent sein kön-nen, was die pädagogischen Absichten anbelangt. Die Darstellung der Themen kann abbildhaft, in Mustern oder symbolisch in Medien erfolgen. Wichtig für die Vermittlung mit einem Medi-um ist der Vertrautheitsgrad mit diesem sowie der Akzeptionsgrad. Aber auch sozial-kulturelle Voraussetzungen beeinflussen die Mediennutzung (vgl. a. a. O., S. 34 ff.; Toman 2006, S. 43). In diesem Verständnis von Medien wird deutlich, dass die Medienwahl stark die Unterrichtsstruktur beeinflussen kann und somit gezielte Vorüberlegungen zu Unterrichtseinheiten genauso wie zu einzelnen Unterrichtsstunden bezogen auf die Intentionen, Themen, Methoden und Medien getroffen werden sollten (vgl. W. Schulz 1972, S. 36, 46; Toman 2006, S. 43 f.).

Abschließend sei noch ein weiterer Aspekt erwähnt: Im Auswahlprozess für ein bestimmtes Medium ist es für Lehrer nur bedingt relevant, welche Wirksamkeit bzw. Effektivität das Medium hat. Auch die relative Effizienz ist entscheidend. Das bedeutet, dass die „Entscheidung für ein Medium [...] davon ab [hängt], mit welchem Gesamtaufwand der relativ größte (Lern)Effekt erzielt werden kann" (Stadtfeld 2011, S. 76; Umstellung: S. L.). Die hier bereits angedeutete Rolle des Schulbuchs bei der Unterrichtsvorbereitung soll im nachfolgenden Abschnitt noch stärker herausgearbeitet werden.

5.2.4 Das Schulbuch als Instrument der Unterrichtsvorbereitung

Bereits in der Planungsphase von Unterrichtseinheiten sind vom Lehrer vielfältige Überlegungen notwendig.

> „Zunächst ist es wichtig, Medienangebote in lernförderlicher Weise in Lehr-Lern-Prozesse einzubinden. Für Lehrpersonen bedeutet dies, sich bereits bei der Konzeption einer Unterrichtseinheit oder einer Unterrichtsreihe zu fragen, welche Rolle Medien in dem Gesamtkonzept spielen sollen und wie eine entsprechende Passung herbeigeführt werden kann." (Tulodziecki/Herzig/Grafe 2010, S. 73)

Diese unterrichtsvorbereitenden Überlegungen und Planungen lassen sich nach Tulodziecki, Herzig und Grafe in drei Gruppen aufteilen: in Analyse-, Entscheidungs- und Beurteilungsfragen, die neben Inhalten, den Lernvoraussetzungen und Zielen, die Passung der Medien auf die Unterrichtsphasen, Funktionen, Lernaktivitäten und Sozialformen, aber auch die Einflüsse der eingesetzten Medien bedenken und hinterfragen (vgl. a. a. O., S. 127).

Der Entscheidungsprozess zur Auswahl eines Schulbuches verlangt dabei fundierte Kenntnisse und spezifische Kompetenzen des Lehrers. Denn die „Voraussetzung erfolgreicher Unterrichtsarbeit mit Lehrwerken ist die sachkundige Nutzung aller enthaltenen Möglichkeiten bei gleichzeitig kritischer, fachlicher und didaktischer Distanz. Dies kann u. a. erreicht werden, indem Unterrichtsplanung und -durchführung *mit* dem Schulbuch erfolgen, nicht aber *vom Schulbuch ausgehen*" (Sandfuchs 2010, S. 22; Hervorhebungen im Original). Das Schulbuch kann somit sowohl eine Orientierungshilfe bei der Vorbereitung als auch ein Hilfsmittel bei der Unterrichtsdurchführung darstellen (vgl. Hanisch 1995, S. 242).

Die Bedeutung des Schulbuchs für die Unterrichtsorganisation scheint schulartübergreifend zu sein, da auch Tietze für die Oberstufe festgestellt hat, dass das „Lehrbuch [...] *die* zentrale Rolle in der Unterrichtsplanung inne [hat]" (Tietze 1990, S. 198; Hervorhebung im Original; Umstellung: S. L.). Daneben belegen auch Haggarty und Pepin (vgl. Haggarty/Pepin 2002, S. 582 ff.) sowie Bromme und Hömberg, dass das Schulbuch ein wichtiges und anregendes Instrument vornehmlich bei der Unterrichtsvorbereitung darstellt, wenngleich es dabei häufig nicht bei der Verwendung von einem einzigen Schulbuch bleibt.

> „Das Lehrbuch hat die zentrale Rolle in der Unterrichtsplanung inne, – und zwar nicht allein das derzeit eingeführte Lehrbuch, sondern daneben auch *andere* in größerer Zahl" (Bromme/Hömberg 1981, S. 67; im Original Hervorhebung unterstrichen).

Das oder die Schulbücher bieten dabei vor allem didaktische Anregungen zur Erarbeitung neuer Themen sowie einen Pool an Aufgaben zur Vertiefung und Übung von Inhalten. Zudem

unterstützt das Buch, indem es einen Überblick und eine gezielte Anordnung der zu behandelnden Themen im Verlauf des Schuljahres liefert (vgl. a. a. O., S. 91).
Bei der Wahl von mehreren Büchern zur Unterrichtsvorbereitung sieht Merzyn noch einen zusätzlichen Vorteil.

> „Der Schwäche des Schulbuchs (aus Sicht des Lehrers), nur einen möglichen Weg für den Unterricht darzustellen, kann der Lehrer dadurch begegnen, daß [sic!] er mehrere Schulbücher zum gleichen Thema liest. Er wird so auf viele zusätzliche methodische Möglichkeiten aufmerksam." (Merzyn 1994, S. 30)

Dabei „konkretisieren [Schulbücher] nicht nur die Lehrplanforderung; sie widerspiegeln in ihrem methodischen Aufbau und in der didaktischen Aufbereitung des Stoffs vielfach den Unterrichtsablauf und damit wohl auch die Qualität des Unterrichts." (Bamberger et al. 1998, S. 8; Einfügung: S. L.) Damit sind Schulbücher nicht nur an den Lehrplan angepasste Instrumente mit didaktisch-methodischen Anregungen, die hilfreich für die Unterrichtsplanung eingesetzt werden können. Wissenschaftliche Studien belegen, dass qualitativ gut gestaltete, an die Lernvoraussetzungen der Schüler und die Methoden der Lehrer angepasste Schulbücher einen wesentlichen Beitrag zum unterrichtlichen und eigenständigen Lernen leisten können. Bamberger et al. sprechen von einem „Verstärker-Effekt in Richtung neuer Wege zu Unterrichtserfolgen" (ebd.).
Als Informationsquelle für die Vorbereitung sehen auch Knecht und Najvarová das Schulbuch, finden jedoch weniger Einsatzmöglichkeiten im Unterricht selbst.

> „Although such textbooks represent a convenient source of information for teachers' preparation, their possibilities for use during classroom work are rather limited." (Knecht/Najvarová 2010, S. 1)

Dabei können bei der Unterrichtsplanung drei Stufen mit unterschiedlicher Zielsetzung voneinander unterschieden werden: die lang-, mittel- und kurzfristige Planung. Dies beinhaltet eine Stoffverteilung über das Schuljahr hinweg sowie eine Konkretisierung auf kürze Zeitspannen wie Wochenpläne bis hin zur Tages- oder Stundenplanung (vgl. Eckerlein/von Pallandt 2016, S. 352). Eine verantwortungsbewusste, gut durchdachte Planung des Unterrichts mit einer gezielten Medienauswahl schafft die Basis für einen späteren Unterrichtserfolg. Die Medien bzw. eingesetzten Materialien stellen dabei neben dem Inhalt, den verwendeten Aufgaben, der Sozialform sowie den eingesetzten Methoden eine Komponente des Lernarrangements dar, das dem Schüler angeboten wird (vgl. Kiper/Mischke 2009, S. 163; S. 86 f.).
Vor allem Kinder und Jugendliche mit gravierenden Lernschwierigkeiten sind darauf angewiesen, im Unterricht Materialien zu benutzen, die ihren Bedürfnissen und Kompetenzen gerecht werden (vgl. 4.4). Dies verlangt eine umsichtige Vorbereitung des Lehrers bei der Medienauswahl. Diesem Anspruch scheint ein einziges Schulbuch nur schwer gerecht werden zu können, da „Lehrer/-innen und Schulbuchautoren/-innen [...] jedoch keine individuellen Texte entwerfen [können], die den speziellen Voraussetzungen jeder einzelnen Schülerin und jedes einzelnen Schülers genügen" (Beerenwinkel/Gräsel 2005, S. 23; Umstellung: S. L.). Um somit jeden Schüler individuell fördern zu können, bedarf es häufig zusätzlicher Materialien und Medien. Denn „[n]atürlich werden neben Schulbüchern andere Quellen verwendet" (Gräsel 2010, S. 137; Anpassung: S. L.). Trotzdem kann man aber davon ausgehen, dass bezogen auf Schulbücher ein ähnliches Nutzerverhalten an Förderschulen wie an anderen Schularten gegeben ist.

> „Nur wenige Lehrkräfte arbeiten ohne ein Lehrwerk und stellen sich aus vorhandenen Materialien, durchaus auch aus Lehrwerken, sowie ggf. selbst entwickelten Seiten ein eigenes ‚Werk' zusammen. Die Voraussetzung hierfür ist neben einer ausreichenden fachlichen Qualifikation und methodischer Kreativität ein großes zeitliches Engagement." (Jürgens 2009, S. 308)

Diese Meinung vertritt gleichermaßen Heckt, die erklärt, dass auch „zu Beginn des dritten Jahrtausends [...] nur wenige Lehrkräfte ohne ein Lehrwerk" (Heckt 2009, S. 60; Auslassungen S. L.) arbeiten. Aber dient das Schulbuch nur der Unterrichtsvorbereitung? Oder findet es auch Verwendung im Unterricht?

5.2.5 Das Schulbuch im Unterricht

Das Schulbuch kommt auch im Unterricht zum Einsatz und ist nicht nur eine Planungshilfe. Der unterrichtliche Einsatzbereich umfasst die verschiedenen Phasen des Unterrichts und reicht von der Planung über die Durchführung bis hin zur Nachbereitung (vgl. Toman 2006, S. 108). Auch stehen Schulbücher „für Wiederholung und Vorbereitung ständig zur Verfügung und helfen den Schülern ein positives Verständnis für Geschriebenes aufzubauen" (ebd.).

Entscheidend ist, dass die Medien „die Erarbeitung des Themas unterstützen, dem Vorwissen und den Fähigkeiten der Schüler entsprechen und in den vorgesehenen methodischen Kontext passen. Nur dies und der mögliche Beitrag zur Realisierung der Ziele legitimiert die Verwendung eines bestimmten Mediums" (von Martial 2005, S. 15).

Bamberger et al. sind der Meinung, dass bei bestmöglicher Anwendungsform Schulbücher „auch einen wesentlichen Beitrag in der Entwicklung einer Lernkultur leisten und durch die Verbesserung des Unterrichts auch entscheidend im Sinne einer ‚inneren Schulreform' wirksam werden" (Bamberger et al. 1998, S. 1) können.

Dabei macht das Schulbuch als vorgestaltetes Medienangebot bereits vielfältige didaktische Vorgaben, was den Lehrer veranlasst zu prüfen, ob und in welchem Umfang sich die vom Medienangebot „– mehr oder minder festgelegte – (didaktische) Struktur [...] für die unterrichtliche Verwendung mit den Vorstellungen der Lehrperson zu angestrebten Zielen, vorhandenen Lernvoraussetzungen, Unterrichtsinhalten und -methoden in Einklang" (Tulodziecki/Herzig/Grafe 2010, S. 100; Auslassungen: S. L.) bringen lässt. An dieser Stelle sei noch einmal auf die Konzepte der Medienverwendung hingewiesen (vgl. 2.2.2), die unterschiedliche Stärken der Vorstrukturierung des Unterrichts durch die Medien beinhalten.

Schulbücher erfüllen im Unterricht in den letzten Jahren nicht mehr nur die Funktion als „Wissensträger, sie sind auch zu Instrumenten für das ‚**Lernen-Lernen**' geworden" (Bamberger et al. 1998, S. 2; Hervorhebung im Original). Dass gerade das Lernen-Lernen bei Schülern mit gravierenden Lernschwierigkeiten eine große Bedeutung hat, wurde in vorangegangenen Kapiteln bereits aufgezeigt (vgl. 4.4). Die Schüler sollen lernen, selbstständig Informationen aus dem Schulbuch zu entnehmen und dieses als Lernhilfe zu nutzen. Dafür müssen sie vom Lehrer in der richtigen Handhabung angeleitet werden. Wichtig ist, dass es nicht zu einem „‚Papier- und Buchunterricht' ohne Ableitung der Operationen aus dem Handeln" (A. Schulz 2007, S. 362) kommt.

Nach der Analyse verschiedener Studien kommt daher auch Rezat zu dem Schluss, dass der Lehrer die (richtige) Nutzung des Schulbuchs anleiten sollte. Rezat ist der Meinung, „dass im Rahmen schulischer Bildung der Lehrer als ein Parameter in Betracht zu ziehen ist, der Gebrauchsschemata des Mathematikbuches vermittelt und die individuellen Gebrauchsschemata der Schüler beeinflusst." (Rezat 2009, S. 57)

Eckerlein und von Pallandt sprechen sich gerade im offenen Unterricht für eine „strukturierte Bereitstellung der Materialien im Klassenzimmer" (Eckerlein/von Pallandt 2016, S. 353) durch den Lehrer aus und betonen, dass „der Umgang mit ihnen [...] von der Lehrkraft durchdacht und sorgfältig eingeführt werden" (ebd.; Auslassungen: S. L.) sollte. So regen die eingesetzten Methoden und Medien den Lernprozess des Schülers auf vielfältige Weise an und fungieren als Multiplikator (vgl. von Martial 2005, S. 15 f.).

Tulodziecki, Herzig und Grafe betonen den Wert der Lehrperson bezogen auf das Lernen der Schüler auch in zukünftigen Lernsituationen. Man kann

> „davon ausgehen, dass Lernen und Entwicklungsförderung auch in der Schule der Zukunft über weite Strecken im sozialen Rahmen von Lerngruppen unter Anregung und Unterstützung durch eine Lehrperson, d.h. als *Unterricht*, stattfinden werden. Diese Grundposition schließt keineswegs aus, sondern ein, dass Medien zur Anregung und Unterstützung von Lernprozessen verwendet und individuelle Lernphasen im Rahmen sozial eingebetteter Lernprozesse eingeplant werden." (Tulodziecki/Herzig/ Grafe 2010, S. 117; Hervorhebung im Original)

Auch wenn die lernende Person entscheidend über den Lernakt bestimmt und sich eigenaktiv das Wissen aneignet, so kann der Lehrer doch wesentlich zum Lernerfolg beitragen, indem er eine Medienwahl trifft, die den Lernvoraussetzungen des Schülers entspricht. Je nach Umfang des bereichsspezifischen Vorwissens und der medienspezifischen Kompetenzen des Lerners können Medien unterschiedlich lernwirksam sein. So benötigen lernschwächere Schüler Unterstützung beispielsweise durch den Lehrer oder zusätzliche Strukturierungshilfen, um leichter mit Medien lernen zu können. Auch muss der Schüler kompetent in der Mediennutzung sein, also wissen, wie er das Medium richtig verwendet, um mit ihm lernen zu können (vgl. Hasselhorn/Gold 2006, S. 374 f.). Im Unterricht kann das Schulbuch dann zusätzlich eine entlastende Wirkung für den Lehrer haben.

> „Die Entwicklung und Verwendung besserer schriftlicher Unterrichtsmittel gibt dem Lehrer auch den nötigen Freiraum, sich rechtzeitig um eine intensivere Betreuung schwächerer Schüler mit grundlegenden kognitiven Defiziten zu kümmern." (Wellenreuther 2013, S. 249)

Damit eröffnet sich dem Lehrer die Möglichkeit, differenziert zu arbeiten.

Toman hat sich näher mit verschiedenen Unterrichtsmedien beschäftigt und sie miteinander verglichen, indem er Bewertungskriterien auf der Basis von umfassenden praktischen Erfahrungen, Erkenntnissen aus der Fachliteratur sowie einer Befragung von Studierenden erarbeitete (vgl. Toman 2006, S. 9; S. 78). Er stellte fest, dass das Schulbuch bezogen auf die Akzeptanz durch die Schüler einen hohen Stellenwert besitzt und in einer Rangfolge an fünfter Stelle nach Computer, Tafel, Bild und Internet liegt (vgl. a. a. O., S. 89).

Was die Medienkompetenz und den Aufwand für die Lehrkraft anbelangt, erhält das Schulbuch lediglich einen sehr geringen Wert von 5 von insgesamt 25 möglichen Punkten im Beurteilungsschema von Toman. Das bedeutet, dass nur eine geringe Medienkompetenz notwendig ist (vgl. a. a. O., S. 88 ff.; S. 112), um gut mit dem Schulbuch arbeiten zu können.

In der Kategorie Unterricht-/Sozialform erzielt das Schulbuch hingegen 47 von 55 möglichen Punkten und somit einen hohen Anpassungswert sowie eine hohe Kompatibilität. Während das Schulbuch in den verschiedenen Sozialformen (Einzel-, Partner-, Gruppenarbeit) sowie offenen Unterrichtsformen (Freie Arbeit, Lernen an Stationen, Projektarbeit) sehr gut abschneidet, werden die Einsatzmöglichkeiten im Rahmen von lehrerzentriertem Frontalunterricht und bei der Wochenplanarbeit von den Befragten als niedrig eingestuft (vgl. a. a. O., S. 83 ff.; S. 112). Zwar muss betont werden, dass es sich bei der Befragungsgruppe um Studierende und nicht um Lehrer oder im schulischen Umfeld tätige Personen handelte. Daher sind die Ergebnisse nicht eindeutig übertragbar bzw. könnte bei einer Erhebung im schulischen Kontext eine andere Gewichtung erfolgen. Jedoch sind Grundzüge der Nutzung von Schulbüchern im Unterricht aus Sicht von Studierenden ableitbar. Auch scheinen die Ergebnisse interessant, dass das Schulbuch in unterschiedlichen Unterrichts- und Sozialformen geeignet scheint und leicht einsetzbar ist, da es nur geringe Medienkompetenz erfordert.

Gräsel sieht die Einsatzmöglichkeiten des Schulbuchs ebenfalls als recht vielfältig und unterstreicht damit den von Toman gefundenen starken Anpassungswert.

> „Eine große Bedeutung von Schulbüchern für den Unterricht ist dabei nicht nur für lehrergesteuerte Unterrichtsformen zu vermuten, sondern auch dann, wenn schüleraktivierende bzw. offene Unterrichtsmethoden verwendet werden: Lernzirkel, Freiarbeit, Projektarbeit usw." (Gräsel 2010, S. 137).

Auch ist es möglich, das Schulbuch in verschiedenen Sozialformen einzusetzen. Um die Voraussetzungen der Schüler zu berücksichtigen und eigenständiges und selbstgesteuertes Lernen anzuregen, können in Einzel-, Partner- und Gruppenarbeiten Medien einen unterstützenden Beitrag leisten (vgl. Tulodziecki/Herzig/Grafe 2010, S. 116).
Gerade in Einzelarbeitsphasen, die sehr häufig im Unterricht vorkommen, wird das Schulbuch laut Johansson von Schülern genutzt.

> „Students are exclusively working with tasks in the textbook during the private work part of the lesson, which on average is more than half the time of a lesson." (Johansson 2006, Appendix Article III, S. 29)

Darüber hinaus bietet es für die Hausaufgaben eine Aufgabensammlung an.

> „However, when the teachers do give assignments, students are supposed to work with tasks from the textbooks." (a.a.O., Appendix Article III, S. 30)

Dass das Mathematikschulbuch aber insgesamt eine wichtige Rolle für die Lehrkräfte spielt, zeigt sich an einer Studie von Haggarty und Pepin, die in den Ländern Deutschland, England und Frankreich stattfand. Bei Hauptschullehrern stellten sie fest, dass diese von lernschwächeren Schülern erwarteten, dass das Mathematikbuch in jeder Stunde mitgebracht wird.

> „The *Hauptschul* teachers saw it as a prerequisite for pupils that they brought the textbook, their exercise book and their pencil case for every lesson. Indeed, the textbook was almost viewed by some teachers as essential for the lower attaining pupils" (Haggarty/Pepin 2002, S. 583; Hervorhebung im Original).

Zudem zeigte sich, dass die Lehrer den Schulbuchvorgaben folgten und dies sogar verstärkt, je geringer die Fähigkeiten der Schüler eingeschätzt wurden. Dabei nahmen zusätzlich die Erklärungen ab und es wurde mehr „rezeptartiges" Rechnen gelehrt.

> „the lower the perceived ability of pupils, the more the textbooks were used. Furthermore, and this was consistent with observations, teachers spent relatively little time explaining and developing mathematical ideas, but rather more on short, recipe-like teaching of algorithms followed by exercises" (a.a.O., S. 584)

Laut Pepin und Haggarty lässt sich die Schulbuchverwendung auf drei Bereiche eingrenzen.

> „Across the three countries, to a greater or lesser extent, textbooks were used for three kinds of activities: for teaching in order to lay down rules and conditions; for explaining the logical processes and going through worked examples; and for the provision of exercises to practice. Teachers in all three countries emphasised the use of textbooks for exercises." (Pepin/Haggarty 2001, S. 168)

Trotz der vielfältigen, in diesem Kapitel umfassend referierten Ergebnisse über die Verwendung des Schulbuchs im Unterricht eröffnen sich für Toman jedoch insbesondere bezogen auf dessen Effektivität verschiedene Fragen:

- zum Lebensweltbezug des Buches zu den Kindern und Jugendlichen,
- zu den Problemstellungen im Buch,
- zu Veranschaulichungen und Illustrationen,
- zur eigenständigen Aufgabenbearbeitung durch den Schüler,
- zur individuellen Lösungsfindung,
- zur Differenzierung,
- zur Anleitung für die Verwendung spezieller Arbeitsweisen,
- zu Lernformen,
- zu Möglichkeiten der Selbstkontrolle,
- zur Verbindung mit dem Vorwissen,
- zur Kreativitätssteigerung und Fantasieanregung,
- zum Einsatz in offenen Unterrichtsformen,
- zur Verbindung zu anderen Fächern (vgl. Toman 2006, S. 109).

Abschließend wirft Toman zusätzlich zu den genannten Überlegungen die Frage nach der Rolle des Schulbuchs bezogen auf digitale Medien auf:

> „Stellt es [das Schulbuch] eine sinnvolle Ergänzung für neue Medien hinsichtlich des multimedialen Lernens bereit?" (ebd.; Einfügungen: S. L.)

Diese Frage ist unter Berücksichtigung der immer stärker zunehmenden Digitalisierung der Berufs- und Alltagswelt sicherlich gerechtfertigt und nachvollziehbar. Zudem ist es wichtig, die Verwendung neuer Medien im Unterricht näher zu beleuchten, um herauszufinden, ob diese auch in diesem Kontext bereits stark verbreitet sind. Dies geschieht im nachfolgenden Exkurs.

5.3 Exkurs: Einsatz digitaler Medien im Unterricht

Intensiv hat sich Schwier mit der unterrichtlichen Nutzung digitaler Medien an Förderschulen beschäftigt. Dabei hat er zunächst in einer vergleichenden Analyse zu digitalen Medien in Fachzeitschriften der Förderpädagogik festgestellt, dass das „Literaturaufkommen in Fachzeitschriften [...] in dem Untersuchungszeitraum von 1984 bis 1993 signifikant geringer als zwischen 1994 und 2003" (Schwier 2008, S. 33; Auslassungen: S. L.) war. Diese Tendenz fand sich auch in der gebundenen Literatur (vgl. a. a. O., S. 14f.). Darüber hinaus erkannte er in einer 2006/2007 durchgeführten quantitativen und qualitativen Befragung von Lehrerinnen und Lehrern in Nordrhein-Westfalen, dass für die mediale Ausstattung an Förderschulen die Notwendigkeit besteht zu handeln.

> „Das Computer-Schüler-Verhältnis ist zwar im Vergleich zu den anderen Schulformen günstig, allerdings muss das Computeraufkommen in den Klassen noch als zu gering betrachtet werden." (a. a. O., S. 247)

Eickelmann kommt bezogen auf alle Schularten zum gleichen Schluss. Sie betont zwar, dass seit „Ende der 1990er Jahre [...] sich der IT-Ausstattungsgrad an deutschen Schulen erheblich verbessert" (Eickelmann 2010, S. 29; Auslassung: S. L.) hat. Gleiches gilt auch für die Internetanbindung der Schule. Jedoch sagt einerseits „der Ausstattungsschlüssel nichts über die didaktische Einbindung [aus]. Andererseits wird aber bei der Betrachtung der Zahlen und Verhältnisangaben deutlich, dass Deutschland im internationalen Vergleich Rückstände nicht aufholen konnte." (a. a. O., S. 30; Einfügung: S. L.)

Nach Ergebnissen der TIMS-Studie 2011 stehen für die 4. Jahrgangsstufe im Durchschnitt 15 Computer zur Verfügung, also etwa pro Kind ein Viertel Computer (vgl. Drossel et al. 2012, S. 179). Dieser wird dann auch mindestens einmal wöchentlich eingesetzt und verwendet: 5,8 Prozent der Schüler nutzen den Computer für mathematische Grundsätze und Konzepte, etwa 17 Prozent zum Üben von mathematischen Fähigkeiten und Prozeduren und ca. 6 Prozent zur Informationsbeschaffung (vgl. a. a. O., S. 185 f.).

Was die Anwendung von digitalen Medien anbelangt, liegen nur graduelle Unterschiede zwischen Förderschülern und Schülern der allgemeinen Schule vor (vgl. Schwier 2008, S. 288 f.). Dabei werden digitale Medien im Förderschwerpunkt Lernen am häufigsten in den Fächern Mathematik, Deutsch und Geschichte eingesetzt (vgl. a. a. O., S. 218 f.). Zudem fand Schwier heraus, dass von den befragten Lehrern die „Möglichkeiten der Aneignung von Medienkompetenz bei FörderschülerInnen [...] bei einer insgesamt großen Spannbreite unterschiedlich, jedoch tendenziell negativ beurteilt [werden]" (a. a. O., S. 249; Umstellung: S. L.). Dies mag zum einen an einer schlechteren, häuslichen Ausstattung mit digitalen Medien liegen. Zum anderen wird eine adäquate Mediennutzung bei Förderschülern vor allem durch fehlende strategische Kompetenzen und Schwierigkeiten beim Lesen und Schreiben erschwert. Hier kann es insbesondere bei Schülern mit Migrationshintergrund und/oder Deutsch als Zweitsprache zu Problemen kommen, so dass sich eine anspruchsvolle Verwendung digitaler Medien schwierig gestaltet (vgl. ebd.). Jedoch sprechen die Lehrer „dem Computer an Förderschulen eine besondere Bedeutung für die berufsorientierte Individualisierung und Differenzierung von Lernprozessen zu. Erst nachrangig [...] werden seine Potenziale in den Möglichkeiten handlungs- und problemorientierten sowie selbstständigen Lernens gesehen." (a. a. O., S. 251)

Der Bedeutung von kostenlosen Unterrichtsmedien sind Fey und Neumann nachgegangen, wobei zunächst eine Sichtung und Analyse durchgeführt wurde, wie viele Angebote an kostenlosen Medien zur Verfügung stehen (vgl. Fey/Neumann 2013, S. 59 f.). Anschließend erarbeiteten sie im Forschungsprojekt „Bildungsmedien Online" acht verschiedene Dimensionen mit 79 Items, die die Onlinemedien bezogen auf die ideologiekritische Perspektive, die Unterrichtspraktikabilität, die Bild- und Textkomposition, das Aufgabendesign, die kognitive Strukturierung, die mikrodidaktische Umsetzung und Fundierung sowie auf die Lehrplan- und Bildungsstandardanlehnung mit Hilfe eines Fragebogens deskriptiv analysiert und anschließend evaluiert haben. Sie resümieren, dass kostenlose Lehrmaterialien vielfach Verwendung finden, jedoch einer Kontrolle durch Experten unterzogen werden sollten, so wie es bei Schulbüchern der Fall ist, um qualitativ hochwertige Online-Materialien im Unterricht einsetzen zu können (vgl. a. a. O., S. 67 ff.).

Damit ist im Rahmen des Projekts „Bildungsmedien Online" ein weiteres Analyseraster entstanden, das zwar an frühere Raster wie das Reutlinger oder Salzburger Raster (vgl. 3.4.2) anknüpft, aber speziell für Online-Materialien konzipiert wurde. Da diese nicht durch Approbationsverfahren überprüft werden, sehen die am Forschungsprojekt beteiligten Autoren gerade in diesem Bereich Handlungsbedarf (vgl. Neumann 2014a, S. 86 ff.).

Die fehlende Kontrolle durch eine staatliche Aufsicht ist ein wesentliches Unterscheidungsmerkmal zwischen digitalen Medien und Schulbüchern, aber auch zu anderen Unterrichtsmaterialien. Die Nutzung des Schulbuchs kann im Gegensatz zu digitalen Medien in der Regel eigenverantwortlich vom Lehrer festgelegt werden (vgl. Meschenmoser 2006, S. 30). Jedoch ist gerade die Anschaffung digitaler Medien stark von den der Einzelschule zur Verfügung stehenden Ressourcen abhängig. Dieses Medienbudget reicht oft nicht aus, weil es unterfinanziert ist (vgl. Baer 2010, S. 81).

Trotzdem sind Medien für den Unterrichtsalltag unerlässlich oder wie Meschenmoser meint:

> „Unterricht ohne Medien gibt es (fast) nicht. Im Vermittlungs- bzw. Aneignungsprozess sind Lehrende und Lernende auf die Nutzung von Medien angewiesen." (Meschenmoser 2006, S. 30)

Dabei kommen aber nicht mehr nur traditionelle Medien wie das Schulbuch zur Anwendung, auch wenn „Lehrwerke nach wie vor eine unangefochtene Spitzenstellung für die Unterrichtsgestaltung einnehmen" (Heckt 2009, S. 59). Insbesondere digitale Medien halten Einzug in die Klassenzimmer.

> „Wir können insgesamt von einer multimedialen unterrichtlichen Mediennutzung ausgehen, auch wenn in der Öffentlichkeit gelegentlich ein innovationsfeindliches Bild von Lehrkräften reproduziert wird" (ebd.).

Die wachsende Bedeutung digitaler Medien hat zudem zu einem Wandel des Begriffs der Medienkompetenz geführt und schließt nunmehr auch Wissen um die Nutzung neuer Medien ein (vgl. Werning/Daum/Urban 2006, S. 15). Aus Sicht von Lehrern erfordern gerade technische Medien eine hohe Medienkompetenz und somit einen großen technischen, zeitlichen und methodischen Aufwand, wohingegen das Schulbuch nur geringe Medienkompetenz verlangt (vgl. 5.2.5; Toman 2006, S. 87 ff.). Das bedeutet auch, dass Schüler mit gravierenden Lernschwierigkeiten ebenfalls medienkompetent sein müssen, um sich in der Alltags- und nunmehr auch Schulwelt zurechtzufinden.

> „Gerade für Schülerinnen und Schüler mit Lernbeeinträchtigungen, die ja überwiegend aus sozio-kulturell benachteiligten Milieus stammen, ergibt sich für die Schule eine besondere Verantwortung bei der Vermittlung und Förderung gesellschaftlich und individuell relevanter Kompetenzen im Umgang mit dem neuen Medium (Medienkompetenz)." (Werning/Daum/Urban 2006, S. 15)

Dies ist vor allem der Tatsache geschuldet, dass Medien einen wesentlichen Anteil im Freizeitbereich der Kinder und Jugendlichen einnehmen (vgl. Toman 2006, S. 8).

Für den Bereich der Medienforschung bezogen auf digitale Medien lassen sich Studien finden, deren Ergebnisse auch für Schüler mit gravierenden Lernschwierigkeiten Auswirkungen haben (können). Das Institut für Demoskopie Allensbach führte 2013 im Auftrag der Deutschen Telekom eine Befragung von 507 Lehrkräften an allgemeinbildenden Schulen sowie 614 Schülern der Sekundarstufe durch (vgl. Deutsche Telekom Stiftung/Institut für Demoskopie Allensbach 2013, S. 2). Die Studie „Digitale Medien im Unterricht" liefert dabei gewinnbringende und aussagekräftige Ergebnisse über die Verwendung von und Ausstattung mit digitalen Medien. Zwar ist sie aufgrund der ausschließlichen Befragung von Lehrkräften an Grund-, Haupt-, Realschulen und Gymnasien nicht eindeutig auf Förderschulen übertragbar. Es kann aber unterstellt werden, dass die hier dargestellten Tendenzen im Förderschulbereich ähnlich sind.

Der in Pressemitteilungen reklamierte Einzug von Kommunikationsmedien wurde vornehmlich in der Einstellung der Lehrer und weniger in der Ausstattung deutlich: die befragten Lehrer standen den digitalen Medien positiv gegenüber und verwendeten diese zu 88 Prozent im Unterricht, wenngleich 26 Prozent dies nur selten taten. Zudem maßen 44 Prozent der Lehrkräfte digitalen Medien eine große bis sehr große Rolle bei und sahen zu 91 Prozent eine, wenn auch teilweise geringe, Auswirkung auf den Unterricht (vgl. a. a. O., S. 2 ff.). Lediglich 29 Prozent der Haupt- und Realschulen (im Gegensatz zu Gymnasien mit 65 Prozent) verfügten über dem Schüler offenstehende PC-Arbeitsplätze. Auch wenn an vielen Schulen Computerräume vorhanden waren und beispielsweise spezielle digitale Angebote wie Computerkurse, -führerscheine oder Lernplattformen den Schülern gemacht wurden, so differierte die Ausstattung der Einzelschulen deutlich. So hatten beispielsweise 46 Prozent der Gymnasien interaktive Whiteboards, während

Haupt-/Realschulen zu 34 Prozent und Grundschulen zu 15 Prozent damit ausgestattet waren (vgl. a. a. O., S. 15 ff.).

Interessant sind darüber hinaus folgende Ergebnisse:

- Digitale Medien erfüllen im Unterricht eher vorführende, veranschaulichende Aufgaben (Filme, Präsentationen, Internetseiten). Der selbsttätige Umgang der Schüler (Lernprogramme, Aufgabenlösung im Internet, Erarbeitung von Wissen, Erstellen von eigenen Produkten) ist eher zweitrangig (vgl. a. a. O., S. 8).
- 75 Prozent der Lehrer nutzen das Internet in der Freizeit zur Unterrichtsvorbereitung und 66 Prozent zur fachlichen Information (vgl. a. a. O., S. 24).
- Die private Internetnutzung der befragten Lehrkräfte nimmt mit zunehmendem Alter ab (vgl. a. a. O., S. 26).
- Die befragten Lehrkräfte glaubten kaum (18 Prozent) an eine Leistungssteigerung durch digitale Medien verglichen mit herkömmlichen Methoden (vgl. a. a. O., S. 41).
- Viele Lehrer sahen die Vorteile von digitalen Medien vordringlich in der Steigerung der Motivation (58 Prozent), im Abwechslungsreichtum (62 Prozent), in der Anregung zum selbstständigen Arbeiten (65 Prozent), in der Zugriffsgeschwindigkeit auf Informationen (67 Prozent), den vermehrten Einsatzmöglichkeiten im Unterricht (68 Prozent) und dem Lernzuwachs der Schüler bezogen auf das Computerhandling (74 Prozent) (vgl. a. a. O., S. 43).
- Als Nachteile überwogen die Abhängigkeit von den Medien (71 Prozent), die fehlende Erkenntnis über die Bedeutung von der Selbstaneignung des Wissens (63 Prozent), die Überforderung der Schüler (53 Prozent) sowie die fehlende Kontrolle, inwieweit die Schüler aktiv beteiligt sind (52 Prozent) (vgl. a. a. O., S. 45).
- Der abwechslungsreichere Unterricht mit mehr Lernfreude wird auch von den Schülern als Vorteil gesehen (vgl. a. a. O., S. 47). Deshalb wird von den Schülern für die Verwendung von digitalen Medien plädiert (vgl. a. a. O., S. 50).

Neben den digitalen Medien finden noch weitere Medien Anwendung im Unterrichtsalltag (vgl. 2.2.1). Doch der Computer führt die Rangliste zur Beliebtheit bei den Schülern deutlich an, obschon sich daran Tafel, Bild und Internet gleich anschließen (vgl. Toman 2006, S. 202). Das Medium Arbeitsblatt kann als gut kompatibel zu anderen Medien verstanden werden.

> „Das Arbeitsblatt lässt sich am besten mit anderen Medien im Unterrichtsgeschehen verbinden." (ebd.).

Die Bedeutung digitaler, aber auch anderer Medien für den Unterricht ist somit unbestritten. Für den Bereich des Internets haben Werning und Urban Medienforschungsergebnisse zusammengestellt. Mit dem Blick auf Schüler mit Lernbeeinträchtigungen stellen sie in ihrem Herausgeberwerk speziell zum Medium Internet neben theoretischen Grundlagen praktische Umsetzungsmöglichkeiten vor. Diese stellen jedoch keinen Bezug zum Thema Schulbuch her oder liefern keine darauf übertragbare Ergebnisse, weshalb an dieser Stelle nur auf sie verwiesen wird (vgl. Werning/Urban 2006). Unabhängig davon, welches Medium eingesetzt wird, sind für eine fachgerechte Verwendung Kompetenzen erforderlich.

> „Wie bei anderen Medien auch, setzt der unterrichtliche Einsatz neuer Medien voraus, dass spezifische Kompetenzen der Mediennutzung (bereits) vorhanden sind." (Hasselhorn/Gold 2006, S. 367)

Wie sieht jedoch das mediale Wissen von Lehrkräften aus? Wie wurden und werden sie auf die Nutzung von Schulbüchern (und anderen Medien) vorbereitet? Diese Frage wird anschließend geklärt.

5.4 Mediales Wissen und Kompetenzen von sonderpädagogischen Lehrkräften in Bezug auf Schulbücher

Wie sieht die Ausbildung von Lehrern in Bezug auf den Einsatz von Medien aus? Über welche Vorerfahrungen verfügen sie? Welches mediale Wissen und Können bringen Lehramtsstudierende zu Studienbeginn und -ende mit?

Der letzten Frage und damit dem Wissen von Studierenden ging die Universität Paderborn nach[7]. Neben der Nennung von 30 Einzelmedien ordneten die befragten Studenten die Medien Oberbegriffen zu, wobei Print-, auditive und visuelle Medien die häufigsten waren. Eine klare Vorstellung des Medienbegriffs für eine differenzierte Definition von Medien bestand nicht, wenngleich Medien meist als Mittler bezeichnet bzw. mit Informationen in Verbindung gebracht wurden (vgl. Blömeke 2001, S. 298 f.).

Zusätzlich wurden die Medienkompetenz der Studierenden, ihr Nutzungsverhalten, ihre Erfahrungen zu medienerzieherischen Kompetenzen sowie die Funktionen und Wirkungen von Medien erfasst. Bei allen Fragen war jedoch das Schulbuch als Medium ausgenommen. Die beurteilten Medien fanden nach Einschätzung der Studierenden vor allem in traditionellen Lehr-Lernformen Einsatz im Unterricht und wurden positiv bewertet. Die Befragten maßen den Medien einen hohen Stellenwert bei. Deshalb waren ihre Erwartungen an die bevorstehende Lehrerausbildung bezogen auf das Erlernen des Umgangs mit Medien gerade auch im Bereich der Medienerziehung groß (vgl. a. a. O., S. 307 ff.). Blömeke stellt fest,

> „dass einerseits an die mediendidaktischen und medienerzieherischen Vorerfahrungen der Studierenden angeknüpft werden kann, dass andererseits aber auch spezifische Defizite aufgegriffen werden müssen und die Bedeutung eher geringer eingeschätzter Bereiche des Medieneinsatzes – hervorzuheben seien hier vor allem die Grundschule und die mathematisch-naturwissenschaftlichen Fächer – sowie die Bedeutung der Medienerziehung generell in den Blick genommen werden sollten" (a. a. O., S. 324).

Die Studie verdeutlicht, dass Lehramtsstudierende einen hohen Bedarf an Ausweitung ihrer Medienkompetenzen haben.

„Einführungen und das Vertraut-Machen mit der neuen Medienpraxis" (Baacke/Hugger/Schweins o. J., S. 18) wurde in einer weiteren Studie als Mangel von befragten Lehramtsstudierenden beklagt. 1999 untersuchte eine Arbeitsgruppe der Universität Bielefeld im Auftrag der Bertelsmann Stiftung und der Heinz Nixdorf Stiftung mehr als tausend Lehramtsstudierende an sieben Universitäten. Dabei sollte die Bedeutung der neuen Medien im Lehramtsstudium und Lehrerberuf eruiert werden. Im Gegensatz zur oben genannten Studie waren hier auch Studierende der Sonderpädagogik beteiligt, die sich u. a. zur Nutzung des Computers äußerten. 98,2 Prozent der Befragten gaben an, einen Computer im Studium zu verwenden. Etwa 80 Prozent der Sonderpädagogikstudierenden besaßen zum Befragungszeitpunkt einen Computer (vgl. a. a. O., S. 2). Die Computernutzung fokussierte bei den Befragten hauptsächlich auf das Schreiben und damit auf der Textverarbeitung. Baacke, Hugger und Schweins bringen dies pointiert zum Ausdruck:

> „Die Computernutzung ersetzt für viele Studierenden vor allem erst einmal die elektrische Schreibmaschine." (a. a. O., S. 17)

---

7 Anzumerken ist, dass die hier referierten Ergebnisse sich nicht explizit auf Lehramtsstudierende der Sonderpädagogik beziehen. Es wird jedoch von einer Vergleichbarkeit dieser Lehramtsstudierenden zu Studierenden für das Lehramt Primar- und Sekundarstufe für das allgemein bildende Schulwesen ausgegangen, die Teil dieser Studie waren.

Insgesamt stellte sich heraus, dass die befragten Lehramtsstudierenden neuen Medien offen gegenüber stehen, wenngleich neben „den 18 – 21jährigen [...] es die Gruppe der 30jährigen und älteren [ist], die im Vergleich häufiger Angst vor der neuen Technik hat als auch nicht hinreichend über die neuen Medien informiert ist"(a. a. O., S. 5; Umstellung: S. L.). Dadurch mag auch das Interesse an Lehrveranstaltungen begründet sein, das bei den befragten Studierenden hoch war. 53,6 Prozent hatten schon ein Lehrangebot zu neuen Medien wahrgenommen (vgl. a. a. O., S. 7). Trotzdem zeigten sich die Befragten skeptisch in Bezug auf einen späteren Medieneinsatz im Unterricht, auf den sich drei Viertel nicht bestmöglich vorbereitet fühlten. Es „gibt nur jeder achte (12,3 Prozent) an, durch den Besuch von Lehrveranstaltungen zu neuen Medien optimal vorbereitet zu sein, um mit diesen im Unterricht umgehen zu können" (ebd.). Diese Aussage traf vor allem auch auf Studierende der Sonderpädagogik zu.

Gleichermaßen stellt Vollstädt in einer anderen Studie fest, dass sich die hier befragten Studierenden ebenfalls zu wenig über neue Medien informiert und zu deren Nutzung angeregt fühlen. Denn obwohl „der Zugriff zu neuen Medien und die Förderung von Medienkompetenz eine Aufgabe der Ausbildung künftiger Lehrerinnen und Lehrer sein sollte, ist sie es jetzt offenbar noch nicht" (Vollstädt 2002, S. 171).

Durch die Ausbreitung neuer Medien muss sich die Lehrerbildung verändern, um den Anforderungen dieser Medien gerecht zu werden. Doch trotz der Notwendigkeit von veränderten Medienkompetenzen erwarten zu dieser Thematik befragte Experten nicht, dass sich die Ausbildung dahingehend umgestaltet.

> „Knapp 70 Prozent der Experten sind der Meinung, dass auch künftig in der Lehrerausbildung zu wenig für die Medienkompetenz getan wird" (ebd.).

Überlegungen zu einer veränderten Ausbildung hat Spanhel bereits angestellt, der Folgerungen für die Aus- und Fortbildung von Lehrkräften ableitet: In der ersten Ausbildungsphase liegen die Schwerpunkte auf dem Aufbau von deklarativem, prozeduralen und Wertwissen, auf der Entwicklung eines Selbst sowie beruflichen Kompetenzen unterstützt durch Praktika und Projekte. Die zweite Phase dient dem Ausbau der erworbenen Kompetenzen und Wissensbestände in verschiedenen Handlungssituationen. Das professionelle Selbst verbessert sich. Besonders in kooperativen Formen sollten Medien bei Planungs-, Entwicklungs- und Evaluationsaufgaben Anwendung finden. Auf dieses professionelle Selbst fokussieren später Fortbildungen. Durch Weiterentwicklung von bereits erworbenen Handlungsweisen sowie Schutzmaßnahmen können nachhaltig Kompetenzen auf- und ausgebaut werden (vgl. Spanhel 2001, S. 286 ff.).

Diese Folgerungen für Lehrerbildung ließen sich auch auf die traditionellen Medien übertragen, werden aber bislang scheinbar nicht umgesetzt. Der Mangel an medialer Bildung trifft auf traditionelle Medien in gleicher Weise wie auf neue Medien zu.

Obwohl das Zentrum des Interesses bei den vorgestellten Studien vornehmlich auf digitalen Medien lag, wird dadurch deutlich, dass die Medienbildung bei angehenden Lehrkräften noch zu verbessern wäre. Dies gilt sicher nicht nur für die digitalen, sondern auch für die Medienkompetenzen im Bereich der traditionellen Medien, da in der Aus- und Fortbildung von Lehrkräften fachliche und methodische Kompetenzen zur effektiven Nutzung von Lehrmitteln, also auch des Schulbuchs, kaum vermittelt werden (vgl. Sandfuchs 2010, S. 11; Stadtfeld 2011, S. 81). Hechler zufolge ist dies auch in anderen schulischen Bereichen erkennbar.

> „Aber auch in weiteren Zusammenhängen schulischen Handelns, die stilbildend wirken, z. B. bei der Mitschau von Unterricht, in der Lehrerausbildung oder bei Unterrichtsinformationen der Schulleitung, wird nach dem Einsatz des Schulbuchs nicht gefragt" (K. Hechler 2010, S. 97)

Gräsel kommt ebenfalls in ihren Studien zu dem Ergebnis, „dass den Kompetenzen im Umgang mit Schulbüchern in der bisherigen Lehrerbildung ein geringer Stellenwert zukommt" (Gräsel 2010, S. 147). Den Bedarf an Wissen zur Schulbuchnutzung bei Lehrern bestätigen Bromme und Hömberg (vgl. Bromme/Hömberg 1981, S. 96), aber auch Hoppe gleichermaßen:

> „Dass sie [die Lehrer] selber gerne über mehr explizites Wissen verfügen würden, könnte an der Tatsache abgelesen werden, dass sie vehement für eine Vertiefung der Ausbildung im Bereich Schulbuch plädieren." (Hoppe 2011, S. 309; Einfügungen: S. L.)

Das Bedürfnis bzw. der Wunsch nach Fortbildungen ist vorhanden und wird deutlich von Lehrern geäußert. Insbesondere in den Bereichen Lehrmethoden und Unterricht mit einer heterogenen Schülerschaft besteht Bedarf an Weiterbildung (vgl. Krainer/Posch 2010, S. 485). Hofmann und Astleitner sehen zudem Fortbildungsbedarf bei der Umsetzung von Bildungsstandards. Eine Lehrerfortbildung ist notwendig, wenn von ihnen die Implementierung von Bildungsstandards gefordert wird, sie jedoch ohne hinreichende Hilfen durch Schulbücher vor diese Aufgabe gestellt sind.

> „[D]ie Tatsache, dass Lehrpersonen auf wenig bis keine Unterstützung durch vorliegendes Material zurückgreifen können, bietet aber auch eine gute Gelegenheit, diesbezügliche Kompetenzen bei Lehrpersonen zu stärken. Vielleicht tragen solche Professionalisierungsschritte ja auch dazu bei, dass Lehrpersonen hinkünftig weniger stark schulbuchorientiert unterrichten, als das bislang der Fall gewesen ist." (Hofmann/Astleitner 2010, S. 223; Anpassung: S. L.)

Problematisch ist überdies, was Wellenreuther für Grundschullehrkräfte in Deutschland anmerkt:

> „Hier wird Mathematik in der Grundschule häufig von Lehrern unterrichtet, die in der Lehrerbildung auf den Mathematikunterricht unzureichend vorbereitet wurden." (Wellenreuther 2007, S. 17)

Für sonderpädagogische Lehrer behauptet Scherer sogar, „dass die wenigsten Sonderschullehrerinnen und -lehrer das Fach Mathematik in ihrer Ausbildung wählen" (Scherer 2007, S. 591). Zusammenfassend kann damit resümiert werden, dass Lehrer in ihrer Ausbildung nur unzureichend auf eine sach- und fachgerechte Verwendung von Schulbüchern und anderen Lehrmitteln vorbereitet werden. „In der Bayerischen Lehramtsprüfungsordnung (LPO I) kommt die Auseinandersetzung mit Schulbüchern als geforderter Lerninhalt schlicht nicht vor" (Matthes 2010, S. 2) bestätigt Matthes in einem Vortrag auf der Bildungskonferenz in München. Nach Sichtung des Angebots der Universität Augsburg zu Lehrveranstaltungen und diversen Gesprächen schlussfolgert sie bezogen auf die erste und zweite Ausbildungsphase von Lehrern.

> „Auch in der reformierten oder besser gesagt: modularisierten Lehrerbildung in Bayern hat die Auseinandersetzung mit Schulbüchern nach wie vor keinen Ort." (ebd.)

Hinzu kommt, dass Lehrer sich auf sich alleingestellt ein Urteil über das Schulbuch treffen müssen und zu wenig Unterstützung erfahren (vgl. a. a. O., S. 4). Daher fordert sie für die Lehrerbildung:

> „Schulbücher sollten mit den Studierenden auf ihre sachliche Richtigkeit, auf die in ihnen vorherrschenden fachwissenschaftlichen Perspektiven/Erkenntnisse, auf ausgeblendete wissenschaftliche Denkweisen, auf explizite oder implizite erkenntnistheoretische Annahmen u. ä. untersucht werden." (a. a. O., S. 7).

Auswahl- und Qualitätskriterien sollten zudem sinnvoll in Veranstaltungen behandelt werden, die durch weitere Angebote beispielsweise zu rechtlichen Aspekten ergänzt werden könnten (vgl. a. a. O., S. 7 f.).

Stein ist ebenfalls der Meinung und betont, dass es nur folgerichtig sei,

> „insbesondere in allen lehrerausbildenden Institutionen und in Schulen jedweder Art die realen Formen des Umgangs mit Schulbüchern zu thematisieren und zu problematisieren sowie darüber hinaus zu unter pädagogischen Aspekten wünschenswerten Modi des Einsatzes dieses didaktischen Mediums, aber auch der Auseinandersetzung mit ihm anzuleiten" (Stein 2003, S. 27).

Neumann sieht drei Schwerpunkte, die in der Lehrerausbildung notwendig sind.

> „Kompetenzen wie Materialselektion, Materialevaluation und Materialadaption müssen in der Lehrerausbildung thematisiert und vermittelt werden." (Neumann 2014a, S. 96)

Der Erwerb der Medienkompetenz darf aber nicht auf die Ausbildung begrenzt sein, sondern sollte auch stets einen festen Bestandteil in Lehrerfortbildungen darstellen (vgl. Tulodziecki/ Herzig/Grafe 2010, S. 360; S. 363).
Sandfuchs stellt darüber hinaus fest, dass nicht nur in der Lehrerbildung das Schulbuch ein vernachlässigtes Thema ist. Auch „finden sich in der schul- und grundschulpädagogischen Literatur, im allgemein- und fachdidaktischen Schrifttum kaum Ausführungen zu Konzeptionen und Auswahlkriterien von Lehrwerken, zur tatsächlichen Nutzung oder zum optimalen Umgang mit Schulbüchern" (Sandfuchs 2006, S. 6).
Aber nicht nur im Bereich der Medien nehmen Lehrer an Fortbildungen teil.

> „In Deutschland werden die Schülerinnen und Schüler von Lehrkräften unterrichtet, die in den letzten zwei Jahren [...] Fortbildungen zu den Inhaltsbereichen ‚mathematische Inhalte' (54.6 %), ‚Mathematikdidaktik' (43.5 %), ‚Lehrplan' (33.0 %) und zum Thema ‚Eingehen auf die individuellen Bedürfnisse der Schülerinnen und Schüler' (46.1 %) besucht haben" (Drossel et al. 2012, S. 196; Auslassung: S.L.).

Diese im Rahmen der TIMS-Studie ermittelten Werte sind aufgrund der Beteiligung der Förderschulen an der Erhebung auch auf diese übertragbar. Wenn Lehrer bereit sind, zu verschiedenen Sachverhalten Fortbildungen zu besuchen, sollte von Fortbildungsanbietern überdacht werden, auch die medialen Kompetenzen in das Programm aufzunehmen bzw. es dahingehend zu erweitern.

5.5 Zusammenfassung

Der Mathematikunterricht bei Schülern mit sonderpädagogischem Förderbedarf im Förderschwerpunkt Lernen bedarf nicht unbedingt einer eigenen Didaktik, gleichwohl einer anderen Akzentuierung. Weitere wesentliche Aspekte und Prinzipien wurden ausführlich dargestellt (vgl. 5.1).
Um den Anforderungen der Schüler mit gravierenden Lernschwierigkeiten gerecht zu werden, müssen auch die im Unterricht verwendeten Schulbücher speziellen Prinzipien gerecht werden. Diese sind im Kriterienkatalog zur Beurteilung von Lehrmitteln an Volksschulen zur sonderpädagogischen Förderung u. a. für das Fach Mathematik aufgeführt (vgl. 5.2.1).
Nach erfolgreicher Prüfung der Kriterien anhand des Katalogs entsteht eine Liste, die zugelassene Lehrmittel für das jeweilige Bundesland ausweist. Diese ist in Unterkapitel 5.2.2 zusammenfassend für alle Bundesländer dargestellt.
Auch gibt es einige Studien und Hinweise, wie die Buchauswahl, die Vorbereitung und Durchführung des Unterrichts mit dem Schulbuch erfolgen kann (vgl. 5.2.3; 5.2.4; 5.2.5). In der Phase der Unterrichtsplanung können ein oder sogar mehrere Schulbücher bereichernd sein. Trotz-

dem ist im Bereich der Unterrichtsforschung kaum belegt, wie Lehrer mithilfe von Medien gezielt auf die Bedürfnisse und Kompetenzen des Schülers eingehen können und welche sie als dafür geeignet erachten. Bislang ist es somit nicht möglich, genaue Aussagen beispielsweise zur Nutzungshäufigkeit und -intensität des Mathematikschulbuchs im Unterricht bei Schülern mit sonderpädagogischem Förderbedarf im Förderschwerpunkt Lernen zu treffen, da nur aus verwandten Studien Ergebnisse übertragen und Aussagen abgeleitet werden können.

Jedoch gibt es Untersuchungen zur Nutzung weiterer Unterrichtsmedien neben dem Schulbuch. Aus diesem Grund wurden in einem Exkurs weitere Unterrichtsmedien neben dem Schulbuch betrachtet. Dabei standen vor allem die neuen Medien im Vordergrund (vgl. 5.3).

Medienkompetenz ist bei allen im Unterricht verwendeten Medien notwendig und bedarf der Aus- und/oder Fortbildung, um diese Kompetenz zu erwerben oder zu vertiefen. Sowohl in Bezug auf Schulbücher als auch auf neue Medien ist hier ein Mangel zu konstatieren. Medienaus- und -fortbildung sollte somit noch intensiviert werden (vgl. 5.4).

Im Bereich des Schulbuchs haben schon einige Studien stattgefunden. Um eine vollständige Darstellung der Erkenntnisse zum Schulbuch zu liefern, ist es jedoch notwendig, über den aktuellen Forschungsstand zum Schulbuch zu berichten. Dies geschieht im nachfolgenden Kapitel. Zwar wurden wichtige Inhalte und Ergebnisse aus Untersuchungen bereits in diesem Kapitel eingebunden, jedoch erfolgte bislang keine Beschreibung zu den bisher durchgeführten Erhebungen bezogen auf das Mathematikschulbuch im Förderschwerpunkt Lernen. Dies stellt den Schwerpunkt des nachfolgenden Kapitels 6 dar.

6 Die Schulbuchforschung zum Mathematikschulbuch im Förderschwerpunkt Lernen

Basierend auf den dargestellten Ergebnissen der Kapitel 3 bis 5 stellt sich nun die Frage, ob bereits eine Schulbuchforschung bezogen auf die Förderschule bzw. Schüler mit sonderpädagogischem Förderbedarf im Förderschwerpunkt Lernen bzw. gravierenden Lernschwierigkeiten vorhanden ist?

Die Darlegung des aktuellen Forschungsstands ist aufgrund bestimmter Aspekte erschwert, wie unter 6.1 gezeigt werden kann. Trotzdem wird der Versuch unternommen, eine möglichst umfangreiche Vorstellung wesentlicher Studien zu unternehmen (6.2), die bedeutungstragend für die in dieser Arbeit entwickelte Forschung sind. Ein kurzer Blick wird zudem auf die internationale Schulbuchforschung geworfen (6.3), bevor im Unterkapitel 6.4 eine Zusammenfassung das Kapitel abschließt.

6.1 Vorüberlegungen und Erschwernisse bei der Darstellung des aktuellen Forschungsstands

Im Bereich der Unterrichts- und Lernforschung ist aktuell John Hattie nicht wegzudenken. Hattie hat 138 Faktoren mittels einer Synthese von über 800 Meta-Analysen extrahiert, die Einflüsse auf Schülerleistungen nehmen. Diese stark unterschiedlichen Effekte stellt er mittels eines Barometers dar, so dass die jeweilige Auswirkung des Faktors auf die „Lernleistungs-Outcomes" gut sichtbar wird (vgl. Hattie 2013, S. 18 ff.). Ausführlich wird beispielsweise auf den Computer eingegangen:

> „Die durchschnittliche Effektstärke über alle Studien beträgt $d = 0,37$ ($se^* = 0,02$), und der Durchschnitt des Common Language Effects* (CLE) beträgt 60 %, d.h., in 60 von 100 Fällen ergibt sich ein positiver Unterschied, wenn computergestützter Unterricht eingesetzt wird." (a.a.O., S. 260)

Zusätzlich werden noch effektsteigernde Einsatzmöglichkeiten des Computers vorgestellt: vielfältige Lehrstrategien und Lerngelegenheiten, Einsatz eines Vortrainings, Kontrolle der Lerndimensionen durch den Lerner, optimiertes Peer-Lernen und Feedback (vgl. a.a.O., S. 262 ff.). Andere Unterrichtsmedien werden dagegen nicht als Einflussfaktoren genannt. Das Schulbuch findet ebenfalls keine Erwähnung. Daher muss bezogen auf das Schulbuch auf andere Studien zurückgegriffen werden.

Es gibt durchaus Untersuchungen, die sich mit Schulbüchern auseinandersetzen. Dafür wurde u.a. eine umfangreiche Literaturrecherche in den Datenbanken FIS Bildung, ERIC und PSYNDEX durchgeführt.

Beispielhaft sei eine am 05.05.2015 durchgeführte Datenbankrecherche bei FIS Bildung an dieser Stelle näher beschrieben, die bei der Schlagwortsuche zu „Schulbuch" und „Förderschule" immerhin 53 Treffer ergab (vgl. Deutsches Institut für Internationale Pädagogische Forschung (DIPF) o.J., o.S.), wohingegen zur „Schulbuchforschung" und „Förderschule" bzw. „Schulbuchforschung" und „Sonderpädagogischer Förderbedarf" keine Treffer zu finden waren.

Jedoch sind die gefundenen Veröffentlichungen bezogen auf die im Rahmen dieser Arbeit durchgeführte Forschung kritisch zu betrachten. Die „Treffer" beinhalten kaum Mathematikschulbücher, sondern nehmen beispielsweise Sprach- oder Lesebücher in den Fokus. Spezifische Förderschwerpunkte wie beispielsweise der Förderschwerpunkt Sehen werden in den Vordergrund gestellt oder Analysen und Berichte zu speziellen Unterrichtswerken bzw. Unterrichtsinhalten beispielsweise zum Kommutativgesetz (vgl. Kornmann/Wagner/Biegel-Reichert 1993, S. 600 ff.) vorgenommen.

Hinzu kommt, dass im Bereich der Förderschulen generell nur wenige Untersuchungen durchgeführt werden. Druba sei an dieser Stelle beispielhaft genannt, der sich mit Förderschulbüchern auseinandergesetzt hat. Dazu analysierte er hauptsächlich Geschichts-, aber auch Religions- und Deutschbücher zu Menschenrechten in Schulbüchern verschiedener Schularten u. a. auch der Förderschule in Baden-Württemberg (vgl. Druba 2006, S. 69 ff.). Die Ergebnisse seiner produktorientierten Schulbuchforschung sind jedoch sehr spezifisch auf die untersuchten Schulbücher ausgerichtet und daher nur bedingt hilfreich bei der vorliegenden Forschung.

Dies gilt ebenso für die aktuelle Untersuchung von Bentzinger, Werner und Drinhaus-Lang, die eine exemplarische Analyse von Fibeln durchgeführt haben. Nachdem sie elf Fibeln ausgewählt hatten, die für die Förderschule in Baden-Württemberg zugelassen sind, untersuchten sie die Lehrwerke nach linguistischen, fachdidaktischen und methodischen sowie sonderpädagogischen Kriterien. Auch Befunde der Schriftsprachserwerbsforschung flossen in den Kriterienkatalog und somit in die Bewertung ein (vgl. Bentzinger/Werner/Drinhaus-Lang 2016, S. 352 ff.). Die Studien von Druba sowie Bentzinger, Werner und Drinhaus-Lang sind lediglich Einzelbeispiele für die Forschungen zum Schulbuch im Förderschwerpunkt Lernen. Insgesamt ist nur eine geringe Anzahl an Studien in diesem Bereich zu verzeichnen. Dies stellt auch Schwier als Grund für sein Forschungsprojekt heraus.

> „Das forschungsleitende Interesse nahm seinen Ausgang von der Feststellung, dass Förderschulen weitgehend von schwerpunktmäßig qualitativen Forschungsprojekten der Allgemeinen Schulpädagogik ausgeschlossen werden und in der Förderpädagogik bisher keine vergleichbaren Forschungsprojekte stattgefunden haben." (Schwier 2008, S. 285)

So finden Förderschulen in Vergleichsstudien zum Fach Mathematik kaum Beachtung oder später keine explizite Berücksichtigung, wenn diese an der Erhebung beteiligt waren. Dies sei anhand von drei großen Studien belegt:

- Bei der ersten Durchführung der *Third International Mathematics and Science Study* (TIMSS) in Deutschland im Jahr 1995, an der Schüler der Sekundarstufen I und II teilnahmen, waren keine Förderschulen beteiligt (vgl. Wellenreuther 2007, S. 5; Baumert/Lehmann 1997, S. 51 f.). Mittlerweile sind Förderschulen aus dieser Erhebung zwar nicht mehr ausgeschlossen. Dies beweist die aktuell vorliegende TIMS-Studie, mit dem geänderten Titel *Trends in International Mathematic and Science Study* aus dem Jahr 2011. Hier nahmen in Deutschland Schüler der vierten Jahrgangsstufe aus Grund- und Förderschulen teil (vgl. Technische Universität Dortmund 2015, o. S.; H. Wendt et al. 2012, S. 40 f.). Jedoch werden keine Ergebnisse speziell für die Förderschulen ausgewiesen. Auch findet die Vorstellung und Interpretation der Ergebnisse sowie die Darlegung der Merkmale der Lehr- und Lernbedingen nur bezogen auf Grundschulen statt (vgl. Drossel et al. 2012, S. 172 ff.).
- Ähnlich gestaltet sich die Stichprobenauswahl am *Programme for International Student Assessment* (PISA), bei dem zwei Stichproben in Deutschland untersucht werden:

> „1. Zur Durchführung von Vergleichen auf internationaler Ebene werden an ca. 260 Schulen jeweils 30 15-jährige Schülerinnen und Schüler getestet. Das ergibt eine Stichprobengröße von maximal 7500 Schülerinnen und Schülern.
> 2. Zusätzlich nimmt Deutschland an der internationalen Option der klassenbasierten Testung teil. Hierzu wird in den teilnehmenden Schulen die Schülerstichprobe um 15 Schülerinnen und Schüler der 9. Jahrgangsstufe ergänzt (nicht in den beruflichen und Förderschulen)." (Zentrum für Internationale Bildungsvergleichsstudien (ZIB) o. J., S. 6)

In der ersten Stichprobe sind somit u. a. Schüler an Förderschulen inbegriffen. Zu Ausschlüssen kommt es bei PISA-Erhebungen nur „auf Schulebene von kognitiv behinderten Schülerinnen und Schülern, von Schülerinnen und Schülern mit funktionaler Behinderung oder von Schülerinnen und Schülern mit beschränkter Beherrschung der Testsprache" (Organisation für wirtschaftliche Zusammenarbeit und Forschung (OECD) 2013, S. 27). Darunter fallen Schüler mit sonderpädagogischem Förderbedarf im Förderschwerpunkt Lernen nicht. Diese Schüler können somit an der PISA-Erhebung teilnehmen, wenngleich sie anschließend nicht mehr von der Gruppe der anderen teilnehmenden Schüler unterschieden werden.

- Die im Jahr 1999 bis 2002 durchgeführte und MARKUS genannte Studie (*Mathematik-Gesamterhebung Rheinland-Pfalz: Kompetenzen, Unterrichtsmerkmale, Schulkontext*) untersuchte alle Schülerinnen und Schüler der 8. Klasse aller Schularten in Rheinland-Pfalz. Diese flächendeckende, auf das Unterrichtsfach Mathematik ausgerichtete Untersuchung schloss dabei die Förderschule aus (vgl. Ministerium für Bildung, Frauen und Jugend Rheinland-Pfalz 2002, S. 12)

Aber nicht nur bezogen auf Vergleichsstudien sind Schwierigkeiten zu beobachten. Gleichermaßen wenige Veröffentlichungen gibt es zum Mathematikunterricht an Förderschulen. Zwar stellt das Fach Mathematik häufig ein Überweisungskriterium zur Förderschule dar und wird als spezifischer Inhalt in Gutachten für „Lernbehinderte" genannt (vgl. Langfeldt 1998, S. 108), jedoch werden nur wenige Studien in diesem Bereich publiziert bzw. haben dann wiederum eine andere Schwerpunktsetzung. So weist u. a. Ostertag auf die geringe Veröffentlichungsquote im mathematischen Bereich hin, die speziell auf Kinder mit Lernschwierigkeiten ausgerichtet ist (vgl. Ostertag 2015, S. 73). Eine Vielzahl an Studien sind zudem eher der Unterrichtsforschung als der Medienforschung zuzuordnen, da sie beispielsweise bestimmte Treatments untersuchen, wie z. B. die Auswirkung von Mathematikmaterial Maria Montessoris auf die Entwicklung des Zahlbegriffs und die Rechenleistung lernschwacher Schüler (vgl. Lautner 2012, S. 240 ff.).

Aufgrund der dargelegten Tatsachen ist die Anzahl an Ergebnissen zu Mathematikschulbüchern im Förderschulbereich oder zu Mathematikschulbüchern speziell für Schüler mit sonderpädagogischem Förderbedarf im Förderschwerpunkt Lernen sehr gering, weshalb die Erstellung einer Meta-Analyse in diesem Bereich keine gewinnbringenden Ergebnisse liefern könnte.

Zudem liegen im inklusiven Bereich (noch) keine Ergebnisse bezogen auf Schulbücher vor, da sich inklusive Schulen noch im Entwicklungsprozess befinden. Gleichermaßen sind Schulbücher für inklusive Settings im Entstehen begriffen. Der Rahmenlehrplan für den Förderschwerpunkt Lernen tritt ab dem 1. August 2015 in Kraft, weshalb Schulbuchverlage noch Schulbücher erarbeiten müssen, die die im Lehrplan geforderte Kompetenzorientierung umzusetzen vermögen. Somit werden inklusive Aspekte der Schulbuchforschung ausgeklammert. Dieser Bereich stellt ein Desideratum in der Forschung dar, das erst zukünftig zu beantworten sein wird.

Insgesamt bleibt daher festzuhalten, dass die Darstellung des aktuellen Forschungsstands aufgrund der genannten Aspekte erschwert ist. Dennoch lassen sich einige Studien finden, die für die in dieser Arbeit entwickelte Forschung eine Bedeutung haben. Es handelt sich dabei vornehmlich um Erhebungen, deren Fokus auf der Schulbuchnutzung und/oder der Wirkung von Schulbüchern liegt. Im Rahmen der nachfolgenden Unterkapitel werden zudem Studien vorgestellt, die in Bezug auf die Schulart bzw. die Personengruppe Ähnlichkeiten aufweisen. Gleichermaßen sind die Erhebungsform sowie Zielsetzung der Studien maßgeblich. Es werden Untersuchungen aufgeführt, bei denen ein Zusammenhang beispielsweise bezogen auf die Ziele besteht oder die Ähnlichkeiten in der Erhebungsart aufweisen. Somit wird nachfolgend auch über Studien berichtet, die sich nicht ausschließlich auf Mathematikschulbücher oder aber den Förderschulbereich beziehen.

Ein Trend im Bereich der Schulbuchforschung sei abschließend an dieser Stelle noch erwähnt. Es geht in vielen Forschungen nicht mehr um das Schulbuch allein, sondern vielfach um das Verhältnis zwischen traditionellen Medien, also beispielsweise dem Schulbuch, und neuen Medien. Matthes erklärt es sogar zu einem „Dauerbrenner" (Matthes 2011, S. 2). Dies beweist u. a. ein aktuelles Beispiel von Neumann, dessen Studie nahezu zeitgleich mit der vorliegenden Arbeit entstand. Seine wissenschaftliche Untersuchung zielt auf kostenlose Lehrmaterialien im Internet und deren Einsatz im Unterricht ab, erfragt aber zugleich die Bedeutung des Schulbuchs (vgl. Neumann 2015, 12 ff.). Die Untersuchung wird anschließend noch genauer beschrieben.

6.2 Schulbuchforschung zum Mathematikschulbuch im Förderschwerpunkt Lernen in Deutschland

Wenngleich die nachfolgend beschriebenen Studien von Merzyn, Killus, Hoppe, von Borries sowie Ballis, Hoppe und Metz sich mit Schulbüchern anderer Fächer statt mit Mathematik befassten, so heben sie jeweils doch die Bedeutung des Mediums Schulbuch deutlich hervor. Daher sollen diese Studien zum Schulbuch allgemein erläutert werden, bevor später der Schwerpunkt auf Studien speziell zu Mathematikschulbüchern gelegt wird. Soweit sie vorhanden sind, werden auch Studien mit Bezug zum Förderschwerpunkt Lernen dargestellt.

Merzyn befasste sich mit der Verwendung von Physikschulbüchern und den Grundeinstellungen von Lehrern von allgemeinbildenden Schulen der Sekundarstufen I und II gegenüber diesen Büchern. Dabei befragte er im Jahr 1987 bundesweit 577 Physiklehrer, ergänzte dies noch durch Lehrerinterviews und 121 schriftliche Schülerbefragungen (vgl. Merzyn 1994, S. 235). Als problematisch stellte sich für ihn im Vorfeld vor allem die Zielgruppengewinnung dar, insbesondere zur Erlangung einer repräsentativen Stichprobe (vgl. a. a. O., S. 74). Er erarbeitete einen Lehrerfragebogen mit Fragen zur konkreten Verwendung des Physikschulbuchs (vgl. a. a. O., S. 56 f.), stellte aber auch einen zu beurteilenden Komplex für kritische Anmerkungen zum Buch zur Verfügung (vgl. a. a. O., S. 58 ff.). Außerdem beinhaltete der Fragebogen, der insgesamt aus sieben Komplexen bestand, auch zu bewertende Aussagen zur Grundeinstellung zum Schulbuch, zu Grundpositionen zum Physikunterricht, zum Lehrer und seinen unterrichtlichen Aktionsformen sowie zum eingeführten Buch selbst (vgl. a. a. O., 72 f.). Neben einer häufigen Nutzung des eingeführten Physikbuchs stellte er fest, dass der Lehrerband wenig wichtig für die Lehrer ist, dafür aber weitere Schulbücher bei der Unterrichtsvorbereitung eine Rolle spielen (vgl. a. a. O., S. 87 f.). Zudem zeigten sich die Lehrer in Bezug auf das von ihnen verwendete Schulbuch recht zufrieden, wobei am meisten Kritik bezogen auf die Sprache und Verständlichkeit der Text sowie die Komprimiertheit und Stofffülle geäußert wurde (vgl. a. a. O., S. 237).

Killus verwendete Teile der bereits 1988 im Rahmen des Projekts „Medieneinsatz im Unterricht" (vgl. Schümer 1991, S. 11 ff.) erhobenen Daten von 1032 Deutschlehrern der siebten Klasse an vier unterschiedlichen Schularten aus vier Bundesländern (vgl. Killus 1998, S. 43 ff.). Beachtenswert ist die Zielsetzung ihrer Studie, die nach wie vor aktuelle Brisanz aufweist, wenngleich Killus sich auf Lese- und Sprachbücher bezieht.

> „Über eine problembezogene Analyse der Einsatzmöglichkeiten und Funktionen des Schulbuchs aus Sicht des unterrichtenden Lehrers heraus soll der Versuch unternommen werden, Entwicklungstendenzen des traditionellen ‚Leitmediums' Schulbuch angesichts verbesserter Fotokopiermöglichkeiten und des Eindringens technischer Medien in die Schulen abzuschätzen." (a. a. O., S. 17)

Sie kommt zu dem Ergebnis, dass der Lesebucheinsatz abhängig von der Schulform oder vom Bundesland ist, da baden-württembergische Lehrer sich stärker am Schulbuch orientieren als Lehrer anderer Bundesländer. Jedoch wirken sich das Alter und Geschlecht nicht auf den Lesebucheinsatz aus (vgl. a. a. O., S. 228 f.). Bei der Nennung von Gründen für die Nichtverwendung eines Lesebuchs kamen viele unterschiedliche Gesichtspunkte wie beispielsweise die Schulverhältnisse oder schlechte didaktische und methodische Eignung des Buches zum Tragen (vgl. a. a. O., S. 246 ff.).

> „Die geäußerte Kritik kann, bei aller Verschiedenartigkeit der angesprochenen Aspekte, im wesentlichen [sic!] als Hinweis darauf interpretiert werden, daß [sic!] Schulbücher oftmals der spezifischen Lernsituation in einer Klasse nicht gerecht werden." (a. a. O., S. 251)

Aufbauend auf Killus' Studie beschäftigte sich Hoppe ebenfalls intensiv mit Sprachbüchern (vgl. Hoppe 2011, S. 65). Im Rahmen einer Wirkungsevaluation befragte sie 13 Lehrkräfte mittels eines qualitativen Interviews (vgl. a. a. O., S. 71 ff.). Daran schloss sich eine Schreibtischinspektion ausgesuchter gymnasialer Deutschbücher an (vgl. a. a. O., S. 200 ff.). Sie resümiert für die untersuchten Deutschbücher:

> „Unterrichtswerke, so ein Ergebnis der Interviewstudie, spielen im Alltag der befragten Lehrpersonen eine große Rolle; sie übernehmen ferner alle Funktionen, die der Größe Schulbuch von wissenschaftlicher Seite zugeschrieben werden" (a. a. O., S. 309).

Ebenfalls nicht mit Mathematik, jedoch mit Geschichtsschulbüchern befasste sich von Borries in fünf empirischen Studien seit 1990. Hierbei untersuchte er u. a. die Schulbuchbeliebtheit und -zuverlässigkeit, aber auch die Nutzungshäufigkeit durch Sechst-, Neunt- und Zwölftklässler sowie Geschichtsstudierende und Lehrende (vgl. von Borries 2012, S. 43 f.). Das Ergebnis seiner langjährigen Studien ist, dass „Geschichtsschulbücher [...] für die Elf- bis Sechzehnjährigen schlicht zu schwierig" (a. a. O., S. 62; Auslassungen: S. L.) sind, wodurch Individualisierung sowie Differenzierung deutlich erschwert sind (vgl. ebd.). Zwar wird das Schulbuch durchaus alltäglich im Unterricht verwendet und das sogar häufiger als im europäischen Vergleich (vgl. a. a. O., S. 52), jedoch wird ein Lob oder Tadel am Schulbuch nur sehr verhalten von den Befragten geäußert (vgl. a. a. O., S. 55 f.). Im Vergleich zu Internetangeboten oder DVDs erscheinen ihm Schulbücher in ihrer Gestaltung besser, so dass er abschließend zu dem Ergebnis kommt, dass „von einer Ablösung des Geschichtsschulbuchs [...] also nicht die Rede sein" (a. a. O., S. 64; Auslassungen: S. L.) kann.

Die Frage nach der Ersetzung des Schulbuchs greift ebenfalls Vollstädt auf. Er stellt in seinem Aufsatz eine von 1999 bis 2001 im Rahmen der Cornelsen Stiftung „Lehren und Lernen" durchgeführte Delphi-Studie vor, die vornehmlich die Bedeutung neuer Medien zur Schulentwicklung und Qualität der Bildung herausarbeitete. Neben mehrfach durchgeführten Befragungsrunden von Experten wurden zusätzlich Lehramtsstudierende von drei deutschen Universitäten befragt. Große Veränderungen wurden von 83 Prozent der teilnehmenden Experten vor allem im Bereich der Computerverwendung gesehen (vgl. Vollstädt 2002, S. 161 f.). Bezogen auf die Verwendung des Schulbuchs werden unterschiedliche Meinungen vertreten.

> „In der zweiten Befragung erwartete etwa die Hälfte der Experten, dass die Nutzung des Schulbuchs gleich bleiben wird, während die andere Hälfte eine abnehmende Nutzung prognostizierte" (a. a. O., S. 165).

In einer dritten Befragung stimmten 46 Prozent der Experten zukünftig einer eher seltenen Nutzung des Schulbuchs nicht zu. Nahezu 90 Prozent sahen zudem nicht die Weiterentwicklung von Einzelmedien, sondern eher von Medienkombinationen für die Zukunft als entscheidend an (vgl. a. a. O., S. 166).

> „Neue Medien sind somit kein Ersatz für alle bisherigen Lehr- und Lernmedien, sondern werden als deren besonders innovative Ergänzung und Erweiterung angesehen." (a. a. O., S. 167)

Im Jahr 2004 befassten sich Beerenwinkel und Gräsel mit der Verständlichkeit von Schulbüchern und nahmen dabei Chemieschulbücher in den Blick. Sie nutzten als Instrument einen Lehrerfragebogen. Dabei wurden 240 Chemielehrkräfte an Gymnasien in vier Bundesländern nach der Verwendung von Texten und ihrer Zufriedenheit befragt. Dabei zielte die Studie darauf, Nutzungsmuster herausarbeiten zu können (vgl. Beerenwinkel/Gräsel 2005, S. 21 ff.). Neben dem Ergebnis, dass Texte im Chemieunterricht eher selten eingesetzt werden, kam heraus, dass insbesondere drei Aspekte zu den Schulbuchtexten von den Lehrern als wichtig erachtet wurden:

> „‚Lesbarkeit' (Einfachheit der Sprache, keine Nebensächlichkeiten oder irrelevanten Informationen, gute äußere und inhaltliche Strukturierung), ‚Schülerbezug' und ‚Hilfen zur Wissenskonstruktion'" (a. a. O., S. 36).

Eine verständliche Sprache, eine gute Gliederung, Lebensweltbezug, das Anknüpfen am Vorwissen der Schüler sowie Hilfestellungen zur Wissensaneignung sind Gesichtspunkte, durch die sich gute Schulbücher auszeichnen. Ob sich diese Qualitätsmerkmale auch auf Lehrwerke anderer Fächer übertragen lassen, muss jedoch noch überprüft werden (vgl. Gräsel 2010, S. 142 f.). Aber die Funktion des Schulbuchs wird klar:

> „Die Bücher dienen vor allem der Wiederholung und die Beispiele werden zur Illustration und Motivation der Schüler/-innen verwendet." (a. a. O., S. 144)

Und noch ein entscheidender Aspekt wird in der Studie deutlich: Ein eigenständiges Arbeiten ist nur mit Unterstützung und Anleitung durch den Lehrer möglich (vgl. a. a. O., S. 145). Das Forschungsprojekt „Schulbuch in Schülerhand" umfasste verschiedene Methoden der Datenerhebung: Schreibtischinspektion, Fragebogenerhebung mit Schülern der 6. und 8. Klasse an Haupt-, Werkreal- und Realschulen in Baden-Württemberg, Dokumentenanalyse und Lehrerinterviews, um die Nutzung von Deutschbüchern zu ermitteln. Dabei wurden Gestaltungsmerkmale, Strukturierungen und der Adressatenbezug ebenso abgefragt, wie die konkrete Verwendung im Schulunterricht und in außerschulischen Bereichen (vgl. Ballis/Hoppe/Metz 2014, S. 119 ff.). Der Pretest mit 260 Schülern ergab, dass diese dem integrativen Schulbuch eher eine geringere subjektive Bedeutung beimaßen (vgl. a. a. O., S. 122 f.). Generell ist die Verwendung des Buches durch die Schüler jedoch eher gering:

> „Zum selbstständigen Üben, zum Nachschlagen von Nicht-Verstandenem, zum Wiederholen von bereits Gelerntem, zur Stoffsicherung oder auch zur selbstständigen Stoffaneignung wird das Deutschbuch kaum genutzt." (a. a. O., S. 124)

Zudem stellte Neumann kostenlose Lehrmaterialien im Internet in den Vordergrund seiner Forschung. Neben einer Marktsichtung führte er eine Bedarfsanalyse zum Nutzungsverhalten von Lehrkräften bezogen auf dieses Medium durch, nahm dafür auch aber weitere Lehr- und Lernmittel und dabei vor allem das Schulbuch in den Blick (vgl. Neumann 2015, 12 ff.). Dabei erfolgte jedoch keine Festlegung auf ein spezielles Unterrichtsfach. Die Untersuchung zielte vielmehr auf einen Vergleich bspw. bezogen auf die Nutzungsarten, die Motivation zur Nutzung oder Nicht-Nutzung des Mediums und die Qualität ab (vgl. a. a. O., S. 87 ff.). In seiner deutschlandweiten und schulartübergreifenden Befragung von Lehrkräften erstellte er u. a. eine Rangfolge über die Nutzungshäufigkeit von Schulbüchern nach Unterrichtsfach (vgl. a. a. O., S. 79 ff.). Dabei steht Mathematik in dem Ranking an erster Stelle und wird in einem Großteil der Unterrichtsstunden verwendet (vgl. a. a. O., S. 88).

Während sich die Studie von Neumann in Teilen mit Mathematik befasste, gibt es auch Studien, die sich ausschließlich auf dieses Fach festgelegt haben. Hierzu zählt die Studie von Hopf. Er war einer der ersten, der repräsentative Untersuchungen zwischen 1968 und 1970 durchgeführt hat (vgl. Hopf 1980, S. 11). Er erhob bei fast 400 Lehrern der 7. Klasse des Gymnasiums mittels eines Fragebogens die Fragenkomplexe „Lehrbuch, Erarbeiten eines neuen Sachverhalts, Übungen, Wiederholungen, Methodenselbsturteil, Hausaufgaben, Ziele, Inhalte, Unterrichtsorganisation, Technische Hilfsmittel, Leistungsbeurteilung sowie einige gemischte Items" (a. a. O., S. 22). Er bemerkt, „daß [sic!] die Lehrbücher den Unterricht in hohem Maße bestimmen, vor allem wegen der detaillierten, auf die Unterrichtspraxis zugeschnittenen Vorgaben, welche für den Lehrer eine erhebliche Arbeitsentlastung darstellen" (a. a. O., S. 33). Dies trifft vor allem auf dienstältere und weniger mathematisch gut ausgebildete Lehrer zu, deren Unterricht eine enge Orientierung am Schulbuch aufweist. Zum Erarbeiten neuer Inhalte sowie zu Übungszwecken ziehen viele Lehrer das Schulbuch heran (vgl. a. a. O., S. 151 f.). Obwohl keine eindeutige Herleitung von Gründen möglich war, nennt Hopf „positive Erfahrungen mit der Lehrbucharbeit oder zunehmende anderweitige Belastungen" (a. a. O., S. 38) sowie zunehmende Bequemlichkeit als Ursache für die steigende Schulbuchorientierung älterer Lehrkräfte (vgl. ebd.). Zusätzlich stellt er fest, dass sich „aus den Antworten der Lehrer zahlreiche heterogene und voneinander unabhängige ‚Unterrichtstypen' beziehungsweise Deutungsmuster des Unterrichtsgeschehens extrahieren" (a. a. O., S. 192) lassen, aber kein allgemeingültiges Unterrichtsmodell ableitbar ist.

Bromme und Hömberg hingegen zielten weniger auf ein Unterrichtsmodell ab, sondern fokussierten auf den Aspekt der Unterrichtsvorbereitung. Dafür interviewten sie 19 Mathematiklehrer über ihre alltägliche Unterrichtsvorbereitung, nahmen 14 Lehrer bei ihrer Unterrichtsvorbereitung auf, die währenddessen laut denken mussten und anschließend einen Fragebogen ausfüllten. Ein Lehrer wurde zusätzlich im Unterricht standardisiert beobachtet (vgl. Bromme/Hömberg 1981, S. 6 f.). Sie kamen zu dem Ergebnis, dass das Lehrbuch zur Einführung eine anregende Funktion bezogen auf das didaktische Vorgehen übernimmt, zur Aufgabenbereitstellung dient und den Lehrplan darstellt (vgl. a. a. O., S. 91).

Masendorf und Weber untersuchten sechs Schüler der 1. und 2. Klasse einer „Lernbehindertenschule", die zehn Förderstunden mit einer speziellen Rechenfibel arbeiteten (vgl. Masendorf/Weber 1983, S. 129 f.). Als Ergebnis konnte „ein überdauernder Lernzuwachs von durchschnittlich mindestens 44 % verzeichnet werden" (vgl. a. a. O., S. 131). Wenngleich die Studie ein Beispiel für den gewinnbringenden Einsatz eines Schulbuchs darstellt, so weist sie eine geringe Probandenzahl auf. Festzuhalten ist der durch Tests festgestellte Lernzuwachs. Fraglich bleibt, inwieweit dieser auch mit anderen Büchern erreicht werden kann bzw. die Ergebnisse auf andere übertragbar sind.

Eine Befragung von 562 Schülern der 8. und 9. Jahrgangsstufe in vier Gymnasien in Rheinland-Pfalz erbrachte ein Ergebnis bezogen auf Schulbuchfunktionen. Mathematikschulbücher dienen demnach vornehmlich als Nachbereitungshilfe, besitzen Stimulierungsfunktion, liefern Mitteilungen für häusliche Helfer und übernehmen eine Rationalisierungsfunktion (vgl. Zimmermann 1992, S. 109 ff.). In Bezug auf Schulbuchkonzeptionen fand Zimmermann heraus, dass „Schülerinnen und Schüler mit mittlerer und geringerer Leistungsfähigkeit im Fach Mathematik [...] eher geneigt [sind] Bücher der zweiten Gruppe [induktiv angelegte Bücher] zu benutzen als Bücher aus Gruppe 1" (a. a. O., S. 112; Umstellungen und Einfügungen: S. L.), welche eher deduktiv vorgehen. Zudem stellte er eine gehäufte Verwendung, aber auch eine Überforderung durch Mathematikbücher bei leistungsschwächeren Schülern fest (vgl. a. a. O., S. 116). Bezogen auf die Schulbuchgestaltung führten die befragten Jugendlichen die Verständlichkeit von Schulbüchern, weniger Fachtermini und Fremdwörter, mehr selbstständige Übungsangebote als Verbesserungsvorschläge an (vgl. a. a. O., S. 89 ff.; S. 113 f.).

In einer repräsentativen Befragung von ca. 10.000 bayerischen Lehrkräften im Schuljahr 1990/91 befasste sich Sacher ausschließlich mit audiovisuellen Medien (AV-Medien) (vgl. Sacher 1994, S. 7). Dabei erhob er neben der Verwendungshäufigkeit auch didaktische Intentionen sowie Lehrereinstellungen zur Ausstattung und Verwendung dieser Medien. Er stellte signifikante Nutzungsunterschiede nach Fach, Schulart und Alter der befragten Lehrkräfte fest (vgl. a. a. O., S. 9 ff.): In Mathematik werden AV-Medien seltener eingesetzt (vgl. a. a. O., S. 15). Gleiches gilt für Volksschulen, in denen mehr Gegner von AV-Medien zu finden waren (vgl. a. a. O., S. 17). Für das Alter gilt, „daß [sic!] Lehrer umso seltener AV-Medien verwendeten, je älter sie waren" (a. a. O., S. 19). Bezogen auf das Geschlecht waren keine signifikanten Unterschiede erkennbar (vgl. a. a. O., S. 18). Aber auch er betont in seinen abschließenden Bemerkungen die Notwendigkeit einer ergänzenden Forschung, da „dringend eine Erhebung der schulischen Medienverwendung unter Einschluß [sic!] von Printmedien, Tafeln, Landkarten, Schaubildern, Modellen und von modernen informationstechnischen Medien durchgeführt werden [müsse]" (a. a. O., S. 68; Einfügung: S. L.).

Einen kleinen Schritt in diesem Bereich der Forschung erbrachte ein Jahr später eine im Schuljahr 1991/92 durchgeführte Lehrerbefragung. Diese belegte, wie wichtig das Schulbuch im Vergleich zu anderen Medien im Unterricht ist.

> „Offensichtlich ist in fast allen Unterrichtsfächern die überragende Bedeutung des Schulbuchs, und zwar nicht nur bei der Durchführung, sondern auch bei der Vorbereitung des Unterrichts." (Hanisch 1995, S. 242)

Dabei wurde für das Fach Mathematik eine unterrichtliche Nutzung des Buches durch ca. drei Viertel der Lehrer unabhängig von der Klassenstufe ermittelt (vgl. a. a. O., S. 242 f.).

Von 1993 bis 1997 führte eine Arbeitsgruppe der Universität Bielefeld in Kooperation mit dem Hessischen Institut für Bildungsplanung und Schulentwicklung eine Befragung von 1066 hessischen Deutsch-, Geschichts-, Mathematik- und Chemielehrern an Sekundarschulen durch. Zusätzlich wurden Fallstudien angefertigt. Tebrügge wählte einen speziellen Bereich aus und konzentrierte sich auf die Unterrichtsplanung mit Schulbüchern (vgl. Tebrügge 2001, S. 71 f.). Es zeigte sich, dass „vor allem das eigene Material, Schulbücher und Unterrichtsmaterial von Verlagen besonders häufig genutzt werden" (a. a. O., S. 129). An erster Stelle der Reihenfolge des Materials, das bei der Unterrichtsplanung verwendet wird, wurde in Mathematik das Schulbuch mit 95,4 Prozent genannt (vgl. a. a. O., S. 130).

> „Vor allem im Fach Mathematik hat das Schulbuch eine zentrale Bedeutung bei der Unterrichtsvorbereitung. [...] Dies gilt für die Vorbereitung von Unterrichtseinheiten, Einzelstunden aber auch für die langfristige Planung." (a. a. O., S. 132; Auslassungen: S. L.)

Rezat veröffentlichte eine Studie zur Nutzung des Mathematikbuches durch Schüler der Jahrgangsstufen sechs und zwölf zweier Gymnasien (vgl. Rezat 2009, S. 124). Nach einer Strukturanalyse deutscher Mathematikschulbücher der Sekundarstufen I und II erkannte er, „dass in allen untersuchten deutschen Mathematikschulbüchern ein vergleichbares Repertoire an Strukturbausteinen zu finden ist" (Rezat 2012, S. 117). Anschließend wurden im Rahmen eines qualitativen Forschungsansatzes Schüler in der Region Ostwestfalen-Lippe aufgefordert, die Benutzung ihres Buches zu dokumentieren und zu erklären. Zusätzlich durchgeführte Unterrichtsbeobachtungen und Interviews mit ausgewählten Schülern wurden miteinbezogen (vgl. ebd.). Ergebnisse der Untersuchung waren:

> „Schülerinnen und Schüler nutzen das Mathematikbuch selbstständig,
> 1. um Hilfen für das Bearbeiten von Aufgaben zu erhalten,
> 2. um Inhalte des Unterrichts zu festigen,
> 3. um sich neues Wissen anzueignen, das noch nicht Gegenstand des Unterrichts war, sowie
> 4. interessemotiviert." (a.a.O., S 118)

Zudem stellte Rezat eine zweistufige Vorgehensweise bei der selbstständigen Selektion von Inhalten bei den Schülern fest, die zunächst mit einer Auswahl eines relevanten Bereichs im Schulbuch beginnt. Dabei unterscheidet er die drei Auswahlschemata: die vermittlungsorientierte Auswahl, die begriffsorientierte Auswahl und die Auswahl eines relevanten Bereichs durch Blättern im Buch (vgl. a.a.O., S. 119 ff.). Daran schließt sich eine Auswahl innerhalb des relevanten Bereichs an, die sich in elementorientierte, lageorientierte und salienzorientierte Auswahl einteilen lassen (vgl. a.a.O., S. 121 ff.):

> „Dieses Vorgehen, bei dem Strukturbausteine aufgrund von Wissen über deren spezifische Eigenschaften ausgewählt werden, wird als *elementorientierte Auswahl* bezeichnet." (a.a.O., S. 122; Hervorhebung im Original)

Bei der *lageorientierten Auswahl* hingegen wählt der Schüler Aufgaben bspw. zum Festigen durch die Anordnung im Buch aus. Benachbarte Aufgaben werden als ähnlich aufgefasst und daraufhin bearbeitet (vgl. a.a.O., S. 122 f.). Schüler, die *salienzorientiert* auswählen, haben weniger die Struktur des Buches verinnerlicht, sondern entscheiden sich aufgrund auffälliger Areale für bestimmte Aufgaben (vgl. a.a.O., S. 123 ff.).

> „Im Mathematikbuch können Überschriften und andere typografische Hervorhebungen, wie z.B. Kästen und Schattierungen sowie Abbildungen, als Areale mit einer hohen Stimulussalienz angesehen werden, da diese aus dem Gesamtbild einer Doppelseite herausstechen." (a.a.O., S. 123)

Rezat zieht das Fazit, dass der *„belief-in-action*, der die Auswahl lenkt, von besonderem Interesse" (a.a.O., S. 127; Hervorhebung im Original) ist und „die effektive Nutzung des Schulbuchs ein Lernprozess seitens der Schülerinnen und Schüler ist, der vom Lehrenden unterstützt werden kann, indem die Nutzung des Schulbuchs thematisiert und geübt wird" (ebd.). Hier wird vor allem die Rolle des Lehrers bei der Arbeit mit dem Schulbuch deutlich. Schüler nutzen das Mathematikschulbuch durchaus selbstständig und können, wie oben beschrieben, gezielt gewünschte Informationen entnehmen. Letztendlich trägt jedoch der Lehrer entscheidend zu einer gewinnbringenden Schulbuchnutzung bei.

Mit der Entwicklung des Lehrmittels „Mathematik 1 bis 3, Sekundarstufe I" sollte ein Lehrmittel für differenzierten Mathematikunterricht in der Schweiz erarbeitet und erprobt werden (vgl. Bollman-Zuberbühler/Totter/Keller 2012, S. 181 ff.). Hierfür wurden zur „inhaltlichen Qualitätssicherung gezielt und systematisch Rückmeldungen von Fachdidaktikexpertinnen, Praxisexperten und Lehrpersonen eingeplant. Zudem wurde mehrmals während der Erprobung eine empirische Begleitforschung konzipiert, mit dem Ziel, Datenmaterial von Schülerinnen und Schülern zu erfassen und auszuwerten und die daraus gewonnenen Erkenntnisse in die Lehrmittelüberarbeitung einfließen zu lassen" (a. a. O., S. 185). Bei der Entwicklung ihres Lernmittels bemühte man sich laut Bollman-Zuberbühler, Totter und Keller „die Ansprüche der beiden wichtigsten Nutzergruppen, Lehrpersonen und Schülerinnen und Schüler" (a. a. O., S. 182) zu berücksichtigen. Sie nennen die Passung zum Lehrplan und den Lernzielen, eine gute Strukturierung und offene Konzeption, ein breitgefächertes Angebot an verschiedenen Medien und die Unterstützung der Lernprozesse insbesondere durch Planungsvorgaben als wesentliche Ansprüche der Lehrer. Auch die Berücksichtigung der Lernvoraussetzungen durch differenzierte Angebote nahmen sie mit auf (vgl. a. a. O., S. 182 f.). Trotz des großen, insbesondere auch zeitlichen und personellen Aufwands wird das Projekt von den Autoren als gewinnbringend beurteilt. Dies liegt u. a. daran, dass durch die empirischen Untersuchungen abschließend Informationen über die mathematischen Vorstellungen und Fähigkeiten der Schüler gewonnen werden konnten, die dann in eine optimierte Konzeption des Lehrmittels einflossen. Durch einen starken Einbezug der Schulbuchnutzer, Lehrer wie Schüler, gehen die Autoren von einer großen Akzeptanz bezogen auf das Lehrmittel aus und sehen die verschiedenen Untersuchungsergebnisse auch für Fort- und Weiterbildungen als geeignet an (vgl. a. a. O., S. 194 ff.).

Zusammenfassend kann festgehalten werden, dass trotz einzelner, hier aufgeführter Studien zu Schulbüchern insgesamt ein Mangel an experimentellen Untersuchungen zu konstatieren ist. Wellenreuther, der sich intensiv mit empirischen Studien im Rahmen von Unterrichtsforschung auseinandergesetzt hat, stellt fest:

> „Zur Lernwirksamkeit von Mathematikschulbüchern gibt es derzeit keine nennenswerte experimentelle Forschung in Schulen" (Wellenreuther 2013, S. 231).

Zudem besteht für ihn eine Notwendigkeit zu (empirischer) Forschung im Bereich des Schulbuchs, das für Wellenreuther einflussreich in der Unterrichtswirksamkeitsforschung ist:

> „Auch die Tatsache, dass die Autoren der TIMS- Studie weder die Frage *der Qualität von Schulbüchern* noch die Frage *externer Abschlussprüfungen* als mögliche wesentliche Faktoren für die Wirksamkeit des Unterrichts diskutieren, macht deutlich, dass eine Erklärung der Leistungsunterschiede zwischen Staaten nicht nebenbei, im Rahmen einer deskriptiven Studie zu erledigen ist, sondern eine ganze Reihe zusätzlicher Forschung verlangt." (Wellenreuther 2007, S. 27; Hervorhebungen im Original)

Diese Problematik unterstreicht ebenso Heckt:

> „Gleichwohl gibt es bisher weder repräsentative Studien über die Auswahl von Lehrwerken (also über die Einführungsentscheidungen einzelner Lehrerinnen und Lehrer, von Fachkonferenzen oder Kollegien) noch über deren Umgang mit Lehrwerken im Unterricht oder deren Rezeption seitens der Schülerinnen und Schüler" (Heckt 2009, S. 60).

Somit lässt sich das Resümee ziehen, dass die Schulbuch-, vor allem auch die Schulbuchnutzungsforschung bezogen auf Schüler mit gravierenden Lernschwierigkeiten eine zu geringe Studienanzahl aufzuweisen hat, um bereits aussagekräftige und verlässliche Erkenntnisse zu liefern, die für eine Forschung in diesem Bereich herangezogen werden könnten. Der vorliegende Mangel an Studien zum Mathematikschulbuch überrascht Gräsel: Obwohl für „empirische Forschung, die sich mit der Qualität von Unterricht befasst, [...] die Forschung zur Nutzung von Schulbüchern im Unterricht eine Schlüsselstellung einnehmen" (Gräsel 2010, S. 137; Auslassungen: S. L.) müsste, stehen in diesem Bereich lediglich punktuell Studien zur Verfügung. Daher wird der Blick zusätzlich auf die internationale Schulbuchforschung gelenkt.

6.3 Internationale Schulbuchforschung im Förderschwerpunkt Lernen

Einen Überblick über die internationale Schulbuchforschung gibt Bamberger, der betont, dass kaum Unterschiede zwischen den Ländern beständen (vgl. Bamberger 1995, S. 46 ff.).

Wesentlich aktueller ist die Übersicht, die Fuchs zu den fünf Themenfeldern „Schulbuchrevision (1), Wahrnehmungsmuster und Identitätskonstruktionen (2), Methodenvielfalt (3), gesellschaftliche Herausforderungen (4) sowie Theorie und Geschichte des Schulbuchs (5)" (E. Fuchs 2011b, S. 8) zusammengestellt hat. Bezogen auf das erste Themenfeld spielen vor allem Lehrmittelanalysen zu Stereotypen und Feindbildern im Balkan, Ostasien und dem Nahen und Mittleren Osten eine Rolle (vgl. ebd.). Der zweite Themenbereich nimmt mit inhaltsbezogenen Analysen geschichtliche Ereignisse, Europarepräsentationen, das Thema Kolonialismus sowie die Weltgeschichte in den Blick (vgl. a. a. O., 9 f.). In den letzten Jahren kam es zu einer Methodenvielfalt, da Diskursanalysen, Bildanalysen und sozialwissenschaftliche Methoden angewendet werden. Auch kulturwissenschaftliche Ansätze lassen sich finden (vgl. a. a. O., S. 10 f.). Im vierten Themenfeld wird das Schulbuch systemisch unter „gesellschaftlichen, bildungspolitischen, wissenschaftlichen, pädagogischen und wirtschaftlichen" (a. a. O., S. 13) Aspekten betrachtet. Im fünften Themenfeld stehen schließlich die Entwicklung einer Schulbuchtheorie und systematische Untersuchungen zur Schulbuchgeschichte im Vordergrund (vgl. a. a. O., S. 14). Jedoch bleibt auch Fuchs' Darstellung nur ein exemplarischer Ausschnitt, der auf Geschichts-, Geographie- und Sozialkundebücher fokussiert (vgl. a. a. O., S. 17). Daher seien an dieser Stelle die fünf Themenfelder lediglich erwähnt, aber nicht näher ausgeführt. Wesentliche Ergebnisse und Studien sind in großen Teilen bereits in den vorangegangenen Kapiteln, vornehmlich im Kapitel 3.4, eingeflossen.

Neben Fuchs fassen auch Knecht et al. die Methodologie und Methoden der Schulbuchforschung mit aktuellen Ergebnissen zusammen (vgl. Knecht et al. 2014). Der Fokus liegt auch hier zumeist auf Schulbuchtexten, die unter kontextualisierend-inhaltsanalytischen und hermeneutischen, sprach- und bildanalytischen oder nutzungs- und wirkungsorientierten Aspekten näher betrachtet werden (vgl. Matthes/Schütze 2014, S. 12 ff.).

Wie bereits an mehreren Stellen angeklungen ist, zeigt auch die hier dargestellte Übersicht deutlich, dass im internationalen Bereich der Fokus der Schulbuchforschung fast ausschließlich auf Schulbüchern liegt, die vornehmlich Texte beinhalten. Dass Mathematikbücher ebenfalls hinsichtlich der in ihnen vorkommenden Texte untersucht werden, ist eher selten. Jedoch zeigt eine Studie von Mayer, Sims und Tajika, dass dieses Vorgehen durchaus gewinnbringend sein kann. Sie analysierten japanische und amerikanische Schulbücher hinsichtlich der Menge der Erklärungen zum Lösungsprozess. In diesem Bereich waren große Unterschiede erkennbar.

> „Japanese books excel in devoting page space to explanation of problem-solving procedures, whereas U.S. books excel in devoting page space to unsolved exercises and interest-grabbing illustrations" (Mayer/Sims/Tajika 1995, S. 448 f.; im Original kursiv).

So wurde in japanischen Büchern mehr Raum für gelöste Aufgabenbeispiele und darauf bezogene Illustrationen gegeben. In amerikanischen Schulbüchern waren hingegen Übungsaufgaben und irrelevante Illustrationen vorherrschend (vgl. a. a. O., S. 448 ff; S. 456 ff.). Wenngleich diese Studie lediglich sieben Schulbücher aus zwei Staaten gegenüberstellt, gibt sie dennoch einen Einblick in die vielfältigen Untersuchungsfelder im Bereich Mathematikschulbücher.

Die Ergebnisse sind auch für deutsche Schulbücher relevant. Da nach Wellenreuther in Deutschland Mathematikschulbücher im Wesentlichen Übungsbücher ähnlich den US-Schulbüchern sind, kann von einer (zumindest teilweisen) Übertragbarkeit der Ergebnisse von Mayer, Sims und

Tajika ausgegangen werden (vgl. Wellenreuther 2007, S. 16). Bei Vergleichen jeweils eines asiatischen mit einem deutschen Schulbuch stellt Wellenreuther noch weitere Unterschiede fest:

- Bei dem deutschen Schulbuch werden zur Übung nicht nur insgesamt mehr Aufgaben angeboten als in einem asiatischen Schulbuch, sondern darüber hinaus auch mehr Rechen- als Sachaufgaben.
- Das deutsche Schulbuch zielt beim Lernen vermehrt auf die Unterstützung durch den Lehrer ab. Deutsche Schüler werden weniger aktiv in den Lernprozess einbezogen.
- Das deutsche Schulbuch enthält weniger Erklärungen. Diese orientieren sich zudem weniger an Maßnahmen der Verständlichkeitstheorie.
- Das asiatische Buch weist eine klarere Struktur auf (vgl. Wellenreuther 2013, S. 237 f.).

Über die Verwendung von Schulbüchern aus Sicht von Schülern haben Knecht und Najvarová geforscht. Sie kommen zu dem Schluss, dass Schüler ihr Schulbuch häufig relativ kritisch als schwer verständlich beurteilen und ihnen daher Kriterien wie Verständlichkeit und Klarheit besonders wichtig sind.

> „Research carried out between 1974 and 2007 shows that students have continuously preferred and criticized the same textbook quality criteria: interesting, clear, and comprehensible material." (Knecht/ Najvarová 2010, S. 12)

Im internationalen Bereich finden auch Studien zum Mathematikbuch nicht nur bezogen auf Texte und die Verständlichkeit statt, sondern auch zur Nutzung. Haggarty und Pepin verglichen jeweils 10 Lehrer und deren Nutzungsverhalten aus England, Frankreich und Deutschland mittels eintägiger Beobachtung und Interviews. Dabei zeigte sich, dass Schulbücher in allen Ländern gerade bei der Unterrichtsplanung bedeutsam sind, aber auch im Unterricht eingesetzt werden (vgl. Haggarty/Pepin 2002, S. 582 ff.; 5.2.4; 5.2.5).

Johannson konzentrierte sich auf schwedische Lehrer und deren Umgang mit Mathematikschulbüchern. Sie analysierte dafür Datenmaterial, das anhand von videografierten Stunden, Schüler- und Lehrerinterviews sowie Fragebogen gewonnen wurde (vgl. Johansson 2006, Appendix Article III, S. 2 f.). Dabei zeigte sich vor allem der Einfluss des Schulbuchs auf den Unterricht, auch wenn es nicht direkt verwendet wird. Die untersuchten Lehrer übernahmen viele Beispiele und Aufgaben des Schulbuchs in den Unterricht.

> „In the public part of the lesson, the examples and the tasks that the teachers present are mainly from the textbook. [...] The way that mathematics, as a scientific discipline, is presented is comparable with the approach in the textbook. A hundred of totally 119 occasions of *Mathematical generalizations or statements* are coded as comparable or the same as in the textbook. In principal, this means that hardly any other definitions, conventions, or rules than the textbook offers are presented to the students. It also means that the mathematical procedures, for example how to solve an equation, and how the structural features of mathematics are portrayed, are mainly the same as in the textbook." (a. a. O., S. 29 f.; Hervorhebungen im Original)

Glasnović Gracin untersuchte in Kroatien die Rolle des Schulbuchs. Durch eine Befragung von etwa 1000 Mathematiklehrern in der Sekundarstufe 1 konnte gezeigt werden, dass Schulbücher in Kroatien einen hohen Stellenwert haben und vor allem zur Vorbereitung sowie zum Üben eingesetzt werden (vgl. Glasnović Gracin 2012, S. 1).

Trotz vielfältiger Studien im internationalen Bereich zeigt sich durch die hier aufgeführten Untersuchungen, dass zwar Studien zum Mathematikschulbuch stattfinden. Jedoch klammern internationale Studien zum Mathematikschulbuch gleichermaßen die Förderschule und/oder Schüler mit sonderpädagogischem Förderbedarf als Untersuchungsfeld aus. Dies ist auch in der Zusammenfassung von Rezat über das Nutzungsverhalten zum Mathematikschulbuch erkennbar, der verschiedene Untersuchungsergebnisse referiert, die sich ausnahmslos auf andere Schularten als die Förderschule beziehen. Weil sich laut seinen Aussagen Gemeinsamkeiten in der Schulbuchnutzung über die Länder hinweg feststellen lassen (vgl. Rezat 2009, S. 51 ff.), erscheint es denkbar, dass die Befunde ebenso für die Nutzung des Mathematikschulbuchs im Unterricht bei Schülern mit gravierenden Lernschwierigkeiten gelten.

> „Insgesamt zeigt sich in diesen Studien aus verschiedenen Ländern ein sehr einheitliches Bild, bezüglich der Bedeutung von Mathematikbüchern im Rahmen der Unterrichtsvorbereitung von Mathematiklehrern: Mathematikbücher spielen sowohl bei inhaltlichen als auch bei methodischen Entscheidungen eine zentrale Rolle." (a. a. O., S. 53 f.)

Somit wird deutlich, dass auch im Bereich der internationalen Schulbuchforschung wenig Befunde und Ergebnisse zu finden sind, die aussagekräftige Belege für die Verwendung von Schulbüchern im Bereich des Mathematikunterrichts bei Schülern mit gravierenden Lernschwierigkeiten liefern.

Abschließend sei noch auf eine Metaanalyse des Georg-Eckert-Instituts für internationale Schulbuchforschung hingewiesen, die im Auftrag der Bildungsdirektion des Kantons Zürich erstellt wurde. Hierzu fand eine umfängliche Recherche in diversen Datenbanken zu gezielten Schlagworten wie beispielsweise „Schulbuch", „school book", „textbook", etc. statt (vgl. Niehaus et al. 2011, S. 97). Relevante Ergebnisse ab 1995 sind in dieser Metaanalyse zu den verschiedenen Aspekten wie Erwartungen an Lehrmittel, Verwendung von Lehrmitteln, Einfluss von Lehrmitteln, Bedeutung von Lehrmitteln für Lernerfolg und Motivation sowie zum Aufbau und der Gestaltung von Lehrmitteln zusammenfassend dargestellt. Abgerundet wird die Metaanalyse mit Empfehlungen zur Lehrmittelentwicklung und zum Lehrmitteleinsatz (vgl. a. a. O., S. 3 ff.). Alle für die im Rahmen dieser Arbeit relevanten Untersuchungen, die gleichermaßen in der Metaanalyse genannt werden, sind bereits mit ihren Ergebnisse in den vorangegangenen Kapiteln ausführlich erläutert worden.

6.4 Zusammenfassung

Problematisch stellt sich der aktuelle Forschungsstand in Bezug auf das Mathematikschulbuch im Förderschwerpunkt Lernen dar. Gerade der Forschungsbereich Förderschule bzw. Schüler mit gravierenden Lernschwierigkeiten wird nur äußerst selten in den Blick genommen. Diese Schüler nehmen häufig nicht an Untersuchungen teil oder werden anschließend nicht explizit bei der Ergebnisbeschreibung herausgestellt. Dies gilt sowohl für die nationale als auch die internationale Forschung. Dies erschwert die Darstellung zum aktuellen Forschungsstand erheblich. Eine Meta-Analyse wäre auf dieser Grundlage wenig gewinnbringend (vgl. 6.1).

Hinzu kommt, dass die in der Schulbuchforschung existierenden Studien vielfach nur sehr bedingt auf dieses spezielle Forschungsgebiet übertragbar sind, da sie andere Schwerpunkte setzen, thematisch auf andere, spezifische Bereiche ausgerichtet sind oder weitere Fächer einbeziehen (vgl. 6.2).

Dies gilt gleichermaßen für die internationale Schulbuchforschung, die diese Schülergruppe ebenfalls kaum berücksichtigt (vgl. 6.3).

Offen bleibt vor allem, wie Schulbuchnutzer also Schüler mit gravierenden Lernschwierigkeiten und deren Lehrer das Schulbuch einsetzen. Denn auch wenn in Zulassungsverfahren überprüft wird, dass Schulbücher bestimmte, wissenschaftlich fundierte Kriterien erfüllen, ist damit noch nicht gewährleistet, dass das Schulbuch auch von den Lehrern und Schülern im Unterricht eingesetzt wird. Somit zeigen die Darstellungen der letzten Kapitel deutlich auf, dass dringend Forschung im Bereich der Schulbuchnutzung erforderlich ist. Noch zu beantwortende Fragen werden im nachfolgenden Kapitel näher beschrieben.

Teil B: Das Mathematikschulbuch im Unterricht bei Schülern mit gravierenden Lernschwierigkeiten aus der Sicht von Lehrkräften an (Sonderpädagogischen) Förderzentren in Bayern – Empirische Studie

7 Problemstellung und Zielsetzung der Studie

Schulbücher waren (und sind vielleicht immer noch) ein Leitmedium des Unterrichts. Seit geraumer Zeit stellen sie ein, wenngleich im Bereich der Sonderpädagogik stiefmütterlich behandeltes, Forschungsgebiet dar. Dies gilt auch für die Erziehungswissenschaft, was Kahlert durch eine geringe Zahl von Publikationen zum Schulbuch, weniger Rechercheergebnisse in Datenbanken zum Schulbuch als zu neuen Medien, geringes Interesse am Schulbuch bei Kongressen oder fehlende Einträge zum Schulbuch in Fachbüchern deutlich belegt (vgl. Kahlert 2010, S. 45 ff.).

Letzteres beweist beispielhaft das Fachbuch von von Martial und Ladenthin zum Thema „Medien in Unterricht", das grundlegende Kapitel zu Unterrichtsmedien, zum Lernen mit Medien und zur Medienverwendung enthält und daran anschließend näher auf ausgewählte Medien eingeht (Bilder, Texte, Arbeitsblatt, Tafel, Tageslichtprojektor, Dia und Tonbildschau, Unterrichtsfilm und Schulfernsehen, Computer, Zeitung und Zeitschrift). Das Medium Schulbuch wird explizit nicht genannt und findet nur untergeordnet unter Texten Erwähnung (vgl. von Martial/Ladenthin 2005, S. 3 ff.).

Übertragbar ist dies gleichermaßen auf Bücher, die im sonderpädagogischen Bereich grundlegend sind. Im neu herausgegebenen „Handlexikon Lernschwierigkeiten und Verhaltensstörungen" ist unter dem Stichwort „Medien" nur der Eintrag „neue Medien" zu finden (vgl. Wember/Stein/Heimlich 2014, S. 335), der auf einen Artikel ausschließlich zum „Computer und Internet im Unterricht" (Löser/Werning 2014, S. 103) verweist. Das Schulbuch oder andere Medien bleiben völlig unbeachtet.

In diesem Kapitel sollen daher Hypothesen und Fragen entwickelt werden, die sich aufgrund der theoretischen Fundierung in den letzten Kapiteln abzeichnen.

Dieser Schritt im Rahmen einer hypothetisch-deduktiven Methode dient der Präzisierung der Problemstellung (vgl. Wellenreuther 2000, S. 42 f.). Zuvor wird das Untersuchungsziel (7.1) näher dargelegt, bevor anschließend Hypothesen (7.2) basierend auf den theoretischen Grundlagen der letzten Kapitel entwickelt und Forschungsfragen (7.3) gestellt werden. Am Ende folgt eine Zusammenfassung (7.4).

7.1 Zielsetzung der Studie

Für eine Annäherung an das Problemfeld der Schulbuchnutzung im Unterricht ist es notwendig, detailliert die Bedeutung des Schulbuches, seine Potenziale und Grenzen zu analysieren. Dies beinhaltet auch, dass die Schulbuchverwendung in seiner Häufigkeit und Intensität ermittelt, aber auch Schwierigkeiten aufgedeckt werden, die zu Unstimmigkeiten und Missfallen gegenüber dem Schulbuch beitragen.

Auch wenn es in ähnlichen, benachbarten Forschungsbereichen bereits einzelne Bestrebungen gegeben hat, soll in der vorliegenden Arbeit das nach wie vor vorherrschende Defizit im Bereich der Schulbuchnutzungsforschung aufgegriffen und ein Beitrag zu dessen Aufarbeitung geleistet werden, indem gezielt der Frage nachgegangen wird, welche Relevanz das Schulbuch im Unterricht hat.

Zudem erfolgt eine Eingrenzung auf den Mathematikunterricht, wie bereits in den vorangegangenen Kapiteln deutlich wurde. Dieses Unterrichtsfach wird u. a. deshalb gewählt, weil neuere Untersuchungen belegen, dass Schulbücher am häufigsten in Fremdsprachen, Mathematik und Geschichte eingesetzt werden, am seltensten in Musik, Kunst und Deutsch (vgl. Wiater 2003b, S. 14).

Trotz einzelner Studien zu Schulbüchern ist außerdem bislang unklar, wie Schulbücher im Unterricht speziell bei Schülern mit gravierenden Lernschwierigkeiten verwendet werden.

> „Auch über die Entscheidungsprozesse – also darüber, warum sich Lehrerinnen und Lehrer für bestimmte Inhalte, Materialien, Medien entscheiden – wissen wir deskriptiv wenig" (Heckt 2009, S. 57).

Basierend auf dieser Ausgangsfrage, die auf konkrete Nutzungsprozesse bezogen auf ein bestimmtes Unterrichtsmedium fokussiert, soll neben der Festlegung auf ein bestimmtes Unterrichtsfach daher noch zusätzlich der Schwerpunkt auf die Schulbuchverwendung an (Sonderpädagogischen) Förderzentren in Bayern gelegt werden. Förderzentren stellen u. a. einen wichtigen Förderort für Schüler mit gravierenden Lernschwierigkeiten dar (vgl. 4.5). Die bislang erschienenen Studien zu Mathematikschulbüchern bezogen sich stets auf andere Schularten und/oder Bundesländer. Jedoch finden sich keine Studien bezogen auf Schüler mit sonderpädagogischem Förderbedarf im Förderschwerpunkt Lernen. Eine genaue Darlegung zur Wahl des Untersuchungsfeldes erfolgt zu einem späteren Zeitpunkt (vgl. 8.3).

Vorranging soll in diesem Kapitel die Herleitung der zu bearbeitenden Fragestellungen stehen. Jedoch sind nachfolgende Faktoren und Festlegungen wesentlich für die Entwicklung der Fragestellungen und Hypothesen sowie für das spätere Forschungsdesign. Berücksichtigung haben folgende Aspekte gefunden:

- Die Erkenntnislage zu dem Forschungsschwerpunkt ist als schwach zu bezeichnen. Es liegt keine ausreichende Anzahl an Studien zum Mathematikschulbuch im Förderschwerpunkt Lernen vor. Vorhandene, zu anderen Schulbüchern oder Schularten durchgeführte Studien können als Grundlage für die Hypothesenbildung herangezogen werden. Sie ermöglichen die Ableitung von Annahmen bezogen auf den Förderschwerpunkt Lernen. Jedoch lassen sie keine eindeutigen Schlüsse auf die Verwendung des Mathematikschulbuchs im Unterricht mit Schülern mit Lernschweirigkeiten zu.

- Es steht die Ermittlung des Nutzungsverhaltens im Vordergrund, jedoch keine Überprüfung zu bestimmten Effekten von Produkten, in diesem Fall von speziellen Schulbüchern bestimmter Verlage. Es soll keine Analyse eines bestimmten Schulbuchs erfolgen bzw. eine Rangfolge oder ein Vergleich zwischen Schulbüchern verschiedener Verlage hergestellt werden.

- Da eine Fokussierung auf Schüler mit sonderpädagogischem Förderbedarf im Förderschwerpunkt Lernen erfolgen soll, muss der Förder- bzw. Schulort der Schüler beachtet werden. Dies verlangt eine Erhebung an gezielt ausgewählten Schulorten.

- Zudem sollen die Lernvoraussetzungen der Schüler berücksichtigt werden, was bestimmte Erhebungsformen erforderlich macht bzw. ausschließt. Es muss eine Datenerhebungsform gewählt werden, die das Nutzungsverhalten in unterschiedlichen Jahrgangsstufen erfasst.

Die hier dargelegten Faktoren wirken sich, wie beschrieben, auf die Untersuchung aus, indem sie u. a. die Forschungsstrategie beeinflussen. Zudem müssen sie bei der Hypothesenbildung berücksichtigt werden.

7.2 Hypothesenbildung

Zunächst soll der Schwerpunkt auf der Präzisierung der Forschungsziele auf der Grundlage von Hypothesen liegen. Die Ausgangsfrage „Welche Bedeutung hat das Mathematikschulbuch im Förderschwerpunkt Lernen?" lässt sich zunächst in drei Fragenkomplexe zur Nutzung und Zufriedenheit verfeinern:

- Gibt es Unterschiede in der Schulbuchverwendung bezogen auf verschiedene Kriterien wie Alter oder Klassenstufe insbesondere in der Häufigkeit der Nutzung des Schulbuchs und anderer Medien?
- Welche Anwendung finden andere Medien im Unterricht?
- Was beeinflusst die Zufriedenheit der Lehrer?

Zur Beantwortung dieser grundlegenden Fragen können Hypothesen formuliert werden, die sich aus der theoretisch erarbeiteten Grundlage der ersten Kapitel ableiten lassen, wenngleich auf keine spezifische, allgemein anerkannte Theorie oder Modell der Mathematikschulbuchnutzung zurückgegriffen werden kann, so dass im Rahmen dieser Arbeit ein neues Forschungsfeld eröffnet werden muss.

Den ersten Hypothesenschwerpunkt stellt die Unterscheidung bezogen auf die *Verwendungshäufigkeit* des Buches dar. Nach den formulierten Hypothesen sind die dafür notwendigen unabhängigen (UV) und abhängigen Variablen (AV) angegeben. Auf diese wird zu einem späteren Zeitpunkt noch genauer der Blick gelenkt (vgl. 8.4; 8.8).

▶ 1.   Ältere Lehrer setzen häufiger das Mathematikschulbuch ein als jüngere Lehrer.

UV: Alter (alt) → AV: Häufigkeit der Verwendung (sb.häuf)[8]

Bisher durchgeführte Untersuchungen in dem Bereich kommen zu widersprüchlichen Ergebnissen, ob das Alter des Lehrers die Schulbuchnutzung beeinflusst (vgl. Killus 1998, S. 205). Merzyn stellt fest, dass bezogen auf das Alter „eine einheitliche Tendenz über die Fächergrenzen hinweg vorzuliegen" (Merzyn 1994, S. 94) scheint:

„Ältere Lehrer benutzen das Schulbuch mehr im Unterricht als jüngere." (ebd.)

Daher soll die Klärung der Frage nach der Abhängigkeit der Schulbuchnutzung vom Alter im Rahmen dieser Forschung einen weiteren Befund liefern. Auf Basis der vorhandenen Erkenntnisse ist es schwierig, eine Tendenz bezogen auf das Nutzungsverhalten in Abhängigkeit vom Alter abzuleiten. Tatsache ist, dass ältere Lehrkräfte in ihrer Schulzeit selbst oft mit Schulbüchern gelernt haben. Neue Medien wie Computer und Internet spielten in ihrer eigenen Schullaufbahn und in ihrem Lehramtsstudium (noch) kaum eine Rolle. Dies könnte ggf. zu einer Skepsis gegenüber digitalen Medien geführt haben.

Darüber hinaus haben in den letzten Jahren neue Medien während des Lehramtsstudiums an Bedeutung gewonnen. Studierende sind mit einander vernetzt und im täglichen Umgang

---

8 Neben der Abkürzung UV für „unabhängige Variable" und AV für „abhängige Variable", sind in Klammer die Kurzbezeichnungen angegeben, die später für die Auswertung der Studie relevant sein werden. Diese seien an dieser Stelle vorab nur genannt.

mit dem Computer geübt, wenngleich sie diesen vornehmlich zu kommunikativen oder Textverarbeitungszwecken einsetzen (vgl. Biermann 2009, S. 34 ff.).

„Die jüngeren Generationen werden immer häufiger und in bereits jüngeren Jahren mit dem Computer und dem Internet konfrontiert, sodass sich hier in Zukunft eine weitere und auch schnellere Verschiebung der Nutzungsformen erwarten lässt." (a. a. O., S. 35)

Dieser Aspekt könnte dazu führen, dass jüngere Lehrer eher auch digitale Medien einsetzen und dadurch weniger häufig auf das Schulbuch zugreifen. Es gilt jedoch zu bedenken, dass es stets der Eigeninitiative, dem Engagement und/oder geeigneter Fortbildungsmaßnahmen bedarf, um medienkompetent zu sein (vgl. 5.4). Die Möglichkeit zum Erwerb von Medienkompetenz bezogen auf traditionelle und/oder neue Medien steht allen Lehrern gleichermaßen offen.

Noch ein weiterer Aspekt ist zu beachten, der eine Tendenz bezogen auf das Nutzungsverhalten nach Alter des Lehrers geben könnte: Ältere Studien wiesen eine Leitmediumsfunktion des Schulbuchs nach, wie bereits erläutert wurde (vgl. 2.1). Die deutlich ausgeprägte Orientierung der Lehrer am Schulbuch zur Vorbereitung und im Unterricht zeigte u. a. Hanisch auf (vgl. Hanisch 1995, S. 242 ff.). Dies spräche für eine vermehrte Nutzung des Schulbuchs bei älteren Lehrern, da jene an die Verwendung des Leitmediums gewöhnt sind, ein Großteil durchaus die Arbeit mit dem Schulbuch wertschätzt und es oft im Unterricht einsetzt.

Demgegenüber steht, dass erfahrenere und somit meist ältere Lehrer höchstwahrscheinlich eine größere Sammlung an Unterrichtsmaterialien als (dienst-)jüngere Lehrer besitzen und darauf zurückgreifen können. Aber es ist fraglich, ob ältere Lehrer auf Grund der zur Verfügung stehenden Materialfülle diese anstelle des Schulbuchs im Unterricht bevorzugen. Hierzu gibt es ebenfalls keine Befunde.

Die Unterrichtsform sei als zusätzlicher Aspekt abschließend noch in den Blick genommen. Im Unterrichtsalltag sind zunehmend auch offene Unterrichtsformen etabliert. Hierzu zählen u. a. Wochenplanarbeit, aber auch Projektunterricht sowie Stationenlernen. Diese Formen des offenen Unterrichts zielen weniger auf die Verwendung von Schulbüchern ab, da sie häufig mit selbsterstellten, individuell an die Lernanforderungen der Kinder angepassten Materialien arbeiten. In der heutigen Lehrerbildung werden diese offenen Unterrichtsformen thematisiert, wohingegen der richtige Umgang mit dem Schulbuch kaum berücksichtigt wird (vgl. 5.4). So weist Matthes darauf hin, dass Schulbücher kein Lerninhalt der Bayerischen Lehramtsprüfungsordnung (LPO I) sind (vgl. Matthes 2010, S. 2). Auch Sandfuchs sieht das Schulbuch als ein in der Lehrerbildung und der Literatur vernachlässigtes Thema an (vgl. Sandfuchs 2006, S. 6). Bezogen auf die Einsatzmöglichkeiten offener Unterrichtsformen ist anzunehmen, dass ältere Lehrkräfte im Rahmen ihrer Ausbildung diese zwar seltener vermittelt bekamen als jüngere Lehrer. Jedoch konnten sich auch ältere Lehrkräfte durch Fortbildungen und in Eigeninitiative einarbeiten, so dass hierzu ebenfalls keine Präferenz für eine bestimmte Altersgruppe bezogen auf die Nutzungshäufigkeit erkennbar wird.

Unter Betrachtung der genannten Aspekte wird deutlich, dass eine direkte Ableitung für eine gerichtete Hypothese bezogen auf das Alter erschwert ist. Jedoch wird aufgrund der genannten Argumente angenommen, dass ältere Lehrer häufiger das Schulbuch einsetzen als jüngere Lehrer. Diese Vermutung unterstreichen die Studienergebnisse von Hopf (vgl. Hopf 1980, S. 151 f.), aber auch die von Merzyn, der in seiner Studie zu Physikbüchern einen statistisch signifikanten Unterschied zwischen Alter und Schulbuchnutzung belegt (vgl. Merzyn, 1994, S. 94). Ob dies aber auch auf die hier vorliegende Studie übertragbar ist, wird somit noch zu beweisen sein.

▶ 2.   In unteren Klassenstufen werden seltener Schulbücher verwendet als in höheren Klassenstufen.

UV: Klassenstufe (klass) → AV: Häufigkeit der Verwendung (sb.häuf)

Zwei Schulbucharten sind wichtig in den ersten Schuljahren.

„Fibel und Mathematikbuch sind nach wie vor die ersten Bücher, mit denen Schüler im Unterricht lernen. In den folgenden Schuljahren differenzieren sich die Produkte aus" (Banse 2010, S. 62).

Die Fibel spielt in höheren Klassenstufen jedoch kaum noch eine Rolle, da sie den Erwerb der Schriftsprache und der Lesekompetenz unterstützen soll (vgl. Bentzinger/Werner/Drinhaus-Lang 2016, S. 352). Somit stellt das Mathematikschulbuch eines der Lehrwerke dar, das von der Primarstufe bis zur Sekundarstufe im Unterricht eingesetzt werden kann. Wie in Abbildung 32 gezeigt wird, gibt es in Bayern zugelassene Mathematikschulbücher für alle Klassenstufen. Daher lassen sich diesbezüglich Vergleiche in der Verwendung über alle Klassenstufen hinweg anstellen. Es gibt gute Gründe anzunehmen, dass im Unterricht in Sonderpädagogischen Diagnose- und Förderklassen (SDFK) ein geringerer Einsatz von Schulbüchern stattfindet, weil die Arbeit mit dem Schulbuch u. a. das Erlesen von Aufgaben sowie gezielte Kompetenzen im Umgang mit diesem Medium verlangt (vgl. 5.2.5). Diese Anforderungen stellen eine große Herausforderung für Schüler dar, die mit dem Leseprozess erst begonnen haben und noch wenig vertraut mit (Unterrichts-)Medien sind. Neben dem Lesen ist auch häufig das Entnehmen von Informationen aus Texten bzw. Abschreiben von Rechenaufgaben gefordert, was sich für Schüler in den ersten Schulbesuchsjahren ebenfalls als schwierig und zeitintensiv erweist. Deshalb wird vermutet, dass Lehrer in SDFK weniger Schulbücher einsetzen, sondern vielfach Materialien oder Schülerarbeitshefte verwenden, die ein „Hineinschreiben" durch Schüler ermöglichen. Dies zeigt sich auch in der Anzahl der zugelassenen Mathematikbücher in Bayern, da in höheren Klassenstufen eine größere Anzahl zur Verfügung steht (vgl. Abbildung 32).

Diese verschiedenen Überlegungen legen damit die Annahme nahe, dass in höheren Klassen häufiger Mathematikschulbücher eingesetzt werden.

Bereits bei der zweiten Hypothese klingt an, dass auch andere Medien im Unterricht zum Einsatz kommen.

„Aufgrund der massenmedialen Entwicklung der letzten Jahrzehnte, der sozialisatorischen Veränderungen, der allgemeinen Öffnung von Lernprozessen in der Schule und der damit einhergehenden Verschiebungen in den wissenschaftlichen Diskussionen (Didaktik, Lehrplan- und Unterrichtsdiskussion usw.) wurde das Schulbuch theoretisch wie praktisch in seiner Funktion und Bedeutung als Leitmedium im Unterricht systematisch relativiert und kann, was seine Gegenstandskonstitution betrifft, nur als *ein* Medium unter anderen gefaßt [sic!], konzipiert und untersucht werden." (Höhne 2003, S. 16f.; Hervorhebung im Original)

Höhnes Aussagen bezogen auf das Schulbuch geben den Anstoß, das Schulbuch in Bezug zu anderen Medien zu setzen. Deshalb bezieht sich der zweite Hypothesenschwerpunkt auf die *Verwendung weiterer Unterrichtsmedien*:

▶ 3.   Schulbuchverwender setzen andere Unterrichtsmedien seltener ein als Nichtschulbuchverwender.

UV: Nutzer (sb.reihe) → AV: Häufigkeit der Verwendung anderer Medien (verwend)

Anzunehmen ist dieser Unterschied in der Häufigkeit der Schulbuchnutzung, da Nichtschulbuchverwender auf andere Medien zurückgreifen müssen. Anstelle eines Schulbuchs müssen sie im Unterricht andere Medien einsetzen. Sie ersetzen somit das Schulbuch. Interessant ist an dieser Stelle, welche Medien insbesondere bevorzugt werden. Dieser Aspekt ist daher nicht zu vernachlässigen (vgl. 7.3).

Ein weiterer wesentlicher Fokus der Studie liegt auf der *Zufriedenheit*. Hier lassen sich folgende drei Hypothesen begründet erstellen:

▶ 4.   An der Einführung des Schulbuchs beteiligte Lehrer (Vorschlag/Kaufentscheidung) sind zufriedener mit dem verwendeten Buch.

UV: Einführer (vorschlag/kaufen) → AV: Zufriedenheit (zuf)

Lehrer, die verantwortlich für die Einführung eines Schulbuchs waren und beispielsweise bei der Anschaffung ihre Wünsche äußern konnten, haben i. d. R. im Vorhinein Überlegungen angestellt, ein bestimmtes Schulbuch vorzuschlagen bzw. die Kaufentscheidung zu befürworten (vgl. 5.2.3). Dabei haben sie Entscheidungskriterien gegeneinander abgewogen, um sich abschließend auf ein Schulbuch festzulegen oder es abzulehnen. Es ist anzunehmen, dass am Ende des Entscheidungsprozesses die Wahl zugunsten desjenigen Buches ausfällt, das am geeignetesten erscheint und den meisten Kriterien entspricht. Es gibt daher gute Gründe für die Vermutung, dass an der Einführung eines Buches beteiligte Lehrer zufriedener mit dem verwendeten Schulbuch sind. Es kann zusätzlich noch unterschieden werden in Lehrer, die den Vorschlag zur Anschaffung des Buchs gemacht haben, und solche, die es selbst gekauft haben. Somit ergeben sich daraus zwei Einzelhypothesen:

- Das Schulbuch vorschlagende Lehrer sind zufriedener mit dem verwendeten Buch.
- Für die Kaufentscheidung verantwortliche Lehrer sind zufriedener mit dem verwendeten Buch.

Das Ergebnis von Killus bezogen auf Deutschbücher erscheint durchaus nachvollziehbar und übertragbar auf Mathematikschulbücher.

„Sofern ein Lehrer bei der Einführung eines neuen Lese- oder Sprachbuchs, das auch Grundlage seines Unterrichts sein soll, nicht mitentscheiden darf, muß [sic!] mit einer stärkeren Distanzierung gerechnet werden." (Killus 1998, S. 60)

Daher zeigten sich kritische Äußerungen bei Killus vermehrt bei nicht an der Entscheidung beteiligten Lehrern.

„Kritischer gestimmt sind jedoch Lehrer, die aus irgendwelchen Gründe [sic!] kein Mitspracherecht hatten" (a. a. O., S. 66).

Gleichermaßen bestätigt auch Merzyn bezogen auf Physikbücher die Beteiligung an der Bucheinführung als beeinflussend für die spätere Verwendung.

„Das überdurchschnittlich positive Verhältnis derjenigen Lehrer, die an der Schulbucheinführung mitgewirkt haben, zum Buch kann als deutliche Bestätigung solch einer Beteiligung aufgefaßt [sic!] werden." (Merzyn 1994, S. 101)

▶ 5.   Je häufiger das Buch eingesetzt wird, desto zufriedener ist der Nutzer.

UV: Häufigkeit der Nutzung (sb.häuf) → AV: Zufriedenheit (zuf)

Die Zufriedenheit spiegelt sich auch in der Nutzungshäufigkeit wider. Das sehen auch Beerenwinkel und Gräsel so, wenngleich sie sich auf Chemiebücher beziehen.

„Die Frage nach dem Einsatz von Texten im Chemieunterricht ist daher eng gekoppelt an die Fragestellung, wie zufrieden die Lehrkräfte mit den Texten des an ihrer Schule eingeführten Schulbuchs sind." (Beerenwinkel/Gräsel 2005, S. 23)

Es ist naheliegend, dass ein Buch vermehrt im Unterricht angewendet wird, wenn der Lehrer mit dem Schulbuch zufrieden ist. Ansonsten würde der Lehrer auf Alternativen ausweichen, die das Lernen der Schüler (besser) unterstützen.

▶ 6. Je häufiger schulbuchbegleitende Materialien (Lehrerbegleitbuch/Schülerbegleitheft) eingesetzt werden, desto zufriedener sind die Lehrer.

UV: Lehrerhandbuch/Schülerbegleitheft (lehrerhb.häuf/schülerbh) → AV: Zufriedenheit (zuf)

Lehrerbegleitheft und Übungsheft sind notwendige Ergänzungen zum Schulbuch, da sie durchaus ein Auswahlkriterium für ein Schulbuch darstellen (vgl. K. Hechler 2010, S. 100). Grassmann meint hierzu:

„Die Qualität der Handreichungen kann die Entscheidung für ein Lehrwerk entscheidend mitbestimmen." (Grassmann 2006, S. 28 f.)

Zusätzliche Materialien bieten neben Schemata zum möglichen Aufbau einer Unterrichtssequenz oder -stunde vielfältige Zusatzinformationen, die dem Lehrer den Unterricht erleichtern können (vgl. 5.2.3).

„Lehrerbände helfen, die Schulbücher aus ihrer Doppelrolle für Schüler und Lehrer zu befreien und noch deutlicher als bisher auf die Bedürfnisse der Schüler auszurichten." (Merzyn 1994, S. 30)

Hier ist deutlich die Entlastungsfunktion durch Lehrmaterialien erkennbar. Wenn eine Entlastung aufgrund zusätzlich angebotener Materialien vorliegt, ist eine größere Zufriedenheit mit dem Schulbuch zu erwarten.

Es lassen sich zwei Einzelhypothesen bilden:
• Je häufiger das Lehrerbegleitbuch eingesetzt wird, desto zufriedener sind die Lehrer.
• Je häufiger das Schülerbegleitheft eingesetzt wird, desto zufriedener sind die Lehrer.

Zusätzlich zu den sechs aus der Theorie ableitbaren Hypothesen lassen sich noch weitere Vorüberlegungen anstellen, die in Form von Fragestellungen formuliert werden können.

7.3 Weitere Fragestellungen

Neben der grundsätzlichen Problemstellung, welche Relevanz das Mathematikschulbuch im Unterricht von Schülern mit sonderpädagogischem Förderbedarf im Förderschwerpunkt Lernen in Bayern hat, ergeben sich noch weitere Fragestellungen, die quantitativ und qualitativ ausgewertet werden müssen.

▶ 7. Welche Motivation hat ein Lehrer, das Schulbuch einzusetzen oder darauf zu verzichten? Die Beweggründe der Lehrkräfte sind bislang noch wenig untersucht. Daher ist es wichtig, dem zu befragenden Lehrer zunächst keine Antwortformate vorzugeben, sondern mit einer bewusst offen gehaltenen Frage die erste(n) Idee(n) des Teilnehmers zu erfassen. Das bedeutet, dass die Frage nach der Motivation für oder gegen den Schulbucheinsatz dem Lehrer zu einem Zeitpunkt gestellt werden muss, wo noch kein vertiefter Einstieg in die Thematik erfolgte. So können erste, spontane Ideen von den Befragten benannt werden. Ohne eine vorgegebene Auswahl ist darüber hinaus eine Vielzahl an Antworten zu erwarten, die anschließend geclustert und zusammengefasst werden können, um so trotzdem Häufigkeiten ablesen zu können. Außerdem bietet sich so die Chance, den wichtigsten Grund zu erfassen und so Schwerpunkte auszumachen. Eine Verzerrung durch eine Vorgabe einer Antwort bleibt ebenfalls bei offenen Fragen aus. Der Einsatz eines Buches verlangt jedoch auch, dass ein Schulbuch in ausreichender Zahl an der jeweiligen Schule vorhanden ist. So kann hierin ein schwerwiegender Grund für oder gegen die Verwendung eines Buches liegen. Ohne ausreichende Verfügbarkeit an einer Schule kann kein Buch eingesetzt werden. Daher sollte diesem Aspekt ebenfalls Aufmerksamkeit geschenkt werden.

▶ 8. Welche Ansprüche stellen Lehrer an ein Schulbuch?

Neben der Motivation ein Buch zu verwenden, ist entscheidend zu ermitteln, welche Ansprüche Lehrer generell an ein Schulbuch stellen. Inwiefern unterscheiden sich die Ansprüche der Lehrer an das Schulbuch? Gibt es Abweichungen in der Meinung der schulbuchnutzenden von der der nicht-nutzenden Lehrer? Auch gilt es herauszufinden, ob der Inhalt des Schulbuchs der bedeutendste Anspruch von Lehrern ist, so wie Burfeind meint, oder ob noch andere Aspekte zum Tragen kommen.

„Und das Wesentliche an einem Schulbuch bleibt der Inhalt: Nur wenn der Stoff auf eine ansprechende, intelligente, vielleicht sogar spannende Weise dargeboten ist, wird man die Schüler erreichen." (Burfeind 2015, o. S.)

In den Unterkapiteln 2.2.4 und 5.2.1 wurden bereits verschiedene Kriterien benannt, die zur Qualität eines Schulbuchs beitragen können. Es wurde jedoch zusätzlich deutlich, dass diese nicht unbedingt von Lehrkräften als gleichermaßen bedeutend erachtet und beurteilt werden. Daher können Lehrer zu einer anderen Einschätzung kommen, als beispielsweise Kriterienkataloge vorgeben. Ggf. können auch die Gründe für die Nichtverwendung eines Schulbuches sowie kritische Anmerkungen Hinweise zur Beantwortung dieser Frage liefern. Hinter kritischen Äußerungen stehen häufig nichtbefriedigte Wünsche bzw. Ansprüche eines Lehrers.

▶ 9. Welche Kriterien muss ein Mathematikbuch erfüllen, um verstärkt im Unterricht eingesetzt zu werden?

Diese Frage hängt eng mit den vorangehenden zusammen. Auch hier spielen die Ansprüche eine wichtige Rolle. Dahinter verbergen sich u. a. Wünsche und Erwartungen an das, was ein Schulbuch leisten soll. Interessant und gewinnbringend erscheinen daher an dieser Stelle auch die Äußerungen der Nichtnutzer, die Hinweise liefern, welche Bedingungen gegeben sein müssten, damit sie ein Buch verwenden.

▶ 10. Dient das Mathematikbuch bzw. inwieweit dient es als Hilfsmittel bei der Unterrichtsvorbereitung und -planung?

Es hat „die jahrhundertelange Praxis des Einsatzes von Schulbüchern als Unterrichtsmedien [gezeigt], daß [sic!] sich Lehrer gern (und legitimerweise) vom Schulbuch Vorschläge machen lassen, wie Unterricht zu dem jeweiligen Thema gesteuert werden könnte." (Michel 1995, S. 106; Einfügung: S. L.) Deswegen wird zu klären sein, ob das Schulbuch in der Vorbereitung im Sinne der Strukturierungs- und Steuerungsfunktionen einen Beitrag leistet, wie basierend auf der Grundlage anderer Forschungen gezeigt werden konnte (vgl. 5.2.4). Möglicherweise können ähnliche Ergebnisse gefunden werden wie bei Merzyn, der einen häufigen Einsatz von Physikschulbüchern zur Unterrichtsvorbereitung in seiner Studie feststellen konnte (vgl. Merzyn 1994, S. 236).

▶ 11. Wie wird das Mathematikschulbuch im Unterricht verwendet?

Zunächst kann das Schulbuch in verschiedenen Phasen des Unterrichts eingesetzt werden. Nach Sandfuchs kann das „in allen Phasen des Lehr-Lern-Prozesses (Motivieren, Informieren, Üben, Anwenden) in der Schule oder bei Hausaufgaben" (Sandfuchs 2010, S. 19) geschehen. Ist das in der schulischen Realität der Fall? Darüber hinaus ist die vom Lehrer angeleitete Nutzung durch die Schüler offen.

▶ 12. Verwenden die Nutzer das Schulbuch in einer bestimmten Sozialform?
Es ist anzunehmen, dass Schüler als Hauptadressaten das Buch häufig alleine oder ggf. mit einem Partner verwenden. Dazu liegen bislang jedoch keine gesicherten Ergebnisse vor. Daher sollte die Frage nach der Sozialform gestellt werden, um herauszufinden, ob auch mehrere Kinder und Jugendliche gleichzeitig mit dem Schulbuch arbeiten.

▶ 13. Welche Gründe gibt es, andere Materialien und Medien anstelle des Mathematik-schulbuches zu bevorzugen?
Laut Paechter zeichnen sich die digitalen Medien „gegenüber den traditionellen Medien, Buch, Film etc. durch Eigenschaften aus, die gerade die Wissensvermittlung und das Lernen wirkungsvoll unterstützen können" (Paechter 2007, S. 375). Jedoch können von den Befragten sicher noch weitere Gründe benannt werden. Welche Begründungen für den Einsatz weiterer Medien werden gegeben? Welche Aspekte werden als wesentlich erachtet? Können beispielsweise die drei wichtigsten Gründe eruiert werden, so dass eine Rangfolge an Gründen erstellt werden kann, die Aufschluss gibt, was andere Medien attraktiv macht?

▶ 14. Was kritisieren die Schulbuchnutzer an dem von ihnen verwendeten Schulbuch?
Schulbuchnutzer sollten weitgehend zufrieden mit dem verwendeten Schulbuch sein und Aussagen, die das Schulbuch kritisieren bzw. Mängel aufzeigen, weniger stark zustimmen. Dies könnte sich in einer positiven Bewertung der verschiedenen gestalterischen, metho-dischen und inhaltlichen Aspekte niederschlagen. Bei zu starker Kritik am verwendeten Schulbuch wäre fraglich, warum trotz schlechter Beurteilung eine Verwendung im Schul-alltag stattfindet.

▶ 15. Kann das Mathematikbuch, wie es bisher konzipiert ist, der individuellen Förde-rung von Kindern und Jugendlichen mit sonderpädagogischem Förderbedarf im För-derschwerpunkt Lernen gerecht werden?
Die Vielfalt der Förderorte, die im Rahmen der Inklusion in Bayern vorgehalten werden (vgl. 4.5), benötigt verstärkt eine Berücksichtigung der heterogenen Lernvoraussetzungen der Schüler und somit u. a. auch Beachtung bestimmter Lerntechniken und -typen. Es „zei-gen sich deutliche Unterschiede bezüglich der Anforderungen an ein Mathematikbuch, wenn man innerhalb der Schülerschaft nach relativem Leistungsvermögen differenziert" (Zimmermann 1992, S. 118). Die verschiedenen Lernvoraussetzungen der Schüler mit gra-vierenden Lernschwierigkeiten (vgl. 4.4) machen ein differenziertes und individualisiertes Arbeiten notwendig. Dies gilt in besonderem Maße für inklusive Settings, da Kahlert und Heimlich für den integrativen Unterricht hervorheben:

„Gerade aufgrund der großen Heterogenität in integrativen Klassen ist es unabdingbar, die Lern-tätigkeiten der Schüler/-innen so zu organisieren, dass möglichst individuelle Lernwege entstehen können und jeder Schüler bzw. jede Schülerin auf dem jeweiligen Entwicklungsniveau arbeiten kann." (Kahlert/Heimlich 2014, S. 172).

Aber auch im Unterricht an (Sonderpädagogischen) Förderzentren ist ein differenziertes Arbeiten für das Lernen der Schüler mit gravierenden Lernschwierigkeiten grundlegend. Daher soll herausgefunden werden, wie gut sich das Schulbuch zur Differenzierung eignet. Wenn möglich, kann im Unterricht eine weitere Lehrkraft zusätzlich zur Lernunterstüt-zung eingesetzt werden. Kricke und Reich sehen dabei das Teamteaching als „beste und günstigste Chance für individualisiertes Lernen" (Kricke/Reich 2016, S. 10). Es trägt dazu bei, der Heterogenität der Schüler zu begegnen, was aus Sicht der Autorinnen einen großen Vorteil des Teamteachings ausmacht.

„Ein wesentlicher Grund, Teamteaching trotz der höheren Kosten als erfolgreich anzusehen, hängt damit zusammen, dass wir heute viel stärker als in früheren Zeiten darauf fokussieren, die grundsätzliche Heterogenität von Lerngruppen anzuerkennen und gleichzeitig zu betonen, dass alle Lernenden zu möglichst optimalen Lernergebnissen, unabhängig von den Benachteiligungen ihrer Herkunft, kommen sollten." (a. a. O., S. 41)

Daher sollte zusätzlich der Frage nachgegangen werden, ob Lehrer das Schulbuch im Teamteaching einsetzen.

▶ 16. Stellt das Schulbuch (nach wie vor) ein Leitmedium dar?
Diese Frage geht der Relevanz des Schulbuchs nach. Mehrfach ist der Aspekt des Schulbuchs als Leitmedium von verschiedenen Autoren diskutiert worden. Jedoch konnte bislang keine eindeutige Aussage bezogen auf Lehrer getroffen werden, die mit Schülern mit gravierenden Lernschwierigkeiten arbeiten. In einer Studie belegt Vollstädt seine zuvor aufgestellte These *„Die traditionellen Medien werden durch die neuen elektronischen Medien nicht verdrängt oder gar völlig ersetzt"* (Vollstädt 2002, S. 166; kursive Hervorhebung im Original). Die von ihm befragten Experten sind der Meinung, dass digitale Medien das Schulbuch nicht ersetzen sollen, sondern ergänzend und erweiternd eingesetzt werden. Nahezu 90 Prozent sehen eine Medienverknüpfung zukünftig als besonders gewinnbringend an (vgl. a. a. O., S. 166 f.). Bezugnehmend auf diese Studie erscheinen Fragen nach einer Ergänzung oder Ersetzung des Mathematikschulbuchs als sinvoll. Auch eine Bewertung der Zeitgemäßheit des Schulbuchs könnte interessante Befunde liefern, so dass zusammenfassend darüber geurteilt werden kann, ob das Schulbuch einen Leitcharakter im Unterricht für Schüler mit gravierenden Lernschwierigkeiten besitzt.

7.4 Zusammenfassung

Basierend auf den theoretischen Grundlagen der vorangegangenen Kapitel zeichnete sich ab, dass die Relevanz des Mathematikschulbuchs im Förderschwerpunkt Lernen bislang ein kaum erschlossenes Forschungsfeld darstellt. Daher wurden in diesem Kapitel zunächst die Zielsetzung für eine Studie erarbeitet (vgl. 7.1) sowie darauf aufbauend sechs Hypothesen (vgl. 7.2) und zehn Fragestellungen (vgl. 7.3) entwickelt, die es zu klären gilt. Diese insgesamt 16 Aspekte verlangen eine umfangreiche Untersuchung. Im nachfolgenden Kapitel wird die methodische Vorgehensweise erläutert, die Aussagen zu den erarbeiteten Fragestellungen und Hypothesen ermöglicht.

8 Methodische Vorgehensweise und Erhebungsinstrument der Studie

Der konstatierte Mangel im Bereich der Schulbuchforschung wurde in den in dieser Arbeit entwickelten Arbeitshypothesen und Fragestellungen im Kapitel 7 konkretisiert. Welches methodische Vorgehen ist zur Klärung der Fragestellungen und zur Bekräftigung bzw. Widerlegung der Hypothesen sinnvoll? Diesen Fragen wird im Rahmen dieses Kapitels nachgegangen.

Dabei erfolgt zunächst eine Einordnung der vorliegenden Studie nach Schulbuchforschungstyp (8.1.1) und empirischem Forschungstyp (8.1.2), bevor das Studiendesign (8.2) beschrieben wird. Danach steht der Ablauf und die Auswahl der Befragungsgruppe im Fokus des Unterkapitels 8.3. Unabhängige Variablen werden in 8.4 aufgeführt. Umfassend steht im Unterkapitel 8.5 das verwendete Messinstrument im Mittelpunkt. Dabei werden nacheinander der Prozess der Fragebogenkonstruktion (8.5.1), der Aufbau des Fragebogens (8.5.2), Qualitätskriterien der Forschung (8.5.3), die Online- und Offline-Befragung (8.5.4) sowie grundlegende konzeptuelle Überlegungen (8.5.5) erläutert. Ein zeitlicher Plan zum Ablauf der Studie (8.6), Ergebnisse des Pretests (8.7) sowie die Nennung der abhängigen Variablen (8.8) folgen anschließend. Den Abschluss bildet eine Beschreibung zur Aufbereitung und Analyse der Daten (8.9) sowie eine Zusammenfassung (8.10).

8.1 Charakterisierung der Studie

Richter erklärt die Bedeutung der Festlegung einer Forschungsstrategie.

> „Neben der Wahl geeigneter Methoden der Datenerhebung muss bei der Planung einer medienpsychologischen Untersuchung auch eine Forschungsstrategie gewählt werden, die möglichst optimal auf die jeweiligen Forschungsfragen und Hypothesen zugeschnitten ist." (Richter 2008, S. 24)

Im Folgenden wird daher die Vorgehensweise bei der Untersuchung näher beschrieben, indem eine Einordung der Untersuchung in unterschiedliche Kontexte bzw. Forschungstypen vorgenommen wird. Dabei wird auch die Forschungsstrategie deutlich.

8.1.1 Einordnung der Studie nach Schulbuchforschungstyp

Kapitel 3.4 stellte bereits die verschiedenen Forschungstypen in der Schulbuchforschung vor. Einem Großteil liegen qualitative Analysen zu Grunde, so wie es in der produktorientierten Forschung der Fall ist. Dieser Forschungstyp befasst sich mit den inhaltlichen oder gestalterischen Aspekten des Produkts Schulbuch (vgl. 3.4.2). Die in der produktorientierten Forschung vielfach verwendeten Textanalysen oder Raster werden vornehmlich an Schulbüchern vorgenommen, die Inhalte sprachlich vermitteln. Die Analysen beziehen sich sodann auf die sprachliche Gestaltung oder inhaltliche Umsetzung vielfach geschichtlicher Themen in den Lehrwerken. Der Schwerpunkt der Analysen liegt auf den im Schulbuch enthaltenen Texten. In einigen Rastern werden diese Textanalysen zusätzlich mit weiteren Strukturelementen ergänzt, so dass eine umfassende Beurteilung des einzelnen Lehrwerks möglich wird, wenngleich die einzelnen Autoren unterschiedliche Schwerpunkte setzen. Eine produktorientierte Forschung mittels eines Schulbuchs für das Fach Mathematik liefert vielfach eher wenig gewinnbringende, innovative Ergebnisse, da sie weniger textgebunden sind. Daher eignen sich Bücher für den naturwissenschaftlichen Bereich nur bedingt für textanalytische Verfahren. Dies wurde bereits erläutert (vgl. 3.4.2).

Für ein Mathematikbuch wäre im Rahmen der produktorientierten Forschung eine Überprüfung mit Hilfe eines Rasterverfahrens bzw. Kriterienkatalogs möglich und denkbar. Der Vorteil solcher Kriterienkataloge besteht darin, Schulbücher nach objektiv ermittelten Kriterien zu untersuchen, um so deren Qualität bewerten zu können. Dies geschieht zumeist in sog. Schreibtischinspektionen. Gütekriterien wie Objektivität, Validität und Reliabilität können in hohem Maße gewährleistet werden, wenn die Beurteilungskriterien nach wissenschaftlichen Standards ermittelt wurden. Darüber hinaus kommt es zu keiner Beeinträchtigung der Ergebnisse durch andere Einflussfaktoren wie beispielsweise die Lehrerpersönlichkeit.

Schulbücher lassen sich folglich mit Hilfe von Kriterienkatalogen und Schulbuchrastern gut charakterisieren. Jedoch sind sie einem ständigen Wandlungsprozess unterworfen, da neue Lehrpläne und Unterrichtsmethoden immer wieder andere, überarbeitete oder neue Lehrwerke erfordern. Dies verlangt dann stets eine Überprüfung der aktuell auf dem Markt befindlichen Bücher. Mittels der Raster können anschließend qualitative Unterschiede zwischen den einzelnen Lehrwerken festgestellt werden. Dafür kann es sinnvoll sein, mehrere Schulbücher für die gleiche Zielgruppe (gleiche Schulart, gleiche Klassenstufe) in den Vergleich einzubeziehen. Da es in Bayern zum Untersuchungszeitpunkt nur acht zugelassene Schulbücher in Mathematik für den Förderschwerpunkt Lernen gibt (vgl. Bayerisches Staatsministerium für Unterricht und Kultus 2012b, S. 8 f.), ist ein Vergleich zwischen verschiedenen Unterrichtswerken nur schwer möglich bzw. bedingt sinnvoll. Die Notwendigkeit nach einem für den sonderpädagogischen Einsatzbereich adaptierten oder neu entwickelten Raster, das die Schulbücher nach einzelnen Merkmalen analysiert und kategorisiert, ergibt sich ebenfalls nicht. Die für die Untersuchung relevanten bayerischen Schulbücher haben bereits ein Schulbuchzulassungsverfahren durchlaufen, um ihre Passung an den vorhandenen Lehrplan nachzuweisen. Eine Überprüfung anhand förderschulspezifischer Eignungskriterien hat in diesem Rahmen ebenfalls stattgefunden. Der Nachweis von formalen und inhaltlichen Kriterien ist insbesondere in Bayern klar geregelt (vgl. 2.3).

Es bleibt somit festzuhalten, dass mit einer klassischen hermeneutischen Herangehensweise im Rahmen einer produktorientierten Forschung die Zielsetzung der Studie, die Relevanz des Mathematikschulbuchs herauszuarbeiten, nicht erreicht werden kann. Somit scheint dieses Vorgehen nicht zielführend, um die erarbeiteten Hypothesen be- bzw. widerlegen zu können. Vielmehr soll ein Beitrag zur wirkungsorientierten Schulbuchforschung (vgl. 3.4.3) geleistet werden. Das zeigt sich auch in der Ausrichtung der Fragestellungen und Hypothesen. Im Blickpunkt liegen die Wirkungen des Schulbuches auf den Lehrer und die Schüler, wenngleich sich die Messung von Wirkungen als schwierig erweist.

> „Besonders schwierig sind Aussagen zu den Wirkungen von Lehrmitteln zu machen, da Wirkungen in sozialen Kontexten generell nicht leicht zu erfassen sind." (Interkantonale Lehrmittelzentrale ilz 2013, S. 3)

Es wurde bereits erläutert, dass die Wirkungsforschung sehr komplex ist und eine direkte Messung von Wirkungen von Unterrichtsfaktoren nicht bzw. nur schwer möglich ist. Dabei ist es unerheblich, ob intendierte oder reale Wirkungen gemessen werden sollen (vgl. Matthes 2014, S. 23). Unter kontrollierbaren, konstruierten und experimentellen Bedingungen können ggf. einzelne Effekte sichtbar gemacht werden. Ein experimentelles Vorgehen lässt sich jedoch nicht mit der Zielsetzung der vorliegenden Studie vereinbaren. Dies würde beispielsweise eine Beobachtung im Feld voraussetzen und nur einen ausschnitthaften Einblick in die Nutzungsweise einzelner ausgewählter Lehrer und Schüler gewähren. Im Rahmen von Einzelfallstudien können jedoch kaum repräsentative Ergebnisse gewonnen werden. Die Resultate besäßen nur geringe Reichweite und ließen keine verallgemeinerbaren Aussagen über das Nutzungsverhalten zu.

Schümer unterstreicht zusätzlich noch die Bedeutung des situativen Kontexts, der bei der Erhebung beachtet werden sollte.

> „Ob bestimmte Lehr- oder Lernmittel sich mehr oder weniger positiv auf das Lernen auswirken, hängt immer auch davon ab, wie sie verwendet werden und in welchem Kontext dies geschieht." (Schümer 1991, S. 16)

Eine Berücksichtigung des situativen Kontexts ist im Rahmen eines experimentellen Vorgehens nur in Form von Felduntersuchungen möglich. Diese sind dadurch erschwert, weil hierbei verschiedene Faktoren und Variablen kontrolliert werden müssen. Gerade dieser Aspekt stellt sich jedoch als problematisch dar, „denn die Natürlichkeit des Untersuchungsfeldes bzw. die nur bedingt mögliche Kontrolle störender Einflussgrößen lässt häufig mehrere gleichwertige Erklärungsalternativen der Untersuchungsbefunde zu" (Bortz/Döring 2006, S. 57).

Zudem konnte bereits aufgezeigt werden, dass bei experimentellen Designs die Kontrolle der Einzelvariablen schwierig ist, da nicht von einer linearen Wirkung des Schulbuchs ausgegangen werden kann. Anschaulich hat Helmke dies in seinem Angebots-Nutzungs-Modell der Wirkungsweise des Unterrichts dargestellt. Dabei ist die Qualität des Lehr-Lern-Materials lediglich eine Unterkategorie eines Faktors der Unterrichtsqualität (vgl. Helmke 2012, S. 71 ff.; 3.4.3). Diekmann unterstreicht überdies noch die Schwierigkeiten der Methode der Beobachtung, die laut Neumann in der Lehrmittelnutzungsforschung nur selten eingesetzt wird (vgl. Neumann 2014b, S. 283).

> „Dies erfordert aber ein gewisses Ausmaß der Kontrolle [...]. Denn nur zu leicht besteht die Gefahr selektiver Verzerrung im Licht der Forschungshypothese. Wahrgenommen werden dann vorrangig Erscheinungen, die die Hypothese bestätigen [...]. Weiterhin können beobachtete Handlungen häufig unterschiedlich interpretiert werden." (Diekmann 2012, S. 550; Auslassungen: S.L.)

Neumann hebt als besondere Herausforderungen bei Beobachtungen Folgendes hervor:

> „Beeinflussung des Feldes durch die Anwesenheit des oder der Forschenden, Beeinflussung des Ergebnisses durch Störvariablen oder aber natürlich auch die Entwicklung eines geeigneten Analyseinstruments" (Neumann 2014b, S. 283).

Daher wird ein alternatives Vorgehen gewählt. Bei der Betrachtung der entwickelten Fragestellungen sind deutliche Überschneidungen zu denen der wirkungsorientierten Schulbuchforschung erkennbar, wie sie in Abbildung 12 aufgezeigt wurden. Vor allem die von Weinbrenner genannten Wirkungen auf den Schüler und den Lehrer sind in den Fragestellungen des vorangegangenen Kapitels erkennbar (vgl. Weinbrenner 1992, S. 37; 7.3). Aber auch ein Teilbereich der prozessorientierten Forschung wird tangiert: die Verwendung des Schulbuchs innerhalb und außerhalb des Unterrichts (vgl. 3.4.1).

Das Nutzungsverhalten der Lehrkräfte ist der prozessorientierten Forschung zuzuordnen (vgl. Matthes 2014, S. 21). Dieser Forschungstyp beschäftigt sich neben Erstellung und Verbreitung mit dem Einsatz im Unterricht und enthält somit Forschungsgebiete, die die verschiedenen „Lebensstationen" des Schulbuchs beinhalten. Die prozessorientierte Forschung setzt häufig Befragungen ein. Daher ist es naheliegend, dass bei der vorliegenden Untersuchung die Befragung eine geeignete Methode darstellt.

Da bislang (zu) wenige Befunde zur Mathematikschulbuchnutzung im Förderschwerpunkt Lernen vorliegen, erscheint es zunächst sinnvoll, fragend und nicht beobachtend an Lehrkräfte heranzutreten. Mittels einer Befragung können Einschätzungen von einer großen Anzahl an

Lehrkräften erhoben werden, die Aussagen darüber treffen, wie sie das Schulbuch sehen, wie sie ihre Nutzung einschätzen und welche Ansprüche sie gegenüber dem Schulbuch erheben. Weil in diesem Unterkapitel die Einordnung in den Schulbuchforschungstyp im Vordergrund steht, erfolgt eine ausführliche Begründung für diese Erhebungsmethode unter 8.2. Ebenso werden Schwierigkeiten, die durch Selbsteinschätzungen entstehen können, zu einem späteren Zeitpunkt ausführlich erläutert (vgl. 8.3.1).

Dass aber „eine praxisorientierte empirische Schulbuchforschung, die vor allem die tatsächliche Nutzung sowie die Wirkungen von Schulbüchern untersucht" (Sandfuchs 2010, S. 23), von verschiedenen Autoren als erforderlich erachtet wird, zeigt klar den Stellenwert der geplanten Untersuchung auf. Auch Matthes und Schütze erkennen hier ein Defizit:

> „Allerdings ist darauf hinzuweisen, dass eine Vernachlässigung der Nutzungs- und Wirkungsforschung innerhalb der Schulbuchforschung festzustellen ist und damit auch die mit diesen korrespondierenden Methoden unterrepräsentiert sind" (Matthes/Schütze 2014, S. 10).

Wellenreuther stellt ebenfalls fest, dass „in Deutschland in einem gewissen Maß immer noch [eine Distanz] gegenüber quantitativer Forschung zu spüren [sei]" (Wellenreuther 2000, S. 14; Einfügungen: S. L.). Dieser Skepsis soll begegnet werden. Mittels einer vornehmlich quantitativen, prozess- und wirkungsorientierten Untersuchung zu Schulbüchern soll ein Teil der vorhandenen empirischen Lücke geschlossen und das diffuse Bild zur Verwendung von Mathematikbüchern im Unterricht bei Schülern mit sonderpädagogischem Förderbedarf im Förderschwerpunkt Lernen geklärt werden. Damit verbunden ist eine bestimmte Forschungsart und -strategie.

8.1.2 Einordnung der Studie nach empirischem Forschungstyp

Neben den unter 3.4 und 8.1.1 dargestellten, speziell auf Schulbuchforschung ausgerichteten Forschungstypen unterscheidet man empirische Forschungsarten bzw. Untersuchungstypen im Bereich der Unterrichtsforschung mit verschiedenen Aufgaben:

- **Deskriptive oder deskriptiv-explorative Forschung** erkundet ein wenig bis unerforschtes Problemgebiet mit dem Ziel, die Realität objektiv abzubilden (vgl. Wellenreuther 2000, S. 36 f.).

  „Im Rahmen deskriptiv-explorativer Forschung findet man z. B. folgende Untersuchungstypen: Querschnittsuntersuchungen (Befragung mehr oder weniger repräsentativer Stichproben), explorative Beobachtungsstudien oder Befragungen von Experten, Analyse von Unterrichtssequenzen" (a. a. O., S. 42).

  Vergleichsstudien, die in verschiedenen Ländern durchgeführt werden, können ebenfalls dieser Forschungsart zugeordnet werden.

  „Untersuchungen zur präzisen quantitativen Beschreibung der Wirksamkeit von Unterricht in verschiedenen Ländern fallen in die Kategorie der quantitativ-deskriptiven Studien (z. B. TIMSS und PISA)." (Wellenreuther 2013, S. 18)

  Dabei sind die Gütekriterien Repräsentativität und Messvalidität von zentraler Bedeutung (vgl. a. a. O., S. 18 f.).

  Explorative Quer- und Längsschnittuntersuchungen ermitteln in Form von Befragungen und Unterrichtsbeobachtungen Unterschiede beispielsweise im Lehrerverhalten oder Bedingungen, die zum Gelingen des Unterrichts beitragen. Je nachdem, ob es einen oder mehrere, nach bestimmten Zeitspannen sich wiederholende Messzeitpunkte gibt, spricht man von Quer- bzw. Längsschnittuntersuchungen. Diese Methoden eignen sich nicht zur strengen Hypothesenprüfung, können aber einen Beitrag zur Ermittlung von Ursachen-Wirkungszusammen-hängen leisten oder Phänomene beschreiben (vgl. a. a. O., S. 19 f.).

Zur Klärung von Kausalitäten sind am ehesten Längsschnittstudien geeignet, wobei auch diese in anschließenden Experimenten überprüft werden sollten (vgl. Wellenreuther 2007, S. 41).

Auch Erfahrungsberichte oder Narrationen werden der deskriptiven Forschung untergeord-net, wenngleich sie keine empirischen Untersuchungen im engeren Sinn sind. Zwar liefern Erfahrungsberichte vielfältige Informationen, überprüfen jedoch häufig die Wirksamkeit der verwendeten Methode im Vergleich zu anderen Methoden. Aus diesem Grund können erziel-te Effekte nur schwer eindeutig belegt werden und andere Faktoren ausschließen (vgl. Wellen-reuther 2013, S. 15 ff.).

- **Hypothesenprüfende Forschung** untersucht Theorien und Hypothesen. Dabei ist eine expe-rimentelle Vorgehensweise bspw. in Unterrichtsexperimenten hilfreich. Experimente gelten als „der Königsweg zur Überprüfung von Hypothesen über kausale Beziehungen" (Richter 2008, S. 24). Dahinter steht eine experimentelle oder quasiexperimentelle Forschungsstrate-gie, die Ursache-Wirkungs-Beziehungen erfassen möchte (vgl. ebd.).

  Aber auch Feldstudien- bzw. Längsschnitt- und Interventionsstudien liefern Erkenntnisse, um Hypothesen wider- oder belegen zu können, wenngleich Ergebnisse nicht immer eindeu-tig interpretierbar sind (vgl. Wellenreuther 2000, S. 37 ff.; Wellenreuther 2007, S. 35).

- **Entwicklungs- und Trainingsforschung** oder auch Aktions- oder Handlungsforschung be-fasst sich mit der Entwicklung und Testung diverser Maßnahmen wie Programme und Thera-pien.

  „Im Rahmen dieses Forschungstyps werden zu einem Problem ein Bündel an Maßnahmen (Programm/Technologie) entwickelt und erprobt. Beispiele für diesen Forschungstyp wäre die Entwicklung und Überprüfung eines Schulbuchs bzw. von Unterrichtsmitteln (z. B. Lernsoftware) oder eines Lehrertrai-nings." (Wellenreuther 2000, S. 41)

  Dabei ist zu beachten, dass eine Grenzziehung zur hypothesenprüfenden Forschung teilweise schwierig ist, da auch im Bereich der Trainingsforschung häufig ein experimentelles Vorgehen gewählt wird, wenn Programme überprüft werden (vgl. Wellenreuther 2013, S. 27).

- Zu den **Meta-Methoden und Zusammenfassungen** zählen empirische Meta-Analysen oder theoretische – erkenntnistheoretische Analysen (vgl. Wellenreuther 2007, S. 35). Sie werden auch als Sekundäranalysen bezeichnet, da sie Ergebnisse aus verschiedenen Unter-suchungen (Primärstudien) zu einem bestimmten Thema einbeziehen, um umfassend den Erkenntnisstand in dem betreffenden Forschungsbereich zu ermitteln (vgl. Wellenreuther 2013, S. 15). Mittlerweile haben sich Meta-Analysen gegenüber Zusammenfassungen oder auch Reviews durchgesetzt, weil sie sog. Effektstärken ermitteln. Mit deren Hilfe ist die Vergleichbarkeit unterschiedlicher Studien möglich (vgl. a. a. O., S. 29 ff.). Richtungswei-send ist im Bereich der Meta-Analysen John Hattie, der schülerleistungsbeeinflussende Faktoren mittels einer Synthese von über 800 Meta-Analysen extrahiert hat (vgl. Hattie 2013, S. 18 ff.).

Zusammenfassend lassen sich die empirischen Forschungstypen in folgendem Überblick dar-stellen (vgl. Abbildung 33), wobei die in dieser Arbeit entwickelten Fragestellungen und Hypo-thesen nahelegen, zwei Forschungstypen miteinander zu vereinen. Neben der hypothesenprü-fenden Forschung liegt der Schwerpunkt vor allem auf der explorativen Untersuchung, welche im Schaubild deutlich hervorgehoben sind.

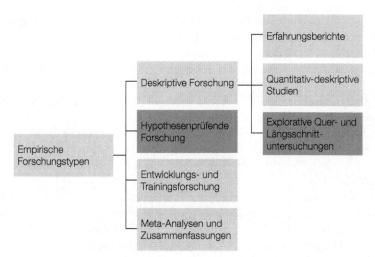

Abb. 33: Einordnung der vorliegenden Forschung in empirische Forschungstypen nach Wellenreuther (nach Wellenreuther 2013, S. 15 ff.)

In der vorliegenden Arbeit wird deskriptiv-explorative Forschung betrieben, die durch Inferenzstatistik ergänzt wird, um durch das Zusammenspiel zu einem Höchstmaß an Informationen zu gelangen.

> „Neben den Ergebnissen, die durch analytische Verfahren gewonnen werden, können deskriptivstatistische zusätzlich zu einer übersichtlichen und anschaulichen Informationsaufbereitung beitragen." (Raab-Steiner/Benesch 2010, S. 15)

Ferner wird versucht, die auf theoretischen Grundlagen ermittelten Hypothesen zu belegen oder auch zu widerlegen.

> „Sollen Hypothesen geprüft werden, deren Geltungsbereich über die jeweils untersuchte Stichprobe hinausgeht, werden zusätzlich inferenzstatistische Methoden benötigt." (Richter 2008, S. 33)

So können verallgemeinerbare Aussagen auf die Grundgesamtheit getroffen werden (vgl. a. a. O., S. 34).

Zusammenfassend kann festgehalten werden, dass die Arbeit eine **„populationsbeschreibende Forschungsstrategie"** (a. a. O., S. 24; Hervorhebung im Original) verfolgt. Sie hat zum Ziel, „möglichst präzise zu ermitteln, wie bestimmte medienpsychologisch relevante Merkmale in einer klar umrissenen Gruppe von Personen verteilt sind" (ebd.). Das von Richter angeführte Beispiel „Erhebungen des Mediennutzungsverhaltens in definierten Bevölkerungsgruppen" (ebd.) entspricht der vorliegenden Untersuchung. Die erforderlichen Daten werden im Rahmen einer querschnittlichen Untersuchung mit Hilfe einer Befragung gewonnen. Diese Aspekte werden im nächsten Kapitel vorgestellt, dass sich mit dem Studiendesign auseinandersetzt.

8.2 Studiendesign und Darstellung der Datenerhebungsmethode

Wie bereits unter 8.1.1 erklärt wird, sollen die erarbeiteten Fragestellungen und Hypothesen mittels einer Befragung beantwortet werden. Sie ist als Querschnittuntersuchung angelegt, deren Vorteile darin liegen, dass sie ethisch verantwortbar ist, man „Informationen über Zusammenhänge bzw. Unterschiede in natürlich vorliegenden Daten" (Knigge 2015, S. 65) erhält und die gewonnenen Ergebnisse durchaus verallgemeinerbare Aussagen liefern können (vgl. a. a. O., S. 64 f.).

> „Die Befragung ist die in den empirischen Sozialwissenschaften am häufigsten angewandte Datenerhebungsmethode." (Bortz/Döring 2006, S. 236)

Zudem bietet sich diese Methode an, um einen Überblick zu gewinnen und systematisch Informationen über die Verwendung von Mathematikschulbüchern aus Sicht der Befragten zu erlangen. Dabei ist diese Art der Datenerfassung vor allem bei der Erhebung von Meinungen geeignet, da sie „auf die Erfassung subjektiver Sachverhalte zugeschnitten [ist]. Dazu gehören z. B. persönliche Erfahrungen mit Medien, Einstellungen gegenüber Medien und medienbezogene Interessen." (Richter 2008, S. 6; Hinzufügung: S. L.)

Zur Ermittlung der Einstellung bezüglich der im Unterricht verwendeten Schulbücher wird diese Erhebungsmethode als zielführend erachtet (vgl. Reinders/Ditton 2015, S. 53). Das liegt insbesondere darin begründet, dass die Befragung in anderen Forschungen vermehrt eingesetzt wird und wurde, „wenn subjektive, nicht beobachtbare Sachverhalte anhand von Selbstauskünften erfasst werden sollen. Typische Beispiele sind Untersuchungen zu Rezeptionserleben und -strategien [...] und zu medienbezogenen Einstellungen" (Richter 2008, S. 10; Auslassungen: S. L.). Zudem haben sich Befragungen als ökonomischeres Vorgehen im Gegensatz zu Beobachtungen erwiesen. „Standardisierte Beobachtungen sind bei Verhaltensaspekten die passende Methode" (Reinders/Ditton 2015, S. 53), jedoch erfordern gerade Beobachtungsmethoden einen hohen zeitlichen, personellen und finanziellen Aufwand (vgl. ebd.). Daher werden Befragungsmethoden vielfach „zur ökonomischen Erfassung objektiver Sachverhalte und zur indirekten Erfassung von Verhaltensdaten eingesetzt, wenn sich Beobachtungsmethoden nicht oder nur mit hohem Aufwand realisieren lassen (z. B. bei umfassenden Erhebungen des Mediennutzungsverhaltens)" (Richter 2008, S. 10).

Mittels Befragungen lassen sich standardisiert und strukturiert große Datenmengen erheben, analysieren und interpretieren. Dies ermöglicht die Widerlegung oder den Beleg zuvor aufgestellter Hypothesen. Die Standardisierung erhöht die Durchführungs- und Auswertungsobjektivität im Vergleich zu weniger strukturierteren Erhebungsmethoden (vgl. a. a. O., S. 12 f.).

Neumann hebt weitere Gründe für Befragungen als geeignete Methode in der Lehrmittelnutzungsforschung hervor:

> „Zum einen liegt es nahe, die Nutzung von Lehrmitteln direkt am Ort des Geschehens, also bei den Lehrkräften oder den Schülerinnen und Schülern direkt zu erheben. Diese haben das Experten- und Praxiswissen, so dass mit deren Hilfe der Unterrichtsalltag plastisch beschrieben werden kann." (Neumann 2014b, S. 286).

Zum anderen steht für ihn die Praktikabilität dieser Methode im Vordergrund (vgl. a. a. O., S. 286 f.). Somit hat sich die Befragung für das Forschungsinteresse als passende Methode herausgestellt, wobei im Anschluss Überlegungen angestellt werden, welche Art der Befragung als sinnvoll erachtet wird.

Die Form der schriftlichen Befragung, im Gegensatz zu Formen der mündlichen Befragung wie beispielsweise dem Interview, wird gewählt, um möglichst standardisierte und somit vergleichbare Aussagen über die Verwendung von Schulbüchern im Förderschwerpunkt Lernen in Bayern zu erhalten. Größere Personengruppen können durch mündliche Befragungen nur mit sehr hohem zeitlichem und personellem Aufwand durchgeführt werden. Eine schriftliche Befragung gilt als kostengünstiger, wenngleich auch hier Kosten für Druck, Versand und Eingabe der Daten aufgewendet werden müssen (vgl. Scholl 2009, S. 44 f.).

Hinzu kommt, dass auf der Grundlage der entwickelten Hypothesen und Fragestellungen eine quantitative Erforschung angestrebt wird, da sich diese für die Beantwortung der Forschungsfragen als zielführend erweist. Das Ziel der Studie ist es, den Ist-Stand hinsichtlich der Verwendung des Schulbuches im Fach Mathematik im Unterricht bei Schülern mit sonderpädagogischem Förderbedarf im Förderschwerpunkt Lernen aus Sicht von Lehrkräfte zu ermitteln. Zudem sollen Ansprüche der Lehrkräfte an ein Schulbuch systematisch erfasst sowie Bedürfnisse der Schüler aus Sicht der befragten Lehrer dokumentiert werden. So können Entwicklungspotenziale für das Schulbuch von morgen bzw. seinen Nachfolger in möglicherweise anderer medialer Form abgeleitet werden. Dies kann mit Hilfe eines standardisierten Verfahrens wie einer schriftlichen Befragung geleistet werden. Diese ermöglicht eine systematische Datengewinnung, die Ermittlung von Häufigkeiten und eine Generalisierbarkeit der Antworten. Darüber hinaus spricht für die standardisierte Befragung neben der Möglichkeit des ökonomischen Auswertens die größere Reichweite von schriftlichen Befragungen. Eine bayernweite Befragung ist nur so umsetzbar.

Zudem kann diese Befragungsform die Anonymität der Befragten gewährleisten und vom Teilnehmer der Zeitpunkt sowie die Dauer der Beantwortung selbstständig gewählt bzw. bestimmt werden (vgl. Zierer/Speck/Moschner 2013, S. 69), was sich gerade bei Lehrkräften als sinnvoll erweist, da keine Unterrichtszeit dafür verwendet werden sollte. Die selbstgesteuerte Wahl des Befragungszeitpunktes kann demnach auch die Teilnahmebereitschaft erhöhen.

Neben der Flexibilität bezogen auf den Beantwortungszeitpunkt ist auch das Tempo des Beantwortungsprozesses variabel vom Teilnehmer festlegbar. Dies beinhaltet zudem die Möglichkeit, länger über bestimmte Fragen nachdenken zu können (vgl. Scholl 2009, S. 45).

> „Die postalische Befragung begünstigt die Erinnerung an vergangene Ereignisse, und die Antworten sind ‚ehrlicher'" (a. a. O., S. 59).

Mündliche Befragung oder (Leitfaden-)Interviews wären hingegen weniger geeignet, da diese einen höheren Aufwand und Kosten erfordern. Auch kann der Interviewer die Qualität der Befragung beeinflussen (vgl. a. a. O., S. 38 f.). Diese Befragungsform, die eher im Rahmen qualitativ-forschender Untersuchungsverfahren eingesetzt wird, strebt hauptsächlich freie Äußerungen der Teilnehmer an. Die Vergleichbarkeit und Quantifizierbarkeit der Aussagen ist bei Interviews nicht Hauptziel. Hingegen wird eher versucht, neue Erkenntnisse zu gewinnen und Erklärungen zu erhalten.

Hinzu kommt insbesondere bei unstrukturierten Interviews die geringe Einhaltung von Gütekriterien wie Objektivität und Reliabilität. Auch zur Hypothesenüberprüfung ist diese Erhebungsmethode weniger geeignet. Darüber hinaus erfordert sie häufig zeitintensive inhaltsanalytische Auswertungsverfahren (vgl. Richter 2008, S. 11 f.).

Einen Überblick und damit eine Möglichkeit des Vergleichs verschiedener Befragungsarten bieten Jacob, Heinz und Décieux an (vgl. Jacob/Heinz/Décieux 2013, S. 117). Diese Gegenüberstellung und die in diesem Kapitel erläuterten Möglichkeiten der Befragung zeigen, dass die Methode der schriftlichen Befragung besonders geeignet ist, die medienbezogenen Einstellungen und Einschätzungen von Lehrkräften über die Verwendung von Mathematikschulbüchern im Unterricht zu erfassen.

Im nachfolgenden Kapitel wird näher darauf eingegangen, welche Untersuchungsgruppe an der Befragung teilnehmen soll und wie diese gewonnen wird.

8.3 Das Untersuchungsfeld

Der Personenkreis der Akteure, die mit dem Schulbuch arbeiten oder an dessen Entwicklung beteiligt sind, ist sehr groß.

> „Die Schulbuchentwicklung befindet sich in einem Spannungsfeld mehrerer Interessengruppen, die sich gegenseitig beeinflussen: der Verlage, der Schulverwaltung, der Lehrer, der Öffentlichkeit und der Fachwissenschaft" (Zimmermann 1992, S. 27).

Somit wären im Rahmen einer Schulbuchforschung alle an der Schulbuchentwicklung beteiligten Personen bzw. Institutionen ein mögliches Untersuchungsfeld. Dies grenzt sich jedoch ein, wenn der Schwerpunkt auf der Schulbuchnutzung liegt. Aber auch hier könnten unterschiedliche Personen in Betracht gezogen werden: Schüler und Lehrer, ggf. auch Nachhilfelehrer, Eltern und Erzieher.

In den nachfolgenden Unterkapiteln soll daher zunächst eine Eingrenzung und anschließende Festlegung auf eine bestimmte Nutzergruppe nachvollziehbar dargestellt werden. Sodann werden bestimmte Auswahlkriterien beschrieben, bevor näher dargelegt wird, wie die Rekrutierung der Teilnehmer erfolgt.

8.3.1 Auswahl einer Schulbuchnutzergruppe

Lehrer gehören zu den Hauptadressaten von Schulbüchern. Das haben auch Schulbuchautoren und -verlage bereits erkannt.

> „Sie müssen auf den Nutzen für den Lehrer bedacht sein, denn die Lehrer sind es im wesentlichen [sic!], die über die Schulbucheinführung und den Schulbuchkauf entscheiden." (Merzyn 1994, S. 31)

Außerdem bestimmen sie über die Art und Weise des Schulbucheinsatzes im Unterricht als sog. Mediatoren des Textes, wie Pepin und Haggarty schreiben.

> „[T]eachers act as mediators of the text. Teachers decide which textbooks to use; when and where the textbook is to be used; which sections of the textbook to use; the sequencing of topics in the textbook; the ways in which pupils engage with the text; the level and type of teacher intervention between pupil and text; and so on." (Pepin/Haggarty 2001, S. 165; Anpassung: S. L.)

Überdies sind Lehrkräfte maßgeblich für die (richtige) Schulbuchverwendung durch Schüler verantwortlich.

> „Sowohl die Abhängigkeit einiger Gebrauchsschemata der Schülerinnen und Schüler von der Verwendung des Buches durch die Lehrenden im Unterricht als auch die Hypothese über den positiven Einfluss des expliziten Verweisens auf das Schulbuch durch die Lehrenden unterstreicht die Rolle der Lehrenden als implizite und explizite Vermittler der Schulbuchnutzung." (Rezat 2012, S. 128)

Rezat geht sogar noch weiter, wenn er zwar das Schulbuch als eine Möglichkeit zum selbsttätigen Lernen ansieht, dies jedoch vom Lehrer angeregt werden muss.

> „Setzen Lehrende das Buch nicht im Unterricht ein, haben Schülerinnen und Schüler mit bestimmten Gebrauchsschemata des Buchs keine Orientierung und nutzen das Buch in der Regel nicht. Für diese Schülerinnen und Schüler kann ein Unterricht, in dem das Buch verwendet wird, als Unterricht angesehen werden, der die Voraussetzung für das selbstständige Lernen von Mathematik durch Schülerinnen und Schüler bereitstellt." (ebd.)

Diese Aussagen legen nahe, welche Bedeutung Lehrende für die Nutzung von Schulbüchern haben. Die Rolle des Lehrers im Unterricht, seine Verantwortung für die Planung und die Durchführung des Unterrichts wurden ebenfalls bereits erläutert (vgl. 5.1; 5.2.4; 5.2.5) und betont auch Neumann:

> „Die Lehrkräfte entscheiden über den Unterrichtsverlauf und damit auch über den Einsatz der Lehrmittel." (Neumann 2014b, S. 281)

Darüber hinaus wurde im Unterkapitel 2.2.2 anhand der mediendidaktischen Konzepte aufgezeigt, in welchem Ausmaß der Lehrer Einfluss auf die Auswahl und den Einsatz von Medien hat. Auch obliegt ihm fast immer die Planungsverantwortung (vgl. Tulodziecki/Herzig/Grafe 2010, S. 112). Als (häufiger) Benutzer des Buches kann er somit Aussagen zu dessen Qualität und Anwenderfreundlichkeit treffen, zumal er vielfach die Entscheidung für oder gegen die Wahl eines Buches trifft (vgl. 5.2.3).

Die Planungsverantwortung für den Unterricht wird ihm durch das Schulbuch erleichtert bzw. teilweise abgenommen. Nicht zuletzt wird deshalb das Schulbuch häufig wegen seiner starken Auswirkungen als „heimlicher Lehrplan" bezeichnet (vgl. Bamberger et al. 1998, S. 1).

Und noch ein weiterer Grund spricht für die Fokussierung auf die „Untersuchungsgruppe Lehrer", die bislang selten bezogen auf ihre Unterrichtsvorbereitung und -durchführung gezielt erforscht wurde.

> „Welche Wissensquellen Lehrer also tatsächlich nutzen, lässt sich vor allem vermuten, anhand von (nicht allgemein zugänglichen) Verlagsstatistiken und Auflagenhöhen von Schulbüchern, pädagogischer Literatur jedweder Provenienz, von Unterrichtsmaterialien und -medien schließen und in keinem Fall wirklich beantworten." (Heckt 2009, S. 57)

Deshalb ist es naheliegend, anstelle von indirekt gezogenen Schlüssen Lehrer direkt auf ihr Nutzungsverhalten anzusprechen und dieses auf der Grundlage ihrer Einschätzungen zu erheben.

Bei der Entscheidung zur Befragung von Lehrkräften wurde bedacht, dass in der Fachliteratur häufig die Meinung vertreten ist, dass Lehrkräfte nur schwer ihren Unterricht bewerten können.

> „Lehrer sind aus verschiedenen Gründen nicht die optimalen Beurteiler ihres eigenen Unterrichts." (Helmke 2012, S. 138)

Erhebungen von Lehrkräften bergen bisweilen die Gefahr, subjektive oder verfälschte Ergebnisse zu liefern, da es den Lehrern häufig schwer fällt, ihr tatsächliches Nutzungsverhalten richtig einzuschätzen (vgl. a.a.O., S. 138 ff.). Auf diese Aspekte weist auch Neumann hin:

> „Verschiedene psychologische Faktoren, wie zum Beispiel die subjektive Wahrnehmung oder die soziale Erwünschtheit, beeinflussen die Angaben der Probanden und Probandinnen. Dabei muss es sich nicht zwangsläufig um Lügen oder Falschaussagen handeln, sondern häufig werden diese Verzerrungen unbewusst als Wirklichkeit betrachtet, und die Probanden und Probandinnen glauben, dass sie die Unterrichtswirklichkeit richtig abbilden." (Neumann 2014b, S. 287).

Überdies gilt es zu bedenken:

> „Meinungen von Lehrern oder von irgendwelchen pädagogischen Experten über die im Unterricht ablaufenden Prozesse spiegeln die Theorien dieser Personen wider, sie müssen aber keineswegs den tatsächlich ablaufenden Prozessen entsprechen." (Wellenreuther 2007, S. 41)

Jedoch sind Lehrkräfte als Beurteiler der Passung des Schulbuchs auf ihren Unterricht geeignet, da sie als Planer und Strukturierer der Lerngelegenheit fungieren. Sie haben laut Neumann Experten- und Praxiswissen und können daher den Unterrichtsalltag beschreiben (vgl. Neumann 2014b, S. 286).

Sollte hingegen eine Befragung mit Schülern stattfinden, ergeben sich wiederum andere Schwierigkeiten. Für eine Untersuchung relevante Schüler müssen über gute sprachliche Kenntnisse und eine Reflexionsfähigkeit verfügen, um für das Ausfüllen eines Fragebogens geeignet zu sein. Diese Vorgaben schließen jedoch eine Datenerhebung in unteren Jahrgangsstufen nahezu aus. Kratzer und Cwielong sprechen von einer Durchführung von schriftlichen Befragungen ab acht Jahren, wobei sie von guten Schreib- und Lesekenntnissen ausgehen (vgl. Kratzer/Cwielong 2014, S. 188). Dies kann bei Schülern mit gravierenden Lernschwierigkeiten nicht der Fall sein (vgl. 4.4). Das Sprach- und Leistungsniveau der Schüler mit sonderpädagogischem Förderbedarf im Förderschwerpunkt Lernen ist oftmals auch in höheren Klassen eingeschränkt, so dass es auch hier zu Schwierigkeiten in der Bearbeitung von Fragebogen kommen könnte bzw. zusätzliche Hilfestellungen notwendig wären.

Als weitere Schwierigkeiten bei einer quantitativen Befragung nennen Kratzer und Cwielong die Erfassung des mentalen Alters des Kindes und der dazu passenden Befragungsform.

> „Entsprechende Methoden [wie quantitative Befragungen] müssten sich den kognitiven Fähigkeiten anpassen und das Regelsystem der kindlichen Welt einbeziehen." (a. a. O., S. 187; Einfügungen: S. L.)

Das Einverständnis der Eltern müsste ebenfalls eingeholt werden. Vor allem scheint jedoch die Erstellung eines kindgerechten Fragebogens, der zusätzlich an die Konzentration, die motivationalen und sprachlichen Voraussetzungen der Kinder anknüpft, für die Autorinnen eine Herausforderung zu sein. Auch geeignete Hilfsmittel sind für sie wichtige Elemente eines Kinderfragebogens (vgl. a. a. O., S. 188 f.). Zusätzlich sehen sie Schwierigkeiten bei der Befragungsdurchführung und der Datenauswertung, da sich die eingeschränkte kognitive Kapazität der Kinder negativ auswirken kann.

> „Sowohl das geringe Alter von Kindern als auch eine geringere schulische Leistungsfähigkeit (als Indikatoren für die kognitiven Kompetenzen) haben einen negativen Einfluss auf die Bearbeitung von Fragebogenfragen und damit auf die Datenqualität" (a. a. O., S. 191).

Fuchs stellte in verschiedenen Studien fest, dass Schüler unter 14 Jahren Schwierigkeiten im Verständnis von Fragen haben, was an den eingeschränkten kognitiven Fähigkeiten der Kinder liegt.

> „Children up to approximately age 14 still have a limited understanding of the questions. [...] Limited cognitive skills of young respondents lead to a less complete understanding of a question." (M. Fuchs 2005, S. 720; Auslassungen: S. L.)

Diese Problematik insbesondere bezogen auf das geeignete Befragungsalter erkennt auch Rezat. Eine Studie zur Nutzung des Mathematikschulbuchs, bei der Schüler direkt befragt werden sollen, ist für ihn nur am Gymnasium sehr gewinnbringend. Gymnasiasten hätten ihm zufolge eine ausreichende Bereitschaft zum selbstregulierten Lernen und verfügten über die erforderlichen Lesekompetenzen, um Texte zu verstehen. Dies würde u. a. auch am höheren sozioökonomischen Status liegen (vgl. Rezat 2009, S. 123 f.). Aus den genannten Gründen eignet sich im gegebenen Kontext nur eine Erhebung, die als Untersuchungsgruppe Lehrer hat.

8.3.2 Auswahlkriterien zur Definition der Befragungsteilnehmer

Die an der Untersuchung teilnehmenden Lehrer sollen bestimmte Auswahlkriterien erfüllen: Das Ziel der Erhebung ist eine bayernweite Befragung von Lehrern an (Sonderpädagogischen) Förderzentren. Die nach Bortz und Lienert definierte Population benötigt ein gemeinsames, zu überprüfendes Merkmal (vgl. Bortz/Lienert 2008, S. 22). Dieses Merkmal ist im Fall der vorliegenden Studie die Arbeit mit Schülern mit sonderpädagogischem Förderbedarf im Förderschwerpunkt Lernen. Das wichtigste Einschlusskriterium stellt der Beruf bzw. der Arbeitsplatz der Teilnehmer dar. Es sollen vornehmlich Studienräte im Förderschuldienst an (Sonderpädagogischen) Förderzentren befragt werden.

Es ist davon auszugehen, dass die Fragebogen an Förderzentren insbesondere von Lehrkräften ausgefüllt werden, die ein Studium des Lehramts für Sonderpädagogik abgeschlossen haben. Teilweise werden auch Lehrkräfte, die ein Lehramt für Volksschulen studiert haben, den Fragebogen beantworten. Jedoch sind diese in deutlich geringerer Zahl an Förderzentren vorhanden (vgl. Abbildung 29). Dies trifft auch auf Fachlehrer, Heilpädagogische Förderlehrer oder Heilpädagogische Unterrichtshilfen zu. Diese Personen werden im schulischen Alltag eher in mathematikfremden Fächern bzw. zur Unterstützung und Differenzierung eingesetzt. Der Fokus der Zielgruppe liegt somit auf Lehrkräften mit einem Studium der Sonderpädagogik. Im Schuljahr 2013/2014 waren nach Daten des Bayerischen Landesamtes für Statistik und Datenverarbeitung insgesamt 8762 Lehrkräfte an 351 Förderzentren und Schulen für Kranke tätig (vgl. Tabelle 5).

Tab. 5: Anzahl der Förderzentren und Schulen für Kranke und der dort voll- und teilzeitbeschäftigten Lehrkräfte im Schuljahr 2013/2014 nach Angaben des Bayerischen Landesamts für Statistik und Datenverarbeitung (nach Bayerisches Landesamt für Statistik und Datenverarbeitung 2014, S. 26)

	Schulen	Voll- und teilzeitbeschäftigte Lehrkräfte		
		weiblich	männlich	insgesamt
insgesamt	351	2038	6724	8762

Das Bayerische Staatsministerium für Unterricht und Kultus stellt online unter *http://www.km.bayern.de/ministerium/schule-und-ausbildung/schulsuche.html* eine Suchmaschine bereit, die eine gezielte Suche der 351 Förderzentren und Schulen für Kranke mit Adressen, Ausbildungsrichtungen und hauptamtlichen Lehrern ermöglicht. Bei der Vorauswahl der Schulen werden von diesen 351 Volksschulen zur sonderpädagogischen Förderung bzw. Förderzentren diejenigen ausgenommen, die ausschließlich jeweils dem Förderschwerpunkt Hören, Sehen, geistige Entwicklung oder körperlich und motorische Entwicklung zugeordnet sind. Es wird darauf geachtet, dass an den an der Befragung teilnehmenden Förderzentren der Förderschwerpunkt Lernen ausgebaut ist. Bei konsequenter Berücksichtigung dieser Ausschlusskriterien verbleiben 179 Volksschulen zur sonderpädagogischen Förderung bzw. (Sonderpädagogische) Förderzentren. Als Ausbildungsrichtung führen diese Schulen entweder „Sonderpädagogisches Förderzentrum" und/oder „Förderzentrum, Förderschwerpunkt Lernen" an.

Durch die sich an diesen Schulen befindenden Schüler mit sonderpädagogischem Förderbedarf im Förderschwerpunkt Lernen kann von vergleichbaren Grundbedingungen ausgegangen werden. Außerdem kann bei den Lehrkräften ähnliches Vorwissen im Bereich Schulbücher vorausgesetzt werden. Zumindest die Kenntnis von Schulbüchern, die für den Förderschwerpunkt Lernen in Bayern zugelassen sind, kann unterstellt werden.

Die exakte Anzahl an Lehrern, die an den 179 ausgewählten Förderzentren tätig sind, ist nicht bekannt bzw. öffentlich zugänglich oder ermittelbar. Allerdings weist das Bayerische Staatsministerium für Unterricht und Kultus für jede Schule hauptamtliche Lehrkräfte aus. Für das Schuljahr 2012/2013 waren insgesamt 5049 Lehrkräfte an Förderschulen mit der Ausbildungsrichtung „Sonderpädagogisches Förderzentrum" und/oder „Förderzentrum, Förderschwerpunkt Lernen" tätig, wie sich aus den oben angeführten Suchmaschinenergebnissen errechnen lässt.

Zudem wäre es möglich, die Erhebung an allen Schulen mit dem Schulprofil „Inklusion" durchzuführen. Im Schuljahr 2012/2013 gab es 87 Schulen mit dem Schulprofil „Inklusion" in Bayern (vgl. ebd.). Hierfür wären beispielsweise die Schulen geeignet, die an der Durchführung der Studie „Qualitätsskala inklusive Schulentwicklung (QU!S)" des Begleitforschungsprojekts Inklusive Schulentwicklung (B!S) beteiligt waren. Im Rahmen der QU!S-Studie wurden Schulen mit dem Schulprofil „Inklusion" auf ihre inklusive Qualität untersucht. An der Hauptuntersuchung der QIU!S-Studie nahmen 42 Grund- und 20 Mittelschulen mit dem Profil „Inklusion" teil (vgl. Begleitforschungsprojekt inklusive Schulentwicklung (B!S) o. J., o. S.; Heimlich/Ostertag/Wilfert de Icaza 2016, S. 97).

Sollten andere Schulen mit dem Schulprofil „Inklusion" ausgewählt werden, wäre ein Ausschluss der Schularten Realschule und Gymnasium sinnvoll, da zu vermuten ist, dass Realschüler bzw. Gymnasiasten aufgrund anderer Schulabschlüsse andere Anforderungen an Schulbücher stellen. Auch müssten höhere Klassen (ab Jahrgangsstufe 10) von der Befragung ausgenommen werden, um eine Vergleichbarkeit herzustellen. Da es zudem an Förderschulen möglich ist, Schulbücher aus Grund- und Mittelschulen zu verwenden, ist bei diesen Schulen ein größerer Überschneidungsbereich zu erwarten.

Da aber Schulen mit dem Schulprofil „Inklusion" am Anfang der Entwicklung stehen und sich inklusive Schulbücher gleichermaßen erst im Entstehungsprozess befinden, erscheint es zunächst nicht sinnvoll, diese Schulen zeitgleich in die Erhebung miteinzubeziehen. Auch ist an der Grundschule beginnend ab dem Schuljahr 2014/2015 ein neuer Lehrplan mit dem Namen „LehrplanPLUS Grundschule" verbindlich. Ab dem Schuljahr 2017/2018 wird auch der LehrplanPLUS der Mittelschule sukzessiv in Kraft treten (vgl. 4.5). Auf diesen Lehrplänen basierende Schulbücher müssen erst erstellt werden. Somit werden Schulen mit dem Schulprofil „Inklusion" von der Erhebung ausgeschlossen, stellen aber zukünftig ein weiteres Forschungsgebiet dar.

Eine landesweite Erhebung erfordert in Bayern die Genehmigung des Bayerischen Staatsministerium für Bildung und Kultus, Wissenschaft und Kunst, die am 29.10.2014 für die ausgewählten Förderzentren erteilt wurde (Aktenzeichen: X.7-BO4106/447/5).

8.3.3 Rekrutierung der Befragungsteilnehmer

Die Teilnehmer werden wie folgt angeworben: Die Schulleitungen der insgesamt 179 Förderzentren erhalten ein Anschreiben mit der Bitte um Weiterleitung an das Kollegium, die Fragebogen (vgl. 8.5) und die Handzettel für die Onlinebefragung. Im Anschreiben ist das Vorhaben erläutert. Auf Kontaktmöglichkeiten bei auftretenden Fragen wird an verschiedenen Stellen (Anschreiben, Deckblatt des Fragebogens mit Adresse, erste Seiten des Online-Fragebogens) hingewiesen. Zudem ist das Aktenzeichen des Genehmigungsbescheids des Bayerischen Staatsministerium für Bildung und Kultus, Wissenschaft und Kunst auf allen Anschreiben, Fragebogen und Handzetteln eingefügt sowie ein Abdruck des Bescheids beigelegt.

Die Teilnahme an der Untersuchung erfolgt grundsätzlich freiwillig und anonym.

Im Rahmen der Erhebung wird der Versuch unternommen, möglichst flächendeckende Aussagen treffen zu können. Dies wird vor allem durch eine Vollerhebung an allen den Einschlusskriterien infrage kommenden Schulen erreicht.

Aus datenschutzrechtlichen Gründen bietet das Bayerische Staatsministerium für Bildung und Kultus, Wissenschaft und Kunst keine öffentlich zugänglichen Informationen außer der oben genannten Zahl von hauptamtlichen Lehrkräften an. Für die Erhebung liegen keine exakten Daten bezogen auf den einzelnen Lehrer vor.

Es muss auch berücksichtigt werden, dass es nicht möglich ist, gezielt die Einschlusskriterien erfüllende Lehrer online zu erreichen. Es besteht keine direkte Kontaktmöglichkeit zu potentiellen Befragungsteilnehmern wie beispielsweise eine Schul-E-Mail-Adresse für jeden Lehrer. Der Kontakt kann daher nur indirekt über die Schulleitung hergestellt werden.

Auch ist ein direktes Anschreiben der Schulleitungen nicht möglich, da nicht jedes teilnehmende Förderzentrum über eine Homepage oder eine personalisierte E-Mail-Adresse verfügt bzw. diese nicht veröffentlicht. Vielfach werden von den Schulen E-Mail-Adressen benannt, bei denen keine Rückschlüsse gezogen werden können, an wen die versandte E-Mail geleitet wird. Zwar ist davon auszugehen, dass eine Weiterleitung an die jeweilige Schulleitung oder das Sekretariat erfolgt. Dies ist aber nicht abgesichert. Die E-Mail-Adressen der Schulen werden jedoch soweit möglich in die Befragung miteinbezogen (vgl. 8.5.5).

Daher kann festgehalten werden: Die Informationslage zur Grundgesamtheit ist zu ungenau, um einheitliche Subpopulationen bilden und damit geschichtete oder stratifizierte Stichproben erheben zu können (vgl. Bortz/Lienert 2008, S. 23). Daher werden alle die Auswahlkriterien erfüllenden Schulen an der Erhebung beteiligt. Die Schulleitungen werden gebeten, die Fragebogen an das Kollegium weiterzuleiten. Durch das Anschreiben und den Fragebogen sowie den Titel der Erhebung wird deutlich, dass es sich um eine Befragung im Fach Mathematik handelt. Daher ist davon auszugehen, dass sich nur Lehrkräfte beteiligen, die Mathematikunterricht erteilen.

Dass eine solche Herangehensweise legitim und zielführend ist, beweist das ähnliche Vorgehen aufgrund gleichgearteter Schwierigkeiten bei der Untersuchung im Rahmen des Projekts „Medieneinsatz im Unterricht" (vgl. Schümer 1991, S. 29 f.).

Auch Merzyn verweist in seiner Erhebung auf ähnliche Probleme. Er schreibt, ihm „fehlen verläßliche [sic!] statistische Informationen über diese Zielgruppe. Es ist daher nicht einmal möglich, bei einer vorliegenden Stichprobe zu prüfen, ob sie in den wesentlichen Merkmalen repräsentativ ist." (Merzyn 1994, S. 74) Er entschied sich dafür, eine breite Streuung zu erreichen, auch unter dem Aspekt, das hauptsächlich engagierte Lehrer an seiner Befragung teilnehmen würden (vgl. a. a. O., 75 f.).

8.4 Unabhängige Variablen

Bei der Erstellung der Hypothesen wurden Bedingungen erarbeitet und dargestellt, von denen vermutet wird, dass sie sich auf die Verwendungshäufigkeit des Schulbuchs und anderer Materialien sowie auf die Zufriedenheit auswirken. In der nachfolgenden Übersicht werden die unabhängigen Variablen strukturiert dargestellt. Killus bezeichnet diese als „Prädiktoren des Schulbucheinsatzes" (Killus 1998, S. 212).

Tab. 6: Prädiktoren des Schulbucheinsatzes

Variable (Kurzbezeichnung)	Beschreibung	Skalenniveau
Alter der Lehrer (alt)	Die Variable erfasst das Alter der Teilnehmer in feingegliederten Kategorien mit einer 5-Jahres-Stufung.	ordinal: 1 = bis 29 Jahre 2 = 30-34 Jahre 3 = 35-39 Jahre 4 = 40-44 Jahre 5 = 45-49 Jahre 6 = 50-54 Jahre 7 = 55-59 Jahre 8 = 60 Jahre und älter
Klassenstufe (klass)	Die Klassenstufe ermittelt die Jahrgangsstufe, in der der Teilnehmer tätig ist.	ordinal: 1 = Klasse 1-2 2 = Klasse 3-4 3 = Klasse 5-6 4 = Klasse 7-9
Nutzer (sb.reihe)	Diese Daten werden umkodiert bzw. aus der Filterfrage zur verwendeten Schulbuchreihe werden die Teilnehmer den Gruppen Nutzer und Nicht-Nutzer zugeordnet.	nominal: 1 = Nicht-Nutzer 2-5 = Nutzer
Befürworter in der Einführung (vorschlag, kaufen)	Diese Variable umfasst viele Items, die Aussagen treffen, ob der Befragte selbst, ein Kollege, ein Fachteam, das Kollegium oder die Schulleitung den Vorschlag für das Buch gemacht hat oder die Kaufentscheidung getroffen hat.	nominal: 1 = nicht gewählt 2 = gewählt
Verwendungshäufigkeit (sb.häuf)	Die Variable erfasst den wöchentlichen Schulbucheinsatz.	ordinal: 1 = nie 2 = in 1-2 Mathematikstunden 3 = in 3-4 Mathematikstunden 4 = in jeder Mathematikstunde
Nutzer von Zusatzmaterialien (lehrerhb, schülerbh)	Es wird die Verwendungshäufigkeit für die schulbuchbegleitenden Materialien, das Lehrerhandbuch und das Schülerbegleitheft, erfragt.	ordinal: 1 = nie 2 = mehrmals pro Monat 3 = mehrmals pro Woche

Die UV *Nutzer* zeigt, ob der Befragte ein Schulbuchverwender darstellt oder nicht. Dies wird mit einer wesentlich weiter gefassten Frage eruiert: *Bitte kreuzen Sie die Mathematikschulbuchreihe an, die Sie überwiegend im Unterricht mit Ihren Schülern verwenden.* Für die Beantwortung stehen verschiedene Auswahlmöglichkeiten zur Verfügung: „keine" – „navi Mathematik (Bildungsverlag EINS)" – „Mathematik (Cornelsen Verlag)" – „Stark in ... Mathematik (Schroedel Verlag)" – „Andere, nämlich". Mit diesen Antwortalternativen lassen sich die Teilnehmer in zwei Gruppen teilen, je nachdem ob der Befragte zur Gruppe der Schulbuchverwender (im anschließenden Text meist „Nutzer" genannt) oder der Gruppe zugehörig ist, die kein Schulbuch verwenden („Nicht-Nutzer" genannt). Eine so umkodierte Variable ermöglicht eine Vergleichbarkeit der beiden Gruppen.

Die in der Tabelle 6 genannten Kurzbezeichnungen werden im Fragebogen bei der Codierung verwendet. Sie entsprechen den Bezeichnungen bei den Hypothesen (vgl. 7.2).

8.5 Mittel der Datenerhebung: der Fragebogen

Der mehrfach konstatierte „Mangel sowohl an empirischem Wissen über Wirkungsmechanismen des Schulbuchs als auch über die Transformation des Wissens von Schulbuch zum Schüler sowie die oftmals fehlende Kontextualisierung der Forschungen" (E. Fuchs 2011a, S. 192) soll im Rahmen einer Fragebogenerhebung erforscht werden.

Da „Schulbuchforschung wegen ihrer nicht einholbaren Komplexität nur als *Partialanalyse* möglich ist" (Weinbrenner 1992, S. 50; Hervorhebung im Original), zielt dieses Forschungsprojekt auf die Feststellung bestimmter Kriterien, die Auswirkungen auf die Verwendungshäufigkeit von Schulbüchern sowie anderen Unterrichtsmedien, aber auch auf die Zufriedenheit des Schulbuchnutzers haben. Die Feststellung erfolgt auf der Grundlage von Selbstauskünften der Lehrkräfte, die ihr Rezeptionserleben und ihre medienbezogenen Einstellungen beurteilen sollen. Hierzu wurden verschiedene Hypothesen aufgestellt (vgl. 7.2). Solche Bedingungen, Merkmale und Kriterien, die auf Einschätzungen basieren, können durch Fragebogen gut erhoben werden. Dieses Messinstrument erweist sich hierfür als besonders geeignet, da es strukturiert Aussagen über das Maß der Zufriedenheit der Lehrkräfte sowie deren Nutzungsverhalten erhebt.

Grundsätzlich unterscheiden Bortz und Döring zwei Fragebogenarten, die sie klar voneinander abgrenzen: Zum einen gibt es Fragebogen, die Persönlichkeitsmerkmale oder Einstellungen erfassen und wie Testskalen konstruiert werden. Dabei verstehen sie unter Test „ein wissenschaftliches Routineverfahren zur Untersuchung eines oder mehrerer empirisch abgrenzbarer Persönlichkeitsmerkmale mit dem Ziel einer möglichst quantitativen Aussage über den relativen Grad der individuellen Merkmalsausprägung" (Bortz/Döring 2006, S. 190; im Original fett). Hierfür verwenden Bortz und Döring den Begriff psychometrische Fragebögen.

> „Standardisierte Tests und Fragebögen, die nach testtheoretischen Kriterien [...] entwickelt werden, bezeichnet man als **psychometrische Tests** bzw. psychometrische Fragebögen und Skalen." (a.a.O., S. 191; Hervorhebung im Original; Auslassung: S.L.)

Zum anderen können konkrete Verhaltensweisen erfragt werden.

> „Bei dieser Fragebogenart geht es also nicht um die Ermittlung von Merkmalsausprägungen der befragten Personen, sondern um die Beschreibung und Bewertung konkreter Sachverhalte durch die befragten Personen." (a.a.O., S. 253)

Diese Form der Fragebogenerhebung wird in der vorliegenden Untersuchung vorgenommen. Die befragten Lehrkräfte sollen ihr Verhalten einschätzen und ihre Meinung zu verschiedenen Aspekten äußern. Der Fragebogen zielt nicht auf die Erhebung eines bestimmten Merkmals oder dessen Ausprägung. Nachfolgend werden Überlegungen dargestellt, die es bei der Konstruktion des Fragebogens zu bedenken gilt.

8.5.1 Konstruktion der Fragen – Prozess der Fragebogenkonstruktion

Für die Fragebogenkonstruktion werden Fragestellungen aus bereits entwickelten Fragebogen anderer Autoren geprüft und erweitert (u.a. Astleitner/Sams/Thonhauser 1998; Hopf 1980; Killus 1998; Kirchhoff et al. 2010; Merzyn 1994; Rauch/Wurster 1997). Da es aber, wie bereits mehrfach beschrieben, keine Befragung zur Schulbuchrelevanz im Förderschwerpunkt Lernen speziell bezogen auf das Fach Mathematik gibt, werden die meisten Fragen neu in der vorliegenden Studie entwickelt und an die vorgestellte Theorie angepasst.

Bei der Konzeption des Fragebogens werden verschiedene Arten von Fragen unterschieden. Der Fragebogen enthält vornehmlich Einstellungs- und Meinungsfragen, die eine Wertung des Befragten verlangen. Fragen zur Überzeugung bzw. zum Verhalten, insbesondere in der Unterrichtssituation und zur Nutzung des Schulbuchs werden ebenfalls einbezogen. Eigenschafts- bzw. Faktfragen werden lediglich zur Erfassung der demografischen Eigenschaften der Teilnehmer gestellt (vgl. Gräf 2010, S. 74 f.; Scholl 2009, S. 147 ff.).

Die in Befragungen immer enthaltenen demografischen Angaben werden bewusst an das Ende gestellt, da diese von jedem Teilnehmer ohne Nachdenken beantwortet werden können. Die wesentlichen Inhaltsfragen werden zu Fragebogenbeginn gestellt. Einer möglichen Ermüdung bei der Beantwortung wird so vorgebeugt. Die Anfangsfragen ermöglichen einen guten Einstieg. Der Fragebogen weist somit eine logische Struktur auf, wie es beispielsweise Zierer, Speck und Moschner fordern (vgl. Zierer/Speck/Moschner 2013, S. 71).

Eine Instruktion ist dem Fragebogen beigefügt, um eventuellen Problemen im Vorhinein zu begegnen. Zudem werden jedem Teilnehmer die gleichen Fragen gestellt. Durch die sorgfältige Fragenformulierung werden Verständnisprobleme vermieden. Dies erfordert nach der Pretest-Analyse eine Überarbeitung des Fragebogens, die im Vorfeld stattgefunden hat (vgl. 8.7). Auch vermeidet es Verzerrungen, weil unterschiedliche Fragenformulierungen ggf. andere Zielsetzungen beinhalten können.

> „Die sprachliche Gestaltung eines Fragebogens sollte immer auf die Sprachgewohnheiten der zu untersuchenden Zielgruppe ausgerichtet sein" (a. a. O., S. 253).

Da von einer einheitlichen Zielgruppe Lehrer ausgegangen wird, können fachspezifische Ausdrücke wie beispielsweise „Differenzierung" oder „Teamteaching" als gut verständlich und für die Zielgruppe passend eingestuft werden. Keine Frage enthält mehrere Teile, sondern zielt auf eine eindeutige Antwort ab. Es kommt zu keinen doppelten Verneinungen bei der Beantwortung. Diese noch zu Beginn bestehende Problematik wurde nach der Pretest-Phase überarbeitet. Der Fragebogen kann als sprachlich auf die Zielgruppe ausgerichtet bewertet werden (vgl. ebd.). Er erfüllt somit die Kriterien einer standardisierten Befragung, die nach Richter nur dann als solche bezeichnet werden kann, „wenn sowohl die Bearbeitungsanweisung als auch der Iteminhalt und die Antwortmöglichkeiten von allen Angehörigen der Zielgruppe in annähernd derselben Weise verstanden werden" (Richter 2008, S. 12).

Ein weiterer wesentlicher Aspekt betrifft die Itemformulierungen und die daraus resultierenden Antwortvorgaben. Im Fragebogen werden hauptsächlich geschlossene Fragen mit Antwortvorgaben eingesetzt. Die Verwendung von geschlossenen Fragen ermöglicht dem Befragten, sich für die treffendste Antwortmöglichkeit aus einer vorgegebenen Auswahl zu entscheiden. Dadurch können die gegebenen Antworten der einzelnen Teilnehmer gut miteinander verglichen werden. Ein zudem eingehaltener hoher Strukturierungsgrad, bei dem Fragen und deren Reihenfolge vorab festgelegt werden, trägt ebenfalls zur Vergleichbarkeit und zu einer höheren Objektivität bei (vgl. Bortz/Döring 2006, S. 254).

Es werden bewusst nur wenige Fragen offen bzw. halboffen formuliert. Wenn diese Frageform gewählt wird, sind es meist Fragen, die die Möglichkeit bieten, noch weitere Anmerkungen zu machen, Begründungen zu geben oder innovative Gedanken einzubringen.

„Untersuchungsteilnehmer empfinden halboffene Items in der Regel als angenehmer als Aufgaben mit Antwortvorgaben. Vor allem bei Verständnis- und Ansichtsfragen bleibt ihnen genügend Spielraum zur Formulierung eigener, zuweilen origineller und einfallsreicher Antworten." (a. a. O., S. 213)

Gerade die Erweiterung der vorgegebenen Antwortvarianten wird an einzelnen Stellen bewusst eingefügt. Diese „Hybridfragen sind dort lohnenswert, wo nicht alle möglichen Antwortmöglichkeiten bekannt sind bzw. eine Vielzahl an weiteren Antwortmöglichkeiten denkbar ist, die jedoch jeweils eher selten vorkommen" (Zierer/Speck/Moschner 2013, S. 71). Zudem eignen sich halboffene bzw. Hybridfragen, wenn „[...] eine erschöpfende Aufzählung der Antwortalternativen nicht möglich [ist], dann muss eine Kategorie ‚Sonstige' vorgesehen werden" (Mayer 2009, S. 92; Umstellung: S. L.).

Insgesamt wird bei der Fragebogenerstellung darauf geachtet, die Zahl der offenen Fragen möglichst gering zu halten, um Vergleichbarkeit zu gewährleisten. An einigen Stellen ist es jedoch notwendig bzw. zielführend, dieses Fragenformat zu verwenden (vgl. 8.5.2). Es trägt u. a. dazu bei, dass sich Befragte durch das Angebot offener Fragen ernst genommen und um ihre ehrliche Meinung gefragt fühlen. Das „Abarbeiten" von Fragen führt häufig zu Ermüdung und erzeugt ein Gefühl, nur vorgefertigte Antworten geben zu dürfen. Freie Äußerungen hingegen ermutigen den Teilnehmer, weitere Informationen zu geben.

Mit seinem Wissen kann er zu einem Erkenntnisgewinn beitragen. Zudem kann eine Verfälschung durch vorgegebene Antwortformate minimiert werden (vgl. Richter 2008, S. 13).

Generell werden den Befragten nur zwei Formate angeboten, wie Fragen zu beantworten sind. Dies dezimiert den Zeitaufwand in der Bearbeitung durch die Teilnehmer, senkt die Wahrscheinlichkeit von Antwortfehlern und erhöht die Ökonomie in der Auswertung. Neben Ankreuzfeldern gibt es Möglichkeiten zur freien Formulierung, die durch Linien gekennzeichnet sind. Zudem wird immer in einer Anweisung auf die Antwortmöglichkeit z. B. Mehrfachnennungen verwiesen. Den Teilnehmern steht es auch immer offen, das Feld „keine Angaben" anzukreuzen, welches farbig hervorgehoben wird. Diese Kategorie können die Befragten bewusst wählen, wenn sie keine Entscheidung bzw. Einschätzung treffen können oder wollen. Bei Fehlen der Antwortalternative „keine Angaben" ist nicht sicher, ob die Frage übersehen oder bewusst ausgelassen wurde. Bei Ankreuzfragen wird stets deutlich gemacht, welche Anzahl an Kreuzen gefordert wird. Bezüglich der Antwortformate wird darauf geachtet, die Ausprägung der Antwortkategorien ansteigend zu verwenden. Bei Fragen, die eine Gewichtung beispielsweise im Sinne der Nennung der drei wichtigsten Elemente erfordern, wird stets ein ergänzendes Feld eingefügt. Dieses eröffnet den Teilnehmern die Chance, die vorgegebene Auswahl um eine weitere Option zu erweitern.

Bei anderen Fragen ist eine Zustimmung bzw. Ablehnung gefordert und somit eine klare Unterscheidung zwischen Ja oder Nein zu treffen. In einigen Fragen ist eine zeitliche Einordnung im Sinne einer vierstufigen Häufigkeitseinschätzung vorzunehmen. Bei Ratingskalen zur Zufriedenheitseinschätzung oder zur Bewertungseinstufung werden ebenfalls vierstufige Likert-Skalen verwendet. Eine geradlinige Stufenanzahl wird bewusst gewählt. Sie „erzwingen damit vom Urteiler ein zumindest tendenziell in eine Richtung weisendes Urteil" (Bortz/Döring 2006, S. 180). Bei ungeraden Altwortalternativvorgaben tendieren die Teilnehmer dazu, die mittlere Antwortalternative, beispielsweise in Form von „gelegentlich", zu wählen. Diese von Porst als „Fluchtkategorie" (Porst 2011, S. 85) bezeichnete Mittelkategorie wird nicht angeboten. Für Teilnehmer, die keine Tendenz haben oder Entscheidung treffen können oder wollen, steht eine Ausweichmöglichkeit in Form von „keine Angaben" zur Verfügung. Daher wird dem Vorschlag von Porst gefolgt:

„Bei verbalisierten Skalen sollte die Breite von 4 bis höchstens (und nur bei guten Verbalisierungen und damit in Ausnahmefällen) 6 Skalenpunkten reichen." (a. a. O., S. 85)

Dass es immer wieder zu Schwierigkeiten in den Bezeichnungen der Antwortstufen kommt, ist bekannt. Auf diesen Aspekt weisen u. a. auch Konrad, Diekmann und Porst hin (vgl. Konrad 2010, S. 60 f.; Diekmann 2012, S. 480; Porst 2011, S. 80). Es werden jedoch verschiedene, von diesen Autoren empfohlene Überlegungen, bspw. zur Formulierung der Antwortstufen, angestellt, um möglichst Probleme bei Antwortvorgaben zu vermeiden. Des Weiteren sind alle bekannten Kriterien der Fragebogenkonstruktion sowie der Itemformulierung, wie beispielsweise die Eindeutigkeit von Items, im Rahmen der Erstellung des Fragebogens ebenso wie validitätseinschränkende Kontexteffekte berücksichtigt (vgl. Zierer/Speck/Moschner 2013, S. 74 f.; Jacob/Heinz/Décieux 2013, S. 121 ff.; Richter 2008, S. 12; Scholl 2009, S. 174 ff.).

Darüber hinaus wird darauf geachtet, den zeitlichen Rahmen für die Beantwortung der Fragen klein zu halten. Die Bearbeitung des Fragebogens ist nicht begrenzt und dauert ca. 20 Minuten. Bei Nichtschulbuchverwendern verkürzt sich diese Zeit deutlich. Diese Zeit wurde durch die Pretestdurchführung abgesichert. Diese maximale Dauer von 20 Minuten für postalische oder Online-Befragungen empfehlen auch Jacob, Heinz und Décieux (vgl. Jacob/Heinz/Décieux 2013, S. 117).

Alle weiteren, üblichen Überlegungen, die bei der Vorbereitung von Fragebogenerhebungen zu bedenken sind, wie Fragebogenverbreitung, Instruktion, Wahrung der Anonymität, Erklärung der Teilnahmefreiwilligkeit, Gestaltung des Deckblattes, Dauer der Befragung sowie Gestaltung der letzten Seiten mit Dank und Kontaktdaten (vgl. 8.5.2), wurden angestellt und berücksichtigt. Dies schließt auch organisatorische Besonderheiten ein (vgl. Röder/Müller 2015, S. 83 f.). Zur Ermittlung der Rücklaufquote ist ein für jede Schule zugewiesenes Kennwort eingefügt, das die Grundsätze des Datenschutzes nicht verletzt. Dies kann insofern gewährleistet werden, da bei online-erfassten Daten das Kennwort direkt gelöscht wird, um so eine Verbindung zu den erhobenen Daten zu unterbinden. Bei der Papierversion des Fragebogens werden vor der Auswertung das Deckblatt sowie die zweite Seite entfernt. Nur auf diesen beiden Seiten ist das Rücklaufquoten-Kennwort vermerkt. Die Eingabe erfolgt anschließend ohne Kennwort und somit unverknüpfbar mit den einzelnen Schulen bzw. Lehrkräften. Dadurch kann das Schulkennwort nicht mit der teilnehmenden Person in Verbindung gebracht werden und lässt keine Rückschlüsse oder Bezüge auf den einzelnen Teilnehmer zu. Die Anonymität der Befragten und der vorgeschriebene Datenschutz sind gewahrt und werden auch deutlich den Teilnehmern im Fragebogen in der „Erklärung zum Datenschutz und zur absoluten Vertraulichkeit" mitgeteilt (vgl. 8.5.2).

Unter Beachtung der verschiedenen Konstruktionsüberlegungen wird anschließend der Fragebogen in seinem Aufbau erläutert.

8.5.2 Aufbau des Fragebogens

Der 12-seitige Fragebogen[9] ist in verschiedene Bereiche unterteilt. Nachfolgend werden die einzelnen Fragenkomplexe beschrieben.

„Fragen zum gleichen Themenkreis sollten nacheinander folgen, damit die Befragten nicht zu ständigen Gedankensprüngen gezwungen sind." (Mayer 2009, S. 95)

Zudem wird auf eine sinnvolle, nachvollziehbare Aufteilung geachtet. Es muss jedoch an dieser Stelle angemerkt werden, dass eine Verknüpfung der Theorie mit den einzelnen Fragestellungen

---

9 Der Fragebogen ist auf Anfrage bei der Autorin erhältlich.

nicht in vollem Umfang dargestellt werden kann. Dies würde bedeuten, für jede Frage bzw. jeden Fragenkomplex den Bezug zur erläuterten Theorie zu benennen. Beispielsweise wird im Fragebogen gezielt die Unterrichtsvorbereitung erfragt, die von Zimmermann, wie in Kapitel 2.2.3 erläutert, als eine Hauptanforderung bezeichnet wird (vgl. Zimmermann 2009, S. 11) und eine Funktion des Schulbuchs darstellt. Es wird darauf vertraut, dass nach Vorstellung des theoretischen Rahmens in den ersten Kapiteln Zusammenhänge bzw. Bezüge nachvollziehbar und verständlich sind.

- **Deckblatt**

  Das Deckblatt enthält eine farbig gestaltete, zum Thema passende Grafik. Dieser Blickfang soll zur Teilnahme einladen. Der Titel „Die Verwendung von Mathematikschulbüchern" ist bewusst offen gehalten und nicht näher spezifiziert, um die Teilnehmer nicht zu beeinflussen. Jedoch wird dadurch klar und verständlich das Thema der Befragung dargestellt (vgl. Scholl 2009, S. 176). Zudem sind die Kontaktdaten und die Ansprechpartnerin vermerkt, so dass bei Rückfragen leicht ein Kontakt hergestellt werden kann. Auch ist das Aktenzeichen der Genehmigung durch das Bayerische Staatsministerium für Bildung und Kultus, Wissenschaft und Kunst angegeben.

- **Einleitung**

  Die Einleitung besteht aus einem an den Teilnehmer gerichteten Text, der neben einer Begründung für die Erhebung auch Hinweise zum Ausfüllen des Fragebogens liefert. Das Antwortverfahren ist bewusst einfach strukturiert, da lediglich Ankreuzfelder verwendet werden oder Zeilen für freie Formulierungen zur Verfügung stehen.

  Außerdem ist erneut das Aktenzeichen des Genehmigungsbescheids des Bayerischen Staatsministerium für Bildung und Kultus, Wissenschaft und Kunst benannt. Es wird auf Datenschutz sowie Anonymität, die Freiwilligkeit der Teilnahme und das Ausbleiben von Konsequenzen oder Nachteilen bei Nichtteilnahme hingewiesen. Auch werden noch einmal Kontaktinformationen für Rückfragen genannt. An dieser Stelle wird den Teilnehmern bereits vorab gedankt. Ein Hinweis zur Verwendung der männlichen Form zur Vereinfachung der Lesbarkeit rundet die Einleitung ab.

- **Mathematikschulbuch allgemein**

  Die Einleitungsfrage, die eine sog. „Filterfrage" darstellt, liefert eine Kategorisierung des Teilnehmers in Schulbuchverwender und Nichtverwender. Dies geschieht indirekt über die Frage nach dem überwiegend eingesetzten Schulbuch. Die Filterfrage entscheidet darüber, ob der spätere Fragenteil zur Mathematikschulbuchverwendung übersprungen werden soll oder nicht. Im Papierfragebogen ist ein Überspringen an gegebener Stelle deutlich vermerkt. In der Onlineversion wird dies automatisch, für den Teilnehmer unbemerkt, ausgeführt.

  Zudem erfüllt die erste Frage die Funktion einer Eisbrecherfrage, da sie Interesse wecken soll, einfach von den Befragten beantwortbar ist und direkt in das Thema einsteigt (vgl. Mayer 2009, S. 95).

  Die zweite Frage sucht nach den Gründen, warum genau dieses Mathematikbuch vom Schulbuchnutzer verwendet wird bzw. kein Mathematikbuch vom Nicht-Schulbuchverwender im Unterricht eingesetzt wird. Diese Frage ist bewusst offen gestellt, da hier die erste Antwort entscheidend ist, die dem Befragten spontan einfällt. Bei einer Vorgabe von Antwortmöglichkeiten müsste eine Gewichtung vom Befragten getroffen werden, um gleichwertige aussagekräftige Ergebnisse zu erhalten. Erste Assoziationen könnten mit vorgegebenen Antwortkategorien nicht erfasst werden. Da eine Häufung von bestimmten Antworten zu erwarten ist, können in der Auswertung trotzdem quantitative Aussagen getroffen werden. Dies war bereits im Pretest zu beobachten.

Die dritte Frage klärt die Verantwortlichkeit für die Einführung des Schulbuchs, also wer die Einführung maßgeblich beeinflusst und letztendlich entschieden hat.

Daran schließt die vierte Frage zu den Ansprüchen an ein Mathematikschulbuch an. Durch die vorzunehmende Gewichtung bei der Beantwortung liefert diese Frage Informationen über an das Buch gestellte Anforderungen. Sie ermöglicht aber auch neue Erkenntnisse durch das Angebot eines offenen Feldes zur Ergänzung eines weiteren Anspruchs.

Der allgemeine Teil zum Mathematikschulbuch endet mit einer Frage zur Feststellung, ob ein Mathematikschulbuch in ausreichender Zahl an der jeweiligen Schule vorhanden ist. Denn eine „Medienwahl setzt voraus, dass die auszuwählenden Medien den potenziellen Nutzern tatsächlich auch zur Verfügung stehen" (Batinic 2008, S. 109).

- **Grundsätzliches zum verwendeten Mathematikschulbuch**

Nach dem allgemeinen Fragenteil wird an dieser Stelle ein deutlicher Vermerk gegeben, die nächsten Fragenteile zu überspringen, wenn man kein Schulbuch verwendet. Erst zum Fragenblock Kritik/Zufriedenheit nehmen die Nicht-Schulbuchnutzer wieder teil. Allen Schulbuchnutzern werden Fragen zur Bevorzugung eines anderen Buches (Frage 6) sowie zur Verwendung von zum Schulbuch dazugehörigen Materialien (Lehrerbegleitheft, Frage 7; Schülerbegleitheft, Frage 8) gestellt.

- **Konkrete Mathematikschulbuchverwendung**

Dieser Fragenblock ermittelt die Einschätzungen zur konkreten Verwendung des Schulbuches. So sind hier neben Fragen der Einsatzhäufigkeit in einer Unterrichtswoche auch anschauliche Anwendungsbeispiele in den Bereichen Vorbereitung und Durchführung des Unterrichts, die Schülernutzung sowie der Einsatz in bestimmten Sozialformen angeführt, die von den Befragungsteilnehmern bewertet werden sollen. Dabei steht den Befragten eine vierstufige Likert-Skala mit den Ausprägungen „nie – selten – oft – immer" zur Verfügung. Die unterschiedlichen Verwendungsmuster in der Unterrichtsvorbereitung, -durchführung sowie der Nutzung durch die Schüler werden hier aufgedeckt.

Weitere Erkenntnisse kann darüber hinaus die Frage 13 liefern, die zur Benennung weiterer Aufgaben des Mathematikbuches auffordert. Da es sich jedoch um eine offene Frage handelt, die auf zusätzliche Informationen nach einem ausführlichen Fragenkatalog (Frage 10-12) ausgerichtet ist, sind hier eher wenig Antworten zu erwarten.

- **Kritik zum bzw. Zufriedenheit mit dem Mathematikschulbuch**

Anschließend wird die generelle Zufriedenheit von den Schulbuchnutzern beurteilt, bevor die Zufriedenheit/Kritik an einzelnen Merkmalen anhand vorgegebener Aussagen bewertet werden soll. An dieser Stelle ist die Frage 16 eingeschoben, die danach fragt, was ein Schulbuch anbieten müsste, um die Einsatzhäufigkeit im Unterricht zu erhöhen. Bewusst wird dies vor den Komplex an Behauptungen unter Nummer 17 gesetzt, da es im Anschluss an diesen zu Verzerrungen in der freien Antwort bei Frage 16 kommen könnte. Die unter 17 genannten Items könnten im Gedächtnis des Befragten nachwirken. Auch neue Erkenntnisse wären nicht zu erwarten, wenn man bereits zu vielen Äußerungen Stellung beziehen musste, so wie es an dieser Stelle verlangt wird. Die Fragebogenitems sind hier gezielt als Statements formuliert, da sie besser geeignet sind.

„Mit Behauptungen lässt sich die interessierende Position oder Meinung prononcierter und differenzierter erfassen als mit Fragen, die zum gleichen Inhalt gestellt werden." (Bortz/Döring 2006, S. 254)

Dieser umfassende Teil fordert die Untersuchungsteilnehmer auf, die angeführten Aussagen bezogen auf das verwendete Schulbuch zu bewerten. Sie beziehen sich hauptsächlich auf die in Kapitel 2.2.4 vorgestellten Qualitätskriterien von Schulbüchern. Anhand dieser Kriterien, die ein Schulbuch als „gutes Buch" auszeichnen, können Schulbuchnutzer ihr verwendetes Buch einordnen. Dadurch lassen sich indirekt Aussagen zur Qualität des verwendeten Schulbuchs ableiten. Nicht-Schulbuchnutzer können und sollen hier ihre Kritik spezifizieren. Ihre Einschätzung auf der vierstufigen Likert-Skala trägt dazu bei, die Bedeutung der einzelnen Qualitätskriterien herauszuarbeiten. So könnte ggf. eine Rangfolge bzw. Gewichtung der Merkmale hergestellt werden.

Abschließend erfolgt eine Bewertung des Schulbuchs bezogen auf seine Rolle im Vergleich mit elektronischen Medien, nämlich ob es durch diese ergänzt oder ersetzt werden sollte. An dieser Stelle wird der gut verständliche Begriff „elektronische Medien" verwendet, so dass die Befragungsteilnehmer deutlich Stellung zum Schulbuch im Vergleich zu allen elektronischen Medien beziehen können. Diesen Begriff favorisiert beispielsweise auch Menck gegenüber dem Begriff „digitale Medien" (vgl. Menck 2014, S. 334).

Eine gezielte Beurteilung von Einzelmedien und dessen Verwendung im Unterricht findet in Frage 19 statt. Als Antwortformate sollen sich die Befragten zwischen den Antwortkategorien „stimme überhaupt nicht zu – stimme weitgehend nicht zu – stimme weitgehend zu – stimme voll zu" entscheiden. Am Ende besteht für alle Teilnehmer die Möglichkeit, weitere kritische Anmerkungen zu machen, sollte dies bislang weder in den Fragen 16 noch 17 geschehen sein.

- **Unterrichtsmedien allgemein**
  In den theoretischen Vorüberlegungen wurde deutlich, dass Lehrer selten nur ein Medium im Unterricht einsetzen. Aus diesem Grund ist es notwendig, abschließend nach weiteren Unterrichtsmedien zu fragen und deren Einsatzhäufigkeit einschätzen zu lassen. Interessant erscheint auch, die Gründe für die Hinzunahme weiterer Medien zu ermitteln. Da hier eine umfangreiche Nennung an Gründen zu erwarten ist und sich das bereits im Pretest abgezeichnet hat, wird hier mit gezielten Vorgaben gearbeitet. Aus diesen müssen die Befragten die drei wichtigsten Gründe ankreuzen oder ggf. fehlende ergänzen.

- **Angaben zur Person**
  Der letzte Teil befasst sich mit soziodemografischen Angaben wie das Geschlecht, das Alter, die Dienstjahre, die grundständig studierte Fachrichtung und ggf. zusätzliche sonderpädagogische Qualifikation. Der Tätigkeitsbereich wird gesondert erfragt, da es keine Schulcodierung gibt, die das erfasst. Die letzte Frage bezieht sich auf die Klassenstufe, die in vier Bereiche aufgegliedert ist.

  „Es ist vorteilhaft, Fragen nach demographischen Merkmalen am Ende des Fragebogens zu platzieren, da hier manchmal Ermüdungserscheinungen auftreten können, d. h. das Interesse an den Fragen bzw. der Befragungssituation nachlässt." (Mayer 2009, S. 95)

  Zusätzlich ist den Fragebogenausfüllern die Möglichkeit gegeben, Anmerkungen zu machen und weitere Ideen zu äußern.

- **Erklärung zum Datenschutz und zur absoluten Vertraulichkeit**
  Im Abschlusstext ist eine ausführliche Erklärung zum Datenschutz und zur absoluten Vertraulichkeit der gemachten Angaben zu finden. Darin wird darauf verwiesen, dass mit der wissenschaftlichen Studie keine gewerblichen Interessen verfolgt werden und die Teilnehmer keinerlei Verpflichtungen eingehen. Die Ergebnisse der Befragung werden ausschließlich in anonymisierter Form dargestellt. Zudem wird den Lehrern zugesichert, dass die Teilnahme freiwillig ist. Bei Nicht-Teilnahme entstehen ihnen keine Nachteile. Zur Bearbeitung der Fragebogen ist keine Unterrichtszeit notwendig.

Es ist selbstverständlich, dass alle Vorschriften des Datenschutzes eingehalten werden. Dies wird vor allem dadurch gewährleistet, dass die Fragebogen lediglich eine Schulidentifikationsnummer erhalten, eine Rückverfolgung zur befragten Person jedoch nicht möglich ist. Aus den Ergebnissen ist nicht erkennbar, von welcher Person die Angaben gemacht worden sind, da die Lehrerangaben anonym erhoben werden. Der Fragebogen enthält keine Namen. Somit können nach Abschluss der Untersuchung Namen und Anschrift nicht mit den Interviewdaten zusammengeführt werden, so dass niemand erfährt, welche Antworten der Befragte gegeben hat. Es werden zudem keine weiteren Daten erhoben, die zu einer Identifizierung einer einzelnen Person führen könnten. Abschließend wird den Teilnehmern noch gedankt.

Insgesamt gliedert sich der Fragebogen in 26 Teile, hinter denen sich eine oder mehrere Fragen bzw. Statements verbergen. Der hier geschilderte Aufbau berücksichtigt die wesentlichen Elemente der Fragenbogenkonstruktion, so wie sie beispielsweise bei Bortz und Döring aufgeführt werden (vgl. Bortz/Döring 2006, S. 244 f.; S. 255; Porst 2011, S. 95 ff.). Unter anderem können dadurch Qualitätskriterien der Forschung eingehalten werden.

8.5.3 Qualitätskriterien der Forschung

Schon bei der Fragebogenkonstruktion wurden Qualitätskriterien der Forschung berücksichtigt (vgl. Schlömerkemper 2010; S. 42 ff.): Die Untersuchung ist insbesondere im praktischen Kontext bedeutsam oder relevant, weil sie „ein in der Praxis nicht oder unbefriedigtes Problem bearbeitet" (a. a. O., S. 42), inwieweit das Schulbuch (nach wie vor) ein Leitmedium darstellt. Neben der *Relevanz* wird ebenso das Augenmerk auf das Gütekriterium *Objektivität* durch Beachtung der *Durchführungsobjektivität* (vgl. 8.2; 8.5.5) beispielsweise bei der Auswahl der Befragten sowie auf die *Auswertungsobjektivität* (vgl. 8.9) gelegt:

- **Durchführungsobjektivität:**

  „Das Testergebnis der Probanden sollte vom Untersuchungsleiter unbeeinflusst sein." (Bortz/Döring 2006, S. 195)

  Eine Veränderung der Ergebnisse durch den Versuchsleiter kann bei schriftlichen Befragungen nahezu ausgeschlossen werden, da Persönlichkeitsmerkmale des Versuchsleiters oder zusätzliche Fragen nicht zum Tragen kommen können. Alle Teilnehmer der Befragung erhalten die gleichen Fragen und können nicht durch einen Testleiter oder eine Befragungsperson beeinflusst werden. Versuchsleitereffekte sind somit nicht relevant (vgl. Zierer/Speck/Moschner 2013, S. 69).

  „Die schriftliche Form des Fragebogens bietet hier den zusätzlichen Vorteil, dass Interviewereffekte praktisch ausgeschlossen sind." (Richter 2008, S. 12)

  Durch fest vorgegebene Instruktionen bzw. Fragestellungen wird die Objektivität in der Durchführung sichergestellt (vgl. Zierer/Speck/Moschner 2013, S. 109; Bortz/Döring 2006, S. 195). Dabei wurde besonders auf klare und verständliche Anweisungen geachtet, die in der Pretest-Phase dahingehend überprüft und optimiert wurden (vgl. 8.7). Damit wurde eines der wichtigsten Kriterien einer standarisierten Befragung erfüllt: die eindeutige Interpretierbarkeit, da „sowohl die Bearbeitungsanweisung als auch der Iteminhalt und die Antwortmöglichkeiten von allen Angehörigen der Zielgruppe in annähernd gleicher Weise verstanden werden" (Richter 2008, S. 12).

  Neben Versuchsleitereffekten kann es bei Befragungen auch häufig zu Antworten im Sinne der sozialen Erwünschtheit kommen, die ebenfalls die Ergebnisse verzerren können.

  „Die getesteten Personen können sich absichtlich verstellen und die Fragen aus der Perspektive einer von ihnen eingenommenen, fiktiven Rolle beantworten." (Bortz/Döring 2006, S. 231)

Diesbezüglich wurden konzeptuelle Vorüberlegungen angestellt (vgl. 8.5.5), damit solche Reaktionstendenzen bei dem vorgestellten Fragebogen nicht zum Tragen kommen. Durch die vertrauliche Erhebung und Behandlung der Daten ist kein Rückbezug zu dem einzelnen Teilnehmer möglich. Der Effekt der sozialen Erwünschtheit kommt außerdem meist dann zustande, wenn die Person Auswirkungen durch die gemachten Antworten erwartet. Weil die Teilnahme jedoch freiwillig ist und bereits im Anschreiben deutlich gemacht wird, dass eine Nichtteilnahme keine Konsequenzen hat, sind solche Effekte zu vernachlässigen. Dies trifft in noch stärkerem Maß auf die online erhobenen Daten zu (vgl. 8.5.4).

- **Auswertungsobjektivität:**

  „Eine hohe Auswertungsobjektivität kann unter anderem über ein hohes Maß an Standardisierung der Antworten im Test erzielt werden." (Zierer/Speck/Moschner 2013, S. 109)

  Dieses von Tests auf schriftliche Befragungen übertragbare Qualitätskriterium ist im vorliegenden Fragebogen erfüllt, da schriftliche Befragungen „hinsichtlich des Befragungsinstrumentes in höchstem Maße standardisiert" (Bortz/Döring 2006, S. 237) sind. Durch die Auswertung der Daten mittels des Computerprogramms SPSS Statistics 24 ist die Auswertungsobjektivität gewährleistet, da die Eingabe der Daten bei allen Online-Teilnehmern durch diese eigenständig erfolgt und nicht verfälscht werden kann. Die Fragebogen in Papierversion werden von unabhängig voneinander arbeitenden Personen eingegeben. Anschließend werden die Daten durch eine neutrale Person nachkontrolliert, sodass auch hier eine Beeinflussung durch den Testleiter bzw. Dateneingeber ausgeschlossen werden kann.

- **Interpretationsobjektivität:**

  „Individuelle Deutungen dürfen in die Interpretation eines Testwerts nicht einfließen." (a. a. O., S. 195)

  Die Interpretationsobjektivität ist gleichermaßen wie die Durchführungs- und Auswertungsobjektivität durch die Standardisierung gewährleistet.

Des Weiteren wurde vor der Durchführung der Hauptuntersuchung besonderer Wert darauf gelegt, eine aussagekräftige und verlässliche Studie zu erstellen. Deshalb standen bei der Auswahl und Überarbeitung des Messinstruments auch die Gütekriterien Validität und Reliabilität im Vordergrund:

Die *Validität* des Instruments ist durch die Anlehnung des Messinstruments an das erarbeitete Theoriekonzept gegeben. Die Validität „bezeichnet den Grad, in dem eine Datenerhebungsmethode tatsächlich das Konstrukt erfasst, das damit erfasst werden soll" (Richter 2008, S. 7). Zur Überprüfung der Konstruktvalidität wurden neu konstruierte Items verwendet, für die keine externe Vergleichsskala mit Werten vorlag. So war es nicht möglich, Vergleichsdaten zu berechnen. Deshalb wurden zur Einschätzung der Validität mehrere Experten und Fachleute herangezogen, die das Messinstrument bezogen auf Schulbücher für den Förderschwerpunkt Lernen beurteilen konnten. Diese stimmten den Items zu bzw. gaben Hinweise zur Überarbeitung. Im Rahmen dieser Arbeit wurde somit der Standard der intersubjektiven Überprüfbarkeit gewahrt (vgl. Wellenreuther 2000, S. 44 ff.)

Zudem wurde versucht, eine möglichst hohe Inhaltsvalidität zu gewährleisten, indem die Mediennutzung durch typische Verwendungsweisen im Unterricht erhoben wird und die angewendete Erhebungsmethode als theoriekonsistent gelten kann. Für eine hohe Validität ist die Reliabilität der Datenerhebungsmethode entscheidend (vgl. Richter 2008, S. 7)

„Die Reliabilität eines Tests kennzeichnet den Grad der Genauigkeit, mit dem das geprüfte Merkmal gemessen wird." (Bortz/Döring 2006, S. 196; im Original fett)

Dabei spielt vor allem auch die Itemformulierung sowie die Standardisierung eine Rolle.

„Eine Befragung ist u. a. umso zuverlässiger, je klarer (verständlicher und eindeutiger) die Fragen formuliert werden und je standardisierter die Untersuchung ist." (Mayer 2009, S. 89)

Auf die Verständlichkeit der Fragenformulierung wird nachfolgend genauer eingegangen (vgl. 8.7). Nebengütekriterien wie *Ökonomie* bei den Kosten und der Erhebungsdauer, *Zumutbarkeit* für die Untersuchungsteilnehmer und *Nützlichkeit* wurden bei der Erhebung ebenso beachtet (vgl. Sikora 2015, S. 79). Für Sikora erweist sich eine „empirische sonderpädagogische Untersuchung [...] genau dann [als] nützlich, wenn durch sie bis dahin ungeklärte Fragestellungen der schulischen Praxis beachtet werden" (ebd.; Auslassungen und Einfügung: S. L.). Dies wird im Rahmen der vorliegenden Erhebung versucht.

8.5.4 Online- und Offline-Befragung

Zusätzlich zur Papierform des Fragebogens wird der Zielgruppe ermöglicht, diesen online zu beantworten. Anfängliche Überlegungen den Fragebogen ausschließlich online anzubieten, um beispielsweise Kosten zu sparen, wurden verworfen. Einige Nachteile von Online-Interviews überwogen sehr stark. Ein wesentlicher liegt in der Zielgruppenerreichbarkeit. An dieser Stelle sei erneut auf die Problematik der Kontaktaufnahme zu den Befragungsteilnehmern hingewiesen, die direkt nicht möglich ist. Zudem kann eine Befragung, die nur mit dem Computer durchzuführen ist, einzelne Lehrer abhalten, an der Befragung teilzunehmen. Als Beispiele sind hier anzuführen, dass diese ggf. ungern dieses Medium nutzen oder anstelle des sofort ausfüllbaren Papierfragebogens zusätzliche Zeit benötigen, um den Fragebogen online aufzurufen, bevor sie mit der Befragung beginnen können.

Stattdessen ist dazu übergegangen worden, den möglichen Befragungsteilnehmern zwei unterschiedliche Formen der Beantwortung parallel anzubieten und die Wahl dafür freizustellen. Das entspräche somit dem „Mixed-Mode-Befragung mit Zufallsauswahl"-Typus (Diekmann 2012, S. 524 f.) von Online-Befragungen. Dadurch lassen sich die Vorteile einer Paper-and-Pencil-Befragung mit denen einer Onlinebefragung kombinieren.

Jacob, Heinz und Décieux unterscheiden verschiedene Mixed-Mode- bzw. Mixed-Method-Designs. Nach ihrer Klassifizierung verwendet die vorliegende Untersuchung ein **„Mixed-Mode-Auswahl-Design**[, bei dem] der Befragte selbst die günstigste Befragungsmethode aus[wählt]" (Jacob/Heinz/Décieux 2013, S. 118; Hervorhebung im Original; Einfügungen: S. L.).

Um möglichst viele Lehrer zur Teilnahme anzuregen, werden der postalischen Fragebogenversendung zusätzlich Handzettel mit dem Link zur Onlinebefragung beigefügt. So kann eine Vielzahl an Teilnehmern gut erreicht werden.

Einige der von Diekmann benannten Vorteile von Onlinebefragungen treffen auch auf die zusätzlich angebotene Möglichkeit, der Onlinebeantwortung des Fragenbogens zu. Dazu zählen die schnelle Durchführbarkeit sowie geringere Kosten, da weniger Fragebogen gedruckt werden müssen und Rückporto gespart werden kann bzw. Kosten der Eingabe entfallen. Zudem bietet sich die Möglichkeit zur programmierten Befragung, so dass beispielsweise Filter eingebaut und so Sprünge im Fragenteil durchgeführt werden können, wenn dies durch gegebene Antworten erforderlich ist (vgl. Diekmann 2012, S. 522). Neben der Filterführung sehen Jacob, Heinz und Décieux weitere Vorteile in den Zusatzinformationen zu Rücklauf und der Bearbeitungszeit sowie in der Vermeidung von Interviewer-Effekten (vgl. Jacob/Heinz/Décieux 2013, S. 110 f.)

Es gibt noch einen weiteren Grund, der für die Ermöglichung einer Onlinebeantwortung des Fragebogens spricht. Da die Zielgruppe, im Fall der Erhebung vornehmlich Lehrkräfte mit einem Studium der Sonderpädagogik (vgl. 8.3.2) sich unter die Gruppen „Berufstätige" und „besser Gebildete" subsummieren lässt, ist die Wahrscheinlichkeit laut Gräf hoch, dass sich viele von einer Onlinebefragung angesprochen fühlen (vgl. Gräf 2010, S. 31 f.).

Zudem kann für die Zielgruppe von einem Mindestmaß an Kompetenzen im Bereich der Mediennutzung ausgegangen werden (vgl. 5.4). Auch sollte einem Großteil der Befragungsteilnehmer ein Zugang zum Internet zur Verfügung stehen. Dies ermöglicht eine freie Wahl des Beantwortungszeitpunkts und -orts durch den Teilnehmer.

Neben der Ersparnis beispielsweise durch geringere Druckkosten ist die Datenübertragung in ein statistisches Programm bei Online-Fragebogen wesentlich erleichtert (vgl. Röder/Müller 2015, S. 85 f.). So kann automatisiert erhoben und ausgewertet werden. Dies bedeutet eine Minimierung von Fehlern in der Dateneingabe und vermeidet Datenverzerrungen. Hierfür müssen jedoch noch weitere Überlegungen angestellt werden.

8.5.5 Grundlegende konzeptuelle Überlegungen zur Vermeidung von Datenverzerrung

Ein wesentlicher Aspekt zur Vermeidung von Datenverzerrungen sind Ergebnisverfälschungen durch die Teilnehmer. Selbsteinschätzungen der Lehrkräfte stellen generell eine angemessene Datenquelle dar. Es muss jedoch berücksichtigt werden, inwieweit eine korrekte Beschreibung erfolgt. Testverfälschungen können beispielsweise durch Effekte wie der sozialen Erwünschtheit entstehen, wodurch es zur Verzerrung der Ergebnisse kommen kann. Neben absichtlichen Verfälschungen kann es auch durch Urteilsfehler sowie Antworttendenzen zu Verzerrungen kommen (vgl. Bortz/Döring 2006, S. 231). Den Tendenzen zu absichtlichen Verstellungen, Selbstdarstellung oder sozialen Erwünschtheit wird entgegengewirkt, indem keine Einzelwerte zum Zweck eines Vergleichs der einzelnen Lehrkräfte untereinander erhoben werden. Außerdem ist durch die anonym gegebenen Antworten das Ziel der sozialen Erwünschtheit, nämlich Akzeptanz, deutlich minimiert und somit wenig Anlass zur Verfälschung vorhanden. Dies sehen Bortz und Döring als Vorteil von schriftlichen Befragungen.

> „Schriftliche Befragungen erleben die Befragten als anonymer, was sich günstig auf die Bereitschaft zu ehrlichen Angaben und gründlicher Auseinandersetzung mit der erfragten Problematik auswirken kann." (a. a. O., S. 237)

Jeder Untersuchungsteilnehmer kann sich zudem bewusst entscheiden, keine Angaben zu machen. So kann u. a. der Beliebigkeit in der Beantwortung der Fragen durch die Teilnehmer entgegengewirkt werden, da es eine Antwortalternative gibt.

Fraglich ist zudem, ob das Thema Schulbuchverwendung und -zufriedenheit an sich stark von sozial erwünschtem Verhalten geprägt ist. Dies ist eher nicht anzunehmen. Hinzu kommt, dass Selbsteinschätzungen in der Forschung als verlässlich gelten, wenn konkrete Angaben zu Verwendungszwecken und Häufigkeiten gemacht werden sollen.

Auch Schümer sieht kaum Gründe, sozial erwünschte Antworten zu geben.

> „Gegen diese Annahme spricht, daß [sic!] eine anonyme schriftliche Befragung nicht zu Situationen führt, in denen sozial anerkanntes Verhalten in irgendeiner Weise belohnt werden kann. Dazu kommt, daß [sic!] Lehrer im allgemeinen [sic!] recht selbstbewußt [sic!] sind und ihr Verhalten unter Hinweis auf ihre praktischen Erfahrungen den Theoretikern gegenüber recht gut zu rechtfertigen verstehen." (Schümer 1991, S. 149)

Auch können Fragen von den Teilnehmern falsch oder nicht verstanden werden, was verfälschte oder verzerrte Antworten begünstigen kann. Jedoch wurde bereits vorab im Pretest auf missverständliche Fragen eingegangen, die anschließend qualitativ überarbeitet wurden (vgl. 8.7). Der

Fragebogen ist sprachlich passend und verständlich für die Zielgruppe. Zudem besteht jederzeit während der Erhebung die Möglichkeit der Kontaktaufnahme, um ggf. Missverständliches zu klären oder Rückfragen zu stellen.

Bei der Auswahl der „Versuchspersonen" ist es außerdem unerlässlich, um objektive Ergebnisse zu erhalten, dass es zu keiner Bevorzugung einzelner Gruppen kommt. Dies kann durch das Verfahren gewährleistet werden, bei dem alle Schulen gleichermaßen angeschrieben und an die Teilnahme erinnert werden. Zudem kann durch den Verzicht von Kennzahlen oder Codierungen für den Einzellehrer kein Rückbezug auf die einzelne Lehrkraft erfolgen. Durchführungsobjektivität ist somit gewährleistet (vgl. 8.5.3). Dies trägt ebenfalls zur Vermeidung von Stichprobenfehlern bei.

Das Untersuchungsergebnis kann noch durch weitere Faktoren beeinflusst werden. Bei schriftlichen Erhebungen ist die Art und Weise der Fragebogenbeantwortung nicht durch einen Untersuchungsleiter kontrollierbar. Das kann dazu führen, dass beispielsweise Fragen von Teilnehmern nicht in der vorgesehenen Abfolge beantwortet werden. Diese Problematik ist in der online-Version des Fragebogens minimiert, da hier die Fragen in einer bestimmten Reihenfolge angezeigt werden. In der Papierversion wird auf deutliche Kennzeichnung geachtet, wenn beispielsweise Fragen ausgelassen werden sollen.

Zusammenfassend kann daher festgestellt werden, dass versucht wurde, Verzerrungen der Ergebnisse durch die Teilnehmer auf ein Minimum zu reduzieren. Verzerrungen durch den Befrager, das Erhebungsinstrument, die verwendeten Ressourcen oder die Befragungssituation sind ebenfalls so gering als möglich (vgl. Zierer/Speck/Moschner 2012, S. 73; 8.5.3).

Trotzdem kann nicht ganz ausgeschlossen werden, dass vornehmlich engagierte Lehrer an der Befragung teilnehmen und diese somit überrepräsentiert sind. Merzyn ist der Meinung, dass man „bevorzugt aktive, einsatzbereite, fortbildungswillige Lehrer [erreicht]. Eine gewisse Aufgeschlossenheit für Forschung und Hilfsbereitschaft sind weitere Eigenschaften, die das Antworten sicher begünstigen." (Merzyn 1994, S. 76; Einfügung: S. L.) Jedoch sind die Auswirkungen bzw. der Grad der Verzerrung bezogen auf diesen Aspekt schwer einschätzbar.

Es wurden noch weitere Maßnahmen unternommen, um das Verzerrungsausmaß zu begrenzen. Eine Verzerrung der Daten durch Fehler in der Stichprobenauswahl wird dadurch minimiert, wenn darauf geachtet wird, dass es zu hohen Ausschöpfungsquoten kommt.

> „Ein zentrales Problem postalischer Befragungen ist ein mögliches Selektionsbias aufgrund geringer Rücklaufquoten. Wer einen Fragebogen samt freundlichem Anschreiben ohne weitere Maßnahmen verschickt, wird selten Rücklaufquoten über 20 % erzielen." (Diekmann 2012, S. 516)

Aus diesem Grund wurde besonderer Wert auf die Grundsätze zur Fragebogenkonstruktion gelegt (vgl. 8.5.1). Hierbei sind u. a. die Fragebogenlänge, die Gestaltung sowie das Thema entscheidend. Scholl weist darüber hinaus auf die Beifügung eines rückportofreien Antwortkuverts mit Anschreiben und Datenschutzblatt sowie einer Nachfassaktion hin (vgl. Scholl 2009, S. 43). Alle diese Aspekte wurden beachtet. Auch die Maßnahme, dass verschiedene Formen der Fragebogenbearbeitung angeboten werden, trägt zur Erhöhung der Rücklaufquote und damit zur Verringerung der Datenverzerrung bei. Gründe für die Mixed-Mode-Befragung sind bereits in Kapitel 8.5.4 näher erläutert.

Zusätzlich wird durch persönliche Kontaktaufnahme zu den Schulleitungen mittels E-Mail versucht, an die Teilnahme zu erinnern, um so zusätzlich die Rücklaufquote zu erhöhen (vgl. Diekmann 2012, S. 516 ff.). Zu Beginn der Erhebung werden alle Schulen zusätzlich zu dem postalischen Anschreiben noch per E-Mail über die Erhebung informiert und um die Weiterleitung an das Kollegium gebeten. In einer sog. Nachfassaktion werden alle teilnehmenden Schulen fünf

Tage vor Beendigung des Befragungszeitraums per Mail an die Befragung erinnert. Dabei werden Schulen, die bereits online an der Befragung teilgenommen haben, ermuntert ggf. noch weitere Fragebogen auszufüllen. Schulen, die bislang online kein Interesse gezeigt haben, werden erneut zur Teilnahme aufgefordert. Alle im Rahmen liegenden Möglichkeiten für eine hohe Teilnehmerzahl und einer daraus resultierenden gesteigerten Datenqualität werden ausgeschöpft.

Die eingeschränkte Kontrollierbarkeit bei der Rücksendung der Fragebogen, die bei schriftlichen Befragungen häufig als Nachteil genannt wird (vgl. Zierer/Speck/Moschner 2013, S. 69), wird somit durch die dargestellten Erinnerungsaktionen deutlich minimiert.

Darüber hinaus wurde über die Verwendung sog. Incentives nachgedacht.

„Gemäß der Reziprozitätshypothese wird eine Gefälligkeit gern erwidert." (Diekmann 2012, S. 520)

Die von Porst vorgeschlagenen geldwerten (z.B. Telefonkarten oder Briefmarken) Anreize, an der Erhebung teilzunehmen, erschienen wenig geeignet und wären mit hohen finanziellen, nicht-tragbaren Kosten verbunden, da die Befragung nicht-kommerzielle Zwecke hat. Als nicht-monetäre Incentives werden neben Zeitschriften, Schraubendreher und ähnliche nicht geldwerte Dinge benutzt (vgl. Porst 2001, S. 10 f.). Jedoch waren die gerade genannten Gegenstände weder in ausreichendem Maße vorhanden noch wurden sie in diesem Rahmen als zielführend oder teilnahmesteigernd bewertet.

Alle weiteren von Scholl zur Steigerung der Rücklaufrate empfohlenen Maßnahmen sind, soweit sinnvoll und möglich, berücksichtigt worden (vgl. Scholl 2009, S. 47 f.). Somit sind alle Möglichkeiten und Maßnahmen ausgeschöpft und bedacht worden, um datenverzerrende Faktoren zu minimieren.

8.6 Zeitliche Planung und Ablauf der Studie

Eine Übersicht über den Erhebungszeitraum liefert die nachfolgende Grafik, die den Zeitplan mit den einzelnen Erhebungszeiträumen des Pretests sowie der Hauptuntersuchung enthält.

Abb. 34: Ablauf der Untersuchung

Das Vorgehen während der Erhebung mit der persönlichen Kontaktaufnahme zu den Schulleitungen mittels E-Mail, dem Anschreiben, das der Befragung beigefügt war, und der zusätzlichen Nachfassaktion vor Beendigung des Befragungszeitraums sind bereits ausführlich dargestellt (vgl. 8.5.5).

Die Genehmigung für die bayernweite Erhebung, deren Durchführung in der Zeit vom 10.11.2014 bis 28.11.2014 erfolgte, wurde vom Bayerischen Staatsministerium für Bildung und Kultus, Wissenschaft und Kunst für die ausgewählten (Sonderpädagogischen) Förderzentren erteilt. Der Befragungszeitraum erstreckte sich auf insgesamt drei Wochen. Die Datenerhebung verlief insgesamt ohne besondere Vorkommnisse.

8.7 Pretest

Um den entwickelten Fragebogen und dessen Konstruktion zu kontrollieren, fand vor der Hauptuntersuchung ein Pretest mit ausgewählten Lehrkräften statt. Zuvor war bereits eine kritische Überprüfung durch verschiedene Forscher vorgenommen worden, die im Rahmen eines Forschungskolloquiums stattfand. Hier erfolgte ein fachlicher Diskurs zum Fragebogen, der zu einer ersten qualitativen Überarbeitung des Instruments führte.

Die Genehmigung zur Pretest-Durchführung wurde am 16.04.2013 von der Regierung von Oberbayern erteilt. Nach der Pretest-Befragung von Lehrern an vier Sonderpädagogischen Förderzentren (SFZ) in Oberbayern (SFZ Freising, SFZ Germering, SFZ München Nord, SFZ Fürstenfeldbruck) wurde der speziell entwickelte Fragebogen erneut evaluiert und optimiert. Die teilnehmenden Lehrkräfte erklärten vorab ihre Zustimmung zur Teilnahme an der Voruntersuchung. Insgesamt wurden 40 Pretest-Fragebogen ausgewertet.

Aufgrund der Freiwilligkeit an der Vorstudie teilzunehmen und der kleinen Untersuchungsgruppe erscheint eine quantitative Auswertung der Ergebnisse als wenig zielführend und nur bedingt aussagekräftig. In der Untersuchungsgruppe des Pretests (N = 40) waren 5 Männer und 34 Frauen. Ein Fragebogen war ohne Geschlechtsangabe. Dies entspricht einem prozentualen Anteil von 12,5 Prozent männlichen und 85,0 Prozent weiblichen Pretestteilnehmern. Berechnungen auf der Grundlage des Bayerischen Landesamtes für Statistik und Datenverarbeitung ergeben im Schuljahr 2013/2014 eine Geschlechterverteilung von 23,3 Prozent männlichen zu 76,7 Prozent weiblichen Lehrkräften (vgl. Bayerisches Landesamt für Statistik und Datenverarbeitung 2014, S. 11). Die Lehrerinnen waren in der Vorstudie etwas überrepräsentiert.

Eine quantitative Analyse der Daten ergab für den Pretest, dass 20,0 Prozent der Pretest-Teilnehmer Nichtschulbuchnutzer sind. Die Verteilung nach Klassenstufen der Befragten sieht folgendermaßen aus (vgl. Tabelle 7).

Tab. 7: Verteilung der Pretest-Teilnehmer nach Klassenstufen

	Klasse 1-2	Klasse 3-4	Klasse 5-6	Klasse 7-9	keine Angaben
Anzahl Pretest-Teilnehmer	15	12	6	7	0
Verteilung der Stichprobe in %	37,5	30	15	17,5	0,0

Für die Verteilung nach Altersgruppen der Befragten ergibt sich nachfolgendes Bild dargestellt in Tabelle 8.

Tab. 8: Verteilung der Pretest-Teilnehmer nach Altersgruppen im Vergleich zur Altersverteilung der voll- und teilzeitbeschäftigten Lehrkräfte mit Studium der Sonderpädagogik an Förderzentren und Schulen für Kranke im Schuljahr 2013/2014 nach Angaben des Bayerischen Landesamts für Statistik und Datenverarbeitung (nach a. a. O., S. 26)

	bis 34 Jahre	35-44 Jahre	45-54 Jahre	55 Jahre u. älter	keine Angaben
Anzahl Pretest-Teilnehmer	12	10	12	5	1
Verteilung der Stichprobe in %	30,0	25,0	30,0	12,5	2,5
Verteilung der Lehrkräfte an Förderzentren und Schulen für Kranke in %	22,9	30,8	28,2	18,1	-

Daten des Bayerischen Landesamts für Statistik und Datenerhebung zur Verteilung der Lehrkräfte an Förderzentren und Schulen für Kranke nach Klassenstufen zu Vergleichszwecken können nicht herangezogen werden. Jedoch liegen Daten zur Berechnung der Verteilung nach Altersgruppen vor. Aufgrund der geringen Pretestteilnehmerzahl variiert die Verteilung in den einzelnen Altersgruppen zwischen 7,1 und 2,5 Prozent.

Die Dauer, die die Teilnehmer für die Bearbeitung des Pretests angaben, lag durchschnittlich bei 20 Minuten. Hier ist noch einzubeziehen, dass die Befragten zusätzliche Anmerkungen bspw. zur Verständlichkeit anführten, so dass hier von einer längeren Bearbeitungszeit ausgegangen werden kann, als es in der Hauptuntersuchung der Fall sein wird.

Auf weitere inhaltliche Ergebnisdarstellungen der Pretest-Untersuchung wird aufgrund der kleinen Fallzahl an Teilnehmern und der daraus resultierenden geringen Aussagekraft verzichtet. Dafür wird an dieser Stelle das Verfahren der Überarbeitung näher dargestellt, da sich durch die Auswertung der Pretestergebnisse und -anmerkungen vereinzelt Modifikationen beispielsweise in den Formulierungen als sinnvoll herausstellten.

Bei der Revision wurden folgende inhaltliche Änderungen und qualitative Überarbeitungen vorgenommen, die zur Optimierung des Instruments beigetragen haben:

- Items wurden **hinzugefügt**.
  Hierbei handelt es sich zumeist um Vorschläge der Pretest-Teilnehmer (Frage 4, 17, 19).
- Items wurden **verändert**.
  Der Fragenkomplex 17 wurde positiv formuliert, um bei der Antwort doppelte Verneinungen zu vermeiden.
- Items wurden **entfernt**.
  Grund dafür waren missverständliche oder uneindeutige Formulierungen (Frage 11, 17: Nachbereitung des Unterrichts, Frage 12: Vertiefen des Unterrichtsstoffes).
- Ein Item wurde in eine **eigenständige Frage umgewandelt**.
  Frage 5 „Ist ein Mathematikschulbuch in ausreichender Zahl an Ihrer Schule vorhanden?" wurde erstellt.

- **Fragen** wurden **umformuliert.**
  Die Fragen 7 und 8 wurden dahingehend verändert, dass sie direkt die Häufigkeit der Verwendung von Begleitmaterialien und anschließend Gründen bei Nichtnutzung erfragen.
- Eine offene Frage wurde **in eine geschlossene Frage umgewandelt.**
  Aus den Pretest-Ergebnissen konnten Antwortitems für eine geschlossene Frage generiert werden (Frage 20).
- **Fragen** wurden **entfernt.**
  Dies war der Fall, wenn sie sich für die erarbeiteten Hypothesen als wenig gewinnbringend herausgestellt haben (Frage nach der Zustimmung zum Schulbuch). Zudem konnte eine Frage sinnvoll in den Kontext einer anderen Frage eingebettet werden (Frage nach der Beurteilung anderer Medien).
- **Antwortformate** wurden **geändert.**
  Die Frageitems der Frage 14 konnten nicht in eine Reihenfolge gebracht werden. Sie wurde durch eine Likert-Skala zur Häufigkeit ersetzt. Diese wurde ebenfalls bei Frage 19 verwendet. Dadurch war es auch möglich, eine Frage zur Beurteilung anderer Medien einzuarbeiten.
- **Antwortformate** wurden **verfeinert.**
  Die Fragen nach dem Alter der Teilnehmer oder der grundständig studierten sonderpädagogischen Fachrichtung wurden stärker gegliedert, um an Aussagekraft zu gewinnen (Frage 22, 24).

Dabei stand vor allem im Vordergrund, dass sowohl die Fragen- und Antwortformate als auch die Iteminhalte von den teilnehmenden Lehrern als verständlich erachtet wurden. Durch das ausführliche Feedback zu den einzelnen Items konnten bei miss- oder unverständlichen Formulierungen oben beschriebene Optimierungen vorgenommen werden. Ziel dieser Überarbeitungen war ein eindeutig interpretierbarer Fragebogen, der für die Zielgruppe Lehrer sich als klar und eindeutig verständlich erwies (vgl. Richter 2008, S. 12).
Die von Mayer als wichtig erachteten Gründe für einen Pretest sind erfüllt:

- „die Prüfung der *Verständlichkeit* der Fragen,
- die *Eindeutigkeit* und *Vollständigkeit* der Antwortvorgaben sowie
- die Ermittlung der *Befragungsdauer*." (Mayer 2009, S. 98; Hervorhebungen im Original)

Es bleibt zu berücksichtigen, dass es sich um eine freiwillige Teilnahme an der Vorstudie handelte. Dabei stand u. a. die qualitative Überarbeitung des Instruments im Vordergrund, die eine bessere Datenqualität in der Hauptuntersuchung erwarten lässt. Bezogen auf den Pretest kann nicht mit einer repräsentativ ausgewählten Gruppe gerechnet werden.

8.8 Abhängige Variablen

Zu den abhängigen Variablen (AV) zählen die Verwendungshäufigkeit des Schulbuchs bzw. anderer Unterrichtsmaterialien sowie die Zufriedenheit. Alle Variablen werden direkt im Fragebogen erfasst und sind in der nachfolgenden Übersicht zusammengefasst dargestellt (vgl. Tabelle 9).
Die in der Tabelle 9 genannten Kurzbezeichnungen werden im Fragebogen bei der Codierung verwendet. Sie entsprechen den Bezeichnungen bei den Hypothesen (vgl. 7.2).

Tab. 9:   Abhängige Variablen

Variable (Kurzbezeichnung)	Beschreibung	Skalenniveau
Verwendungshäufigkeit (sb.häuf)	Die Variable erfasst den wöchentlichen Schulbucheinsatz.	ordinal: 1 = nie 2 = in 1-2 Mathematikstunden 3 = in 3-4 Mathematikstunden 4 = in jeder Mathematikstunde
Verwendung anderer Medien (verwend)	Bezogen auf 16 verschiedene Medien wird die Verwendungshäufigkeit erfasst.	ordinal: 1 = nie 2 = selten 3 = oft 4 = immer
Zufriedenheit (zuf)	Die Variable erfasst die Einschätzung der Teilnehmer bezogen auf die Zufriedenheit mit dem verwendeten Schulbuch.	ordinal: 1 = sehr unzufrieden 2 = unzufrieden 3 = zufrieden 4 = sehr zufrieden

8.9 Auswertungsmethodik – Aufbereitung und Analyse der Daten

Das Befragungsinstrument liegt in zwei verschiedenen Formen vor: Paper-Pencil- und Online-Version. Bereits während des Befragungszeitraums stehen die mit dem Online-Fragebogen „SoSci Survey" erhobenen Daten bereit, die unmittelbar nach Beendigung der Erhebung in das Statistikprogramm SPSS übertragen werden.

Die Fragebogen in Papierversion hingegen werden von der jeweiligen Schule gesammelt. Es wird gebeten, diese an den Lehrstuhl für Lernbehindertenpädagogik der Ludwig-Maximilians-Universität München in dem freifrankierten Rückumschlag zurück zu senden. Die Ergebnisse aus den Fragebogen werden anschließend manuell in den Computer übertragen und zusammen mit den im Internet gemachten Angaben des Onlinefragebogens mittels des Statistikprogramms SPSS ausgewertet und gespeichert.

Die Papierfragebogen enthalten ein Kennwort, das zur Bestimmung der Rücklaufquote der Schulen beiträgt. Eine Verknüpfung mit bzw. ein Rückbezug auf eine bestimmte Lehrkraft ist nicht möglich, da alle das Kennwort enthaltenen Blätter vor der manuellen Dateneingabe entfernt werden (vgl. 8.5.1). Es ist unmöglich, herauszufinden, von welcher Person die Angaben getätigt wurden.

Dies gilt ebenso für die Onlinefragebogen. Namen oder Schulangaben können nicht mit den Interviewdaten zusammengeführt werden. Da vor den Berechnungen alle Kennwörter der Online-Fragebogen gelöscht werden, um den Datenschutz zu wahren.

Für die Auswertung wird der Wert des α-Fehlerrisikos auf $\alpha = 0{,}05$ bei einseitiger und zweiseitiger Testung festgelegt. Die Entscheidung zugunsten des 5 %-Niveaus als Signifikanzniveau erscheint für die vorliegende Studie als angemessen und ist ein in der statistischen Literatur üblicher Wert. Ein niedrigeres Signifikanzniveau ist aufgrund wenig gravierender Auswirkungen bei einer Fehlentscheidung nicht notwendig (vgl. Bortz/Lienert 2008, S. 36).

8.10 Zusammenfassung

Die vorliegende Studie kann in verschiedene Forschungstypen eingeordnet werden. Im Rahmen der Schulbuchforschung ist sie sowohl der prozess- als auch der wirkungsorientierten Schulbuchforschung zugehörig. Im Rahmen der Studie wird deskriptiv-explorative Forschung betrieben, die durch Interferenzstatistik ergänzt wird (vgl. 8.1).

Die querschnittlich angelegte Untersuchung setzt zur Datengewinnung eine schriftliche Befragung ein, um medienbezogene Einstellungen und Einschätzungen von Lehrern zu erheben. Diese sollen Angaben zur Nutzung von Mathematikschulbüchern im Unterricht bei Schülern mit sonderpädagogischem Förderbedarf im Förderschwerpunkt Lernen machen (vgl. 8.2).

Auch wenn prinzipiell verschiedene Schulbuchadressaten für eine Studie in Frage kämen, konnte aufgezeigt werden, dass sich als Untersuchungsfeld besonders Lehrkräfte eignen. Für die vorliegende Studie stellt der Beruf bzw. der Arbeitsplatz der Teilnehmer das wichtigste Einschlusskriterium dar: Es sollen vornehmlich Studienräte im Förderschuldienst an (Sonderpädagogischen) Förderzentren in Bayern befragt werden. Diese werden indirekt über die Schulleitungen kontaktiert und um die Teilnahme gebeten (vgl. 8.3).

Es gibt insgesamt sechs unabhängige Variablen (UV):

• das Alter der Lehrer,
• die Klassenstufe,
• die Tatsache, ob man Schulbuchnutzer oder -nichtverwender ist sowie
• ob man Befürworter bei der Einführung des Buchs war,
• die Verwendungshäufigkeit und
• die Nutzung von Zusatzmaterialien (vgl. 8.4).

Das Messinstrument liegt in Form eines Paper-Pencil- sowie Online-Fragebogens vor, bei dem verschiedene Aspekte bei der Konstruktion sowie Qualitätskriterien beachtet und erfüllt wurden (vgl. 8.5).

Ein Überblick über die zeitliche Planung des Projekts ist ebenfalls dargestellt (vgl. 8.6).

Nach dem Pretest konnten erste quantitative Auswertungen und qualitative Veränderungen des Messinstruments vorgenommen werden (vgl. 8.7).

Zu den abhängigen Variablen (AV) zählen die Verwendungshäufigkeit des Schulbuchs bzw. anderer Unterrichtsmaterialien sowie die Zufriedenheit (vgl. 8.8).

Die mit dem Online-Fragebogen „SoSci Survey" erhobenen Daten werden gemeinsam mit den Ergebnissen aus den Papier-Fragebogen mit Hilfe des Statistikprogramm SPSS ausgewertet (vgl. 8.9).

9 Ergebnisse der Studie

Zunächst wird eine deskriptive Auswertung der Items vorgenommen, um die Stichprobe näher zu beschreiben (9.1). Anschließend werden die Ergebnisse bezogen auf die Hypothesen (9.2) ausgewertet. Es sollen „Aussagen über Zusammenhänge zwischen zwei oder mehr Merkmalen" (Richter 2008, S. 26) getroffen werden, wie es bei korrelativen Erhebungen der Fall ist. Diesen Forschungsansatz schlägt auch Wember vor:

> „Sobald erste Variablen identifiziert und operationalisiert sind, lassen sich korrelative Studien durchführen, das sind deskriptive Studien, in denen qualitative, aber vornehmlich auch quantitative Daten erhoben werden und in denen Methoden der beschreibenden Statistik eingesetzt werden können, vor allem solche zur Beschreibung von Verteilungen sowie Korrelations- und Regressionskoeffizienten zur Beschreibung von Zusammenhängen." (Wember 2014, S. 303)

Um zu einer noch genaueren Beschreibung der Untersuchungsgruppe zu gelangen, wurden unter 7.3 weitere Forschungsfragen erarbeitet (vgl. Koch 2015, S. 44). Die auf diesen Forschungsfragen basierenden Ergebnisse werden in den nachfolgenden zwei Unterkapiteln geschildert. Dafür wird zwischen zwei Gruppen differenziert. In Unterkapitel 9.3 werden Ergebnisse bezogen auf alle Befragungsteilnehmer dargestellt, wohingegen unter 9.4 Ergebnisse präsentiert werden, die ausschließlich auf der Datengrundlage der Schulbuchnutzer basieren. Im Kapitel 9.5 werden abschließend weitere, zusätzliche Ergebnisse aufgezeigt, bevor eine Zusammenfassung das Kapitel beendet (9.6).

9.1 Stichprobenbeschreibung

Im Rahmen der Untersuchung wurden 179 Schulen angeschrieben und deren Lehrkräfte um die Teilnahme gebeten (vgl. 8.3.3). Während des Erhebungszeitraums meldete eine Schule zurück, kein Sonderpädagogisches Förderzentrum zu sein, sondern ein Förderzentrum für den Förderschwerpunkt geistige Entwicklung, das laut eigenen Aussagen schwerst mehrfach behinderte Kinder betreuen würde. Aufgrund dessen wurde diese Schule aus der Datenberechnung herausgenommen[10], da sie die zuvor aufgestellten Einschlusskriterien nicht erfüllt und somit nicht einbezogen werden kann (vgl. 8.2). Die Berechnungen basieren daher stets auf den Ergebnissen von 178 Schulen.

9.1.1 Rücklaufquote

Da die einzelnen Fragebogen über eine Schulcodierung verfügen, ist es möglich, Aussagen über die Rücklaufquote der angeschriebenen Schulen zu treffen. Aussagen oder Rückbezüge auf einzelne Lehrkräfte können mit dieser Art der Codierung nicht gemacht werden. Zudem kann man nachvollziehen, ob von einer Schule mehrere Lehrer an der Untersuchung teilgenommen haben. Die Ausschöpfungsquote ist bezogen auf die Schulen durch das Kennwort berechenbar. Allerdings wird das Kennwort vor weiteren Berechnungen gelöscht, so dass es nicht mit den Daten verknüpft werden kann.

Jacob, Heinz und Décieux geben als Ausschöpfungsquoten bei postalischen Befragungen Werte von 10 bis 60 Prozent an (vgl. Jacob/Heinz/Décieux 2013, S. 117). In diesem Bereich bewegt

---

10 So wurde beispielsweise die Anzahl der an dieser Schule tätigen, hauptamtlichen Lehrkräfte nicht in die Berechnungen einbezogen.

sich auch die Rücklaufquote der vorliegenden Untersuchung. Die Ausschöpfungsquote, die mittels des Kennworts der Einzelschule festgestellt werden konnte, betrug 81,5 Prozent. Hier kann also bezogen auf die einzelnen Schulen ein großes Interesse an der Befragung konstatiert werden.

Tab. 10: Rücklaufquote der Hauptuntersuchung

		Anzahl Schulen	postalisch (Papier-Fragebogen)	online (Handzettel/On-line-Fragebogen)	Anzahl Lehrkräfte
	Untersuchungsfeld	178	1080	2160	5034
Rücklauf	Teilnahme insgesamt	145	249	412	661
	davon mit Kennwort	145	248	390	638
	davon ohne Kennwort	---	1	22	23
	Anteil Rücklauf insgesamt	81,5 %	23,1 %	19,1 %	13,1 %

Die Rücklaufquotenergebnisse des postalischen bzw. Online-Rücklaufs fielen geringer mit 23,1 bzw. 19,1 Prozent aus, wenn man die Gesamtzahl der versendeten Papierfragebogen bzw. Handzettel zugrunde legt. Es ist durchaus denkbar, dass nicht alle versendeten Fragebogen und Handzettel verteilt wurden bzw. manche Lehrer sowohl Handzettel als auch Fragebogen erhielten. Deshalb ist anzunehmen, dass der errechnete Anteil an beantworteten im Vergleich zu den versendeten Fragebogen bzw. Handzetteln deutlich verzerrt ist und daher eine geringere Rücklaufquote im Gegensatz zur Schul-Rücklaufquote zustande kommt.

Eine Berechnung des Rücklaufs nach Anzahl der Lehrkräfte zeigt eine Ausschöpfungsquote von 13,1 Prozent. Dies ist dadurch zu erklären, dass einerseits keine genauen Daten zur Grundgesamtheit aller Lehrer vorlagen und als Berechnungsgrundlage zum Befragungszeitpunkt nur veröffentlichte Daten des Bayerischen Staatsministeriums für Unterricht und Kultus zu den hauptamtlichen Lehrkräften an den ausgewählten Schulen im Schuljahr 2012/2013 herangezogen werden konnten (vgl. 8.3.3). Es ist demnach durchaus möglich, dass diese sich deutlich von den tatsächlichen Daten unterscheiden.

Andererseits ist bezogen auf den Rücklauf anzumerken, dass ein Papier- sowie 22 online-Fragebogen ohne Kennwort und damit ohne Rückbezug auf die einzelne Schule ausgefüllt worden sind. Möglicherweise ist der Rücklauf bezogen auf die Einzelschulen sogar noch höher.

Es muss betont werden, dass keine weiteren Anreize geschaffen und die Freiwilligkeit bei der Teilnahme betont wurde. Hinzu kommt, dass kein direktes Anschreiben der Lehrkräfte möglich war (vgl. 8.3). Daher machte die Bereitschaft der Schulleitung zur Weiterleitung einen wesentlichen Bestandteil zum Gelingen des Verfahrens aus. Die daraus resultierenden Erschwernisse wurden bereits in vorangegangenen Kapiteln ausführlich dargestellt. Diese Problematik kennt auch Schümer, die noch weitere Gründe anführt, die auf die hier durchgeführte Untersuchung übertragbar sind.

„Möglicherweise hat der Schulleiter die Fragebogen nicht weitergegeben beziehungsweise seinen Kollegen die Teilnahme an der Umfrage nicht nahegelegt oder sich sogar dagegen ausgesprochen. Vielleicht war auch das gesamte Kollegium gleichgültig oder ablehnend oder fand aufgrund ungünstiger äußerer Umstände keine Zeit für irgendeine Reaktion." (Schümer 1991, S. 51)

Inwieweit dies ebenfalls bei der vorliegenden Studie der Fall ist, kann nicht festgestellt werden. Bezogen auf die durchgeführte Studie kamen jedoch lediglich vier negative Meldungen von Schulen, die folgende Gründe angaben:

- Eine Schule sah sich aus zeitlichen und organisatorischen Gründen nicht imstande teilzunehmen. Zudem wurde darauf hingewiesen, dass zur Berücksichtigung des individuellen Förderbedarfs der Schüler unterschiedliche Bücher und insbesondere spezifisch ausgerichtet Arbeitsblätter im Unterricht eingesetzt würden.
- Die ungewollte Preisgabe von Daten führte eine andere Schule als Grund zur Nichtteilnahme an.
- Eine weitere Schule wurde zum Befragungszeitraum extern evaluiert, wodurch sich eine zusätzliche Belastung der Lehrkräfte durch die Erhebung ergab.
- Den Nichterhalt der Fragebogen meldete eine vierte Schule zurück.

Bemerkenswert ist, dass trotz schriftlicher oder telefonischer Rückmeldung, nicht an der Untersuchung teilnehmen zu können oder zu wollen, von allen vier Schulen ein Rücklauf verzeichnet werden konnte. Möglicherweise gelang es, bestehende Bedenken durch persönliche Beantwortung der Fragen zu zerstreuen.

Entscheidend für die Teilnahme an einer Befragung ist darüber hinaus die Dauer, die für die Beantwortung erforderlich ist. Die Bearbeitungszeit kann für die mit „SoSci Survey" durchgeführte Onlinebefragung genau berechnet werden. Für die Beantwortung des Onlinefragebogens benötigten die Nicht-Schulbuchnutzer im Durchschnitt 7:50 Minuten. Die Schulbuchnutzer bearbeiteten den Fragebogen aufgrund weiterer Fragen in durchschnittlich 9:03 Minuten. Die angegebene Bearbeitungszeit von 20 Minuten ist somit deutlich unterschritten worden. Daher sollte die Bearbeitungsdauer sich nicht negativ auf die Teilnahme ausgewirkt haben.

Des Weiteren ist positiv anzumerken, dass alle Fragen mit großer Sorgfalt ausgefüllt wurden. Nur vereinzelt kam es zu offen gelassenen, vergessenen oder ausgelassenen Antworten, die unter der Kategorie „nicht beantwortet" zusammengefasst werden. Auch die Antwortoption „keine Angaben" wurde äußerst selten gewählt. Lediglich bei Fragen, die zusätzliche Antworten ermöglichten, sind nicht immer weitere Nennungen aufgeführt worden. In den nachfolgenden Kapiteln zur Ergebnisdarstellung werden genaue Angaben zu fehlenden Werten jeweils bezogen auf die einzelnen Fragen gemacht[11].

Die große Vollständigkeit bzw. Ausführlichkeit in der Fragenbeantwortung zeigt durchaus das Interesse der Befragten an der Erhebung. Zum anderen schienen die Teilnehmer offen gegenüber der Erhebung eingestellt gewesen zu sein. Dies mag ähnliche Gründe haben, wie sie Schümer in ihrer Befragung angegeben hat.

> „Von größter Bedeutung war wohl, daß [sic!] die Umfrage keine heiklen Themen berührte, das heißt hier: keine politisch brisanten Fragen und keine Fragen, deren Beantwortung sich ohne weitere Umstände zur persönlichen oder dienstlichen Beurteilung geeignet hätte. Da wir bewußt [sic!] nur wenige Hintergrundinformationen zur Person des Lehrers und seiner Klasse erbeten hatten, war offenbar auch kein Mißtrauen [sic!] aufgekommen, die Untersuchung verfolge mehr oder andere Ziele als den Schulen mitgeteilt worden waren." (a.a.O., S. 96).

---

11 An dieser Stelle sei angemerkt, dass es bei nachfolgenden Abbildungen und Tabellen die Kategorien „keine Angaben" sowie „nicht beantwortet" stets unterschieden werden. „Keine Angaben" bedeutet im Gegensatz zu „nicht beantwortet", dass sich die Befragten bewusst dazu entschieden haben, keine Angaben zu machen.

Insgesamt ist die Rücklaufquote als durchaus zufriedenstellend zu bezeichnen. Dies zeigt sich insbesondere dann deutlich, wenn man den Rücklauf der Studie von Neumann mit der vorliegenden vergleicht. Neumann erzielte bei einer deutschlandweiten Befragung einen Rücklauf von 889 (bereinigt 720) Fragebogen, wobei insgesamt 665.892 Lehrkräfte hätten erreicht werden können. Zudem verfügte er über drei Distributionswege, wobei der erste über das Bayerische Staatsministerium für Unterricht und Kultus führte. Dieses warb, im Gegensatz zur vorliegenden Studie, nicht nur bei den Schulleitern um Mithilfe, sondern schrieb auch über den eigenen E-Mailverteiler Lehrer an (vgl. Neumann 2015, S. 74 ff.). Daher war bei Neumanns Studie der Anteil der in Bayern an der Befragung teilnehmenden Lehrer sehr hoch (31,5 Prozent) (vgl. a. a. O., S. 80). Trotzdem erreichte er für Bayern eine deutlich geringere Quote als die vorliegende Erhebung. Neumann stellt dennoch bezogen auf die Rücklaufquote für seine Erhebung fest:

„Unter Anbetracht dieser Umstände ist der Rücklauf der Studie als solide zu beurteilen." (a. a. O., S. 76)

Die Stichprobe kann noch nach weiteren Merkmalen aufgeschlüsselt werden.

9.1.2 Tätigkeitsbereich

Insgesamt nahmen 661 Lehrerinnen und Lehrer an der Untersuchung teil. Da die Untersuchung lediglich für (Sonderpädagogische) Förderzentren genehmigt worden war und nur die dort tätigen Lehrer die Zielgruppe darstellten (vgl. 8.2), hätte von den Befragungsteilnehmern ausschließlich „(Sonderpädagogisches) Förderzentrum" als Schultyp gewählt werden müssen. Hingegen wären keine Ergebnisse von Lehrern an Schulen mit dem Schulprofil „Inklusion" zu erwarten gewesen, da direkt an diese keine Fragebogen verschickt worden waren. Die Auswertung zeigte jedoch, das einzelne Lehrer als Einsatzort „Schule mit dem Schulprofil ‚Inklusion'" angaben. Dies mag darin begründet liegen, dass einzelne Lehrkräfte als Teil des Kollegiums eines Förderzentrums den Fragebogen erhielten. Ein bestimmter Teil ihrer Unterrichtsstunden können diese Lehrkräfte auch an einer Schule mit dem Schulprofil „Inklusion" tätig sein. Diese Annahme wird dadurch bestärkt, dass zwei Lehrkräfte beide Schultypen als Einsatzort angaben. Da die Genehmigung Befragungen an Schulen mit dem Schulprofil „Inklusion" ausschloss, werden die fünf Lehrkräfte in die Untersuchungsergebnisse nicht einberechnet. Nachfolgende Berechnungen beruhen somit stets auf der bereinigten Gesamtzahl von 656 Lehrern.

Tab. 11: Befragungsteilnehmer nach Schultyp

	(Sonderpäd.) Förderzentrum	Schule mit dem Schulprofil „Inklusion"	(Sonderpäd.) Förderzentrum und Schule mit dem Schulprofil „Inklusion"	nicht beantwortet	gesamt
Anzahl	642	5	2	12	661
Anteil	97,1 %	0,8 %	0,3 %	1,8 %	100 %

Zudem sollten die befragten Lehrkräfte angeben, in welcher Klassenstufe sie hauptsächlich unterrichten. Obwohl sich die Lehrkräfte auf eine Klasse beziehen sollten, kam es hier vereinzelt zu Mehrfachnennungen. Diese sind in der Abbildung 35 berücksichtigt.

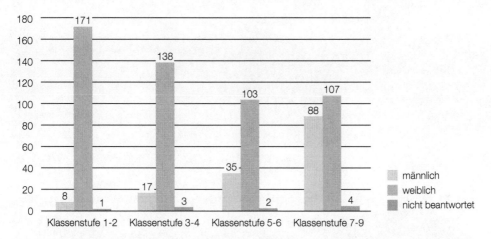

Abb. 35: Verteilung der Befragungsteilnehmer nach Klassenstufen und Geschlecht in absoluten Zahlen unter Berücksichtigung von Mehrfachnennungen

Es wird deutlich, dass der Anteil an Frauen sinkt, je höher die Klassenstufe ist. Vergleichsdaten zu Lehrkräften an Förderschulen in Bayern, die Auskunft über die Verteilung nach Geschlecht und Klassenstufen geben, veröffentlicht weder das Statistische Bundesamt noch das Bayerischen Landesamts für Statistik und Datenverarbeitung. Der sinkende Anteil an Frauen in steigender Klassenstufe ist noch stärker in Abbildung 36 erkennbar.

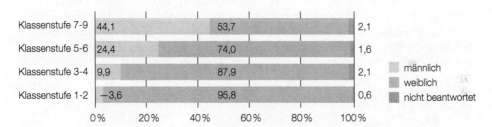

Abb. 36: Prozentuale Verteilung der Befragungsteilnehmer nach Klassenstufen und Geschlecht ohne Berücksichtigung von Mehrfachnennungen

In Abbildung 36 wird die prozentuale Verteilung der Lehrkräfte nach Geschlecht auf die einzelnen Klassenstufen ohne Mehrfachnennungen dargestellt. Mehrfachnennungen finden keine Berücksichtigung, da diese auch bei hypothesenprüfenden Berechnungen nicht einbezogen werden konnten.

Betrachtet man die Verteilung der Lehrkräfte auf die einzelnen Klassenstufen, ist diese insgesamt relativ gleichmäßig, wobei die meisten der teilnehmenden Lehrkräfte in der Oberstufe oder Unterstufe tätig sind. Inwieweit die teilnehmenden Lehrer Schulbuchnutzer sind, wird unter 9.2 diskutiert (vgl. Abbildung 37).

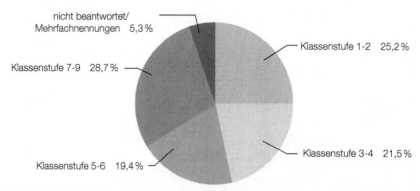

Abb. 37: Prozentuale Verteilung der Befragungsteilnehmer nach Klassenstufen unter Berücksichtigung von Mehrfachnennungen

Neben dem Einsatzbereich der Befragungsteilnehmer ist die Verteilung der Befragten nach Geschlecht und Alter interessant.

9.1.3 Geschlechter- und Altersverteilung

Im Schuljahr 2013/2014 waren 76,7 Prozent der vollzeit- und teilzeitbeschäftigten Lehrkräfte an Förderzentren und Schulen für Kranke in Bayern Frauen (vgl. Bayerisches Landesamt für Statistik und Datenverarbeitung 2014, S. 26). In der untersuchten Stichprobe liegt der Frauenanteil bei 76,5 Prozent. Die Verteilung nach Geschlecht und Altersgruppe wird in der nachfolgenden Grafik dargestellt. Während in den unteren und oberen Altersgruppen eine ähnliche Verteilung wie in den Daten des Bayerischen Landesamts für Statistik und Datenverarbeitung zu finden ist, differieren die Anteile in den mittleren Altersgruppen stärker. Das bedeutet, dass im Altersbereich 40 bis 49 Jahre weniger Lehrerinnen als Lehrer teilgenommen haben. In den Altersgruppen 35 bis 39 Jahre sowie 55 bis 59 Jahre waren mehr Lehrerinnen als Lehrer an der Befragung beteiligt, als durchschnittlich in der jeweiligen Altersgruppe vertreten sind (vgl. Abbildung 38).

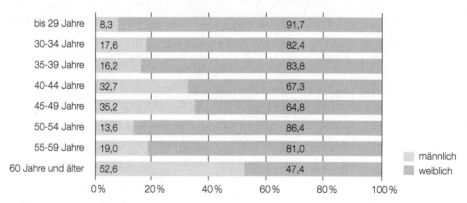

Abb. 38: Prozentuale Verteilung der Befragungsteilnehmer nach Altersgruppen und Geschlecht ohne Berücksichtigung fehlender Werte

Diese Verzerrungen kommen u. a. dadurch zustande, dass keine exakten Daten zur Grundgesamtheit vorliegen. So liefert das Bayerische Landesamt für Statistik ausschließlich Daten zu voll- und teilzeitbeschäftigten Lehrkräften an Förderzentren und Schulen für Kranke (vgl. ebd.), wobei Schulen für Kranke nicht an der Untersuchung beteiligt waren und eine bestimmte Anzahl an Förderzentren aufgrund des gewählten Förderschwerpunkts von der Untersuchung ausgeschlossen waren. Vergleichsdaten des Statistischen Bundesamts bezogen auf die Altersgruppen gibt es hingegen nur zu voll- und teilzeitbeschäftigten Lehrkräften aufgegliedert nach Lehramtsprüfungen. Eine Altersgruppenaufteilung nach Schularten sieht der Bericht nicht vor (vgl. Statistisches Bundesamt 2014a, S. 401) und kann somit nicht zum Vergleich herangezogen werden.

Zusätzlich zum Alter wurde auch das Dienstalter in vier Kategorien erfragt. Die Gruppe der Arbeitsanfänger und derjenigen mit 6 bis 15 Jahren im Schuldienst sind mit etwa 180 Lehrern gleich stark. Mit zunehmendem Dienstalter haben weniger Lehrer an der Befragung teilgenommen. Aber auch in der ältesten Dienstaltersgruppe wurde ein Wert von über 110 Teilnehmern erzielt (vgl. Abbildung 39).

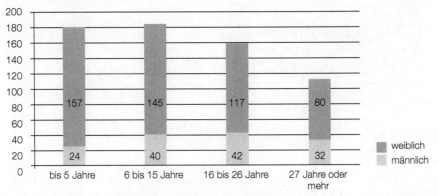

Abb. 39: Verteilung der Befragungsteilnehmer nach Dienstaltersgruppen und Geschlecht in absoluten Zahlen ohne Berücksichtigung fehlender Werte

Somit kann bezogen auf das Dienstalter festgehalten werden, dass für jede Dienstaltersgruppe eine für Berechnungen ausreichend große Zahl an Befragungsteilnehmern besteht, so dass keine Dienstaltersgruppe unberücksichtigt bleibt.

9.1.4 Studierte Fachrichtungen
Ein weiteres Merkmal der untersuchten Personengruppe war die grundständig studierte Fachrichtung.

Tab. 12: Verteilung der Befragungsteilnehmer nach grundständig studierter Fachrichtung [12]

	Lernbehindertenpädagogik	Pädagogik bei Verhaltensstörungen	Sprachheilpädagogik	Pädagogik bei geistiger Behinderung	andere sonderpäd. Fachrichtung	keine sonderpäd. Fachrichtung	nicht beantwortet	gesamt
Anzahl	331 (38)	46 (14)	106 (12)	76 (13)	56 (7)	71	12	698 (42)
Anteil	50,5 % (5,8 %)	7,0 % (2,1 %)	16,2 % (1,8 %)	11,6 % (2,0 %)	8,5 % (1,1 %)	10,8 %	1,8 %	106,4 % (6,4 %)

---

12 In Klammern wurden Mehrfachnennungen berücksichtigt.

Die grundständig studierte Fachrichtung war bei der Hälfte aller Befragungsteilnehmer die Fachrichtung „Lernbehindertenpädagogik". 44,7 Prozent der Absolventen in „Lernbehindertenpädagogik" haben ausschließlich dieses Fach studiert. 5,8 Prozent schlossen zusätzlich zu „Lernbehindertenpädagogik" ihr Studium mit einer weiteren Fachrichtung ab. Insgesamt haben 42 Teilnehmer (6,4 Prozent) zwei sonderpädagogische Fachrichtungen grundständig studiert (vgl. Tabelle 12).

31,1 Prozent der Befragten (204 Teilnehmer) gaben zudem an, eine oder bis zu drei zusätzliche sonderpädagogische Qualifikationen studiert zu haben. Hier wurden neben sonderpädagogischen Fachrichtungen, vor allem „Deutsch als Zweitsprache" bzw. „Didaktik des Deutschen als Zweitsprache" (1,2 Prozent), „qualifizierte Beratungslehrkraft" bzw. „Beratungslehrer" (1,4 Prozent) und/oder andere, vielfach Diplom- oder Magisterstudiengänge (2,0 Prozent) genannt (vgl. Tabelle 13).

Tab. 13: Verteilung der Befragungsteilnehmer nach zusätzlicher sonderpädagogischer Qualifikation (sog. „Erweiterung")[13]

	Lernbehindertenpädagogik	Pädagogik bei Verhaltensstörungen	Sprachheilpädagogik	Pädagogik bei geistiger Behinderung	andere sonderpäd. Fachrichtung	andere Nennungen	keine zus. Qualifikation	nicht beantwortet	gesamt
Anzahl	29 (4)	43 (1)	83 (2)	11 (0)	16 (3)	30 (6)	371	81	664 (8)
Anteil	4,4% (0,6%)	6,5% (0,2%)	12,6% (0,3%)	1,7% (0%)	2,4% (0,5%)	4,6% (0,9%)	56,6%	12,3%	101,2% (1,2%)

Nimmt man auch hier das Fach „Lernbehindertenpädagogik" in den Fokus, haben weitere 4,4 Prozent eine Zusatzqualifikation in diesem Fach erworben. Nimmt man diese sog. „Erweiterer" zu den Absolventen hinzu, die Lernbehindertenpädagogik grundständig studiert haben, verfügen 54,9 Prozent aller Befragungsteilnehmer über eine Qualifikation im Bereich „Lernbehindertenpädagogik". Damit stellt diese sonderpädagogische Fachrichtung den größten Schwerpunkt an studierten Fachrichtungen unter allen Befragungsteilnehmern dar.

Nach der Beschreibung der Stichprobe soll in diesem Unterkapitel ein kurzer Blick darauf geworfen werden, wie aussagekräftig die gewonnenen Ergebnisse für die festgelegte Zielgruppe sind.

9.1.5 Grenzen der Erhebung

Bei der Erstellung des Erhebungsinstruments sind wesentliche Aspekte und wissenschaftliche Standards der Fragebogenkonstruktion stets beachtet worden (vgl. 8.5). Trotzdem können Verzerrungseffekte nicht gänzlich ausgeschlossen werden.

Auf einen Aspekt sei an dieser Stelle besonders hingewiesen: Es kann nicht beantwortet werden, ob sich verstärkt diejenigen Lehrer von der Erhebung angesprochen fühlten, die ein Schulbuch verwenden und ihre Meinung zum verwendeten Schulbuch kundtun wollten. Möglicherweise nahmen die Schulbuchverwender bewusst diese Chance wahr. Daher stellt diese Gruppe einen wesentlich größeren Anteil im Vergleich zu den Lehrern dar, die kein Schulbuch im Unterricht einsetzen. Jedoch beteiligten sich auch ausreichend Nicht-Schulbuchnutzer an der Befragung, um auch deren Meinung darstellen zu können. Somit stellen die anschließend aufgeführten Ergebnisse durchaus ein Bild über die Verwendung des Mathematikschulbuchs im Unterricht an (Sonderpädagogischen) Förderzentren aus Sicht der befragten Lehrer dar.

---

13 Abweichungen in der Summenbildung können durch Rundungsdifferenzen entstehen. Zudem führen Mehrfachnennungen zu einem abweichenden Summenergebnis.

Insgesamt kann jedoch festgehalten werden, dass mit der Gesamtzahl der Befragungsteilnehmer Berechnungen und statistische Auswertungen gut durchführbar sind. Die bereinigte Gesamtzahl von 656 Lehrern stellt eine ausreichend große Stichprobe für die Anwendung statistischer Verfahren dar.

Da keine genauen Befunde über die Grundgesamtheit vorliegen und daher nur die auf der Grundlage des Bayerischen Staatsministeriums für Unterricht und Kultus errechneten Daten herangezogen werden können (vgl. 8.3.2), wurde bezogen auf die Lehrkräfte eine Ausschöpfungsquote von 13,1 Prozent erzielt. Aufgrund dessen kann nicht von einer repräsentativen Studie ausgegangen werden.

Ähnliche Schwierigkeiten hatte auch Neumann, der gleichermaßen schreibt, dass „die Ergebnisse der Studie für einen bestimmten Typ von Lehrer aussagekräftig sind, nicht aber für die gesamte Lehrerschaft verallgemeinert werden können" (Neumann 2015, S. 82), was jedoch aufgrund der vorhandenen Möglichkeiten seines Projekts kaum möglich gewesen wäre. Dies trifft gleichermaßen auf die vorliegende Studie zu.

Ebenso ist die Forschungsmethodik, im vorliegenden Fall die Datenerhebung mittels eines Fragebogens, zu hinterfragen. Eine ausführliche Begründung zugunsten dieses Vorgehens wurde bereits gegeben, so dass an dieser Stelle auf eine erneute Abwägung verschiedener Forschungsmethoden und deren Vor- und Nachteile verzichtet wird. Unter 8.2 konnte aufgezeigt werden, dass sich die Methode der schriftlichen Befragung als zielführend, zuverlässig und ökonomisch durchführbar erwiesen hat. Wenngleich Beobachtungen eher das tatsächliche Nutzungsverhalten von Lehrern im Schulalltag zu erheben vermögen, lassen sich mit dieser Methode lediglich Einzelfälle darstellen. Verallgemeinerungen wären somit kaum möglich. Daher sei an dieser Stelle noch einmal deutlich darauf hingewiesen, dass die vorliegende Untersuchung die Nutzung des Schulbuchs sowie dessen Wirkungen aus Lehrersicht erfragt und auf Selbsteinschätzungen von Lehrkräften beruht. Das alltägliche Nutzungsverhalten kann im Rahmen der vorliegenden Studie nicht erhoben werden.

Gleichermaßen ausführlich wurde beschrieben, warum keine Befragung von Schülern stattgefunden hat. Vielfältige Überlegungen hierzu wurden im Unterkapitel 8.3.1 angestellt und Gründe gegen eine Befragung von Schülern mit gravierenden Lernschwierigkeiten angeführt. Insgesamt wäre es wünschenswert gewesen, eine noch größere Rücklaufquote zu erzielen. Jedoch lassen sich die gewonnenen Ergebnisse als für die Zielgruppe durchaus aussagekräftig beurteilen. Daher sollen nun die gewonnenen Ergebnisse erläutert werden.

9.2 Ergebnisse zu den einzelnen Hypothesen

Dieses Kapitel befasst sich mit der Verifizierung und Falsifizierung der unter 7.2 erarbeiteten Hypothesen anhand der Erhebungsergebnisse. Bei den durchgeführten statistischen Analysen wurde das Alpha-Fehler-Niveau auf $p < ,05$ sowohl bei zweiseitiger als auch bei einseitiger Testung festgelegt. Eine Interpretation und Einordnung der Ergebnisse in Bezug zu anderen Studien erfolgt in Kapitel 10.1.

9.2.1 Verwendungshäufigkeit des Schulbuchs
Zur Häufigkeit der Schulbuchnutzung wurden in Kapitel 7.2 zwei Hypothesen gebildet. Die Verwendungshäufigkeit des Schulbuchs wurde dabei in Bezug auf das Alter der Lehrer und die Klassenstufen hinterfragt.

▶ 1. Ältere Lehrer setzen häufiger das Mathematikschulbuch ein als jüngere Lehrer.
Die Nullhypothese, dass kein Zusammenhang oder ein negativer Zusammenhang zwischen dem Alter und der Schulbuchnutzungshäufigkeit besteht, kann verworfen werden (Kendall-$\tau = 0.106$; $p = .002$). Das Ergebnis ist signifikant. Es gibt einen schwachen positiven

Zusammenhang. Das bedeutet, dass ältere Lehrer das Mathematikschulbuch häufiger als jüngere Lehrer einsetzen.

▶ 2. In unteren Klassenstufen werden seltener Schulbücher verwendet als in höheren Klassenstufen.

Die Nullhypothese, dass kein Zusammenhang oder ein negativer Zusammenhang zwischen der Klassenstufe und der Schulbuchnutzungshäufigkeit besteht, kann verworfen werden (Kendall-$\tau = 0.316$; $p = .000$). Es liegt ein signifikantes Ergebnis mit mittlerem Effekt vor. Das bedeutet, dass das Mathematikschulbuch in unteren Klassenstufen seltener als in höheren Klassenstufen eingesetzt wird.

9.2.2 Verwendungshäufigkeit weiterer Medien

Neben der Schulbuchnutzung an sich, ist auch die Nutzung weiterer Medien im Unterricht zu diskutieren. Hierzu bildet Hypothese 3 die Grundlage.

▶ 3. Schulbuchverwender setzen andere Unterrichtsmedien seltener ein als Nichtschulbuchverwender.

Da die Teilnehmer zu einer Vielzahl anderer Medien befragt wurden, wurden die einzelnen p-Werte nach der Bonferroni-Methode mit dem Faktor 17 korrigiert. Signifikante Ergebnisse wurden für die folgenden Materialien gefunden:

• **Selbstangefertigte Arbeitsblätter:**
Die Nullhypothese, dass Schulbuchverwender selbstangefertigte Arbeitsblätter genauso oft oder häufiger als Nichtschulbuchverwender einsetzen, kann verworfen werden ($t[646] = 4.308$; $p = .000$). Das Ergebnis ist signifikant. Das bedeutet, dass Schulbuchverwender selbstangefertigte Arbeitsblätter seltener als Nichtschulbuchverwender einsetzen.

• **Realgegenstände:**
Die Nullhypothese, dass Schulbuchverwender Realgegenstände genauso oft oder häufiger als Nichtschulbuchverwender einsetzen, kann verworfen werden ($t[638] = 4.512$; $p = .000$). Das Ergebnis ist signifikant. Das bedeutet, dass Schulbuchverwender Realgegenstände seltener als Nichtschulbuchverwender einsetzen.

• **Mathematische Lernmittel**:
Die Nullhypothese, dass Schulbuchverwender mathematische Lernmittel genauso oft oder häufiger als Nichtschulbuchverwender einsetzen, kann verworfen werden ($t[642] = 7.355$; $p = .000$). Das Ergebnis ist signifikant. Das bedeutet, dass Schulbuchverwender mathematische Lernmittel seltener als Nichtschulbuchverwender einsetzen.

• **Montessori-Material**:
Die Nullhypothese, dass Schulbuchverwender Montessori-Material genauso oft oder häufiger als Nichtschulbuchverwender einsetzen, kann verworfen werden ($t[626] = 3.439$; $p = .0085$). Das Ergebnis ist signifikant. Das bedeutet, dass Schulbuchverwender Montessori-Material seltener als Nichtschulbuchverwender einsetzen.

9.2.3 Zufriedenheit

Einen dritten Hypothesenschwerpunkt liefern die Hypothesen 4 bis 6, der sich mit der Zufriedenheit der Schulbuchnutzer in Bezug auf das von ihnen verwendete Schulbuch befasst.

▶ 4. An der Einführung des Schulbuchs beteiligte (Vorschlag/Kaufentscheidung) Lehrer sind zufriedener mit dem verwendeten Buch.

In Bezug auf den **Vorschlag des Buches** ergab sich folgendes Ergebnis:
Die Nullhypothese, dass kein Zusammenhang oder ein negativer Zusammenhang zwischen dem Vorschlag des Buchs und der Zufriedenheit besteht, kann verworfen werden

(t[528] = -2.796; p = .0025). Das Ergebnis ist signifikant. Das bedeutet, dass Schulbuchverwender, die das Buch vorgeschlagen haben, zufriedener mit dem verwendeten Schulbuch sind. In Bezug auf die **Kaufentscheidung des Buches** ergab sich folgendes Ergebnis:

Die Nullhypothese, dass kein Zusammenhang oder ein negativer Zusammenhang zwischen der Kaufentscheidung und der Zufriedenheit besteht, kann verworfen werden (t[528] = -3.526; p = .000). Das Ergebnis ist signifikant. Das bedeutet, dass Schulbuchverwender, die die Entscheidung zum Kauf des Buchs getroffen haben, zufriedener mit dem verwendeten Schulbuch sind.

▶ 5. Je häufiger das Buch eingesetzt wird, desto zufriedener ist der Nutzer.

Die Nullhypothese, dass kein Zusammenhang oder ein negativer Zusammenhang zwischen der Häufigkeit der Schulbuchnutzung und der Zufriedenheit besteht, kann verworfen werden (Kendall-τ = 0.290; p = .000). Das Ergebnis ist signifikant. Es gibt einen positiven Zusammenhang mittlerer Stärke. Das bedeutet, dass je häufiger das Schulbuch eingesetzt wird, desto zufriedener ist der Schulbuchnutzer mit dem verwendeten Schulbuch.

▶ 6. Je häufiger schulbuchbegleitende Materialien (Lehrerbegleitbuch/Schülerbegleitheft) eingesetzt werden, desto zufriedener sind die Lehrer.

In Bezug auf das **Lehrerbegleitbuch** ergab sich folgendes Ergebnis:

Die Nullhypothese, dass kein Zusammenhang oder ein negativer Zusammenhang zwischen der Häufigkeit der Lehrerbegleitbuchnutzung und der Zufriedenheit besteht, kann nicht verworfen werden (Kendall-τ = 0.053; p = .104). Das Ergebnis ist nicht signifikant. Das bedeutet *nicht*, dass je häufiger das Lehrerhandbuch eingesetzt wird, desto zufriedener ist der Schulbuchnutzer mit dem verwendeten Schulbuch.

In Bezug auf das **Schülerbegleitheft** ergab sich folgendes Ergebnis:

Die Nullhypothese, dass kein Zusammenhang oder ein negativer Zusammenhang zwischen Häufigkeit der Schülerbegleitheftnutzung und der Zufriedenheit besteht, kann verworfen werden (Kendall-τ = 0.192; p = .000). Das Ergebnis ist signifikant. Es gibt einen schwachen positiven Zusammenhang. Das bedeutet, dass je häufiger das Schülerbegleitheft eingesetzt wird, desto zufriedener ist der Schulbuchnutzer mit dem verwendeten Schulbuch.

9.3 Ergebnisse zu den einzelnen Fragestellungen bezogen auf alle Befragungsteilnehmer

In diesem Kapitel werden die Fragen untersucht, die in Kapitel 7.3 aufgeworfen worden sind. Bei den Ergebnisdarstellungen wird die bereinigte Zahl von allen 656 Befragungsteilnehmern herangezogen. Sollten Unterschiede bezogen auf die Schulbuchverwender und -nichtverwender bestehen, die nachfolgend als Nutzer und Nicht-Nutzer bezeichnet sind, werden diese zusätzlich abgebildet und erläutert. Die Aufeinanderfolge der Ergebnisdarstellung kann ggf. von der Reihenfolge der Fragestellungen in Kapitel 7.3 abweichen.

9.3.1 Gründe für oder gegen den Einsatz des Schulbuchs im Unterricht

Zunächst sollen die Gründe im Vordergrund stehen, die von den Befragungsteilnehmern für den Einsatz eines Schulbuchs im Unterricht genannt wurden, aber auch, was Nicht-Schulbuchnutzer dazu veranlasst, kein Schulbuch zu verwenden. Beide Schwerpunkte können mit der Frage 2 beantwortet werden.

Wie bereits unter 7.3 dargelegt, war es wichtig, dass diese zu Beginn des Fragebogens gestellte Frage offen von den Teilnehmern zu beantworten war, um erste, spontane Assoziationen zu ermitteln und nicht durch vorgegebene Antwortmöglichkeiten die Auswahl zu begrenzen oder die Antwortmöglichkeiten zu verzerren. Dieses Angebot wurde von den Befragungsteilnehmern rege und häufig mit der Angabe von mehreren Gründen angenommen. Lediglich 33 Befragte (5,0 Prozent) äußerten sich an dieser Stelle nicht.

Trotz einer Vielzahl an Antworten war eine Clusterung durchführbar. Es konnten Oberbegriffe gefunden werden, die eine Zusammenfassung von ähnlich lautenden Antworten ermöglichte. Damit können Häufigkeiten benannt werden, die sich wie folgt in Abbildung 40 darstellen lassen. Mehrfachnennungen sind darin berücksichtigt.

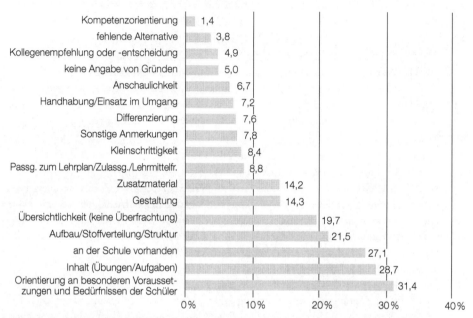

Abb. 40: Nennungen der Befragungsteilnehmer zu Gründen für oder gegen die Verwendung eines Schulbuchs in Prozent unter Berücksichtigung von Mehrfachnennungen

Ein Teil der Befragungsgruppe trug Begründungen vor, die weniger auf bestimmte Merkmale des Schulbuchs fokussierten oder bestimmte Auswahlkriterien herausstellten. Hierunter fallen beispielsweise Nennungen wie fehlende Alternativoptionen (3,8 Prozent), Auswahl des Schulbuchs vornehmlich durch Kollegen (4,9 Prozent) oder auch das Vorhandensein des Buches an der Schule (27,1 Prozent).

Während die Gestaltung des Buches sowie Zusatzmaterialien von jeweils rund 14 Prozent der Teilnehmer als Grund angegeben wurden, war etwa jedem Fünften die Übersichtlichkeit sowie die Struktur bzw. der Aufbau des Buches wichtig. Die zweithäufigste Nennung betraf den Inhalt des Schulbuches (28,7 Prozent). Hier fanden insbesondere die im Buch enthaltenen Übungen und Aufgaben(formate) explizit Erwähnung. Entscheidend für fast ein Drittel aller Befragten war jedoch die Passung des Buches zu den Lernvoraussetzungen und Bedürfnissen der Schüler (31,4 Prozent).

Um weitere, spezifischere Aussagen zu erhalten, können die Gründe noch in Angaben von Schulbuchnutzern und -nichtnutzern unterteilt werden, da von beiden Gruppen jeweils eine unterschiedliche Schwerpunktsetzung vorgenommen wurde (vgl. Abbildung 41).

Die in der Rangfolge aller Befragten am häufigsten genannten Argumente „Orientierung an den Bedürfnissen und Voraussetzungen der Schüler" und „Inhalt" wurden von mehr als der Hälfte aller Nicht-Nutzer (jeweils 53,9 Prozent) als Begründung aufgeführt, warum kein Schulbuch im

Unterricht verwendet wird. Diese Lehrer bezweifelten zum einen die Passung des Schulbuchs an die Lernausgangslage ihrer Schüler, zum anderen sahen sie damit eng verbunden inhaltliche Aspekte, die in einem Schulbuch nicht umgesetzt werden können. Vornehmlich verwiesen sie auf zu wenig Übungsaufgaben und -möglichkeiten in den Schulbüchern.

Diese beiden Argumente wurden ebenfalls bei den Schulbuchnutzern als wesentliche Gründe benannt. Jedoch fand ein anderer Gesichtspunkt eine noch stärkere Beachtung: „an der Schule vorhanden". 30,5 Prozent aller Schulbuchverwender gaben an, das an der Schule verfügbare, in ausreichender Zahl vorhandene Buch zu verwenden. Erst danach wurden Schülergemäßheit (27,3 Prozent) sowie inhaltliche (24,0 Prozent) Aspekte benannt. Strukturelle Gesichtspunkte (23,3 Prozent) folgten nahezu nahtlos.

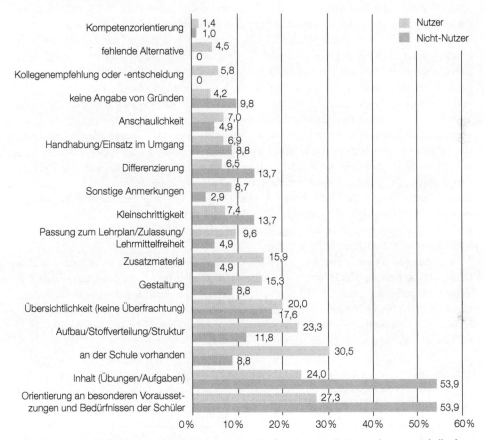

Abb. 41: Nennungen der Nutzer und Nicht-Nutzer zu Gründen für oder gegen die Verwendung eines Schulbuchs in Prozent unter Berücksichtigung von Mehrfachnennungen

Da für eine Vielzahl der Befragungsteilnehmer ein gewichtiger Grund für oder gegen die Verwendung eines Buches in der Tatsache lag, ob es in ausreichender Zahl an der Schule vorhanden ist, wurde dieser Aspekt mit Frage 5 näher beleuchtet. Bewusst wurde die Formulierung „in ausreichender Anzahl" statt „im Klassensatz" gewählt, da je nach Einsatzgebiet, für das es der Lehrer vorsieht, ggf. kein Klassensatz zur Verfügung stehen muss. Mittels dieser Frage lässt sich somit klären, ob evtl. aufgrund fehlender ausreichender Verfügbarkeit auf ein Buch verzichtet wird.

Tab. 14: Angaben der Befragungsteilnehmer über die Verfügbarkeit von Schulbüchern[14]

| | Ausreichende Verfügbarkeit von Schulbüchern | | | | | | nicht beantwortet | | gesamt | |
	Ja		Nein		keine Angaben					
Nicht-Nutzer	77	11,7 %	16	2,4 %	7	1,1 %	2	0,3 %	102	15,5 %
Nutzer	512	78,0 %	30	4,6 %	9	1,4 %	3	0,5 %	554	84,5 %
gesamt	589	79,8 %	46	7,0 %	16	2,4 %	5	0,8 %	656	100,0 %

In Tabelle 14, die zusammenfassend die Ergebnisse vorstellt, wird deutlich, dass ein Schulbuch bei fast 80 Prozent der Befragungsteilnehmer in ausreichender Anzahl an der jeweiligen Schule zur Verfügung steht. Somit hätten auch 11,7 Prozent aller Nicht-Nutzer die Möglichkeit, auf ein an der Schule vorrätiges Schulbuch zuzugreifen, nutzen dies aber nicht aus.

4,6 Prozent der Nutzer gaben ebenfalls an, kein Schulbuch in ausreichender Anzahl zur Verfügung zu haben. Für dieses Phänomen sind verschiedene Erklärungen denkbar: Die befragten Lehrer entnehmen bedarfsgerecht Inhalte beispielsweise in Form von Kopien, sind daher der Gruppe Nutzer zugehörig, auch wenn sie das Buch nicht in ausreichender Anzahl verwenden können. Oder sie bekommen das Schulbuch nicht von der Schule gestellt und finanzieren es anderweitig, beispielsweise durch die Eltern. Oder aber, die Betreffenden setzen das Buch weniger im Unterricht, sondern eher als Vorbereitungsmittel ein. Ein Einsatz, der sich nicht auf alle Schüler (gleichzeitig) erstreckt beispielsweise in Differenzierungsgruppen, wäre ebenfalls vorstellbar. Möglicherweise verwendet auch ein Kollege das an der Schule vorrätige Buch, so dass der befragte Lehrer nicht in ausreichender Zahl darauf zugreifen kann.

Da kein Rückbezug zu den Teilnehmern möglich ist (vgl. 8.3), kann ein erneutes Nachfragen bezüglich möglicher Erklärungsansätze nicht durchgeführt werden. Es handelt sich daher nur um Mutmaßungen, aber keine belegten Thesen. Möglicherweise kann die oben stehende Aufzählung um weitere Gründe ergänzt werden.

Interessant ist in diesem Zusammenhang, wie die Befragungsteilnehmer zu anderen Schulbüchern stehen, genauer gesagt, ob sie ein anderes Schulbuch bevorzugt einsetzen würden. In Tabelle 15 sind die Ergebnisse bezogen auf alle Befragungsteilnehmer dargestellt. Allerdings werden hier die Nicht-Nutzer als fehlend gewertet, da diese Frage nicht an sie gerichtet wurde. Es wäre nicht sinnvoll, diese danach zu fragen, ob sie lieber mit einem anderen Buch arbeiten wollten, obwohl sie gar keines verwenden.

Tab. 15: Angaben der Befragungsteilnehmer zur Bevorzugung eines anderen Buches[15]

| Bevorzugung eines anderen Buches | | | | | | fehlend | | gesamt | |
Ja		Nein		keine Angaben					
133	20,3 %	350	53,4 %	67	10,2 %	106	16,2 %	656	100,0 %

Aussagekräftiger erscheint die alleinige Darstellung der Angaben der Schulbuchnutzer in diesem Bereich. Bezieht man sich ausschließlich auf sie, wird deutlich, dass fast ein Viertel der Schulbuchnutzer (24,0 Prozent) ein anderes Buch bevorzugen würde (vgl. Abbildung 42).

---

14 Abweichungen in der Summenbildung können durch Rundungsdifferenzen entstehen.

15 Abweichungen in der Summenbildung können durch Rundungsdifferenzen entstehen. In dieser Tabelle werden die Schulbuch-Nichtnutzer (N = 102) sowie die Kategorie „nicht beantwortet" (N = 4) als fehlend gewertet.

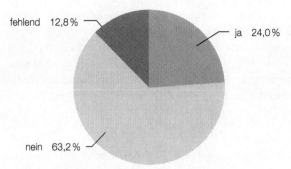

Abb. 42: Angaben der Nutzer zur Bevorzugung eines anderen Buches in Prozent[16]

Zusätzlich wurden alle Schulbuchnutzer, die die Frage zur Bevorzugung eines anderen Buches bejaht hatten, zusätzlich nach Begründungen gefragt. Lediglich drei Teilnehmer dieser Gruppe nahmen keine Stellung.

Bei den angegebenen Gründen bietet sich ein ähnliches Bild wie zuvor bei den Nicht-Nutzern. Die Inhalte vor allem in Form von Übungen und Aufgaben spielten die größte Rolle, warum ein anderes Buch möglicherweise als besser erachtet wurde. Gleich daran schließt die fehlende Passung des verwendeten Schulbuchs an die Bedürfnisse und Kompetenzen der Schüler an. Hier wiederholten sich die Nennungen, die zuvor die Nicht-Nutzer als Begründung für die Ablehnung eines Buches abgegeben hatten. Es ist sogar eine ähnliche Rangfolge zu erkennen (vgl. Abbildung 43).

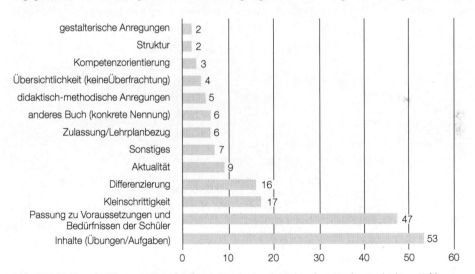

Abb. 43: Angaben der Nutzer zu Gründen für eine Bevorzugung eines anderen Buches in absoluten Zahlen unter Berücksichtigung von Mehrfachnennungen

Ein interessanter Aspekt besteht darin, dass immerhin sechs Lehrer ein anderes Buch konkret benannten, welches sie lieber im Unterricht einsetzen würden. Andere waren sich durchaus be-

---

16 In dieser Abbildung werden die Kategorie „nicht beantwortet" (0,7 %) sowie die Kategorie „keine Angaben" (12,1 %) als „fehlend" zusammengefasst.

wusst, dass sie ein veraltetes Buch einsetzen oder es aber modernere Bücher gibt (9 Nennungen). Damit eng verbunden ist die Zulassung bzw. die Passung zum Lehrplan (6 Nennungen). Aufgrund fehlender Zulassung verwendeten manche ein Buch nicht mehr, obwohl sie es als passender zu den Lernvoraussetzungen ihrer Schüler einstuften. Den in der Implementierungsphase befindlichen Rahmenlehrplan für den Förderschwerpunkt Lernen erwähnten zwei Befragte. Die bisher dargestellten Gründe stehen in Zusammenhang mit den Ansprüchen, die Lehrer an Schulbücher stellen.

9.3.2 Ansprüche der Lehrer

Eng mit den Gründen für oder gegen die Verwendung eines Schulbuchs sind die Ansprüche der Lehrer verknüpft. Frage 4 ermittelte die drei wichtigsten Ansprüche, die Lehrer an ein Mathematikschulbuch stellen. Die Befragungsteilnehmer wurden vor die Aufgabe gestellt, die drei wichtigsten Ansprüche an ein Schulbuch auszuwählen. Dabei standen ihnen 13 Möglichkeiten offen. Optional konnte noch ein weiterer Anspruch von den Befragungsteilnehmern angeführt werden. Die Ergebnisse sind in Abbildung 44 dargestellt.

Es zeigt sich deutlich, dass nahezu 60 Prozent aller befragten Lehrer Wert auf eine gute Strukturierung des Buches (59,8 Prozent) legten. Fast die Hälfte aller Lehrer erwarteten ausreichend Übungen (48,3 Prozent). Beinahe gleichwertig wurden kleinschrittiges Vorgehen (33,2 Prozent), die inhaltliche Aufbereitung (32,3 Prozent) und Differenzierungsmöglichkeiten (27,9 Prozent) auf den Plätzen drei bis fünf genannt. Etwa jeder fünfte Befragte wünschte sich eine gute Abdeckung des Lernstoffes (21,0 Prozent) und die Möglichkeit, dass die Schüler selbstständig mit dem Buch arbeiten können (20,9 Prozent). Während noch 19,4 Prozent der Befragten Wert auf Schülerarbeitsmaterialien und 18,4 Prozent auf eine ansprechende Gestaltung legten, spielten der Preis und Begleitmaterialien für Lehrer nur eine untergeordnete Rolle (vgl. Abbildung 44).

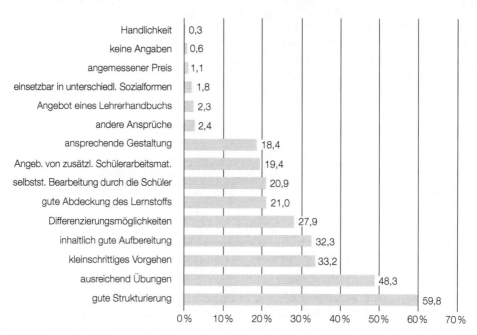

Abb. 44: Angaben der Befragungsteilnehmer zu Ansprüchen an ein Mathematikschulbuch in Prozent unter Berücksichtigung von Mehrfachnennungen

Vergleicht man genauer die Antworten der Nutzer im Gegensatz zu den Nicht-Nutzern wird eine etwas andere Gewichtung deutlich: Den Nutzern war eine inhaltlich gute Aufbereitung etwas wichtiger als das kleinschrittige Vorgehen. Insgesamt stellt sich jedoch die Rangfolge der Nutzer im Wesentlichen nicht anders dar als die aller Befragungsteilnehmer (vgl. Abbildung 45).

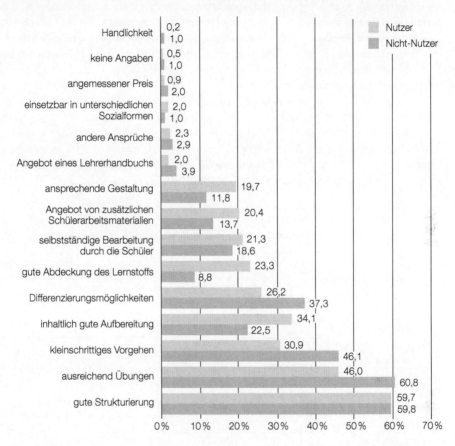

Abb. 45: Angaben der Nutzer und Nicht-Nutzer zu Ansprüchen an ein Mathematikschulbuch in Prozent unter Berücksichtigung von Mehrfachnennungen

Anders sieht es bei den Nicht-Nutzern aus. 60,8 Prozent aller Nicht-Nutzer sahen die Übungen am bedeutsamsten an, was ein Schulbuch anbieten bzw. leisten soll. Danach folgten erst die Strukturierung und das kleinschrittige Vorgehen. Hier und hinsichtlich der Differenzierung besteht eine große Diskrepanz in der Häufigkeit der Nennungen nach Nutzern und Nicht-Nutzern. Während 46,1 Prozent aller Nicht-Nutzer den Anspruch an ein kleinschrittiges Fortschreiten erhoben, lag er bei den Nutzern nur bei 30,9 Prozent.

Noch gravierender ist der Unterschied bezogen auf die Abdeckung des Lernstoffes. Für fast jeden vierten Nutzer war dies wichtig, wohingegen nur 8,8 Prozent der Nicht-Nutzer diesen Aspekt auswählten.

Neben den Ansprüchen wurden noch weitere Kriterien erfasst, beispielsweise solche, die sich förderlich auf den Einsatz des Schulbuchs auswirken.

9.3.3 Kriterien für einen verstärkten Einsatz des Schulbuchs

Während bei Frage 4 eine Gewichtung von vorgegebenen Items von den Befragten vorgenommen werden musste, erfasste die offen gestellte Frage 16 Kriterien für einen verstärkten Einsatz des Mathematikschulbuchs. Dahinter verbergen sich gleichermaßen Ansprüche von Lehrern an ein Schulbuch. Jedoch lag der Schwerpunkt bei dieser Frage darin, herauszufinden, was ein Schulbuch anbieten müsste, um häufiger von Nutzern bzw. überhaupt von Nicht-Nutzern eingesetzt zu werden. An dieser Stelle konnten Schulbuchnutzer somit indirekt Kritik äußern und Aspekte benennen, die ihnen noch wichtig wären, um das Buch noch intensiver zu verwenden. Nicht-Nutzer hingegen vermochten noch einmal den wesentlichen Grund herauszuarbeiten, der sie an der Buchverwendung hindert.

Die bei Frage 16 frei genannten Antworten wurden ebenfalls in Gruppen klassifiziert, so dass Aussagen zur Häufigkeit möglich sind, die in Tabelle 16 dargestellt sind.

Die Häufigkeit der Nennungen (Mehrfachnennungen waren erwünscht) steigt in der Tabelle von oben nach unten an. Dabei wurden Nennungen in Anführungsstriche geschrieben, die explizit so oder in nahezu gleicher Formulierung von den Befragungsteilnehmern angeführt wurden. Alle weiteren Nennungen wurden Oberbegriffen zugeordnet.

Tab. 16: Nennungen der Befragungsteilnehmer zu Ansprüchen, um das Schulbuch häufiger oder überhaupt einzusetzen, unter Berücksichtigung von Mehrfachnennungen

Ansprüche (qualitative Nennungen)	Nicht-Nutzer	Nutzer	gesamt	Anteil
„Handlungsorientierung"	2	9	11	1,7%
„Kompetenzorientierung"	3	9	12	1,8%
digitale Unterstützung	4	10	14	2,1%
Passung an den Lehrplan	2	14	16	2,4%
„Altersgemäßheit", „Schülergemäßheit", „Lebensweltbezug"	8	15	23	3,5%
gestalterische Anregungen	8	26	34	5,2%
Betonung zum Einsatz in einer bestimmten Unterrichtsphase oder Sozialform	5	29	34	5,2%
Sonstige Anmerkungen	9	26	35	5,3%
„Anschaulichkeit"	19	20	39	5,9%
„Selbstständigkeit des Schülers", Selbstkontrolle	14	31	45	6,9%
Orientierung an besonderen Voraussetzungen und Bedürfnissen der Schüler	10	37	47	7,2%
„Übersichtlichkeit" (keine Überfrachtung)	23	34	57	8,7%
„Struktur"	24	40	64	9,8%
Zusatzmaterial	15	56	71	10,8%
konkrete inhaltliche Anregungen	10	62	72	11,0%
didaktisch-methodische Anregungen	21	66	87	13,3%
„Kleinschrittigkeit"	30	68	98	14,9%
keine Ansprüche	5	173	178	27,1%
„Differenzierung"	33	147	180	27,4%
„Übungen", „vielfältige Übungsformen"	57	241	298	45,4%
Änderungen der Aufgaben/ Übungen (quantitativ und qualitativ)	50	254	304	46,3%

Ein Vergleich der Frage 16 mit Frage 2 ermöglicht eine Einschätzung zur Aussagekraft der zu Beginn getroffenen Antworten. Es ist durchaus denkbar, dass Befragungsteilnehmern an dieser Stelle andere Gründe einfielen oder eine andere Gewichtung vornahmen, nachdem sie bereits mehrere Fragen beantwortet hatten und damit gedanklich tiefer in die Befragungsthematik eingestiegen waren. Die im Mittelteil der Erhebung befindliche Frage konnte somit u. U. neue Aspekte herausarbeiten, die gegensätzlich zu den intuitiven Nennungen am Befragungsanfang stehen könnten.

Bei der Gegenüberstellung der Frageergebnisse kann festgestellt werden, dass die häufigste Nennung bei Frage 2 (Orientierung an besonderen Voraussetzungen und Bedürfnissen der Schüler; 31,4 Prozent) nun eine wesentlich geringere Gewichtung einnimmt (7,2 Prozent).

Hingegen wurde den inhaltlichen Aspekten wie Übungen und Aufgaben ein sehr hoher Stellenwert beigemessen. 45,4 Prozent aller Befragten gaben diese bei Frage 16 an. Bei Frage 2 waren es zuvor 28,7 Prozent.

Noch ein weiterer Aspekt wird bei der Auswertung deutlich. Nicht nur eine quantitative Änderung der Übungen und Aufgaben wurde von den Lehrern gewünscht, sondern durchaus auch eine qualitative Änderung wurde als notwendig erachtet. So nannten die Befragten beispielsweise „mehr Übungen zu einem Thema", „abwechslungsreichere Übungen", „Aufgaben, die zum Denken anregen", „differenzierte Übungsmöglichkeiten", „genug Übungsaufgaben auf einem angemessenen Niveau", „gleichförmige Übungen", „mehr praktische Übungsteile" oder auch „vielfältige Übungsformen", wobei diese Aufzählung lediglich einen Ausschnitt aus den Antworten darstellt.

Eine Bedeutungsaufwertung erfuhr in Frage 16 auch die „Differenzierung" (27,4 Prozent statt 7,6 Prozent). Nicht mehr so häufig war die Nennung „Kleinschrittigkeit" (14,9 Prozent statt 8,4 Prozent).

Neben einer ausführlichen Betrachtung der Veränderungen der Antworthäufigkeiten aus Frage 16 zu Frage 2 bietet sich ein weiterer Vergleich an: Wie unterscheiden sich die frei formulierten Äußerungen zu Frage 16 von den vorgegebenen Items aus Frage 4?

Die häufigste Antwort „Übungen" differierte in der Häufigkeit der Nennungen nicht wesentlich. Während bei den in Frage 4 vorgegebenen Antwortalternativen 48,3 Prozent der Teilnehmer diesen Aspekt auswählten, nannten nun 45,4 Prozent der Teilnehmer diesen.

Mehr als jeder vierte Befragte schrieb „Differenzierung" als Kriterium für einen vermehrten Einsatz im Unterricht. Dies bedeutet einen fast ebenso hohen Wert wie bei den vorgegebenen Items der Frage 4 (Frage 16: 27,4 Prozent; Frage 4: 27,9 Prozent).

„Kleinschrittigkeit" lag an dritter Position der genannten Schlagwörter. Dies entspricht zwar dem gleichen Rangplatz wie in der vorgegebenen Anspruchsliste. Jedoch besteht ein Unterschied in der Antworthäufigkeit (Frage 16: 14,9 Prozent; Frage 4: 33,2 Prozent).

Wenngleich 27,1 Prozent der Befragten keine Angaben machten, so wurden von den Befragungsteilnehmern viele Anregungen gegeben, die bisweilen sehr spezifisch waren. Diese wurden zumeist den Kategorien „didaktisch-methodische Anregungen" oder „konkrete inhaltliche Anregungen" zugeordnet.

Mit den Fragen zu den Ansprüchen konnte jedoch bislang noch nicht geklärt werden, ob das Mathematikbuch diese auch erfüllen kann. Der Aspekt des tatsächlichen Einsatzes im Unterricht wird unter 9.4.1 näher beleuchtet.

Zunächst soll darauf eingegangen werden, wie die Befragungsteilnehmer weitere Medien im Unterricht einsetzen.

9.3.4 Einsatz weiterer Materialien und Medien

Wie bereits bei den Hypothesen wird an dieser Stelle wiederum die Verwendung weiterer Medien genauer untersucht. Jedoch soll nun vermehrt die Verwendungshäufigkeit der einzelnen Medien im Vergleich beleuchtet werden.

Um die Verständlichkeit bei den Befragungsteilnehmern zu erhöhen, wurden bei einigen Medien bzw. Materialien zusätzlich Beispiele im Fragebogen angeführt. Als mathematische Lernmittel wurden etwa Plättchen, Rechenschiffe, etc. genannt. Logico, Lük, Super-8, etc. sind den Rechen- oder Lernspielen zuzuordnen. Zusätzlich waren im Fragenbogen Nachschlagewerke, Rechenhilfen und Formelsammlungen unter einem Unterpunkt genannt. In der Abbildung 46 werden einzelne Medien nur verkürzt genannt, um das Schaubild nicht zu überfrachten und eine gute Lesbarkeit zu erreichen. Zur Systematisierung der Items wurden diese so angeordnet, dass die Itemkategorie „nie" von oben nach unten abnimmt. Dadurch kann ein Überblick über die Verwendungshäufigkeit der einzelnen Medien im Unterricht gewonnen werden. Die prozentuale Verteilung auf die Antwortalternativen „nie", „selten", „oft" und „immer" stellt Tabelle 17 im weiteren Verlauf dieses Unterkapitels vor. Hier werden auch fehlende Werte berücksichtigt. Genaue Werte wurden nicht in die Abbildung 46 übernommen, um die Übersichtlichkeit zu erhalten.

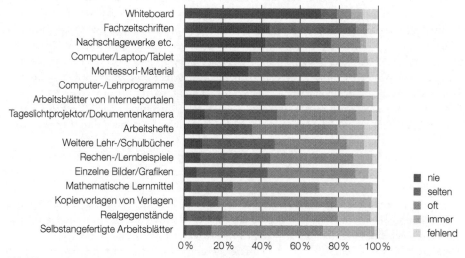

Abb. 46: Angaben der Befragungsteilnehmer zur Verwendungshäufigkeit weiterer Medien im Unterricht in Prozent[17]

Es wird deutlich, dass das Whiteboard von einer sehr großen Gruppe der Befragungsteilnehmer (71,8 Prozent) nie verwendet wurde. Zudem haben 7,5 Prozent der Befragten hierzu keine Angaben gemacht oder die Frage unbeantwortet gelassen. Dies lässt vermuten, dass die Schulen dieser Lehrer ggf. nicht oder nicht ausreichend mit Whiteboards ausgestattet sind und daher ein Einsatz im Unterricht nicht möglich ist.

45,9 Prozent der Befragten gaben an, Fachzeitschriften nie zu benutzen. Dies ist insofern nachvollziehbar, als dass diese vielfach eher zur fachlichen Vertiefung und Einarbeitung von Lehrkräften dienen. Der direkte Einsatz im Unterricht ist daher häufig nicht die Zielsetzung von Artikeln in Fachzeitschriften.

Fast ebenso viele Befragungsteilnehmer (43,4 Prozent) wählten die Antwortkategorie „nie" in Bezug auf Nachschlagewerke, Rechenhilfen und Formelsammlungen. Dies kann damit erklärt werden, dass jene vornehmlich in höheren Klassen erst eingesetzt werden können, weil Formelsammlungen im Mathematikunterricht der Sonderpädagogischen Diagnose- und Förderklassen nicht notwendig sind.

---

17 In dieser Abbildung werden die Kategorie „nicht beantwortet" sowie die Kategorie „keine Angaben" als „fehlend" zusammengefasst.

Computer, Laptops oder Tablets wurden von 35,4 Prozent der Lehrer nie verwendet. Darauf folgen Montessori-Materialien mit 34,1 Prozent. Alle weiteren Medien und Materialien weisen eine Prozentangabe zwischen 0 und 20 Prozent in der Antwortkategorie „nie" auf.

Den geringsten Wert (0,6 Prozent) bezogen auf die Antwortmöglichkeit „nie" erzielten selbstangefertigte Arbeitsblätter. 84,3 Prozent aller Erhebungsteilnehmer hingegen verwendeten diese oft oder immer.

Wenn man die Antwortmöglichkeiten „oft" und „immer" zusammenfasst, kann jeweils für Realgegenstände (76,9 Prozent), Kopiervorlagen von Verlagen (79,8 Prozent) und mathematische Lernmittel (72,4 Prozent) ein häufiger Einsatz durch die Lehrer im Unterricht festgestellt werden. Darüber hinaus kann der Einsatz von weiteren Medien und Materialien differenziert nach Schulbuchverwendern und -nichtverwendern betrachtet werden. Unter Beibehaltung der eben dargestellten Reihenfolge ermöglicht nachfolgendes Schaubild einen direkten Vergleich der Nicht-Nutzer (jeweils oberer Balken) mit den Nutzern (jeweils unterer schraffierter Balken) (vgl. Abbildung 47).

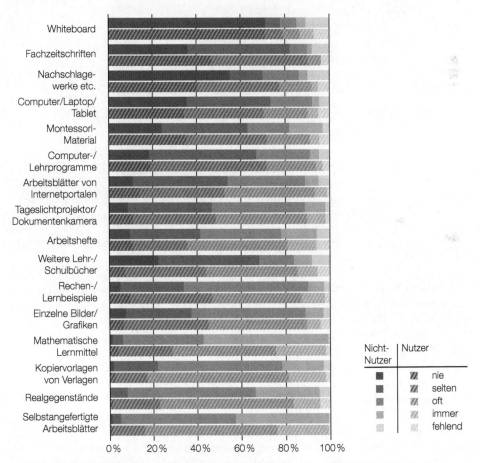

Abb. 47: Gegenüberstellung der Angaben der Nicht-Nutzer und Nutzer zur Verwendungshäufigkeit weiterer Medien im Unterricht in Prozent[18]

---

18 In dieser Abbildung werden die Kategorie „nicht beantwortet" sowie die Kategorie „keine Angaben" als „fehlend" zusammengefasst. Dabei sind die Nicht-Nutzer im oberen Balken, die Nutzer im unteren schraffierten Balken dargestellt.

Die Reihenfolge bei den Nutzern unterscheidet sich dabei nicht wesentlich von der aller Befragungsteilnehmer. Etwas deutlichere Unterschiede kann man bei den Nicht-Nutzern erkennen.

Die Rangfolgen geordnet nach der Antwortkategorie „nie" individuell für die Nicht-Nutzer und Nutzer liefern die Abbildung 48 für die Nicht-Nutzer und die Abbildung 49 für die Nutzer. Genaue Werte können aus Tabelle 17 entnommen werden, die sich an die Abbildungen anschließt.

Ebenso wie bei allen befragten Lehrern führt auch bei den Nicht-Nutzern das Whiteboard bezogen auf die Antwortkategorie „nie" die Rangfolge an. Die nachfolgenden Medien sind jedoch in der Reihenfolge vertauscht.

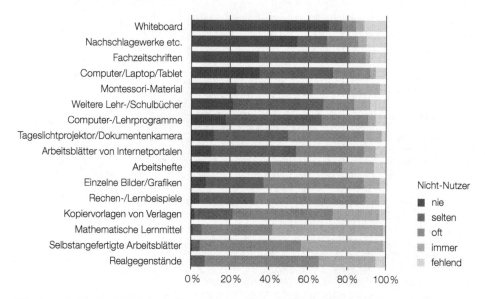

Abb. 48: Angaben der Nicht-Nutzer zur Verwendungshäufigkeit weiterer Medien im Unterricht in Prozent[19]

Ein direkter Vergleich zwischen Nutzern und Nicht-Nutzern offenbart zudem noch einen deutlichen Unterschied bezogen auf Montessori-Materialien. Während die Nicht-Nutzer nur zu 24,5 Prozent die Antwortmöglichkeit „nie" wählten, taten es die Nutzer zu 35,9 Prozent. Dafür gaben 14,7 Prozent der Nicht-Nutzer an, diese immer einzusetzen, was eine Differenz von 10,5 Prozent im Vergleich zu den Nutzern ausmacht.

Ähnlich verhält es sich bei Arbeitsblättern von Internetportalen: 10,8 Prozent der Nicht-Nutzer im Gegensatz zu 4,1 Prozent der Nutzer verwendeten diese nie.

Allerdings setzten 22,5 Prozent der Nicht-Nutzer nie andere Schulbücher ein. Bei den Nutzern waren es lediglich 7,6 Prozent. Bei diesen Medien unterscheiden sich die Nutzer und Nicht-Nutzer auch bei den Antwortkategorien „selten" und „häufig" deutlich.

Bei den mathematischen Lernmitteln ist gut erkennbar, dass diese von Nicht-Nutzern wesentlich häufiger im Unterricht eingesetzt wurden. Für die Antwortmöglichkeit „immer"

---

19 In dieser Abbildung werden die Kategorie „nicht beantwortet" sowie die Kategorie „keine Angaben" als „fehlend" zusammengefasst.

entschieden sich mehr als der Hälfte aller Nicht-Nutzer (55,9 Prozent). Im Gegensatz dazu stehen nur 21,7 Prozent der Nutzer. Nimmt man die Antwortmöglichkeit „oft" noch zu „immer" hinzu, wurden mathematische Lernmittel insgesamt von 93,2 Prozent der Nicht-Nutzer eingesetzt. Demgegenüber verwendeten nur 68,6 Prozent der Nutzer mathematische Lernmittel oft bzw. immer. Ebenso war die Antwortkategorie „immer" in Bezug auf Realgegenstände und selbstgefertigte Arbeitsblätter bei den Nicht-Nutzern stärker ausgeprägt als bei den Nutzern.

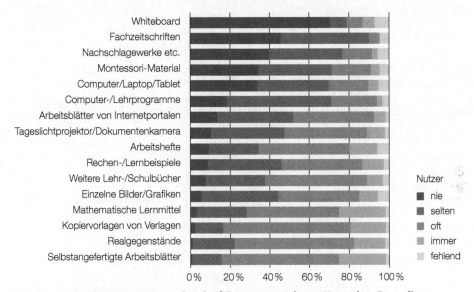

Abb. 49: Angaben der Nutzer zur Verwendungshäufigkeit weiterer Medien im Unterricht in Prozent[20]

Tabelle 17 liefert abschließend die prozentuale Verteilung auf die Antwortalternativen „nie", „selten", „oft" und „immer" und berücksichtigt auch fehlende Werte.

Zusammenfassend kann resümiert werden, dass Lehrer, die kein Schulbuch benutzten, auf andere, vor allem flexibel einzusetzende Medien im Unterricht zurückgriffen. Fasst man die Antwortmöglichkeiten „oft" und „immer" zusammen, zeigt sich eine häufige Verwendung insbesondere folgender Medien: Nicht-Nutzer setzten dabei an erster Stelle selbstgefertigte Arbeitsblätter ein (94,1 Prozent), wie bereits erläutert mathematische Lernmittel (93,2 Prozent), aber auch Realgegenstände (87,2 Prozent), Kopiervorlagen von Verlagen (74,5 Prozent), Lern- und Rechenspiele (62,8 Prozent), Bilder und Grafiken (58,8 Prozent) sowie Arbeitshefte (52,0 Prozent).

Wertet man die Antwortkategorien „oft" und „immer" zusammengefasst auf die Schulbuchnutzer aus, liefert dies folgende Reihenfolge: selbstgefertigte Arbeitsblätter (82,4 Prozent), Kopiervorlagen von Verlagen (80,8 Prozent), Realgegenstände (74,9 Prozent) sowie mathematische Lernmittel (68,6 Prozent). Danach folgen weitere Schulbücher ebenso wie Bilder und Grafiken (jeweils 50,0 Prozent).

---

20 In dieser Abbildung werden die Kategorie „nicht beantwortet" sowie die Kategorie „keine Angaben" als „fehlend" zusammengefasst.

Tab. 17: Angaben aller Befragungsteilnehmer, der Nicht-Nutzer und der Nutzer zur Verwendungshäufigkeit weiterer Medien im Unterricht in Prozent

		nie	selten	oft	immer	fehlend
Whiteboard	Teilnehmer insgesamt	71,8	7,8	7,5	5,5	7,5
	Nicht-Nutzer	71,6	6,9	6,9	3,9	10,8
	Nutzer	71,8	7,9	7,6	5,8	6,9
Fachzeitschriften	Teilnehmer insgesamt	45,9	43,4	5,5	0,5	4,7
	Nicht-Nutzer	36,3	46,1	7,8	2,0	7,8
	Nutzer	47,7	43,0	5,1	0,2	4,2
Nachschlagewerke, Rechenhilfen, Formelsammlungen	Teilnehmer insgesamt	43,4	33,4	14,5	2,7	5,9
	Nicht-Nutzer	55,9	14,7	15,7	3,9	9,8
	Nutzer	41,2	36,8	14,3	2,5	5,2
Computer/Laptop/ Tablet	Teilnehmer insgesamt	35,4	36,1	19,2	4,4	4,9
	Nicht-Nutzer	36,3	37,3	18,6	2,9	4,9
	Nutzer	35,2	35,9	19,3	4,7	4,9
Montessori-Material	Teilnehmer insgesamt	34,1	36,9	18,9	5,8	4,3
	Nicht-Nutzer	24,5	39,2	18,6	14,7	2,9
	Nutzer	35,9	36,5	19,0	4,2	4,5
Computer-/ Lehrprogramme	Teilnehmer insgesamt	19,1	52,1	22,4	2,7	3,7
	Nicht-Nutzer	18,6	49,0	23,5	3,9	4,9
	Nutzer	19,1	52,7	22,2	2,5	3,4
Arbeitsblätter von Internetportalen	Teilnehmer insgesamt	13,6	39,9	39,0	5,5	2,0
	Nicht-Nutzer	10,8	44,1	34,3	5,9	4,9
	Nutzer	4,1	39,2	39,9	5,4	1,4
Tageslichtprojektor, Dokumentenkamera	Teilnehmer insgesamt	11,3	38,1	40,2	8,1	2,3
	Nicht-Nutzer	12,7	38,2	38,2	8,8	2,0
	Nutzer	11,0	38,1	40,6	7,9	2,3
Arbeitshefte	Teilnehmer insgesamt	10,1	26,5	44,1	13,4	5,9
	Nicht-Nutzer	9,8	32,4	36,3	15,7	5,9
	Nutzer	10,1	25,5	45,5	13,0	6,0
Weitere Lehr-/ Schulbücher	Teilnehmer insgesamt	9,9	38,4	37,2	8,7	5,8
	Nicht-Nutzer	22,5	46,1	15,7	7,8	7,8
	Nutzer	7,6	37,0	41,2	8,8	5,4
Rechen-/Lernspiele	Teilnehmer insgesamt	8,7	36,9	42,2	9,6	2,6
	Nicht-Nutzer	4,9	29,4	55,9	6,9	2,9
	Nutzer	9,4	38,3	39,7	10,1	2,5
Einzelne Bilder, Grafiken	Teilnehmer insgesamt	6,4	38,1	44,8	6,6	4,1
	Nicht-Nutzer	7,8	30,4	51,0	7,8	2,9
	Nutzer	6,1	39,5	43,7	6,3	4,3
Mathematische Lernmittel	Teilnehmer insgesamt	3,4	22,4	45,4	27,0	1,8
	Nicht-Nutzer	1,0	4,9	37,3	55,9	1,0
	Nutzer	3,8	25,6	46,9	21,7	2,0
Kopiervorlagen von Verlagen	Teilnehmer insgesamt	2,6	15,4	62,3	17,5	2,1
	Nicht-Nutzer	2,0	20,6	51,0	23,5	2,9
	Nutzer	2,7	14,4	64,4	16,4	2,0
Realgegenstände	Teilnehmer insgesamt	0,8	20,0	60,1	16,8	2,4
	Nicht-Nutzer	0,0	7,8	58,8	28,4	4,9
	Nutzer	0,9	22,2	60,3	14,6	2,0
Selbstangefertigte Arbeitsblätter	Teilnehmer insgesamt	0,6	13,9	58,7	25,6	1,2
	Nicht-Nutzer	1,0	3,9	52,9	41,2	1,0
	Nutzer	0,5	15,7	59,7	22,7	1,3

Insgesamt erzielen die Nutzer im Vergleich zu den Nicht-Nutzern bei allen genannten Medien bis auf Kopiervorlagen von Verlagen immer geringere Werte in der Einsatzhäufigkeit.

Zudem ist erkennbar, dass Schulbuchnutzer zwar ebenfalls selbstgefertigte Arbeitsblätter als am häufigsten eingesetztes Medium benannten, aber scheinbar auch gerne und häufiger als Nicht-Nutzer auf vorgefertigte Materialien wie Kopiervorlagen von Verlagen zugriffen. Auch andere Schulbücher setzten die Schulbuchnutzer ein, die lediglich von 23,5 Prozent der Nicht-Nutzer oft oder immer verwendet wurden.

Um zu eruieren, ob die Schulbuchnutzer andere Schulbücher nicht nur im Unterricht, sondern auch zur Unterrichtsvorbereitung einsetzten, wurde dies mit einer Unterfrage im Fragenkomplex 10 erfasst. Hier antworteten mehr als zwei Drittel Schulbuchnutzer, dass sie oft (47,6 Prozent) oder immer (19,6 Prozent) andere Bücher zur Unterrichtsvorbereitung einsetzen würden. Somit spielten andere Schulbücher für einen Großteil der Schulbuchnutzer auch zur Vorbereitung des Unterrichts eine Rolle (vgl. Abbildung 50).

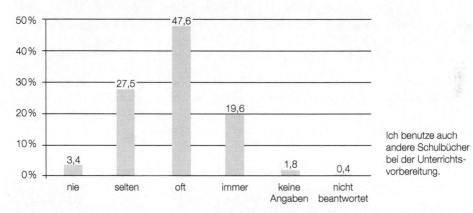

Abb. 50: Angaben der Nutzer zur Verwendungshäufigkeit weiterer Schulbücher bei der Unterrichtsvorbereitung in Prozent

Welche Gründe gaben die befragten Lehrer an, andere Medien einzusetzen? Diese Frage fand im Fragebogen ebenfalls Berücksichtigung. Die Lehrer sollten als abschließende medienbezogene Frage vor dem letzten Fragebogenteil zu den soziodemografischen Angaben einschätzen, welche drei Gründe sie als am wichtigsten erachteten bzw. warum sie weitere Unterrichtsmedien im Unterricht verwendeten. Dabei kreuzten 59,6 Prozent der Erhebungsteilnehmer „Differenzierung" als entscheidenden Grund an. Darauf folgte die Nennung „Veranschaulichung" (54,0 Prozent). An dritter Stelle wurde die „Berücksichtigung der Lernvoraussetzungen der Schüler" (47,1 Prozent) ausgewählt. Auf dem vierten Platz mit 34,9 Prozent entschieden sich die Lehrer für „Handlungsorientierung" (vgl. Abbildung 51).

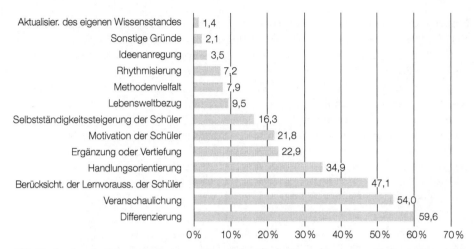

Abb. 51: Angaben der Befragungsteilnehmer zur Begründung für die Verwendung weiterer Medien im Unterricht in Prozent

Im direkten Vergleich der Nutzer mit den Nicht-Nutzern fällt auf, dass die Nicht-Nutzer die Lernausgangslage der Schüler als bedeutender bewerteten (vgl. Abbildung 52).

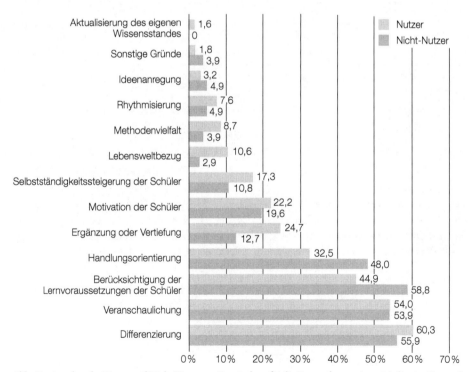

Abb. 52: Angaben der Nutzer und Nicht-Nutzer zur Begründung für die Verwendung weiterer Medien im Unterricht in Prozent

Die „Berücksichtigung der Lernvoraussetzungen der Schüler" war für 58,8 Prozent der Nicht-Nutzer das am häufigsten ausgewählte Antwortitem. Erst danach folgten „Differenzierung" (55,9 Prozent), „Veranschaulichung" (53,9 Prozent) und „Handlungsorientierung" (48,0 Prozent).
Die Reihenfolge der gewählten Items der Schulbuchnutzer sieht folgendermaßen aus: „Differenzierung" (60,3 Prozent), „Veranschaulichung" (54,0 Prozent), „Berücksichtigung der Lernvoraussetzungen der Schüler" (44,9 Prozent) und „Handlungsorientierung" (32,5 Prozent).
Bezugnehmend auf die Begründungen, warum weitere Medien verwendet wurden, kann die Vermutung entwickelt werden, dass das Schulbuch kein Leitmedium mehr darstellt. Wie die Befragungsteilnehmer dem Leitmediumscharakter gegenüber standen, wird nachfolgend geklärt.

9.3.5 Das Schulbuch – ein Leitmedium?

Welche Relevanz hat das Mathematikschulbuch aus Sicht der befragten Lehrer? Der über Jahrzehnte dem Schulbuch zugesprochene Leitcharakter wurde in der Erhebung mit drei Aussagen hinterfragt: „Das Mathematikschulbuch ist zeitgemäß.", „Das Mathematikschulbuch müsste durch elektronische Medien ergänzt werden.", „Das Mathematikschulbuch müsste durch elektronische Medien ersetzt werden."
Hier antworteten die Befragungsteilnehmer folgendermaßen: 69,5 Prozent der Schulbuchnutzer waren der Meinung, dass das Schulbuch zeitgemäß sei. Hingegen stuften es nur 36,2 Prozent aller Nicht-Nutzer so ein. Auffallend ist, dass 41,2 Prozent der Nicht-Nutzer sich nicht äußerten. 20,6 Prozent entschieden sich bewusst dafür, keine Angaben zu machen. Ebenso viele ließen die Frage unbeantwortet (vgl. Abbildung 53).
Dadurch ist die Aussagekraft dieser Frage bezogen auf die Nicht-Nutzer aufgrund der hohen Anzahl fehlender Werte als gering zu erachten. Es lässt sich nur ein Trend ablesen, dass Nicht-Nutzer dahingehend tendierten, dass das Buch eher als zeitgemäß einzustufen sei.

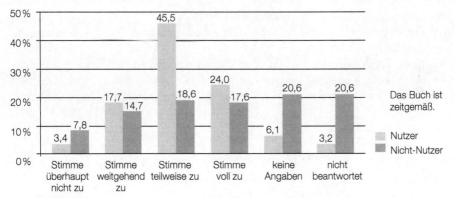

Abb. 53: Angaben der Nutzer und Nicht-Nutzer in Bezug auf die Zeitgemäßheit des Schulbuchs in Prozent

Ein ähnliches Bild ergibt sich auch bezogen auf die Bewertung der Aussage, ob das Mathematikschulbuch durch elektronische Medien ergänzt werden müsste. Mehr als die Hälfte (57,4 Prozent) der Nutzer stimmten der Behauptung zu. Insgesamt 48,1 Prozent der Nicht-Nutzer vertraten die gleiche Meinung. Jedoch war hier erneut von einem Drittel der Nicht-Nutzer (33,4 Prozent) die Aussage unbeantwortet gelassen bzw. bewusst keine Angabe gemacht worden. Dies traf in diesem Fall auch auf 14,6 Prozent der Nutzer zu (vgl. Abbildung 54). Zusammenfassend konnte jedoch für beide Gruppen ein sichtbarer Anstieg in der Antworthäufigkeit in Richtung Zustimmung verzeichnet werden.

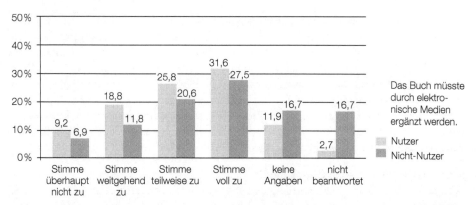

Abb. 54: Angaben der Nutzer und Nicht-Nutzer in Bezug auf Ergänzung des Schulbuchs durch elektronische Medien in Prozent

Gegenteilig stellen sich die Ergebnisse der Befragungsteilnehmer dar, als sie das Ersetzen des Mathematikschulbuchs durch elektronische Medien einschätzen sollten. Hier vertraten beide Befragungsgruppen die Meinung, dass das Schulbuch nicht ersetzt werden sollte. 66,8 Prozent der Nutzer und 35,3 Prozent der Nicht-Nutzer wählten die Antwortkategorie „stimme überhaupt nicht zu" aus (vgl. Abbildung 55).

Äußerst gering war die Zustimmung (teilweise und volle Zustimmung) zu der Aussage bei beiden Befragungsgruppen: 7,6 Prozent der Nutzer und 6,9 Prozent der Nicht-Nutzer stimmten zu.

Auch ist erneut anzumerken, dass 10,6 Prozent der Nutzer und 42,1 Prozent der Nicht-Nutzer keine Einschätzung abgaben, indem sie die Frage unbeantwortet ließen oder die Antwortkategorie „keine Angaben" wählten. Erkennbar ist auch, dass trotz dieser fehlenden Werte die Nutzer eher gegen eine Ersetzung des Schulbuchs waren, da etwa zwei Drittel der Nutzer diese Meinung vertraten.

Erneut ist das Ergebnis bezogen auf die Nicht-Nutzer weniger eindeutig. Zwar war auch hier eine ähnliche Tendenz zur Ablehnung der Ersetzung des Schulbuchs durch elektronische Medien zu erkennen. Jedoch waren mehr als 40 Prozent nicht bereit, eine Einschätzung abzugeben.

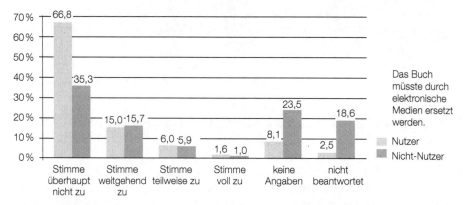

Abb. 55: Angaben der Nutzer und Nicht-Nutzer in Bezug auf Ersetzung des Schulbuchs durch elektronische Medien

Zusammenfassend kann festgehalten werden, dass Schulbuchnutzer das Mathematikschulbuch im Förderschulbereich (immer noch) als eher zeitgemäß einstuften, das durch elektronische Medien ergänzt, aber keinesfalls ersetzt werden sollte. Bezogen auf die Nicht-Nutzer schienen ähnliche Meinungen zu existieren, wobei hier die Befunde durch eine hohe Anzahl an fehlenden Werten weniger eindeutig und daher schlechter interpretierbar waren.

9.4 Ergebnisse zu den einzelnen Fragestellungen bezogen auf alle an der Befragung teilgenommenen Schulbuchnutzer

Nach den bislang vorgestellten Ansprüchen und Einschätzungen der befragten Lehrer zum Schulbuch soll anschließend der Einsatz vor und während des Unterrichts verstärkt in den Blick genommen werden. Hier können jedoch nur die Ergebnisse der Schulbuchnutzer vorgestellt werden, da nur diese Befragungsgruppe ein Schulbuch verwendet und somit die Art und Weise der Nutzung beurteilen kann. Die unter diesem Kapitel aufgeführten Ergebnisse beziehen sich daher stets auf die Aussagen der 554 Schulbuchnutzer und berücksichtigen die 102 Nicht-Nutzer in den Berechnungen nicht. Letztere erscheinen auch nicht als fehlende Werte. Nachfolgende Berechnungen basieren somit immer auf einer Gesamtsumme von 554 Nutzern.

9.4.1 Das Schulbuch als Hilfsmittel zur Unterrichtsvorbereitung

Neben der Frage, ob und warum das Schulbuch Einsatz im Unterricht findet, wurde in der Erhebung auch die Verwendung an sich in den Blick genommen. Dabei stand zunächst die Frage im Vordergrund, ob das Schulbuch in der Unterrichtsvorbereitung unterstützen kann. Dabei wurden drei verschiedene Planungsphasen unterschieden: die langfristige Planung (Trimesterplanung), die Planung von Unterrichtseinheiten (Wochenplanung) und die Planung von einzelnen Unterrichtsstunden.

Einen Überblick über die Nennungen der befragten Schulbuchnutzer gibt Abbildung 56, wobei fehlende Werte nicht berücksichtigt wurden. Unter fehlend sind nicht beantwortete Fragen und die Auswahlmöglichkeit „keine Angaben" zusammengefasst. Es fällt auf, dass die Antwortkategorie „oft" am häufigsten ausgewählt wurde. Dies trifft auf alle Vorbereitungsphasen zu. Zudem scheint die Verteilung bezogen auf die jeweilige Antwortalternative zunächst relativ gleichwertig.

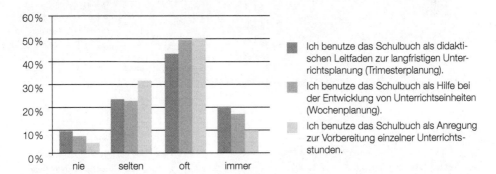

Abb. 56: Übersicht über die Angaben der Nutzer zur Einsatzhäufigkeit des Schulbuchs bei der Unterrichtsvorbereitung zu vier Antwortalternativen in Prozent ohne Berücksichtigung fehlender Werte

Eine genauere Betrachtung ermöglicht Abbildung 57, die deutlicher die Unterschiede in den einzelnen Antwortkategorien durch Angabe von Prozentwerten darstellt und fehlende Werte einbezieht.

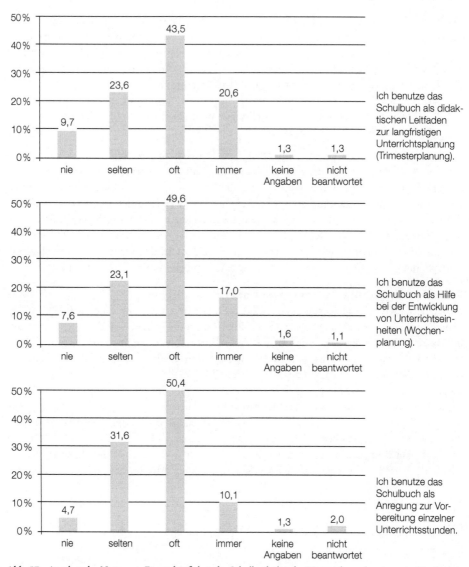

Abb. 57: Angaben der Nutzer zur Einsatzhäufigkeit des Schulbuchs bei der Unterrichtsvorbereitung im Vergleich in Prozent

Generell ist der Anteil an Lehrern, die das Schulbuch nie zur Vorbereitung einsetzten, sehr gering. Dabei sinkt der Wert von 9,7 Prozent bei der langfristigen Planung auf 4,7 Prozent bei der Stundenvorbereitung. Die Einsatzhäufigkeit in den verschiedenen Vorbereitungsphasen schwankt jedoch. Während die Nennungen „selten" und „oft" von der langfristigen über die Wochen- bis hin zur Stundenplanung ansteigen, halbiert sich die Anzahl der Nennung „immer" von 20,6 Prozent bei der Trimesterplanung auf 10,1 Prozent bei der Stundenvorbereitung. Zusammenfassend lässt sich feststellen, dass zwar das Schulbuch insgesamt eine größere Rolle bei der Vorbereitung einzelner Stunden einnimmt, da es von mehr Lehrern dafür verwendet wurde, dies jedoch dann nicht mehr so intensiv.

Ein Vergleich zwischen der Wochen- und der Stundenplanung zeigt, dass etwa gleich viele Lehrer das Schulbuch oft einsetzten, jedoch eine deutliche Zunahme in der Antworthäufigkeit „selten" und eine Abnahme bei der Nennung „immer" zu verzeichnen war.

Ein weiterer Aspekt ist in diesem Bereich interessant: Inwieweit beeinflussen die Vorgaben des Buches den Unterricht? Das Verwenden des Buches als Planungsgrundlage bedeutet nicht zwangsläufig, dass es zu einer Übernahme der Vorgaben kommt (vgl. Abbildung 58).

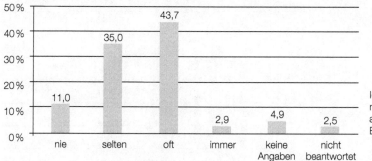

Abb. 58: Angaben der Nutzer bezogen auf die Einhaltung der Vorgaben des Buches in Prozent

In diesem Bereich lassen sich zwei nahezu gleich starke Gruppen ausmachen, bei denen sich annehmen lässt, dass möglicherweise dahinter zwei verschiedene Anschauungsweisen stehen. Während 11,0 Prozent sich nicht und 35,0 Prozent sich selten an die Vorgaben hielten, verfuhr eine ebenso große Gruppe gegensätzlich, indem sie oft (43,7 Prozent) oder immer (2,9 Prozent) die Vorgaben des Buches im Unterricht beachteten (vgl. Abbildung 58). Das heißt, dass es für eine Teilnehmergruppe trotz Aufgreifens des Buches bei der Unterrichtsvorbereitung nicht zwangsläufig bedeutete, dass der Unterricht danach gestaltet wurde.

Die Einsatzbereiche im Unterricht werden im nachfolgenden Abschnitt genauer betrachtet, um noch mehr Informationen zur Verwendung des Mathematikschulbuches im Unterricht zu gewinnen.

9.4.2 Konkreter Einsatz des Schulbuchs im Unterricht

Nach der Vorbereitungsphase ist die konkrete Schulbuchverwendung interessant. Dabei wurde zunächst den Schulbuchnutzern die Frage gestellt, wie oft sie in der Regel das Mathematikschulbuch in einer Unterrichtswoche einsetzen würden.

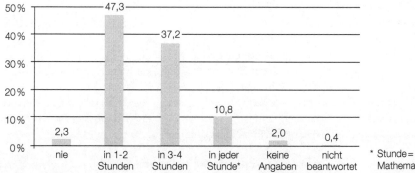

Abb. 59: Angaben der Nutzer zur Einsatzhäufigkeit des Schulbuchs in einer Unterrichtswoche in Prozent

Von fast der Hälfte der befragten Schulbuchnutzer (47,3 Prozent) wurde das Schulbuch in ein bis zwei Mathematikstunden von durchschnittlich insgesamt 5,1 Mathematikstunden[21] pro Woche eingesetzt. Etwa elf Prozent verwendeten es sogar in jeder Mathematikstunde (vgl. Abbildung 59). Betrachtet man die Einsatzgebiete im Unterricht genauer, stellt sich das folgendermaßen dar (vgl. Abbildung 60).

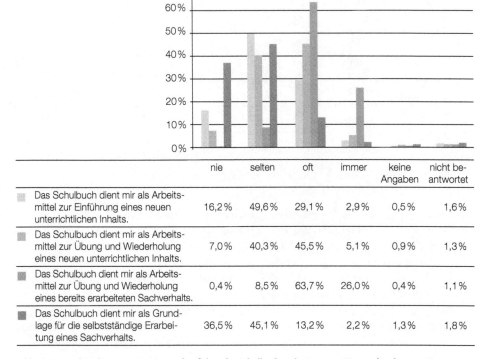

	nie	selten	oft	immer	keine Angaben	nicht be-antwortet
Das Schulbuch dient mir als Arbeitsmittel zur Einführung eines neuen unterrichtlichen Inhalts.	16,2%	49,6%	29,1%	2,9%	0,5%	1,6%
Das Schulbuch dient mir als Arbeitsmittel zur Übung und Wiederholung eines neuen unterrichtlichen Inhalts.	7,0%	40,3%	45,5%	5,1%	0,9%	1,3%
Das Schulbuch dient mir als Arbeitsmittel zur Übung und Wiederholung eines bereits erarbeiteten Sachverhalts.	0,4%	8,5%	63,7%	26,0%	0,4%	1,1%
Das Schulbuch dient mir als Grundlage für die selbstständige Erarbeitung eines Sachverhalts.	36,5%	45,1%	13,2%	2,2%	1,3%	1,8%

Abb. 60: Angaben der Nutzer zur Einsatzhäufigkeit des Schulbuchs in bestimmten Unterrichtsphasen in Prozent

Die Abbildung 60 zeigt, dass aus Sicht von 16,2 Prozent der Nutzer eine Einführung eines unterrichtlichen Inhalts mit dem Schulbuch nicht möglich war. Fast die Hälfte der Schulbuchnutzer (49,6 Prozent) verwendete es zudem nur selten zu diesem Zweck. 29,1 Prozent der Befragten setzten es hierfür oft ein.

In der Erarbeitungsphase des Unterrichts nutzten 40,3 Prozent der Lehrer das Schulbuch selten und 45,5 Prozent oft.

Davon hebt sich deutlich die Nutzungsweise des Schulbuchs zur Übung und Wiederholung ab. Nahezu 90 Prozent der Nutzer setzten das Buch dahingehend ein und entschieden sich daher für die Antwortkategorie „oft" (63,7 Prozent) oder „immer" (26,0 Prozent).

Für eine selbstständige Erarbeitung eines Sachverhalts hingegen hielten 36,5 Prozent das Schulbuch für ungeeignet und wählten daher die Antwortalternative „nie" aus. Weitere 45,1 Prozent unterstrichen diese Meinung, indem sie das Buch zur selbstständigen Erarbeitung nur selten einsetzten.

---

21 Die Gesamtstundenanzahl entspricht dem aus den Ergebnissen der Unterfrage 9 errechneten Mittelwert. Hierzu machten 381 Befragungsteilnehmer (68,8 Prozent aller Nutzer) eine Angabe. Möglicherweise kann die tatsächliche Wochenstundenanzahl an Mathematikstunden davon abweichen.

Zusammenfassend lässt sich klar der Einsatzbereich des Schulbuchs definieren, wie er sich aus Sicht der befragten Schulbuchnutzer darstellt. Nur für fast ein Drittel der Lehrer scheint das Buch zur Einführung hilfreich, wohingegen es zur Erarbeitung von der Hälfte als geeignet erachtet wird. Den größten Schwerpunkt sehen die Befragten jedoch im Bereich der Übung und Wiederholung. Lediglich für ca. 15 Prozent liegt ein Einsatzbereich bei der selbstständigen Erarbeitung eines Sachverhalts. Als Hauptadressaten des Schulbuchs sind die Schüler und deren Nutzungsverhalten relevant. Der Fragenkomplex 12 zur Schulbuchnutzung durch die Schüler unterstreicht die eben vorgestellten Ergebnisse. Diese sind in Abbildung 61 dargestellt. 65,9 Prozent der Nutzer gaben an, dass ihre Schüler oft mit Hilfe des Buches den bearbeiteten Stoff im Unterricht wiederholten. 12,6 Prozent wählten hier die Antwortkategorie „immer".

Ein ebenso großes Aufgabenfeld eröffnet sich im Bereich der Hausaufgaben. 68,8 Prozent der Lehrer entschieden sich für die Antwortoption „oft". 10,5 Prozent der Schulbuchnutzer kreuzten „immer" an.

Gegenteilig sieht das Nutzungsverhalten der Schüler aus Sicht der Befragungsteilnehmer aus, wenn das Schulbuch als Nachschlagewerk oder als Informationsquelle von den Schülern eingesetzt werden soll. Hier ist deutlich die Tendenz erkennbar, dass die Schüler das Schulbuch nie als Nachschlagewerk (44,8 Prozent) oder als Informationsquelle (57,9 Prozent) verwendeten. Auch die Nennung „selten" war in beiden Bereichen hoch angesiedelt (Nachschlagewerk: 43,3 Prozent; Informationsquelle: 32,5 Prozent).

Aus diesen Ergebnissen lässt sich klar ableiten, dass das Schulbuch in Schülerhand erneut zu Übungszwecken eingesetzt wurde. Ein eigenständiger Umgang in Form von selbstständiger Informationserfassung fand aus Sicht der befragten, schulbuchnutzenden Lehrer nicht statt.

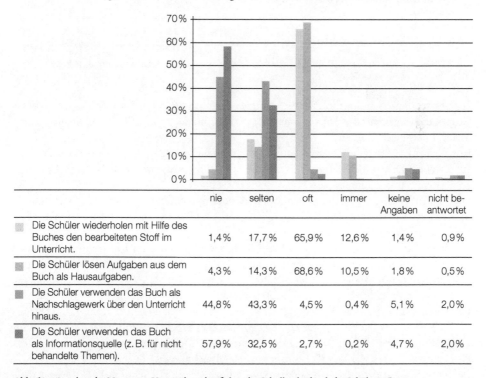

	nie	selten	oft	immer	keine Angaben	nicht be-antwortet
Die Schüler wiederholen mit Hilfe des Buches den bearbeiteten Stoff im Unterricht.	1,4%	17,7%	65,9%	12,6%	1,4%	0,9%
Die Schüler lösen Aufgaben aus dem Buch als Hausaufgaben.	4,3%	14,3%	68,6%	10,5%	1,8%	0,5%
Die Schüler verwenden das Buch als Nachschlagewerk über den Unterricht hinaus.	44,8%	43,3%	4,5%	0,4%	5,1%	2,0%
Die Schüler verwenden das Buch als Informationsquelle (z. B. für nicht behandelte Themen).	57,9%	32,5%	2,7%	0,2%	4,7%	2,0%

Abb. 61: Angaben der Nutzer zur Verwendungshäufigkeit des Schulbuchs durch die Schüler in Prozent

Der Aspekt der Nutzung des Buches in verschiedenen Sozialformen wurde ebenfalls in der Erhebung erfasst. Frage 14 differierte dabei den Einsatz des Schulbuches in Einzel-, Partner-, Gruppenarbeit und im Klassenunterricht. Dabei zeigten sich große Unterschiede im Nutzungsverhalten (vgl. Abbildung 62).

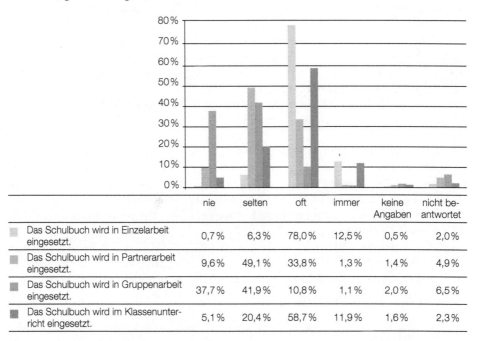

	nie	selten	oft	immer	keine Angaben	nicht beantwortet
Das Schulbuch wird in Einzelarbeit eingesetzt.	0,7%	6,3%	78,0%	12,5%	0,5%	2,0%
Das Schulbuch wird in Partnerarbeit eingesetzt.	9,6%	49,1%	33,8%	1,3%	1,4%	4,9%
Das Schulbuch wird in Gruppenarbeit eingesetzt.	37,7%	41,9%	10,8%	1,1%	2,0%	6,5%
Das Schulbuch wird im Klassenunterricht eingesetzt.	5,1%	20,4%	58,7%	11,9%	1,6%	2,3%

Abb. 62: Angaben der Nutzer zur Einsatzhäufigkeit des Schulbuchs in verschiedenen Sozialformen in Prozent

78,0 Prozent aller Schulbuchnutzer verwendeten das Buch oft in Einzelarbeit. Fügt man dieser Gruppe diejenigen mit der Antwortkategorie „immer" hinzu, nutzten 90,5 Prozent aller Lehrer in dieser Form das Schulbuch.

Fast die Hälfte aller Schulbuchverwender (49,1 Prozent) setzte es in der Partnerarbeit selten ein. Etwa ein Drittel (33,8 Prozent) entschied sich für die Antwortalternative „oft". Lediglich 1,3 Prozent wählten „immer" aus.

Die am häufigsten genannte Antwortmöglichkeit bezogen auf die Gruppenarbeit war „selten". 41,9 Prozent entschieden sich für diese Zeitangabe. 11,9 Prozent verwendeten es in dieser Sozialform oft oder immer.

Ein deutlicher Anstieg in der Verwendungshäufigkeit zeigt sich beim Klassenunterricht. Hier ist ein, wenngleich nicht ganz so stark ausgeprägtes, Bild wie bei der Einzelarbeit zu finden. 58,7 Prozent der Nutzer entschieden sich für die Antwortvariante „oft", 11,9 Prozent für „immer". 20,4 Prozent meinten, das Schulbuch in dieser Form selten einzusetzen.

Betrachtet man die Antwortkategorie „nie" genauer, gaben lediglich 0,7 Prozent der Schulbuchnutzer an, das Buch nie in Einzelarbeit zu verwenden. 5,1 Prozent verwendeten es nie im Klassenunterricht, 9,6 Prozent nie in der Partnerarbeit. Deutlich davon abgegrenzt steht die Gruppenarbeit. Hier wählten 37,7 Prozent der Schulbuchnutzer „nie" aus.

Es lässt sich somit resümieren, dass der größte Einsatzbereich des Schulbuchs die Einzelarbeit darstellt. Aber auch im Klassenunterricht fand das Buch häufig Anwendung. In der Partnerarbeit schien es eher selten eingesetzt zu werden. Für die Gruppenarbeit erachteten die Befragungsteilnehmer das Schulbuch als eher ungeeignet. Fast 80 Prozent verwendeten das Buch nie oder selten in dieser Sozialform.

Nachdem das *Wie* der Nutzung geklärt ist, bleibt nach wie vor offen, ob die Schulbuchnutzer mit dem Buch zufrieden sind.

9.4.3 Kritik am verwendeten Schulbuch

Stark in Verbindung zur Kritik ist sicherlich die Zufriedenheit mit dem Schulbuch zu sehen. Diese ist bislang in Bezug auf die Hypothesen in den Blick genommen worden. Hier wurden beeinflussende Elemente auf die Zufriedenheit näher beleuchtet (vgl. 9.2.3). Offen ist aber, wie zufrieden die Lehrer mit dem von ihnen verwendeten Buch sind. Es bleibt noch festzustellen, wo Handlungsbedarf besteht, also in welchen Bereichen sich die Nutzer kritisch gegenüber dem Schulbuch äußern.

Die einzelnen von den Nutzern zu bewertenden Aussagen zeigen eine weitgehende Zustimmung und damit Zufriedenheit mit dem verwendeten Schulbuch. 14 von 19 Items erzielten eine Zustimmung von mehr als 50 Prozent der Schulbuchnutzer (vgl. Abbildung 63).

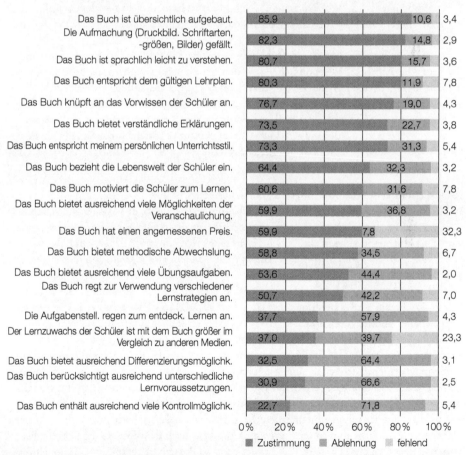

Abb. 63: Zustimmung und Ablehnung der Nutzer bezogen auf verschiedene Aspekte in Prozent[22]

---

22 In dieser Abbildung werden die Kategorie „nicht beantwortet" sowie die Kategorie „keine Angaben" als „fehlend" zusammengefasst.

Auffallend ist, dass insbesondere gestalterische Elemente eine hohe Zustimmung erhielten. Der übersichtliche Aufbau erzielte 85,9 Prozent, die Aufmachung 82,3 Prozent und die Verständlichkeit der Sprache 80,7 Prozent. Fast gleichwertig mit 80,3 Prozent wurde die Passung zum Lehrplan beurteilt.

Ebenfalls von der Mehrheit der Schulbuchverwender wurden dem Anknüpfen am Vorwissen der Schüler (76,7 Prozent), den verständlichen Erklärungen (73,5 Prozent) und der Passung zum persönlichen Unterrichtsstil (73,3 Prozent) zugestimmt. Auch der Lebensweltbezug, die Motivation der Schüler sowie die Veranschaulichung erhielten von jeweils etwa 60 Prozent der Nutzer zustimmende Bewertungen. Auffällig ist, dass bezogen auf einen angemessenen Preis zwar 59,9 Prozent zustimmten, jedoch sich auch fast ein Drittel der Nutzer (32,3 Prozent) enthielten und keine Angaben zu diesem Punkt machten.

Kritisiert wurden vor allem folgende Aspekte: die Anregung zum entdeckenden Lernen (Zustimmung: 37,7 Prozent), ausreichende Differenzierungsmöglichkeiten (Zustimmung: 32,5 Prozent), die ausreichende Berücksichtigung der Lernvoraussetzungen der Schüler (Zustimmung: 30,9 Prozent) sowie ausreichend viele Kontrollmöglichkeiten (Zustimmung: 22,7 Prozent).

Auch glaubten lediglich 37,0 Prozent an einen größeren Lernzuwachs mit dem Schulbuch als mit anderen Medien. Aber auch hier ist ein hoher Wert an fehlenden Antworten zu verzeichnen (23,3 Prozent).

Zusammenfassend lässt sich somit festhalten, dass eine Vielzahl an Aspekten, insbesondere gestalterische Aspekte der Schulbücher von den Schulbuchverwendern als positiv bewertet wurden. Bezogen auf individuelle, auf den Schüler angepasste, differenzierende Inhalte des Schulbuchs zeigen sich wiederum kritische Aspekte. Gerade das individuelle Eingehen auf die Lernausgangslage des jeweiligen Schülers ist wichtig, wenn ein Unterricht einer heterogenen Schülerschaft gerecht werden muss. Daher ist es interessant zu klären, ob das Schulbuch die Anforderungen erfüllt, die aufgrund der Lernausgangslage von Schülern mit gravierenden Lernschwierigkeiten an es herangetragen werden.

9.4.4 Erfüllung der Anforderungen an ein Schulbuch

Nachdem eine Vielzahl an Ergebnissen zum begründeten Einsatz des Mathematikschulbuchs oder zur Ablehnung dessen sowie der konkrete Einbezug dieses Buchs im Unterricht dargestellt wurde, ist abschließend noch eine wesentliche Frage offen: *„Kann das Mathematikbuch, wie es bisher konzipiert ist, der individuellen Förderung von Kindern und Jugendlichen mit sonderpädagogischem Förderbedarf im Förderschwerpunkt Lernen gerecht werden?"*

Stark damit verknüpft steht die Zufriedenheit der Lehrer mit dem Schulbuch. Die Ergebnisse hierzu sind bereits im vorangegangenen Unterkapitel 9.4.3 sowie vorab unter 9.2.3 vorgestellt worden. Hier konnte gezeigt werden, dass selbst die Schulbuchnutzer, die vielfach große Zustimmung zum Schulbuch zeigten, in einzelnen Bereichen unzufrieden waren. Dies war vor allem in den Bereichen der Differenzierungsmöglichkeiten, der Passung an die individuellen Lernvoraussetzungen der Schüler und die Eigenaktivität der Schüler in Form von entdeckendem Lernen und Kontrollmöglichkeiten der Fall (vgl. Abbildung 63). Jedoch stellen Individualisierung und Differenzierung in heterogenen Lerngruppen wichtige Prinzipien dar, um die Lernvoraussetzungen der Schüler mit gravierenden Lernschwierigkeiten berücksichtigen zu können. Daher wurde im Fragenbogen im Fragenteil 11 speziell nach dem Einsatz des Schulbuchs zur Differenzierung gefragt. Es stellte sich heraus, dass 9,0 Prozent der befragten Schulbuchnutzer das Schulbuch nie zur Differenzierung einsetzten. 37,7 Prozent hingegen verwendeten es selten, 44,9 Prozent oft (vgl. Abbildung 64).

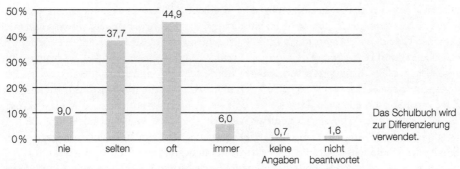

Abb. 64: Angaben der Nutzer zur Einsatzhäufigkeit des Schulbuchs zur Differenzierung in Prozent

Wie sich die Differenzierung gestaltet, konnte aus Gründen des begrenzten Umfangs nicht näher eruiert werden. Auch eine erneute Nachfrage bei den Lehrern, die es oft zur Differenzierung verwenden, ist nicht möglich. Dieser Aspekt wurde bereits mehrfach erläutert. Es können jedoch verschiedene Formen der Differenzierung unterschieden werden. Die Differenzierung kann vom Lehrer innerhalb der Klasse eigenständig in Form von an die Schülerbedürfnisse angepasstem Material oder aber auch in Differenzierungsgruppen, häufig unter dem Namen „Mathematik- bzw. Matheschiene" bekannt, durchgeführt werden. Bei diesen sog. „Matheschienen" versuchen Lehrer, Leistungsgruppen über Klassengrenzen hinaus zu bilden, um so homogenere Lerngruppen zu schaffen, in denen die Schüler ähnliche Leistungs- und Lernvoraussetzungen bezogen auf einen mathematischen Inhalt besitzen. Bisweilen kann auch differenziert gearbeitet werden, wenn eine weitere Kraft, ein Lehrer oder eine Unterrichtshilfe, zusätzlich das Lernen der Schüler unterstützt und zeitgleich im Unterricht eingesetzt ist. Als Idealfall wäre hier die Form des Teamteachings zu nennen.

Gerade in inklusiven Settings bzw. in einzelnen Formen des kooperativen Lernens in Bayern (vgl. 4.5) bietet es sich an, dass zwei Lehrer gemeinsam den Unterricht vorbereiten und durchführen. Diese gegenseitige Unterstützung kann dabei nicht nur für die Lehrer, sondern insbesondere für die Schüler sehr gewinnbringend sein. Daher wurde im Fragenkomplex 11 zusätzlich nach dem Einsatz des Schulbuchs im Teamteaching gefragt.

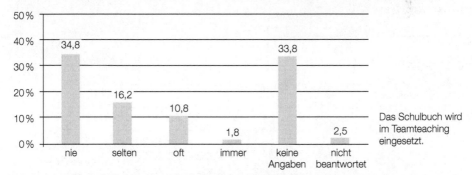

Abb. 65: Angaben der Nutzer zur Einsatzhäufigkeit des Schulbuchs im Teamteaching in Prozent

Als Ergebnis zeigte sich, dass 34,8 Prozent der Befragten das Schulbuch im Teamteaching als nicht geeignet einstuften und es daher in diesem Rahmen nie verwendeten. 16,2 Prozent gaben an, es in dieser Form selten einzusetzen. Auffallend ist, dass ein Drittel der Teilnehmer bewusst an dieser Stelle keine Angaben gemacht hat.

Dies lässt verschiedene Schlussfolgerungen zu. Zum einen könnte es daran liegen, dass im Unterricht dieser befragten Lehrer kein Teamteaching stattfindet bzw. beispielsweise aus organisatorischen Gründen nicht stattfinden kann. In einzelnen Formen des kooperativen Lernens z. B. in Kooperationsklassen ist nur zeitweise für wenige Stunden eine zweite Lehrkraft unterstützend tätig, was eine Realisierung von Teamteaching erschwert oder nicht umsetzbar macht. Daher ist eine Beurteilung zur Häufigkeit des Schulbucheinsatzes im Teamteaching nicht möglich. Zum anderen könnte es auch daran liegen, dass die Teilnehmer nur schwer eine Einschätzung zur Verwendung des Schulbuches in dieser Weise abgeben können und sich daher für die Antwortoption „keine Angaben" entschieden. Die gewonnenen Ergebnisse sind in Bezug auf den Einsatz des Schulbuchs im Teamteaching daher nur in begrenztem Ausmaß aussagekräftig.[23] Neben den dargestellten Ergebnissen zu den im Vorfeld erarbeiteten Hypothesen und Fragestellungen liefert die vorliegende Studie noch weitere Befunde.

9.5 Weitere Befunde

Zusätzlich zu den bereits referierten Ergebnissen können noch weitere Aussagen bezogen auf Begleitmaterialien und Aufgaben des Schulbuchs aufgezeigt werden.

9.5.1 Begleitmaterialien zum Schulbuch
Bereits Kapitel 2.1 definierte das Schulbuch als Teil eines Medienverbunds, das von anderen Medien wie Lehrerhandbuch oder Lehrerbegleitheft, Übungsheft, Arbeitsmappe oder Schülerbegleitheft umrahmt werden kann. Daher schien es sinnvoll zu überprüfen, ob dieses Zusatzangebot an begleitenden Medien von den Schulbuchnutzern angenommen wird. Die Auswertung zu den Fragen 2 und 4 zeigt überdies auf, dass ein genaueres Betrachten dieses Aspekts durchaus interessant sein kann. Während bei der Feststellung der Gründe für oder gegen die Verwendung eines Schulbuchs (Frage 2) von einem Siebtel der Befragten Zusatzmaterialien (14,2 Prozent) genannt wurden (vgl. 9.3.1) und ebenso das Angebot von zusätzlichen Schülermaterialien von 19,4 Prozent sowie eines Lehrerhandbuchs von 2,3 Prozent als Anspruch an ein Schulbuch (Frage 4) gewählt wurde (vgl. 9.3.2), zielten die Fragen 7 und 8 auf die Häufigkeit des Einsatzes. Es konnte festgestellt werden, dass mehr als die Hälfte der schulbuchnutzenden Lehrkräfte das Lehrerbegleitheft nie einsetzte. Bezogen auf das Schülerbegleitheft galt dies nur für ein Drittel der befragten Nutzer.

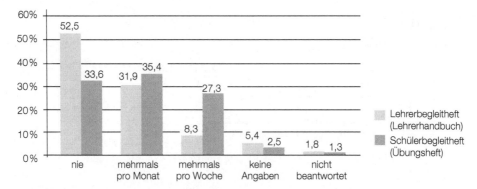

Abb. 66: Angaben der Nutzer zur Einsatzhäufigkeit der Begleitmaterialien in Prozent[24]

---

23 Interessant wäre die Beantwortung dieser Frage vor allem durch Lehrkräfte in Schulen mit dem Schulprofil „Inklusion". Diese haben aber nicht an der Erhebung teilgenommen.
24 Abweichungen in der Summenbildung können durch Rundungsdifferenzen entstehen.

Aus der Abbildung 66 wird deutlich, dass 62,7 Prozent aller Schulbuchnutzer angaben, das Schülerbegleitheft zu verwenden, 27,3 Prozent sogar mehrmals pro Woche.

Wenn die Lehrer, die nie das Lehrerbegleitheft verwendeten, nach Gründen gefragt wurden, so gaben mehr als die Hälfte an, dass sie das Lehrerbegleitheft nicht benötigen würden (56,7 Prozent). 36,4 Prozent dieser Gruppe stand an der Schule kein Lehrerbegleitheft zur Verfügung. Der Preis spielte bezogen auf das Lehrerhandbuch keine Rolle (1,0 Prozent).

Für das Schülerbegleitheft sieht es dagegen anders aus. Von denjenigen Befragungsteilnehmern, die nie ein Übungsheft verwendeten, führten lediglich 17,2 Prozent an, keines zu benötigen. 23,1 Prozent bemängelten, dass das Schülerbegleitheft an der Schule nicht in ausreichender Zahl vorhanden sei. Die größte Gruppe (39,2 Prozent) gab finanzielle Gründe an, warum kein Übungsheft verwendet würde.

Die Bedeutung des Schülerbegleithefts, die von 19,4 Prozent aller befragten Lehrer als einer der drei wichtigsten Ansprüche an ein Schulbuch gewählt wurde (vgl. 9.3.2), ist hier noch einmal deutlich zu erkennen. Auch die Gewichtung zum Lehrerhandbuch wird hier erneut bekräftigt. Zusammenfassend lässt sich aus diesen Ergebnissen schlussfolgern, dass das Schülerbegleitheft als wichtiger Begleiter des Schulbuchs angesehen wird, der zusätzlich zum Schulbuch von 62,7 Prozent der Schulbuchnutzer eingesetzt wird. Unter Umständen könnte das Schülerbegleitheft sogar noch häufiger verwendet werden, wenn eine Finanzierung seitens der Schule oder der Eltern möglich wäre.

Neben der Relevanz des Schülerbegleithefts hat sich noch ein weiterer Befund zu den Aufgaben des Schulbuchs ergeben.

9.5.2 Weitere Aufgaben des Schulbuchs

Frage 13 erfragte sonstige, bis zu diesem Zeitpunkt im Fragebogen noch nicht genannte Aufgaben, die das Mathematikschulbuch aus Sicht der schulbuchnutzenden Lehrer erfüllt. 85,2 Prozent der Schulbuchnutzer machten hier keine Angaben. Ausgewählte explizite Äußerungen einzelner antwortender Nutzer sollen an dieser Stelle angeführt werden, um einen exemplarischen Einblick in die Äußerungen der Lehrer zu geben. Es wurde versucht, diese unter einem Oberpunkt zusammenzufassen. Nachfolgend sind die wörtlichen Ausführungen der Befragten exakt wiedergegeben. Diese Auflistung erhebt nicht den Anspruch auf Vollständigkeit, möchte aber bislang noch nicht dargelegte Aufgaben des Schulbuchs aufzeigen:

- **variierende, flexible Einsatzmöglichkeiten im Unterricht:**
  - „schnell verfügbare Aufgaben wenn spontan Arbeitsaufträge benötigt werden (z.B. bei massiver Unterrichtsstörung eines Schülers)"
  - „Vertretungsstunden, Freiarbeit, Übungsmöglichkeiten für das Elternhaus"
  - „Aufgabenpool für Freiarbeits-/Wochenplanaufgaben"
  - „Aufgaben im Wochenplan, ist in individuelle Arbeitspläne/Lernprogramm integriert und wird durch andere Arbeitsblätter/Arbeitsaufträge ergänzt"
  - „Spiele + Partnerübungen"
  - „Grundlage eines Matheplans"
- **Differenzierung:**
  - „Zusatzaufgaben für ‚Schnelle'"
  - „Differenzierung für leistungsstarke Schüler"
  - „Differenzierung im Rahmen der individualisierten Wochenplanarbeit in jahrgangsgemischter Stütz- und Förderklasse (Jgst. 1, 2, 3 und 4)"
  - „für leistungsschwächere Schüler"
  - „hervorragende Arbeitsgrundlage in jahrgangsgemischten Klassen"

- **didaktisch-methodische Gründe:**
  - „Reflexion über versch. Lösungswege"
  - „Selbstkontrolle bei vielen Aufgaben möglich"
  - „Initiale Veranschaulichung"
- **Anregung und Orientierung für den Lehrer:**
  - „Ideen für die Suche nach weiterem Material"
  - „Buch dient als Orientierung, Anregung"
  - „Ich eigne mir Verfahren, wie z.B. das Subtraktionsverfahren, wissenschaftlich gesichert an"
- **Überblick über die Stoffverteilung:**
  - „Grundlegendes Anforderungsprofil (Niveau) der jeweiligen Lernstufe wird repräsentiert"
- **Motivationale Gründe:**
  - „Stolz und Neugier der Schüler auf das, was schon geschafft wurde und noch vor ihnen liegt"
  - „Das Buch sollte dazu anregen, mathematische Probleme selbständig zu lösen."
  - „Motivation"
  - „die Schüler spüren Wertschätzung, wenn sie ein ‚normales' Schulbuch verwenden"
- **Erlernen von Kulturtechniken:**
  - „Die Kinder lernen/üben die Prinzipien der Heftführung, sich in Buch und Heft zu Orientieren"
  - „grundsätzliches Erlernen des Umgangs mit einem Schulbuch"
  - „Anleitung zum sorgsamen Umgang mit geliehenen Materialien"
- **Bedeutung für außerschulische Personen:**
  - „Die Eltern verwenden das Buch als Nachschlagewerk über den Unterricht hinaus!"
  - „Stoffübersicht und Orientierung für die Eltern"
  - „Informationsquelle für außerschulische Unterstützung (Eltern, Hort, Hausaufgabenhilfe)"
- **Weitere Gründe:**
  - „Einsparung von Kopien"
  - „ein kompaktes Lehrbuch als Leitfaden, nicht nur lose Blatt-Sammlungen"

Die verschiedenen Äußerungen machen deutlich, dass das Schulbuch vielfältig eingesetzt wird und dabei unterschiedliche Aufgaben für die Lehrer, die Schüler, aber auch beispielsweise für die Eltern übernimmt. Bezogen auf die Schüler sei an dieser Stelle noch einmal der motivationale Charakter des Schulbuchs bzw. seine Auswirkung auf die emotionale Situation der Schüler betont. Diesen Aspekt gilt es sicherlich nicht zu vernachlässigen.

9.6 Zusammenfassung

Die vorliegende Studie erzielte eine durchaus zufriedenstellende Rücklaufquote. Die Ausschöpfungsquote bezogen auf die einzelnen Schulen betrug 81,5 Prozent. Die Rücklaufquotenergebnisse des postalischen bzw. Online-Rücklaufs lagen bei 23,1 bzw. 19,1 Prozent, wenn die Gesamtzahl der versendeten Papierfragebogen bzw. Handzettel zugrunde gelegt wird.

Insgesamt nahmen 661 Lehrer an (Sonderpädagogischen) Förderzentren in Bayern an der Untersuchung teil. Die Berechnungen beruhen jedoch stets auf der bereinigten Gesamtzahl von 656 Lehrern, da nur diese Lehrkräfte die zuvor aufgestellten Einschlusskriterien erfüllten. Es kann festgehalten werden, dass mit dieser Gesamtzahl Berechnungen und statistische Auswertungen gut durchführbar sind. Genaue Befunde über die Grundgesamtheit lagen nicht vor.

Betrachtet man die Verteilung der Lehrkräfte auf die einzelnen Klassenstufen, ist diese insgesamt relativ gleichmäßig, wobei die meisten der teilnehmenden Lehrkräfte in der Oberstufe oder Unterstufe tätig waren. In der untersuchten Stichprobe lag der Frauenanteil bei 76,5 Prozent. Die Verteilung über die Dienstaltersgruppen ist so, dass für jede Gruppe eine für Berechnungen ausreichend große Zahl an Befragungsteilnehmern besteht, so dass keine Dienstaltersgruppe unberücksichtigt bleibt.

Die grundständig studierte Fachrichtung war bei der Hälfte aller Befragungsteilnehmer die Fachrichtung „Lernbehindertenpädagogik. Rechnet man die Angaben der Befragten bezogen auf eine zusätzliche sonderpädagogische Qualifikation hinzu, verfügten insgesamt 54,9 Prozent aller Befragungsteilnehmer über eine Qualifikation im Bereich „Lernbehindertenpädagogik". Damit stellt diese sonderpädagogische Fachrichtung den größten Schwerpunkt an studierten Fachrichtungen unter allen Befragungsteilnehmern dar (vgl. 9.1).

Bis auf eine Teilhypothese in Bezug auf das Lehrerhandbuch konnten alle Hypothesen zur Verwendungshäufigkeit des Schulbuchs und weiterer Medien sowie zur Zufriedenheit belegt werden (vgl. 9.2).

Auch lieferte die durchgeführte Untersuchung ausreichend Ergebnisse, um die unter 7.3 entwickelten Fragestellungen beantworten zu können (vgl. 9.3; 9.4).

Es konnten sogar noch weitere Befunde zusammenfassend dargestellt werden (vgl. 9.5).

Die wesentlichen Ergebnisse dieses Kapitels werden anschließend im 10. Kapitel aufgegriffen und in Bezug zu anderen Studien gestellt, um Zusammenhänge herauszuarbeiten.

10 Interpretation und Diskussion

Das folgende Kapitel befasst sich mit der Interpretation der Ergebnisse und nimmt Bezug zum Forschungsstand, der in den ersten Kapiteln dieser Arbeit vorgestellt wurde. Dabei werden die zuvor aufgestellten Hypothesen in den Blick genommen und Bezüge zu anderen Untersuchungen soweit möglich hergestellt (10.1). Wie Bortz und Döring für das Ende eines Untersuchungsberichts vorschlagen (vgl. Bortz/Döring 2006, S. 89), sollen anschließend in einer Gesamtinterpretation die wesentlichen Ergebnisse zur Schulbuchverwendung im Förderschwerpunkt Lernen zusammenfassend dargestellt werden. Zusätzlich werden Einzelbefunde zu den Funktionen des Schulbuchs eingeordnet (10.2). Dabei bleibt es nicht aus, sich mit der Rolle des Schulbuchs im Medienverbund zu beschäftigen und dessen (zukünftige) Stellung zu diskutieren (10.3).

10.1 Interpretation der Hypothesen

Von den insgesamt sechs Hypothesen, die im Unterkapitel 7.2 ausführlich dargestellt wurden, können im Rahmen der vorliegenden Studie mit einer Ausnahme alle Hypothesen belegt werden. Lediglich bei einer Teilhypothese in Bezug auf das Lehrerbegleitbuch ist dies nicht der Fall (vgl. 10.1.3).

10.1.1 Verwendungshäufigkeit des Schulbuchs

▶ 1. Ältere Lehrer setzen häufiger das Mathematikschulbuch ein als jüngere Lehrer.

Die Untersuchung ergibt einen schwachen positiven Zusammenhang zwischen dem Alter und der Schulbuchnutzungshäufigkeit. Auch wenn andere Studien hierzu keine eindeutigen Ergebnisse liefern konnten (vgl. 7.2; Killus 1998, S. 205), liegt mit der vorliegenden Erhebung nun ein weiteres Ergebnis vor. Dieses unterstreicht noch einmal die Studienergebnisse von Hopf (vgl. Hopf 1980, S. 151 f.) und Merzyn (vgl. Merzyn, 1994, S. 94). Ob jedoch von einer generellen Übertragbarkeit ausgegangen werden kann, bleibt offen.

Eine mögliche Erklärung hierfür kann u. U. das Ergebnis der Studie von Schäfer-Koch liefern. Sie hat in einer Befragung mit 424 Lehrern in Nordrhein-Westfalen und Mecklenburg-Vorpommern festgestellt, dass der Einsatz des Schulbuchs, als man noch selbst Schüler war, von den Lehrern für die eigene Unterrichtstätigkeit zum Vorbild genommen wird.

„Man kann davon ausgehen, daß [sic!] die beobachtete Materialmonotonie mit der Präferenz für das Schulbuch durch diese Vorerfahrungen mit verursacht wird." (Schäfer-Koch 1998, S. 368)

Zwar ist das Ergebnis bezogen auf Deutsch bzw. Physik nicht direkt übertragbar, es könnte aber einen Erklärungsansatz darstellen.

▶ 2. In unteren Klassenstufen werden seltener Schulbücher verwendet als in höheren Klassenstufen.

Wenngleich dieses Ergebnis aufgrund von diversen Überlegungen zur Gestaltung und Organisation der Sonderpädagogischen Diagnose- und Förderklassen (SDFK) zu erwarten war, ist es nun bezogen auf die vorliegende Studie bestätigt. Hier kommen auch teilweise einige der zuvor angestellten Überlegungen zum Tragen, die dazu führten, Schüler nicht als Befragungsgruppe auszuwählen (vgl. 8.3.1). Dazu zählt beispielsweise die sich noch entwickelnde und daher eher gering ausgeprägte Lese- und Schreibkompetenz der Schüler in der SDFK (vgl. Kratzer/Cwielong 2014, S. 188; Rezat 2009, S. 123 f.).

10.1.2 Verwendungshäufigkeit weiterer Medien

▶ 3. Schulbuchverwender setzen andere Unterrichtsmedien seltener ein als Nichtschulbuchverwender.

Durch die Untersuchung können nun spezifischere Aussagen getroffen werden. Nicht-
schulbuchnutzer setzen insbesondere *selbstangefertigte Arbeitsblätter*, *Realgegenstände*,
mathematische Lernmittel sowie *Montessori-Material* im Unterricht ein. Für diese Unterrichtsmedien werden signifikante positive Ergebnisse gefunden. Über die Gründe für die
Verwendung kann aufgrund des Erhebungsdesigns nur spekuliert werden. Jedoch deuten
sich einige Erklärungsansätze an, die auf weiteren Ergebnissen der Erhebung basieren.

Die von den Nutzern signifikant seltener verwendeten Medien sind vor allem veranschaulichende, den Schüler zur Eigenaktivität anregende Medien und Materialien. Sowohl die
Realgegenstände als auch die **mathematischen Lernmittel** sowie das *Montessori-Material*
sind Medien, die den Lernprozess des Schülers anregen, indem sie enaktiv im Unterricht
eingesetzt werden können. Sie fördern das handelnde Lernen und können individuell an
die Bedürfnisse und Vorerfahrungen der Schüler angepasst werden. In Abbildung 3, die
die verschiedenen Medien in Gruppen einzuordnen versucht, sind diese Medien unter
dem Oberbegriff Lernmittel und Lernhilfen zusammengefasst.

Dass die Orientierung an den Lernvoraussetzungen für Nicht-Nutzer als besonders wichtig erachtet wird, zeigt sich in der unterschiedlich starken Gewichtung zu den Gründen
für bzw. gegen ein Schulbuch. Hier unterscheiden sich Nutzer und Nicht-Nutzer deutlich: 53,9 Prozent der Nicht-Nutzer nennen die Orientierung an den Lernvoraussetzungen als Grund, kein Schulbuch zu verwenden. Hingegen geben nur 27,3 Prozent der
Nutzer dies als Grund an, warum sie ein Buch im Unterricht nutzen (vgl. Abbildung 41).
Unterstrichen wird dies auch durch die Ansprüche der Nutzer und Nicht-Nutzer. Während 37,3 Prozent der Nicht-Nutzer Differenzierungsmöglichkeiten als einen von drei
Ansprüchen ankreuzen, den sie an ein Schulbuch stellen, tun dies nur 26,2 Prozent der
Nutzer (vgl. Abbildung 45).

Zudem kann gezeigt werden, dass *selbstangefertigte Arbeitsblätter* seltener von Schulbuchverwendern eingesetzt werden. Hingegen scheinen sie von den Nicht-Nutzern ersetzend
zum Schulbuch im Unterricht verwendet zu werden. Diese liefern möglicherweise ausreichend Übungen und eine bessere Passung an die Lernausgangslage der Schüler. Dies würde ebenfalls mit den Gründen übereinstimmen, die von den Nicht-Nutzern als häufigste
Gründe gegen die Verwendung des Schulbuchs benannt werden. Neben der Orientierung
an den Lernvoraussetzungen der Schüler geben 53,9 Prozent der Nicht-Nutzer die Übungen als Begründung an (vgl. Abbildung 41). Es gibt daher gute Gründe anzunehmen, dass
selbsterstellte Arbeitsblätter diese Aufgabe übernehmen und erfüllen können.

Dass generell noch weiteres Material für die Unterrichtsvorbereitung verwendet wird,
zeigte bereits die Studie von Tebrügge. Nach dem Schulbuch werden in Mathematik eigenes Unterrichtsmaterial, weitere Schulbücher und sonstiges Material von Verlagen als
häufigste Nennungen für die Unterrichtsplanung angeführt (vgl. Tebrügge 2001, S. 130).
Jedoch unterscheidet Tebrügge nicht nach Schulbuchnutzern und Nicht-Nutzern, so dass
kein Vergleich angestellt werden kann.

Häufig wird im Unterricht nicht nur auf ein Medium zurückgegriffen, wie Neumann auf-
zeigen kann. Seine Studie liefert Ergebnisse, dass zwischen zwei und elf verschiedenen
Unterrichtsmaterialien pro Unterrichtseinheit Anwendung finden (vgl. Neumann 2015,
S. 83).

10.1.3 Zufriedenheit

▶ 4. An der Einführung des Schulbuchs beteiligte (Vorschlag/Kaufentscheidung) Lehrer sind zufriedener mit dem verwendeten Buch.

In Bezug auf die Zufriedenheit kommt es trotz der Unterscheidung in die Bereiche *Vorschlag* und *Kaufentscheidung* zu jeweils dem gleichen Ergebnis, das sich nachvollziehbar erläutern lässt. Lehrer, die die Anschaffung eines bestimmten Buches angeregt haben, zeigen Zufriedenheit in Bezug auf das von ihnen verwendete Buch. Dies ist insofern nachvollziehbar, da Lehrer vor der Unterbreitung des Vorschlags Überlegungen angestrengt haben, inwieweit dieses Buch hilfreich und passend für den Mathematikunterricht sein dürfte. Der Prozess zur Auswahl und Entscheidung zugunsten eines Schulbuchs ist bereits ausführlich dargelegt worden (vgl. 5.2.3). Am Ende der Abwägungen stand eine selbstständig getroffene, positive Entscheidung für das Schulbuch, das am geeignetsten erscheint und den meisten Kriterien entspricht.

Auch hier lässt sich somit das Ergebnis von Killus bestätigen (vgl. Killus 1998, S. 60). Gleichermaßen stellt sich das Ergebnis in Bezug auf die Kaufentscheidung des Buches dar. Die Lehrer, die nicht nur den Vorschlag unterbreiteten, sondern auch am Kauf beteiligt waren, zeigen sich ebenfalls zufrieden mit dem Schulbuch.

▶ 5. Je häufiger das Buch eingesetzt wird, desto zufriedener ist der Nutzer.

Die Ergebnisse belegen, dass sich die Zufriedenheit in der Nutzungshäufigkeit widerspiegelt. Damit sind die Ergebnisse von Beerenwinkel und Gräsel bestätigt (vgl. Beerenwinkel/Gräsel 2005, S. 23).

Ähnliche Ergebnisse findet auch Schäfer-Koch in ihrer Studie, die einen Zusammenhang zwischen der Verwendungshäufigkeit und der Bedeutungszuschreibung feststellen kann.

„Für den Zusammenhang zwischen der Bedeutungszuschreibung und der tatsächlichen Nutzung im Unterricht liefert die Befragung eine fast lineare ‚Je-desto‘-Beziehung: Je bedeutungsvoller die Materialien eines Emittenten eingestuft werden, desto häufiger werden sie auch im Unterricht eingesetzt." (Schäfer-Koch 1998, S. 376)

▶ 6. Je häufiger schulbuchbegleitende Materialien (Lehrerbegleitbuch/Schülerbegleitheft) eingesetzt werden, desto zufriedener sind die Lehrer.

Das Lehrerbegleitbuch hat keine nachweisbaren Auswirkungen auf die Zufriedenheit der Befragten. Dieses Ergebnis zeichnet sich noch einmal zusätzlich bei den Ansprüchen ab, die die Lehrer an das Schulbuch stellen. Lediglich 2,3 Prozent der Untersuchungsteilnehmer erachten das Lehrerhandbuch als wichtig (vgl. Abbildung 44). Damit bestätigt sich das Ergebnis von Merzyn, der für Physikbücher feststellt:

„*Der Lehrerband spielt eine ganz geringe Rolle*." (Merzyn 1994, S. 88; kursive Hervorhebung im Original)

Im Gegensatz dazu steht das Ergebnis bezogen auf das *Schülerbegleitheft*. Hier zeigt sich, dass die Lehrer, die häufig ein Schülerbegleitheft nutzen, zufrieden mit dem Schulbuch sind. Somit stellt das Übungsheft eine notwendige Ergänzung zum Schulbuch dar (vgl. K. Hechler 2010, S. 100). Auch dieses Ergebnis ist bereits in den Ansprüchen der Lehrer erkennbar, wo 19,4 Prozent der Befragten das Angebot von zusätzlichen Schülermaterialien zu schätzen wissen (vgl. Abbildung 44). Unter den von den Schulbuchnutzern frei formulierten Gründen für die Verwendung eines Schulbuchs geben 15,9 Prozent zusätzliche Materialien als Begründung an (vgl. Abbildung 41). Damit scheint gerade das zusätzliche Arbeitsmaterial direkt für den Schüler ein wichtiges Argument zugunsten eines Schulbuchs und damit zur Nutzungshäufigkeit und Zufriedenheit darzustellen.

Insgesamt ist ein Zusammenhang zu den Ergebnissen von Schäfer-Koch erkennbar, die bei schulbuchnutzenden Lehrern in Physik und Deutsch in Nordrhein-Westfalen und Mecklenburg-Vorpommern feststellen kann, dass diese sich sehr am Schulbuch orientieren und weniger zusätzliche, nicht zum Schulbuch gehörende Materialien einsetzen.

„Gemeinsam ist den Lehrergruppen aus beiden Bundesländern die große Skepsis gegenüber jedwedem Materialangebot außerhalb des Schulbuchmarktes." (Schäfer-Koch 1998, S. 365)

10.2 Zusammenfassung und Einordnung weiterer Ergebnisse

Wenngleich die vorliegende Studie keine reale Nutzungsforschung betrieben hat, so kann durch die Einschätzungen der befragten Lehrer ein Einblick über ihre Verwendung von Mathematikschulbüchern im Förderschwerpunkt Lernen gewonnen werden. Ein ähnliches Vorgehen hat Neumann gewählt, der sich nahezu zeitgleich zur vorliegenden Studie ebenfalls mit der Nutzung von Lehrmaterial auseinander gesetzt hat. Er fand heraus, dass bei Untersuchungen zu Lehrmaterialien „der Bereich der Nutzungsforschung weitestgehend ausgeklammert" (Neumann 2015, S. 62) wird. Dies hat er zum Anlass genommen, sich eingehend mit kostenlosen Lehrmaterialien aus dem Internet zu beschäftigen. Dabei hat er auch das Schulbuch in seine Befragung miteinbezogen. Ein Abgleich der nun vorliegenden Ergebnisse zu denen von Neumann ist zwar insofern nicht direkt herstellbar, da bei seiner Erhebung lediglich 4,9 Prozent der befragten Lehrer an Förderschulen tätig waren (vgl. a. a. O., S. 79). Zudem erfolgt keine Aufteilung der Ergebnisse nach den verschiedenen Schularten. Er merkt daher selbst an, „dass die Ergebnisse der Studie besonders auf die Regelschulen hin zu interpretieren und zu generalisieren sind" (ebd.). Aufgrund der Aktualität seiner Forschung und Überschneidungen in einzelnen Bereichen soll jedoch in diesem Unterkapitel u. a. auf seine Ergebnisse Bezug genommen werden. Außerdem wird ebenfalls ein Vergleich mit Erträgen aus anderen Untersuchungen angestellt.

10.2.1 Schulbuchverwendung im Förderschwerpunkt Lernen

Gleichermaßen wie die Studie „Deutsch Englisch Schülerleistungen International" (DESI) bei Lehrbüchern und Arbeitsblättern die größte Verwendungshäufigkeit feststellen konnte (vgl. Klieme et al. 2008, S. 327), kann auch bei der vorliegenden Untersuchung von einer starken Nutzung des Mathematikschulbuchs im Unterricht an Förderzentren ausgegangen werden. Von den insgesamt 656 in die Untersuchung einbezogenen Fragebogen sind 554 Schulbuchnutzer und lediglich 102 der Teilnehmer keine Schulbuchverwender. Somit liegt der Anteil derjenigen, die angeben, ein Schulbuch zu verwenden, bei 84,4 Prozent. Auch kann eine stärkere Schulbuchnutzung bei älteren Lehrern sowie in höheren Klassenstufen festgestellt werden (vgl. 10.1.1).

Neumann kann für das Schulbuch eine herausragende Rolle ableiten, da 50,1 Prozent der Befragten ihm diese Bedeutung beimessen. Dagegen stehen nur 1,7 Prozent, die dem Schulbuch keine gute Bewertung geben (vgl. Neumann 2015, S. 83).

Dies stimmt mit den Ergebnissen der vorliegenden Studie überein. Auch hier zeigt sich, dass das Schulbuch anhand der Studienergebnisse wohl noch nicht „totgesagt", sondern ein vom Lehrer durchaus (gerne) im Unterricht eingesetztes Medium zu sein scheint. Ein wesentlicher Grund mag sicherlich in der Verfügbarkeit des Buches liegen, da bei fast 80 Prozent der Befragten (vgl. Tabelle 14) an den Schulen ein Mathematikschulbuch vorrätig ist. Dies erklärt auch eine der häufigsten Erstnennungen zu den Gründen der Verwendung eines bestimmten Schulbuchs. In Kapitel 9.3.1 wurde dargestellt, dass 30,5 Prozent aller Schulbuchnutzer das Schulbuch deshalb einsetzen, weil es „an der Schule vorhanden" oder „bereits eingeführt" ist. Diese von dieser Gruppe zugleich häufigste Nennung zeigt nicht zuletzt auf, dass scheinbar Bewährtes häufig Anwendung findet und nicht unbedingt bei jedem erneuten Einsatz hinterfragt wird. 15,5 Prozent aller Nutzer geben dieses Argument sogar als alleinigen Grund an, ohne noch weitere Gründe hinzuzufügen, obwohl Mehrfachnennungen durchaus erwünscht sind und diese Variante häufig genutzt wird.

Die Tatsache auf bereits Etabliertes zurückzugreifen deckt sich mit Ergebnissen der Studie von Bromme und Hömberg. Sie stellten in ihren Interviews fest, dass es zwar Kritik am verwendeten Schulbuch gibt, aber die Lehrer dennoch damit arbeiten.

> „Obwohl alle Lehrer gegenüber den Lehrbüchern kritische Bemerkungen machen, gehen sie doch davon aus, daß [sic!] es eben eingeführt ist und sie sich dazu verhalten müssen." (Bromme/Hömberg 1981, S. 80)

Es ließen sich an dieser Stelle Mutmaßungen anstellen, warum dies so ist. Da jedoch kein Rückbezug auf die Befragungsteilnehmer möglich ist, kann dies nicht abschließend geklärt werden und würde weiterer Untersuchungen bedürfen. Jedoch bleibt festzuhalten, dass die Verfügbarkeit eine entscheidende Rolle bei der Motivation zur Nutzung spielt. Das stellt auch Neumann fest.

> „Ganz oben steht ein sichtlich pragmatischer Grund: Der ‚einfache Zugang zum Schulbuch' (78,8 %) ist für die Lehrkräfte einer der großen Vorteile." (Neumann 2015, S. 89)

Noch weitere Ergebnisse lassen sich prägnant zusammenfassen:

- Schulbuchverwender setzen ihr Schulbuch recht häufig ein. Das betont noch einmal den Stellenwert des Schulbuchs für diese Lehrer.
- Zudem sind sie zufrieden mit dem von ihnen eingesetzten Schulbuch und nicht einmal ein Viertel würde lieber mit einem anderen Buch arbeiten (vgl. Abbildung 42). Insbesondere Lehrer, die am Entscheidungsprozess beteiligt werden, sind mit ihrem Buch zufrieden. Sowohl das Einbringen des Vorschlags für ein Buch als auch das Treffen der Kaufentscheidung wirken sich auf die Zufriedenheit aus (vgl. 10.1.3). Dies zeigt deutlich, welche entscheidende Rolle die Lehrer bei der Wahl des Schulbuchs spielen. Dies heben ebenso Tulodziecki, Herzig und Grafe hervor (vgl. Tulodziecki/Herzig/Grafe 2010, S. 73).
- Als begleitende Materialien spielt das Schülerbegleitheft eine große Rolle. Das Lehrerhandbuch ist für viele Schulbuchnutzer jedoch nicht so bedeutsam (vgl. Abbildung 66). 53,5 Prozent der Befragten in Neumanns Studie nannten die Zusatzmaterialien der Verlage als Motivation zur Nutzung von Schulbüchern (vgl. Neumann 2015, S. 90). Auf die Bedeutung des Übungshefts als notwendige Ergänzungen zum Schulbuch weist auch Hechler hin (vgl. K. Hechler 2010, S. 100).
- Die schulbuchnutzenden und nicht-nutzenden Lehrer an Förderzentren stellen hohe Ansprüche an das Schulbuch, wobei der Struktur, der Quantität und Qualität der Übungen, der Kleinschrittigkeit, der inhaltlich guten Aufbereitung sowie der Differenzierung der größte Stellenwert beigemessen wird (vgl. Abbildung 44). Diese Aspekte betonen auch Werning, Daum und Urban:

> „Gerade bei lernschwächeren Schülerinnen und Schülern wird aus didaktischer Sicht dazu tendiert, die Lernprozesse zu vereinfachen. Kleinschrittigkeit, Isolierung von Schwierigkeiten, ein klar strukturierter Unterricht, kurzfristige Ziele und Feedback in kurzen Intervallen wurden und werden nicht selten als angemessene Vorgehensweisen herausgestellt." (Werning/Daum/Urban 2006, S. 17)

Demgegenüber äußert sich Moser Opitz kritisch. Eine ablehnende Haltung nimmt sie vor allem gegenüber speziellen Schulbüchern ein, die für einen bestimmten Schultyp zugelassen sind und eine stoffliche Reduzierung der Lerninhalte vornehmen sowie kleinschrittig vorgehen.

„Durch die Verwendung von speziellen Lehrmitteln für eine bestimmte Schulform wird – zumindest implizit – davon ausgegangen, dass Schülerinnen und Schüler, die einer bestimmten Schulform bzw. einem bestimmten Leistungsniveau zugeteilt sind, eine homogene Leistungsgruppe darstellen. Empirische Studien weisen jedoch seit Langem darauf hin, dass die Überlappung zwischen verschiedenen Schultypen sehr gross [sic!] ist und dass die Zuweisung zu diesen anderen Gesetzmässigkeiten [sic!] folgt als der Leistungsfähigkeit (z.B. Kronig, 2007). Ein Zweites kommt dazu: Verbunden mit einer Reduzierung der Lerninhalte ist eine Reduzierung der Lern- und Entwicklungsmöglichkeiten. Lerninhalte, die nicht angeboten werden, können auch nicht erworben werden. Besondere Lehrmittel für verschiedene Leistungsniveaus können dem Anspruch der Individualisierung und inneren Differenzierung somit nicht gerecht werden und müssen als Massnahme [sic!] der äusseren [sic!] Differenzierung betrachtet werden." (Moser Opitz 2010, S. 55)

Bezogen auf die Differenzierung stimmen die Schulbuchnutzer mit Moser Opitz überein, da nur etwa ein Drittel der Meinung ist, dass das Schulbuch ausreichend Differenzierungsmöglichkeiten anbietet (vgl. Abbildung 63).

- Weitere Kritikpunkte gegenüber dem verwendeten Schulbuch sind vor allem fehlende Kontrollmöglichkeiten. Auch beurteilen die befragten Lehrer vor allem die ausreichende Berücksichtigung der Lernvoraussetzungen der Schüler als negativ (vgl. Abbildung 63). Trotzdem setzen die Lehrer das Buch ein. Daher kann die hier vorgestellte Studie für Mathematikbücher ebenfalls bestätigen, was Hoppe für das Deutschbuch an Gymnasien herausgefunden hat.

„Dezidierte Kritik der Lehrpersonen an einzelnen Elementen des eingeführten Unterrichtswerks wie zum Beispiel an den Aufgabenstellungen oder an der Themenauswahl führen nicht zu einer generellen Ablehnung des Buches, sondern nur zu einer eingeschränkten Nutzung." (Hoppe 2011, S. 309 f.)

- Das Schulbuch wird vielfach für die Unterrichtsvorbereitung als sinnvoll erachtet und eingesetzt (vgl. Abbildung 57). Jedoch geht nicht für alle Lehrer trotz des Verwendens des Schulbuchs bei der Unterrichtsvorbereitung damit zwangsläufig einher, sich an die Vorgaben des Buchs zu halten (vgl. Abbildung 58). Die Antworten der Befragten sind hierzu in zwei Gruppen geteilt. Das deckt sich mit Sandfuchs' Meinung. Er hält hierzu fest, dass das Schulbuch „ein wichtiges Planungsmaterial, nicht aber das alle Lehr-Lern-Prozesse determinierende Leitmedium" (Sandfuchs 2006, S. 8) ist. Neumanns Studie liefert als Ergebnis, dass „[…] die Unterrichtsvorbereitung erleichtert (75,7 %) [wird] und gleichzeitig […] ein ‚Roter Faden durch das gesamte Schuljahr' (70,0 %) [führt]" (Neumann 2015, S. 89 f.; Umstellungen: S. L.).
Auch verwenden die Schulbuchnutzer durchaus noch weitere Schulbücher (vgl. Tabelle 17). Dieses Ergebnis stellt auch Merzyn fest.

„Offenbar ist es verbreiteter Lehrer-Brauch, sich von den Ideen verschiedener Autoren bei der Planung des eigenen Unterrichts anregen zu lassen und die Ideen zu einem eigenen Unterrichtsentwurf zu verarbeiten." (Merzyn 1994, S. 236)

- Im Unterricht erfährt das Mathematikschulbuch vor allem bei der Übung und Wiederholung eine Wertschätzung von Seiten der Schulbuchnutzer (vgl. Abbildung 60). Dem gleichen Zweck unterliegt das Schulbuch auch, wenn die Lehrer die Schulbuchnutzung der Schüler bewerten. Hier dient es ebenfalls der Wiederholung und für die Hausaufgaben (vgl. Abbildung 61).
- In Einzelarbeit und im Klassenunterricht findet das Schulbuch die stärkste Anwendung (vgl. Abbildung 62).

Des Weiteren lassen sich Ausführungen zu den Funktionen des Schulbuchs machen.

10.2.2 Funktionen des Schulbuchs im Förderschwerpunkt Lernen

An dieser Stelle sollen die bereits im Unterkapitel 2.2.3 dargestellten und auf theoretischen Grundlagen basierenden Funktionen des Schulbuchs mit den vorliegenden Forschungsergebnissen abgeglichen werden. Dadurch können Aussagen getroffen werden, welche Funktionen das Schulbuch im Unterricht bei Schülern mit gravierenden Lernschwierigkeiten aus Sicht der Lehrkräfte erfüllt. Dafür wird auf die Zusammenfassung der verschiedenen Funktionen der in Unterkapitel 2.2.3 genannten Autoren zurückgegriffen:

- **Strukturierungsfunktion**

  Die Strukturierungsfunktion beinhaltet eine systematische und logische Aufteilung der Lerninhalte, die an den Lehrplänen ausgerichtet ist. Sie hat auch Auswirkungen auf die Unterrichtsvorbereitung und trägt zu dessen Lenkung bei. Diese Funktion decken die verwendeten Schulbücher scheinbar ab, da sie von 85,9 Prozent der Schulbuchnutzer als übersichtlich bewertet werden. Zudem sind 80,3 Prozent der Meinung, dass das Schulbuch dem gültigen Lehrplan entspricht (vgl. Abbildung 63). Die Vorgaben können sich auf die Vorbereitung und Durchführung des Unterrichts auswirken, also steuernd eingreifen.

- **Steuerungsfunktion**

  Die Steuerungsfunktion ist eng an die Strukturierungsfunktion angelehnt. Schulbücher, die zur Lenkung des Unterrichtsverlaufs beitragen oder Impulse bei der Unterrichtsvorbereitung liefern, erfüllen die Steuerungsfunktion in hohem Maße. Als Ergebnis der vorliegenden Forschung kann festgehalten werden, dass auch diese Funktion bezogen auf die Unterrichtsvorbereitung durchaus erfüllt ist, insbesondere je kurzfristiger die Planungen sind (vgl. 9.4.1). Bei der Studie von Tebrügge zeigte sich gleichermaßen, dass das Schulbuch in Mathematik auf dem ersten Platz der für die Unterrichtsplanung benutzen Materialien steht (vgl. Tebrügge 2001, S. 130).

  Was die Lenkung des Unterrichtsverlaufs anbelangt, sind zwei nahezu gleich große Lager zu erkennen. 11,0 Prozent halten sich nie und 35,0 Prozent nur selten, 43,7 Prozent jedoch oft und 2,9 Prozent immer an die Vorgaben des Buches (vgl. 7.4.1). Also greift das Schulbuch bei einer größeren Gruppe der Lehrer durchaus steuernd in den Unterricht ein. Ein weiteres Indiz unterstreicht dies: 73,3 Prozent der Schulbuchnutzer stimmen zu, dass das Buch ihrem persönlichen Unterrichtsstil entspricht (vgl. Abbildung 63).

- **Selbstständigkeitsförderungsfunktion**

  Diese Funktion, die Kahlert zusätzlich nennt (vgl. Kahlert 2010, S. 43), ist bei Hacker der Steuerungsfunktion untergeordnet. Durch eine Anregung zur Vor- und Nachbereitung des Unterrichts können Schulbücher einen Beitrag zur Förderung der Selbstständigkeit des Schülers liefern. Auch selbstständiges Erarbeiten und Üben sollte ein Schulbuch ermöglichen.

  Bezogen auf die Steuerung der Schüler kann als Ergebnis festgehalten werden, dass diese unter Anleitung des Lehrers vom Schulbuch gelenkt werden. Ein selbstständiges Arbeiten erfolgt mit dem Schulbuch vornehmlich in Übungsphasen oder bei der Erledigung von Hausaufgaben. Allerdings nutzen die Schüler ohne Einwirkung des Lehrers das Schulbuch weder als Nachschlagewerk noch als Informationsquelle. Für das selbstständige Erarbeiten eines Sachverhalts wird das Schulbuch von 36,5 Prozent der befragten Lehrer als ungeeignet angesehen. Weitere 45,1 Prozent setzen das Buch zur selbstständigen Erarbeitung nur selten im Unterricht ein (vgl. 9.4.2). Somit scheint das Schulbuch an bayerischen Förderzentren eher weniger diese Funktion zu erfüllen.

  Neumann, der ebenfalls verschiedene Nutzungsarten des Schulbuchs unterscheidet, erzielte die zweithäufigste Zustimmung in der selbstständigen Schülerarbeit (76,1 Prozent). Jedoch zählt er die Hausaufgaben zur selbstständigen Nutzung hinzu (vgl. Neumann 2015, S. 89).

- **Repräsentationsfunktion**

  Hinter der Repräsentationsfunktion stehen vornehmlich Aspekte der Anschaulichkeit. Diese Funktion erscheint mit dem Schulbuch durchaus als erfüllt, geben doch 82,3 Prozent der Schulbuchnutzer an, zufrieden mit der Aufmachung des Buches in Bezug auf das Druckbild, die Schriftgrößen und -arten sowie mit den Bildern zu sein. Auch sprachlich können die verwendeten Schulbücher 80,7 Prozent der Schulbuchnutzer überzeugen. 76,7 Prozent bejahen ein Anknüpfen des Schulbuchs an das Vorwissen der Schüler. Von 73,5 Prozent werden die Erklärungen als verständlich bewertet. 64,4 Prozent der Schulbuchnutzer stimmen zu, dass die Lebenswelt der Schüler berücksichtigt wird (vgl. 9.4.3).

- **Motivierungsfunktion**

  Motivierend sind vor allem Schulbücher mit einer ansprechenden äußeren und methodischen, aber auch schülergemäßen Gestaltung. Diese Aspekte sind zumeist gegeben (vgl. Repräsentationsfunktion). Fragt man Schulbuchnutzer direkt nach der Motivationswirkung des verwendeten Schulbuchs, stimmen ca. 60 Prozent zu, dass das Buch die Schüler zum Lernen anregt. Fast ebenso viele (58,8 Prozent) sind der Meinung, dass das Schulbuch methodische Abwechslung bietet. Etwa die Hälfte der Schulbuchnutzer sieht eine Anregung zur Verwendung verschiedener Lernstrategien, was sich lernunterstützend und damit auch motivierend auswirken kann (vgl. 9.4.3).

- **Differenzierungsfunktion**

  Differenzierung trägt dazu bei, die unterschiedlichen Interessen, Begabungen und Lernvoraussetzungen der Schüler zu berücksichtigen. Dafür sind dem Leistungsniveau angepasste Aufgaben in Schulbüchern unerlässlich. Bezogen auf diese Funktion muss festgestellt werden, dass die Schulbücher dieser Funktion nicht ausreichend gerecht werden. Lediglich ein Drittel der Schulbuchnutzer ist der Meinung, dass das verwendete Buch genügend Differenzierungsmöglichkeiten bietet. Nur etwa 30 Prozent stimmen zu, dass das Schulbuch ausreichend unterschiedliche Lernvoraussetzungen berücksichtigt (vgl. 9.4.3). Gleiches stellt Toman fest:

  „Die Abstimmung auf die Individuallage der Schüler in der Klasse leistet das Schulbuch trotz vorhandener Differenzierungsaufgaben allerdings kaum." (Toman 2006, S. 110)

  Das deckt sich insofern auch mit Neumanns Resultaten, als jeweils von etwa der Hälfte der Befragten mangelnde Veränderbarkeit und zu geringer Anspruch bzw. Variation der Übungsaufgaben als Motivation zur Nicht-Nutzung angegeben wird (vgl. Neumann 2015, S. 91). Ein weiteres Ergebnis der vorliegenden Befragung ist, dass 9,0 Prozent der Schulbuchnutzer das Schulbuch nie zur Differenzierung einsetzen. 37,7 Prozent nutzen es selten, 44,0 Prozent oft (vgl. Abbildung 64). Somit erfüllt das Schulbuch für einen Teil der Befragten durchaus Differenzierungsaufgaben, jedoch nicht für alle. Eine eindeutige Bestätigung, dass das Schulbuch die Differenzierungsfunktion erfüllt, liegt damit nicht vor.

- **Übungs- und Kontrollfunktion**

  Die Stärke des Schulbuchs scheint dagegen in der Übung und Wiederholung von bereits erarbeiteten Inhalten zu liegen. Das bestätigen die Ergebnisse aus Frage 11, bei der fast 90 Prozent aller befragten Schulbuchnutzer die Antwortkategorien oft (63,7 Prozent) oder immer (26,0 Prozent) wählen (vgl. Abbildung 60). 53,6 Prozent der Schulbuchnutzer stimmen zu, dass das Buch ausreichend viele Übungsaufgaben anbietet (vgl. Abbildung 63).

  Diese Ergebnisse unterstreichen noch einmal die Aussage Zimmermanns, der neben der Unterstützung des Mathematikbuchs bei der Unterrichtsvorbereitung die Übungsaufgaben als die zwei wichtigsten Ansprüche von Seiten der Lehrer an ein Schulbuch darstellt.

„Qualität und Quantität von Übungsaufgaben sind deshalb auch erfahrungsgemäß Hauptmerkmale, nach denen sich Fachkonferenzen bei der Auswahl des Buches richten." (Zimmermann 1992, S. 11)

Dies wird auch in der vorliegenden Erhebung deutlich, die zeigen kann, dass von fast der Hälfte der befragten Lehrer (48,3 Prozent) „ausreichend Übungsaufgaben" als eines von drei Kriterien gewählt wird (vgl. Abbildung 44). Auch bei den Begründungen für oder gegen die Schulbuchnennung erscheinen die Übungen an zweiter Stelle aller frei formulierten Antworten (vgl. Abbildung 40). Jedoch zeigt sich auch, dass die Übungen bezogen auf ihre Quantität und Qualität durchaus noch zu verbessern wären (vgl. Tabelle 16).

Sehr schlecht schneiden die verwendeten Schulbücher in Bezug auf die Kontrollfunktion ab, da nur 22,7 Prozent der Schulbuchnutzer der Meinung sind, dass das Schulbuch genügend Kontrollmöglichkeiten enthält (vgl. Abbildung 63).

- **Entlastungsfunktion**
  Zwar wird in der Erhebung nicht direkt nach einer möglichen Entlastung der Lehrer durch das Schulbuch gefragt, jedoch lassen sich hierzu Rückschlüsse ziehen. Da bislang vielfach die verschiedenen Funktionen erfüllt werden, kann das Schulbuch durchaus arbeitserleichternd für den Lehrer sein. So gibt das Schulbuch nicht nur Anregungen zur Vorbereitung und Durchführung des Unterrichts, es unterstützt bisweilen auch bei der Differenzierung.

- **Transparenzfunktion**
  Inwieweit das Schulbuch für Elterngespräche genutzt wird, ist in der Studie nicht erhoben worden.

Bezogen auf die verschiedenen Funktionen kann resümiert werden, dass die verwendeten Schulbücher an den Förderzentren viele der Funktionen erfüllen. Dies hatte auch Tebrügge festgestellt und fasst daher zusammen:

„Sie [die Schulbücher] dienen als Hilfsmittel für die Vorbereitung von Unterrichtseinheiten und Einführungsstunden, als methodischer Leitfaden, als Arbeitsmittel für die Unterrichtsstunde, zur Einführung in einen neuen Sachverhalt, als Grundlage für selbständiges Erarbeiten, als Aufgabensammlung, Nachschlagewerk für die Schülerinnen und Schüler u. v. m." (Tebrügge 2001, S. 140 f.; Einfügungen: S.L.)

Für Neumann geht mit der Erfüllung der verschiedenen Funktionen auch die Ableitung des Schulbuchs als Leitmedium einher.

„Dass das Schulbuch im wissenschaftlichen Diskurs meist noch als Leitmedium betrachtet wird, hängt vorwiegend mit den Funktionen zusammen, die diesem im Rahmen des Unterrichts zugedacht werden." (Neumann 2015, S. 105)

Ein Beleg dafür, dass das Schulbuch die Stellung als Leitmedium verliert, sieht er in der Tatsache, dass mehrere Medien gleichzeitig in einer Unterrichtsstunde eingesetzt und alternative Lehrmittel eingebunden würden. Er hält fest:

„Das Schulbuch scheint also ein Medium unter vielen zu sein." (a. a. O., S. 107).

Trotzdem dokumentieren die Ergebnisse seiner Untersuchung die herausragende Rolle des Schulbuchs nicht nur in der Bewertung durch die befragten Lehrer, sondern auch in der Nutzungshäufigkeit. Letztere ist für das Fach Mathematik sehr hoch, weshalb er nach Abwägung der einzelnen Aspekte für das Mathematikschulbuch feststellt:

„So lässt sich sagen, dass aufgrund der allgemein hohen Wertschätzung des Schulbuchs und der Nutzungshäufigkeit im Fach Mathematik das Schulbuch dort eine Leitmediumsfunktion einnimmt." (ebd.)

Neben der bereits unter 10.2.1 beschriebenen, aus Lehrersicht häufigen Schulbuchnutzung und auch großen Zufriedenheit mit dem Schulbuch wird in der vorliegenden Studie zusätzlich anhand von drei Fragen eruiert, ob das Mathematikschulbuch an Förderzentren in Bayern eine Leitmediumsfunktion erfüllt. Wie im Unterkapitel 9.3.5 dargestellt wurde, soll von den befragten Lehrern die Zeitgemäßheit des Schulbuchs beurteilt werden. Hierzu herrscht Uneinigkeit der Schulbuchnutzer und Nicht-Nutzer: 69,5 Prozent der Nutzer stimmen zu, dass das Schulbuch zeitgemäß sei. Jedoch tun dies nur 36,2 Prozent der Nicht-Nutzer. Bewusst machen einige Befragte diesbezüglich keine Angaben (vgl. Abbildung 53).

Neben der Zeitgemäßheit wird nach Ersetzung bzw. Ergänzung des Schulbuchs gefragt. Hier zeigt sich ein heterogenes Bild. Während jeweils etwa die Hälfte sowohl der Nutzer als auch Nicht-Nutzer für eine Ergänzung des Mathematikschulbuchs durch elektronische Medien stimmen (vgl. Abbildung 54), vertreten beide Gruppen die Meinung, dass das Schulbuch nicht ersetzt werden sollte. 66,8 Prozent der Nutzer und 35,3 Prozent der Nicht-Nutzer wählen die Antwortkategorie „stimme überhaupt nicht zu" aus (vgl. Abbildung 55).

Wenngleich auch bei diesen Fragen viele fehlende Werte zu verzeichnen sind, lassen sich doch diese Trends ausmachen. Lediglich bei den Nicht-Nutzern ist das Ergebnis aufgrund der vielen Enthaltungen nicht eindeutig interpretierbar.

Was bedeutet dies für den Status des Schulbuchs? Die hieraus ableitbaren Schlüsse sind nicht eindeutig. Das Schulbuch erscheint, zumindest den Schulbuchnutzern, durchaus zeitgemäß und ergänzbar, jedoch nicht ersetzbar. Für diesen Teil der Befragten kann daher von einer Leitmediumsstellung im Unterricht ausgegangen werden. Aufgrund der vielfachen Enthaltungen ist dieses Ergebnis nicht auf die Nicht-Nutzer übertragbar bzw. nicht klar interpretierbar. Für diese Gruppe wäre eine erneute Befragung sinnvoll, die sich eingehend mit diesem Aspekt befasst.

Vielleicht ist es sinnvoll, die von Jürgens getroffene Unterscheidung Schulbuch als Leitmedium oder Begleitmedium zu übernehmen. Das lässt dem Lehrer die Wahl, sich an die vorstrukturierten Vorgaben zu halten und diese zu übernehmen oder aber das Schulbuch nur begleitend und dadurch flexibler im Unterricht einzusetzen (vgl. Jürgens 2009, S. 309). Folgt man diesem Gedanken, lässt sich festhalten: Für viele Lehrer stellt das Schulbuch ein Begleitmedium dar. Etwas anders drückt sich Druba aus, der dem Schulbuch zwar keine Leitmediumsfunktion zuschreibt, jedoch von einer Autoritätsgläubigkeit spricht.

> „Die Autoritätsgläubigkeit gegenüber dem Schulbuch scheint ungebrochen zu sein. Das mag damit zusammenhängen, dass kritische Schulbuchverwendung im Unterricht und in der Lehreraus- und -weiterbildung selten eingeübt wird." (Druba 2006, S. 37)

Letztendlich bleibt festzuhalten, dass es schwierig ist, eindeutige Ergebnisse in Bezug auf die Leitmediumsfunktion zu erfassen. Dies liegt nicht zuletzt darin begründet, dass das Schulbuch nicht (mehr) isoliert betrachtet werden kann. Mit der Leitmediumsfunktion geht auch die Rolle des Schulbuchs im Medienverbund einher. Wenn das Schulbuch die Stellung als Leitmedium nicht besitzt, bedeutet dies, dass andere Medien diese haben oder übernehmen. Herber und Nosko sind sich ebenfalls nicht sicher, wer diese Leitmediumsfunktion inne hat und sprechen von einer Koexistenz des Schulbuchs mit digitalen Medien.

> „Unbestritten steht fest, dass in nächster Zukunft analoge und digitale Medien parallel zum Einsatz kommen werden. Fraglich ist, wie sich die Medien im Unterricht nebeneinander arrangieren lassen und welches Medium die Funktion des Leitmediums übernehmen wird." (Herber/Nosko 2012, S. 178)

Daher erfolgt anschließend ein Blick auf die zukünftige Rolle des Schulbuchs. Dies ist im Zusammenhang mit der Leitmediumsfunktion deshalb bedeutsam, denn Niehaus et al. sind seit der zunehmenden Verbreitung von digitalen Medien der Meinung:

> „Neue Medien stellen damit auch den Status des Schulbuchs als ‚Leitmedium' des Unterrichts zunehmend infrage. (Niehaus et al. 2011, S. 37)

Und Neumann ist überzeugt, dass Lehrmaterialien aus dem Internet mit hohem Qualitätsniveau die Lehrer zu einer verstärkten Nutzung im Unterricht anregen werden.

> „Gelingt es den Anbietern, qualitativ hochwertige Materialien anzubieten, führt dies dazu, dass die Schulbücher und damit die Schulbuchverlage einem Konkurrenzkampf ausgesetzt werden." (Neumann 2015, S. 140)

10.3 Diskussion zur Rolle des Schulbuchs im Medienverbund

Biermann sieht durch stetig zunehmende Verbreitung digitaler Medien Lehrer vor die Aufgabe gestellt, sich mit diesen auseinanderzusetzen und diese auch in den Unterricht zu übernehmen.

> „Vor dem Hintergrund, dass die Neuen Medien immer tiefer in unseren beruflichen wie auch privaten Alltag integriert werden und die Vermittlung von Fähigkeiten zum Umgang damit auch breit eingefordert wird, sehen sich Lehrpersonen mit der Forderung konfrontiert, Medien in ihren Unterricht zu integrieren." (Biermann 2009, S. 44)

Dieser Forderung scheinen die befragten Lehrer gerne nachkommen zu wollen. Ein deutlicher Wunsch sowohl von Nutzern des Schulbuchs als auch Nichtverwendern wird klar formuliert bzw. erhält große Zustimmung: Das Schulbuch soll durch elektronische Medien ergänzt, wenngleich nicht unbedingt ersetzt werden (vgl. 9.3.5). Dahinter scheint sich ein Bedarf an digitalen Schulbüchern zu verbergen, was zu einer neuen Frage führt: Gibt es denn keine digitalen Schulbücher?

Viele Verlage haben diesen Bedarf erkannt und bieten digitale Schulbücher an, die jedoch selten genutzt werden, was auch an der schlechten Ausstattung der Schulen bezogen auf Internet, Computer oder aber ausreichend Anschlussmöglichkeiten bspw. in Form von Steckdosen im Klassenzimmer zurückzuführen ist. Hinzu kommt, dass lediglich eine Umwandlung des „klassischen" Buchs in ein digitales PDF-Format nicht ausreicht. Es bräuchte, so Burfeind, digitale, adaptier- und veränderbare Schulbücher, die eine individuelle Bearbeitung auf dem Leistungsniveau und im Arbeitstempo des einzelnen Schülers ermöglichen (vgl. Burfeind 2015, o. S.).

Wiater glaubt ebenfalls an die Notwendigkeit der Veränderung des „herkömmlichen" Schulbuchs, wenngleich der Leitmediumscharakter aus seiner Sicht erhalten bleibt.

> „Wahrscheinlich wird das (bereits heute vorhandene) Verlagsangebot an ‚cross-media-Verbünden', an einem Medienmix, d. h. an offenen Kombinationen von Schulbuch, Online-Angeboten und DVD oder CD-Rom mit Lehrerhandbüchern, Übungsmaterialien und Internet-Link-Tipps ausgebaut werden, wobei das Schulbuch (in veränderter Form und reduziert auf das Basiswissen in einem Fach) das Leitmedium darstellen könnte." (Wiater 2003c, S. 221)

Die Kombinationsfähigkeit des Schulbuchs zu anderen Medien im Unterricht, also die von den Studienteilnehmern gewünschte Ergänzung des Schulbuchs um elektronische Medien, wird dabei ein entscheidender Faktor sein, der sich auf die Schulbuchnutzung auswirkt. Dieser Meinung ist auch Vollstädt.

> „Der Wert zukünftiger Lehr- und Lernmedien wird vor allem an ihrer Kompatibilität/Passfähigkeit mit anderen Medien gemessen." (Vollstädt 2002, S. 166)

Ebenso sieht auch Jürgens andere Medien nicht als Ersatz des Schulbuchs.

> „Print- und elektronische Medien sind nicht alternativ, sondern in sinnvoller Ergänzung zu sehen." (Jürgens 2009, S. 309)

Mit dem Einsatz digitaler Medien ist auch die Chance verbunden, das Lernen der Schüler zu verändern. Vollstädt vertritt die Ansicht, dass neue Lernmedien die Möglichkeit zu einer neuen Lernkultur bieten, die von qualitativ besserem, selbstständigem und eigenverantwortlichem Lernen geprägt ist. Sie tragen auch unterstützend zur Individualisierung und Differenzierung bei (vgl. Vollstädt 2002, S. 167 f.).

Hinzu kommt, dass ein digitales Medium besonders den Aspekt der Aktualität eher als ein Schulbuch berücksichtigen kann (vgl. Neumann 2015 S. 91; S. 101). Diesem kann ein Schulbuch aufgrund des langdauernden Zulassungsverfahrens nicht in vollem Umfang gerecht werden. Gemeinsam im Verbund können damit die Vorteile des Schulbuchs mit denen von elektronischen Medien verbunden werden.

> „Schulbücher stellen ein konservierendes, strukturierendes und standardisierendes Moment im Unterrichtsgeschehen dar, was gerade in einer Zeit der Informationsfülle, Unübersichtlichkeit und Schnelllebigkeit unverzichtbar erscheint. Die problematischen Seiten des ‚cultural lag' des Schulbuches können von den digitalen Lehrmitteln ausgeglichen werden; diese können das Unterrichtsgeschehen aktuell halten und die Dynamik des Lernens repräsentieren." (Matthes 2011, S. 2).

Wie aktuell die Thematik von digitalen Schulbüchern ist, zeigt sich in Österreich, wo die Familienministerin Sophie Karmasin Schulbücher in elektronischer Form im Unterricht ab dem Schuljahr 2016/2017 ergänzend zum traditionellen Schulbuch einsetzen möchte. Eine parallele Verwendung hält sie für sinnvoll, weil es vielfältige Vorteile bereithält.

> „E-Books etwa würden ein ‚viel dialogorientierteres Arbeiten', vernetztes Denken sowie eine individuelle Förderung der Kinder ermöglichen." (STANDARD Verlagsgesellschaft m. b. H. 2015, o. S.)

Ob und wie der Einsatz von elektronischen und traditionellen Medien in Zukunft aussehen wird, bedarf weiterer Untersuchungen, da sich die Digitalisierung in einem Prozess befindet, der noch nicht abgeschlossen ist. Jedoch braucht es auch eine Vorbereitung der Schüler und Lehrer im Umgang mit den verschiedenen Medien. Toman resümiert:

> „Diese Ergebnisse reichen aber nicht aus, um die Frage zu beantworten, wie sich der Einsatz von alten und neuen Medien zukünftig besser integrieren lässt. Der erfolgreiche Umgang mit den neuen, interaktiven Medien wird künftig als Kulturtechnik so wichtig sein wie Rechnen, Schreiben und Lesen können ! [sic!]" (Toman 2006, S. 202)

Damit die Digitalisierung einen Beitrag im Unterricht für Schüler mit Lernschwierigkeiten leisten kann, müssen bestimmte Anforderungen erfüllt sein. Dabei erachten Kober und Zorn für die individuelle Förderung der Schüler mit digitalen Medien „Erfahrungen und Kompetenzen [der Lehrer] im Umgang mit heterogenen Lerngruppen" (Kober/Zorn 2015, S. 10; Einfügungen: S. L.), „methodisch-didaktische Kenntnisse bzgl. konkreter digitaler Medien" (ebd.), Teamarbeit im Umgang mit digitalen Medien, die Unterstützung des Medieneinsatzes durch den Schulleiter sowie eine angemessene Ausstattung als notwendig (vgl. ebd.).

Unbestritten bleibt jedoch, dass das Schulbuch ein Medium ist, das „qualitativen Standards auf hohem Niveau entsprechen muss und sich ständig neuen Herausforderungen der Zeit stellt" (Banse 2010, S. 67). Daher stellt für Banse beispielsweise das Whiteboard ein zukunftsweisendes Medium dar (vgl. ebd.).

Das scheint für die Befragungsteilnehmer eher nicht zuzutreffen, da gerade das Whiteboard sowohl bei den Schulbuchnutzern als auch Nicht-Nutzern selten (7,8 Prozent) oder nie (71,8 Prozent) eingesetzt wird (vgl. 9.3.4). Wenngleich Tablet und Computer häufiger als das Whiteboard verwendet werden, geben auch hier 71,5 Prozent der Befragten „selten" oder „nie" an. Dieses Ergebnis verwundert nicht, wenn man sich nationale und internationale Studien ansieht, die „immer wieder gezeigt [haben], dass digitale Medien, auch wenn sie zum Alltag der Schüler und Lehrer gehören, an deutschen Schulen als Lehr- und Lernmittel nicht etabliert sind" (Schaumburg 2015, S. 55; Einfügung: S. L.). Somit mag der Nichteinsatz vornehmlich an der Ausstattung der Schulen liegen, die häufig, wie bereits mehrfach dargestellt, nicht gut mit digitalen Medien ausgestattet sind. Was für Deutschland durch vielfältige Untersuchungen belegt wurde, scheint gleichermaßen für Förderzentren in Bayern zu gelten.

> „Die momentan aktuellste repräsentative Erhebung im Rahmen der »International Computer and Information Literacy Study« (ICILS 2013) der IEA belegt erneut, dass Deutschland sowohl bezüglich der Ausstattung wie auch der Nutzungshäufigkeit digitaler Medien im Unterricht weit abgeschlagen hinter anderen Nationen wie Australien, Kanada, Dänemark, Norwegen oder den Niederlanden liegt" (ebd.).

Eine Untersuchung zu digitalen Lernmedien, die sich vornehmlich mit Kindern mit Rechenschwäche bzw. -schwierigkeiten befasst, führte Urff durch. Er stellt dar:

> „Kinder mit besonderem Förderbedarf beim Erwerb mathematischer Kompetenzen lernen nicht grundlegend anders als andere Kinder, vielmehr bezieht sich ihr Förderbedarf auf eine vertiefte, aktiventdeckende Beschäftigung mit mathematischen Problemstellungen." (Urff 2014, S. 100)

Dieser Aufgabe werden viele digitale Lernmedien nicht gerecht, so das Ergebnis seiner Studie. Viele Übungsprogramme verfestigen das zählende, schematische Rechnen der Kinder, die auch angebotene Veranschaulichungshilfen nur zählend oder gar nicht nutzten. Auch werden weniger Lösungsstrategien gefördert, sondern vielmehr das Resultat auf seine Richtigkeit hin überprüft. Auch gibt es kaum interaktive Handlungsmöglichkeiten (vgl. a. a. O., S. 290). Urff kommt daher zu folgendem Schluss:

> „Insgesamt zeigen die Untersuchungsergebnisse, dass gängige mathematische Übungsprogramme für Kinder mit erheblichem Förderbedarf kaum geeignet sind, um sie bei der Überwindung ihrer Rechenschwierigkeiten zu unterstützen." (a. a. O., S. 292)

Auch wenn für diese Kinder „eine Übungssoftware in der Regeln [sic!] nicht das Lernmittel der Wahl" (a. a. O., S. 303) darstellt, spricht er sich für eine computergestützte Förderung aus, die zur strukturierten Mengenerfassung mit Blitzblickübungen anregt. Auch spezielle Lernmittel mit Handlungs- und Visualisierungsmöglichkeiten können unterstützend eingesetzt werden (vgl. ebd.). Diese Ergebnisse legen nahe, dass digitale Lernmedien scheinbar auch (noch) nicht geeignet sind, das Leitmedium im Unterricht zu werden. Dies unterstreicht wieder die Aussage der Befragten, die einer Ergänzung mit und nicht einer Ersetzung des Schulbuchs durch digitale Medien zustimmen.

Eine gegenteilige Meinung hierzu vertritt Stöcklin, der bereits von einem Leitmedienwechsel spricht und Veränderungen im Bildungssystem und damit auch in der Lehrerbildung fordert.

„Längst geht es bei der digitalen Revolution in der Bildung nicht mehr nur darum, Computer und Internet in den Unterricht zu integrieren. Stattdessen geht es darum, den Leitmedienwechsel auch im Bildungssystem zu vollziehen und die Bildung in die ICT-Kultur zu überführen. Dazu ist es ganz wichtig, angehende Lehrpersonen bereits in der Ausbildung für die Auswirkungen des Leitmedienwechsels zu sensibilisieren und sie auf einen Beruf vorzubereiten, der sich in den kommenden Jahrzehnten stark verändern wird" (Stöcklin 2012, S. 72 f.).

Dass die Digitalisierung in den Schulen bereits voranschreitet und immer mehr zum Thema wird, zeigt sich an den vielfältigen Bemühungen der Bundesregierung sowie der Bundesländer, diese im Unterricht zu etablieren. So spricht sich die Bundesregierung für einen verstärkten Einsatz von digitalen Medien im Bildungsbereich aus.

„Gemeinsam wird eine Strategie ‚Digitales Lernen' erarbeitet, die die Chancen der digitalen Medien für gute Bildung nutzt, weiter entwickelt und umsetzt. Die Wirkung digital basierter Bildung auf Lernende unterschiedlichen Alters und soziodemografischer Situation wird im Rahmen empirischer Bildungsforschung evaluierend begleitet." (Die Bundesregierung 2017, o. S.)

Die Bertelsmann Stiftung hat sich mit dieser Thematik auseinandergesetzt und u. a. Projekte und Möglichkeiten vorgestellt, wie digitale Medien im täglichen Unterricht eingesetzt werden können und dabei die individuelle Förderung der Schüler im Fokus steht (vgl. Ebel 2015, S. 12 ff.).
Gleichermaßen sind digitale Medien an bayerischen Schulen zunehmend in das Blickfeld gerückt. Das Bayerische Staatsministerium für Bildung und Kultus, Wissenschaft und Kunst spricht von einer „Digitalisierungsstrategie" (Bayerisches Staatsministerium für Bildung und Kultus, Wissenschaft und Kunst 2015, o. S.) und einer „hohe[n] Dynamik im Bereich der digitalen Bildung" (ebd.; Anpassung: S. L.). Dies geschieht vor allem in den Bereichen Lehrerbildung und Ausstattung der Schulen, die zunehmend ausgebaut werden sollen.

„Die bayerische Staatsregierung hat in den vergangenen Jahren mit hoher Intensität in Konzepte zur Medienbildung sowie in die Lehreraus- und -weiterbildung im Bereich des digitalen Lernens investiert. Zugleich haben die Schulaufwandsträger ihre Schulen dabei unterstützt, um eine zeitgemäße IT-Ausstattung vor Ort weiter aufzubauen. An einem Teil der Schulen besteht dabei noch Verbesserungsbedarf." (ebd.)

Aber noch weitere Konzepte und Handlungsfelder wurden erkannt, initiiert bzw. verstärkt:
- Verankerung der Medienbildung als fächerübergreifendes Bildungsziel in den Lehrplänen aller Schularten,
- stärkerer Einbezug der Medienerziehung und Medienpädagogik in der Lehreraus- und -fortbildung,
- Einführung der Onlineplattform „mebis",
- Einführung von jährlich 30 „Referenzschulen für Medienbildung" in allen Schularten,
- Bereitstellung von Medienpädagogisch-informationstechnischen Beratungslehrkräften (MiBs) in allen Schularten sowie
- Durchführung von Modellversuchen wie „Unterricht digital" und „lernreich 2.0 – üben und feedback mit digitalen Medien" (vgl. ebd.).

Und auch für die Schulbücher gibt es Neuerungen. Im E-Paper „Digitale Bildung in Schule, Hochschule und Kultur" des Bayerischen Staatsministeriums für Bildung und Kultus, Wissenschaft und Kunst heißt es:

„Neben den gedruckten Lernmitteln spielen künftig **digitale Lernmittel (wie E-Schoolbooks oder digitale Arbeitshefte)** eine zentrale Rolle. Mit der Anpassung der Verordnung über die Zulassung von Lernmitteln (ZLV) schafft das StMBW die rechtlichen Rahmenbedingungen, dass Schulbuchverlage qualitativ hochwertige digitale Lernmittel für bayerische Schülerinnen und Schüler zur Verfügung stellen können, die durch interaktive und multimediale Inhalte im Vergleich zu klassischen Lernmitteln einen didaktischen Mehrwert bieten." (Bayerisches Staatsministerium für Bildung und Kultus, Wissenschaft und Kunst 2016, S. 15; Hervorhebung im Original)

Somit ist der Wunsch der Lehrkräfte nach elektronischen Medien als Unterstützung der Schulbücher erkannt worden. Es bleibt jedoch abzuwarten, wie schnell und wie gut die Umsetzung in den nächsten Jahren gelingen wird. Dies wird vor allem „stark von der Innovationsfreudigkeit der Schulbuchverlage bzw. von den Bildungsmedienverbunden" (Herber/Nosko 2012, S. 179) bestimmt werden. Jedoch sehen auch Herber und Nosko auch die Lehrer als wesentlich an.

„Welche Innovationen beim Schulbuch sich langfristig durchsetzen, hängt nicht zuletzt auch stark vom Lehrpersonal im Klassenzimmer ab" (a. a. O., S. 180).

Trotz immer neuer Medien sind jedoch einige Autoren der Meinung, dass auch in Zukunft das Medium „Schulbuch" seine Daseinsberechtigung zu haben scheint und diese auch nicht verlieren wird. Daher stellt sich für Herber und Nosko „die Frage, ob es diesen längst prognostizierten und wiederholt drohenden Niedergang des Schulbuchs als solchen überhaupt geben wird" (ebd.). Das erscheint nicht zuletzt deshalb möglich, weil „[p]ädagogische digitale Medien [...] voraussichtlich aufgrund der fehlenden Finanzmittel mittelfristig nur ein Randsegment im Markt für Bildungsmedien bleiben [werden]" (Baer 2010, S. 81; Anpassung und Umstellung: S. L.).
Dagegen hält Wendt, der sich fragt, „ob es sich lohnt, für eine weiter rückläufige Schülerpopulation Schulbücher neu zu entwickeln und dafür ein aufwändiges Genehmigungsverfahren zu beantragen" (P. Wendt 2010, S. 92). Offen bleibt jedoch nach wie vor, wie sich zukünftige Lehrmittel und damit auch Schulbücher verändern müssen.

„Angesichts der Entwicklungen der letzten 50 Jahre ist zu fragen, wie vertiefte Erkenntnisse zu Wissenskonstruktion und Lernprozessen, eine neue Lernkultur mit anderen Lehrer- und Schülerrollen, neue technologische Möglichkeiten der Kommunikation und die Herausforderungen einer globalisierten Welt die Funktion von Lehrmitteln verändern bzw. wie Lehrmittel verändert werden müssten, um unter diesen neuen Rahmenbedingungen ihre didaktische Unterstützungsfunktion wahrnehmen zu können." (Heitzmann/Niggli 2010, S. 7)

Wie auch immer sich die Lernmedien in Zukunft entwickeln werden, die Zusammenfassung von Vollstädt gibt einen positiven Blick auf alle Lernmedien.

„Im Ensemble neuer Medien ergeben sich für die traditionellen sogar neue Chancen und veränderte Nutzungsmöglichkeiten bzw. Funktionen." (Vollstädt 2002, S. 167)

Dadurch können sie auch einen Beitrag zur Schulentwicklung leisten und damit auch zu einem Innovationsträger werden, wie Kahlert es fordert (vgl. Kahlert 2010, S. 42).

11 Fazit und Ausblick

Ziel dieser Arbeit ist es, einen Beitrag bezogen auf die Relevanz von Mathematikschulbüchern in Förderzentren zu leisten. Dafür wurden Lehrer an Lehrer an bayerischen Förderzentren und Sonderpädagogischen Förderzentren zu ihrem Umgang mit dem Schulbuch befragt. Sie sollten einerseits reflektieren, wann, wie und warum sie Gebrauch vom Schulbuch machen, sich anderseits aber auch kritisch gegenüber dem Buch äußern. Diese Möglichkeit stand auch Lehrern offen, die kein Schulbuch im Unterricht verwenden. Insgesamt kann eine hohe Bedeutung des Schulbuchs abgeleitet werden, da dieses in vielfacher Hinsicht Funktionen erfüllt, die an es gestellt werden. Dass jedoch keineswegs eine Fokussierung bzw. Reduzierung auf das Mathematikschulbuch möglich und sinnvoll ist, zeichnet sich an verschiedenen Stellen der Erhebung ab. Eine alleinige Betrachtung des Schulbuchs als Unterrichtsmedium scheint zukünftig nicht mehr möglich, da aufgezeigt werden kann, dass die Digitalisierung an den Schulen stetig voran schreitet und auch andere Medien zunehmend häufig Einsatz im Unterricht finden. Arbeitsblätter und andere den Lernprozess des Schülers unterstützende Lernmaterialien lassen sich nicht nur bei Nicht-Schulbuchnutzern finden, wenngleich jene diese Medien vermehrt einsetzen. Ferner zeigt sich, dass insbesondere die Übungsqualität, aber auch die Quantität an Aufgaben Forderungen der Lehrer an bayerischen Förderzentren sind. Hierzu bedarf es noch weiterer Untersuchungen, um genau festzustellen, wie insbesondere die Übungsqualität erhöht werden kann. Außerdem wird deutlich, dass Schulbuchforschung einen Teil der Unterrichtsforschung darstellt. Aufgrund vielfach auf den Lernprozess des Schülers einwirkender Faktoren erscheint es dennoch kaum möglich, die „Einzelwirkung" des Schulbuchs zu erheben. Es kann aber festgestellt werden, dass der Lehrer eine wesentliche Rolle bei der Nutzung des Mathematikschulbuchs durch den Schüler einnimmt. Auch bestimmt der Lehrer über die Auswahl des Schulbuchs, wobei seine Zufriedenheit mit dem verwendeten Buch größer ist, wenn er zuvor am Entscheidungsprozess beteiligt war. Dann wird das Mathematikschulbuch auch häufiger im Unterricht eingesetzt. Hier ist die Aufgabe des Lehrers erkennbar, der als Gestalter der Lernumgebung fungiert, indem er ein Angebot von Lernmaterialien z. B. in Form eines Mathematikschulbuchs bereitstellt. Dabei sollte es sich vornehmlich um Medien handeln, die vielen Ansprüchen und Anforderungen gerecht werden und sich bspw. an den Lernvoraussetzungen der Schüler orientieren. Qualitativ hochwertige Unterrichtsmedien können den Lernprozess des Schülers gut unterstützen und begleiten.

Daher erscheint eine empirische Evaluation aller im Unterricht eingesetzter Medien ein künftig wichtiges Ziel, das nicht nur für Schulbücher gelten sollte. Neben dem Schulbuch bedürften auch andere Medien einer Prüfung bspw. durch speziell ausgebildete Gutachter für gute Lernmedien. Eine nach der Buchentwicklung anschließende wissenschaftliche Überprüfung, ggf. in ein amtliches Kontrollverfahren eingebettet, stellt ein wesentliches Element für qualitativ hochwertige Schulbücher dar und sollte gleichermaßen für alle Unterrichtsmedien gelten. Jene sollten dabei nicht nur von Verlagen nach Lehrplänen erstellt und von Kultusministerien dementsprechend geprüft werden, sondern auch aktuellen didaktisch-methodischen Erkenntnissen folgen. Diese Ansicht wird gleichermaßen von weiteren Autoren geteilt.

Letztendlich entscheiden Lehrer und Schüler darüber, ob das Mathematikschulbuch ein für sie passendes Lehr- und Lernmaterial darstellt. Denn trotz staatlicher Überprüfung muss das Schulbuch nicht zwingend zum individuellen Lernen geeignet sein. Somit sollten grundsätzlich nicht diejenigen aus dem Blick gelassen werden, die das Mathematikschulbuch (täglich) verwenden: Schüler und Lehrer. Um zu wissenschaftlich fundierten Erkenntnissen zu gelangen, werden daher auch in Zukunft noch zahlreiche Studien notwendig sein, um aufbauend auf dieser Untersuchung gute Schulbücher und weitere Lernmaterialien zu entwickeln. Dafür muss aber das Nutzerverhalten von Schülern und Lehrkräften bekannt sein, um den von ihnen gestellten Anforderungen und Bedürfnissen gerecht werden zu können.

Wenn das Mathematikschulbuch im Förderschwerpunkt Lernen eine wesentliche Rolle im Unterricht einnimmt, wie durch die vorliegende Studie belegt werden kann, müsste sich dieser Stellenwert letztendlich auch in der Lehreraus- und -fortbildung widerspiegeln. Dies ist jedoch nicht der Fall, weil das Schulbuch bislang nicht explizit als Lerninhalt in der Bayerischen Lehramtsprüfungsordnung (LPO I) benannt ist. Dieser Aspekt sollte zukünftig überdacht werden. Medienkompetenzen werden nicht nur für digitale Medien, sondern auch für das Schulbuch benötigt. Medienkompetente Lehrer sollten in der Lage sein, Schulbücher sach- und fachgerecht im Unterricht einzusetzen, um damit das Lernen des Schülers medial unterstützen zu können. Dies macht ggf. weitere Erhebungen notwendig, die explizit den Fokus auf die Medienkompetenzen der Lehrkräfte legen.

Zudem braucht es wegen des Voranschreitens der Inklusion vermehrt Studien, die sich mit den Anforderungen einer heterogenen Schülerschaft befassen. Gerade auch im Rahmen von Teamteaching scheint das Mathematikschulbuch im Förderschwerpunkt Lernen noch Entwicklungsbedarf zu haben. Mit der zunehmenden Verbreitung und Ausweitung inklusiver Maßnahmen wird es notwendig sein, das Nutzungsverhalten in inklusiven Settings in Augenschein zu nehmen. Hierfür würde sich das vorliegende Instrument gut eignen, da es gleichermaßen bspw. in Schulen mit dem Schulprofil „Inklusion" eingesetzt werden könnte. Damit wäre auch die Möglichkeit zu einer vergleichenden Forschung gegeben.

Die inklusive Nutzungsforschung, welche ein wichtiges Forschungsdesiderat darstellt, müsste dann vor allem Schulbücher in den Blick nehmen, die der kulturellen und ethischen Vielfalt ebenso wie den unterschiedlichen Lern- und Leistungsanforderungen der Kinder und Jugendlichen gerecht werden können. Damit sind insbesondere Schulen mit großer Heterogenität der Schüler vor die Aufgabe gestellt, Medien einzusetzen, die diese unterschiedlichen Bedingungen berücksichtigen können. Zwar gibt es immer mehr Bestrebungen von Seiten der Schulbuchverlage kompetenzorientierte, stark differenzierte Materialien und Schulbücher anzubieten. Forciert wird dies spätestens seit der Einführung des Rahmenlehrplans für den Förderschwerpunkt Lernen und den LehrplänenPLUS für die verschiedenen Schularten. Jedoch ist der Markt für „inklusive" Schulbücher erst im Entwicklungs- bzw. Entstehungsprozess. Nur vereinzelt dürften bislang Schulen mit „inklusiven" Schulbüchern ausgestattet sein. Umso mehr erscheint es daher sinnvoll, in einigen Jahren diesen Bereich als neues Forschungsgebiet zu eröffnen.

Vielleicht gelingt es mit weiteren Forschungen dann zukünftig noch einmal, ein Schulbuch zu entwerfen, dass so flexibel und individuell einsetzbar ist, dass es wie Johann Amos Comenius' Werk „Orbis sensualium pictus" über viele, wenngleich vielleicht nicht über 300 Jahre verwendet werden kann!?

Verzeichnisse

Literaturverzeichnis

Wissenschaftliche Literatur

Adl-Amini, Bijan: Medien und Methoden des Unterrichts. Donauwörth: Ludwig Auer, 1994

Astleitner, Hermann: Schulbuch und neue Medien im Unterricht: Theorie und empirische Forschung zur Hybridisierung und Komplementarität. In: Doll, Jörg/Frank, Keno/Fickermann, Detlef/Schwippert, Knut (Hrsg.): Schulbücher im Fokus. Münster u. a.: Waxmann, 2012, S. 101-111

Astleitner, Hermann/Sams, Jörg/Thonhauser, Josef: Womit werden wir in Zukunft lernen? Wien: ÖBV, 1998

Autorengruppe Bildungsberichterstattung: Bildung in Deutschland 2014. Ein indikatorengestützter Bericht mit einer Analyse zur Bildung von Menschen mit Behinderungen. Stand: 2014. URL: http://www.bildungsbericht.de/daten2014/bb_2014.pdf. Zuletzt aufgerufen am: 13.11.2015

Baacke, Dieter/Hugger, Kai-Uwe/Schweins, Wolfgang: Neue Medien im Lehramtsstudium. Stand: o. J. URL: http://www.fundacionbertelsmann.org/cps/rde/xbcr/SID-A903480C-1CF41C0F/bst/xcms_bst_dms_13167_13168_2.pdf. Zuletzt aufgerufen am: 18.06.2015

Baer, Andreas: Der Schulbuchmarkt. In: Fuchs, Eckhardt/Kahlert, Joachim/Sandfuchs, Uwe (Hrsg.): Schulbuch konkret. Bad Heilbrunn: Klinkhardt, 2010, S. 68-82

Ballis, Anja/Hoppe, Henriette/Metz, Kerstin: Schulbuch in Schülerhand. Eine empirische Studie zur Nutzung des Deutschbuchs in der Sekundarstufe 1. In: Wrobel, Dieter/Müller, Astrid (Hrsg.): Bildungsmedien für den Deutschunterricht. Bad Heilbrunn: Klinkhardt, 2014, S. 115-128

Bamberger, Richard: Methoden und Ergebnisse der internationalen Schulbuchforschung im Überblick. In: Olechowski, Richard (Hrsg.): Schulbuchforschung. Frankfurt am Main u. a.: Peter Lang, 1995, S. 46-94

Bamberger, Richard/Boyer, Ludwig/Sretenovic, Karl/Strietzel, Horst: Zur Gestaltung und Verwendung von Schulbüchern. Wien: ÖBV, 1998

Banse, Michael: Von der Fibel bis zur Formelsammlung Metallberufe. In: Fuchs, Eckhardt/Kahlert, Joachim/Sandfuchs, Uwe (Hrsg.): Schulbuch konkret. Bad Heilbrunn: Klinkhardt, 2010, S. 59-67

Batinic, Bernad: Medienwahl. In: Batinic, Bernad/Appel, Markus (Hrsg.): Medienpsychologie. Heidelberg: Springer, 2008, S. 107-125

Bauch, Werner: Noch nie war ich so nah an meinen Schülern wie jetzt! Ein Prozessmodell als „Handlungsgerüst" für die Gestaltung von Lehr-Lernprozessen auf dem Weg zum kompetenzorientierten Unterricht. In: Höhle, Gerhard (Hrsg.): Was sind gute Lehrerinnen und Lehrer? Immenhausen bei Kassel: Prolog, 2014, S. 139-167

Baumert, Jürgen/Kunter,Mareike/Blum, Werner/Klusmann,Uta/Krauss, Stefan/Neubrand, Michael: Professionelle Kompetenz von Lehrkräften, kognitiv aktivierender Unterricht und die mathematische Kompetenz von Schülerinnen und Schülern (COAKTIV) – Ein Forschungsprogramm. In: Kunter, Mareike/Baumert, Jürgen/Blum, Werner/Klusmann, Uta/Krauss, Stefan/Neubrand, Michael (Hrsg.): Professionelle Kompetenz von Lehrkräften. Münster: Waxmann, 2011, S. 7-25

Baumert, Jürgen/Lehmann, Rainer: TIMSS – Mathematisch-naturwissenschaftlicher Unterricht im internationalen Vergleich. Opladen: Leske + Budrich, 1997

Bayerisches Landesamt für Statistik und Datenverarbeitung (Hrsg.): Förderzentren und Schulen für Kranke in Bayern. Statistische Berichte (Kennziffer B I 2 j 2013). Stand: 1. Oktober 2013. München: Bayerisches Landesamt für Statistik und Datenverarbeitung, 2014

Bayerisches Staatsministerium für Bildung und Kultus, Wissenschaft und Kunst: Hinweise für Lernmittel an Förderschulen Grundschulstufe. Stand: 2009a. URL: http://www.km.bayern.de/download/1592_kriterienkatalog_lernmittelbeurteilung_vsf_grundschulstufe.pdf. Zuletzt aufgerufen am: 06.02.2014

Bayerisches Staatsministerium für Bildung und Kultus, Wissenschaft und Kunst: Hinweise für Lernmittel an Förderschulen Hauptschulstufe. Stand: 2009b. URL: http://www.km.bayern.de/download/1593_kriterienkatalog_lernmittelbeurteilung_vsf_hauptschulstufe.pdf. Zuletzt aufgerufen am: 06.02.2014

Bayerisches Staatsministerium für Bildung und Kultus, Wissenschaft und Kunst: LehrplanPLUS Grundschule. Lehrplan für die bayerische Grundschule. Stand: 2014a. URL: https://www.lehrplanplus.bayern.de/sixcms/media.php/107/LehrplanPLUS%20Grundschule%20StMBW%20-%20Mai%202014.167325.pdf. Zuletzt aufgerufen am: 20.07.2016

Bayerisches Staatsministerium für Bildung und Kultus, Wissenschaft und Kunst: Kriterien zur Begutachtung von Lernmitteln. Stand: 2014b. URL: http://www.km.bayern.de/download/7432_allgemeiner_kriterienkatalog_januar_2014.pdf. Zuletzt aufgerufen am: 29.10.2015

Bayerisches Staatsministerium für Bildung und Kultus, Wissenschaft und Kunst: Bayern nutzt die Chancen der Digitalisierung. Stand: 2015. URL: http://www.km.bayern.de/lehrer/meldung/4098.html. Zuletzt aufgerufen am: 10.05.2016

Bayerisches Staatsministerium für Bildung und Kultus, Wissenschaft und Kunst: Digitale Bildung in Schule, Hochschule und Kultur. Stand: 2016. URL: http://www.km.bayern.de/epaper/Digitale_Bildung_in_Schule_Hochschule_Kultur/index.html. Zuletzt aufgerufen am: 10.05.2016

Bayerisches Staatsministerium für Unterricht und Kultus: Kriterien zur Begutachtung von Lernmitteln. Stand: 2010. URL: http://web.archive.org/web/20120423060548/http://www.km.bayern.de/download/1587_kriterienkatalog_lernmittelbeurteilung_allgemein.pdf. Zuletzt aufgerufen am: 17.05.2016

Bayerisches Staatsministerium für Unterricht und Kultus: Rahmenlehrplan für den Förderschwerpunkt Lernen. Stand: 2012a. URL: http://www.isb.bayern.de/download/11130/rahmenlehrplan.pdf. Zuletzt aufgerufen am: 02.06.2014

Bayerisches Staatsministerium für Unterricht und Kultus: Lernmittelfreie Lernmittel. Allgemeinbildende Schulen. Förderschulen. Stand: 2012b. URL: http://web.archive.org/web/20120423060548/http://www.km.bayern.de/download/1578_lernmittel_foerderschulen.pdf. Zuletzt aufgerufen am: 17.05.2016

Bayerisches Staatsministerium für Unterricht und Kultus: Inklusion durch eine Vielfalt schulischer Angebote in Bayern. Stand: 2013. URL: www.km.bayern.de/download/11049_flyer_inklusion.pdf. Zuletzt aufgerufen am: 17.05.2016

Beerenwinkel, Anne/Gräsel, Cornelia: Texte im Chemieunterricht: Ergebnisse einer Befragung von Lehrkräften. In: Zeitschrift für Didaktik der Naturwissenschaften 11 (2005) 1, S. 21-39

Begleitforschungsprojekt inklusive Schulentwicklung (B!S): Studie „Qualitätsskala inklusive Schulentwicklung (QU!S)". Stand: o.J. URL: http://www.edu.lmu.de/bis/projekt/studien/studie2/index.html. Zuletzt aufgerufen am: 29.10.2014

Benkmann, Rainer: Das interaktionstheoretische Paradigma. In: Walter, Jürgen/Wember, Franz B. (Hrsg.): Sonderpädagogik des Lernens. Handbuch Sonderpädagogik. Band 2. Göttingen u.a.: Hogrefe, 2007, S. 81-92

Bentzinger, Svenja/Werner, Birgit/Drinhaus-Lang, Mareike: Was ist eine gute Fibel? Eine exemplarische Analyse aktueller Fibeln für den Einsatz im Förderschwerpunkt Lernen. In: Zeitschrift für Heilpädagogik 67 (2016) 8, S. 352-366

Biener, Hansjörg: Die Kreuzzüge in Lehrplan und Schulbuch. Bad Heilbrunn: Klinkhardt, 2011

Biermann, Ralf: Der mediale Habitus von Lehramtsstudierenden. Wiesbaden: VS Verlag für Sozialwissenschaften, 2009

Bleidick, Ulrich: Behinderung als pädagogische Aufgabe. Stuttgart u.a.: Kohlhammer, 1999

Blömeke, Sigrid: Was meinen, wissen und können Studienanfänger? – Ergebnisse einer empirischen Untersuchung zu den medienpädagogisch relevanten Lernvoraussetzungen von Lehramtsstudierenden. In: Herzig, Bardo (Hrsg.): Medien machen Schule. Klinkhardt: Bad Heilbrunn, 2001, S. 295-325

Bollman-Zuberbühler, Brigitte/Totter, Alexandra/Keller, Franz: Begleitforschung als ein Instrument zur inhaltlichen Qualitätssicherung in der Lehrmittelentwicklung „Mathematik 1 bis 3, Sekundarstufe I". In: Doll, Jörg/Frank, Keno/Fickermann, Detlef/Schwippert, Knut (Hrsg.): Schulbücher im Fokus. Münster u.a.: Waxmann, 2012, S. 179-198

Born, Armin/Oehler, Claudia: Kinder mit Rechenschwäche erfolgreich fördern. Stuttgart: Kohlhammer, 2. Auflage 2008

Borries, Bodo von: Erwartungen an, Erfahrungen mit und Wirkungen von Geschichtsschulbüchern – empirische Befunde. In: Doll, Jörg/Frank, Keno/Fickermann, Detlef/Schwippert, Knut (Hrsg.): Schulbücher im Fokus. Münster u.a.: Waxmann, 2012, S. 43-65

Bortz, Jürgen/Döring, Nicola: Forschungsmethoden und Evaluation. Heidelberg: Springer, 4. Auflage 2006

Bortz, Jürgen/Lienert, Gustav A.: Kurzgefasste Statistik für die klinische Forschung. Heidelberg: Springer, 3. Auflage 2008

Breitenbach, Erwin: Neuropsychologie des Lernens. In: Breitenbach, Erwin (Hrsg.): Psychologie in der Heil- und Sonderpädagogik. Stuttgart: Kohlhammer, 2014, S. 163-256

Britton, Bruce K./Gulgoz, Sami/Glynn, Shawn: Impact of Good and Poor Writting on Learners: Research and Theory. In: Britton, Bruce K./Woodward, Arthur/Binkley, Marilyn (Hrsg.): Learning from Textbooks. Theory and Practice. Hillsdale, New Jersey: Lawrence Erlbaum Associates, 1993, S. 1-46

Bromme, Rainer: Der Lehrer als Experte. Bern: Hans Huber, 1992

Bromme, Rainer/Hömberg, Eckhard: Die andere Hälfte des Arbeitstages. Interview mit Mathematiklehrern über alltägliche Unterrichtsvorbereitung. Bielefeld: Institut für Didaktik der Mathematik der Universität Bielefeld, 1981

Bronfenbrenner, Urie: Die Ökologie der menschlichen Entwicklung. Stuttgart: Klett-Cotta, 1981

Buchhaupt, Felix: Videografisches Datenmaterial als Grundlage von Interaktionsanalysen – Ein Beispiel aus der Unterrichtsforschung. In: Katzenbach Dieter (Hrsg.): Qualitative Forschungsmethoden in der Sonderpädagogik. Stuttgart: Kohlhammer, 2016, S. 151-166

Bundschuh, Konrad: Lernen. In: Bundschuh, Konrad/Heimlich, Ulrich/Krawitz Rudi (Hrsg.): Wörterbuch Heilpädagogik. Bad Heilbrunn: Klinkhardt, 3. Auflage 2007, S. 178-181

Burfeind, Sophie: Wo bleiben die digitalen Schulbücher? In: Süddeutsche Zeitung vom 23.09.2015. Stand: 2015. URL: http://www.sueddeutsche.de/bil dung/digitale-schule-wie-es-im-buche-steht-1.2661216 Zuletzt aufgerufen am: 24.09.2015

Deutsche Telekom Stiftung/Institut für Demoskopie Allensbach: Digitale Medien im Unterricht. Möglichkeiten und Grenzen. Stand: 2013. URL: http://www.ifd-allensbach.de/uploads/tx_studies/Digitale_Medien_2013.pdf. Zuletzt aufgerufen am: 17.05.2016

Deutsches Institut für Internationale Pädagogische Forschung (DIPF): Ergebnis der Suche in der FIS Bildung Literaturdatenbank. Ihre Abfrage: (Schlagwörter: SCHULBUCH und UND und FOERDERSCHULE). Stand: o.J. URL: http://www.fachportal-paedagogik.de/fis_bildung/fis_list.html?suche=erweitert&feldname1=Freitext&feldinhalt1=&bool1=and&BoolSelect_2=AND&feldname2=Schlagw%F6rter&feldinhalt2=Schulbuch+UND+F%F6rderschule&ur_wert_feldinhalt2=Schulbuch+UND+f%F6r&bool2=and&Bo. Zuletzt aufgerufen am: 05.05.2015

Dewey, John: Demokratie und Erziehung. Eine Einleitung in die philosophische Pädagogik. Herausgegeben von Jürgen Oelkers, aus dem Amerikanischen übersetzt von Erich Hylla. Weinheim u. Basel: Beltz, 5. Auflage 2011 (amerikan. Originalausgabe: 1916)

Die Bundesregierung: Digitale Bildung. Stand: 2017 URL: http://www.hightech-strategie.de/de/Digitale-Bildung-993.php. Zuletzt aufgerufen am: 03.03.2017

Diefenbach, Heike: Kinder und Jugendliche aus Migrantenfamilien im deutschen Bildungssystem. Wiesbaden: VS Verlag für Sozialwissenschaften, 2. Auflage 2008

Diefenbach, Heike: Bildungschancen und Bildungs(miss)erfolg von ausländischen Schülern oder Schülern aus Migrantenfamilien im System schulischer Bildung. In: Becker, Rolf/Lauterbach, Wolfgang (Hrsg.): Bildung als Privileg. Wiesbaden: VS Verlag für Sozialwissenschaften, 4. Auflage 2010, S. 221-245

Diekmann, Andreas: Empirische Sozialforschung. Grundlagen, Methoden, Anwendungen. Reinbek bei Hamburg: Rowohlt, 6. Auflage 2012

Dietze, Torsten: Zum Stand der sonderpädagogischen Förderung in Deutschland – die Schulstatistik 2010/11. In: Zeitschrift für Heilpädagogik 63 (2012) 1, S. 26-31

Ditton, Hartmut: Unterrichtsqualität. In: Arnold, Karl-Heinz/Sandfuchs, Uwe/Wiechmann, Jürgen (Hrsg.): Handbuch Unterricht. Bad Heilbrunn: Klinkhardt, 2. Auflage 2009, S. 177-183

Djurović, Arsen/Matthes, Eva (Hrsg.): Freund- und Feindbilder in Schulbüchern. Bad Heilbrunn: Klinkhardt, 2010

Doll, Jörg/Rehfinger, Anna: Historische Forschungsstränge der Schulbuchforschung und aktuelle Beispiele empirischer Schulbuchforschung. In: Doll, Jörg/Frank, Keno/Fickermann, Detlef/Schwippert, Knut (Hrsg.): Schulbücher im Fokus. Münster u. a.: Waxmann, 2012, S. 19-42

Döring, Nicola/Ingerl, Andreas: Medienkonzeption. In: Batinic, Bernad/Appel, Markus (Hrsg.): Medienpsychologie. Heidelberg: Springer, 2008, S. 403-424

Drave, Wolfgang/Rumpler, Franz/Wachtel, Peter: Die Entwicklung der sonderpädagogischen Förderung, die Kultusministerkonferenz und der Verband Deutscher Sonderschulen. In: Drave, Wolfgang/Rumpler, Franz/Wachtel, Peter (Hrsg.): Empfehlungen zur sonderpädagogischen Förderung. Allgemeine Grundlagen und Förderschwerpunkte (KMK) mit Kommentaren. Würzburg: edition bentheim, 2000, S. 9-23

Drossel, Kerstin/Wendt, Heike/Schmitz, Silvia/Eickelmann, Birgit: Merkmale der Lehr- und Lernbedingungen im Primarbereich. In: Bos, Wilfried/Wendt, Heike/Köller, Olaf/Selter, Christoph (Hrsg.): TIMSS 2011. Mathematische und naturwissenschaftliche Kompetenzen von Grundschulkindern in Deutschland im internationalen Vergleich. Münster u. a.: Waxmann, 2012, S. 171-202

Druba, Volker: Menschenrechte in Schulbüchern. Frankfurt am Main: Peter Lang, 2006

Duismann, Gerhard H.: „Wie sich die Arbeit verändert ...“ – Jugendliche erschließen sich Zugänge zur historischen Veränderung der Arbeit. Auch ein Beitrag zur Berufsorientierung heute. In: Werning, Rolf/Urban, Michael (Hrsg.): Das Internet im Unterricht für Schüler mit Lernbeeinträchtigungen. Stuttgart: Kohlhammer, 2006, S. 62-73

Ebel, Christian: Lernen mit digitalen Medien in der Schule – Erweiterung der didaktischen Möglichkeiten für die individuelle Förderung. In: Bertelsmann Stiftung (Hrsg.): Individuell fördern mit digitalen Medien. Gütersloh: Bertelsmann Stiftung, 2015, S. 12-18

Eckerlein, Tatjana/Pallandt, Marlies von: Unterrichtsplanung. In: Heimlich, Ulrich/Wember, Franz B. (Hrsg.): Didaktik des Unterrichts im Förderschwerpunkt Lernen. Stuttgart: Kohlhammer, 3. Auflage 2016, S. 351-367

Eickelmann, Birgit: Digitale Medien in Schule und Unterricht erfolgreich implementieren. Münster: Waxmann, 2010

Ellger-Rüttgardt, Sieglind Luise: Geschichte der Sonderpädagogik. München: Ernst Reinhardt, 2008

Ellinger, Stephan: Einführung in die Pädagogik bei Lernbeeinträchtigungen. In: Einhellinger, Christine/Ellinger, Stephan/Hechler, Oliver/Köhler, Anette/Ullmann, Edwin (Hrsg.): Studienbuch Lernbeeinträchtigungen. Band 1: Grundlagen. Oberhausen: Athena, 2013a, S. 17-99

Ellinger, Stephan: Förderung bei sozialer Benachteiligung. Stuttgart: Kohlhammer, 2013b

Fey, Christian/Neumann, Dominik: Bildungsmedien Online – Kostenlos angebotene Lehrmittel aus dem Internet. In: Matthes, Eva/Schütze, Sylvia/Wiater, Werner (Hrsg.): Digitale Bildungsmedien im Unterricht. Bad Heilbrunn: Klinkhardt, 2013, S. 55-73

Fischer, Erhard/Heimlich, Ulrich/Kahlert, Joachim/Lelgemann, Reinhard: Profilbildung inklusive Schule – ein Leitfaden für die Praxis. München: Bayerisches Staatsministerium für Unterricht und Kultus, 2. Auflage 2013

forsa Politik- und Sozialforschung GmbH: IT an Schulen. Ergebnisse einer Repräsentativbefragung von Lehrern in Deutschland. Auswertung Bayern. Stand: 2014. URL: http://www.bllv.de/fileadmin/Dateien/Land-PDF/Wissenschaft/Forsa_ITanSchulen14__Bayern.pdf. Zuletzt aufgerufen am: 10.02.2015

Fuchs, Eckhardt: Schulbuchforschung. In: Kiel, Ewald/Zierer, Klaus (Hrsg.): Unterrichtsgestaltung als Gegenstand der Wissenschaft. Basiswissen Unterrichtsgestaltung Band 2. Baltmannsweiler: Schneider, 2011a, S. 187-198

Fuchs, Eckhardt: Aktuelle Entwicklungen der schulbuchbezogenen Forschung in Europa. In: Bildung und Erziehung 64 (2011b) 1, S. 7-22

Fuchs, Eckhardt/Kahlert, Joachim/Sandfuchs, Uwe: Vorwort. In: Fuchs, Eckhardt/Kahlert, Joachim/Sandfuchs, Uwe (Hrsg.): Schulbuch konkret. Bad Heilbrunn: Klinkhardt, 2010, S. 7-8

Fuchs, Marek: Children and Adolescents as Respondents. Experiments on Question Order, Response Order, Scale Effects and the Effect of Numeric Values Associated with Response Options. In: Journal of Official Statistics 21 (2005) 4, S. 701-725

Georg-Eckert-Institut für internationale Schulbuchforschung: News. Stand: o. J. URL: http://www.gei.de/stipendienpreise/schulbuch-des-jahres/news.html. Zuletzt aufgerufen am: 17.05.2016

Georg-Eckert-Institut für Internationale Schulbuchforschung: Georg-Eckert-Institut für Internationale Schulbuchforschung, Braunschweig. Braunschweig: o. V., 1985

Georg-Eckert-Institut für Internationale Schulbuchforschung: Verzeichnis der Veröffentlichungen. Stand: 2010. URL: http://gei.de/fileadmin/gei. de/pdf/publikationen/gei-publikationen/PV_2010.pdf Zuletzt aufgerufen am: 12.05.2016

Georg-Eckert-Institut für internationale Schulbuchforschung: Das Institut. Stand: 2013. URL: http://web.archive.org/web/20130718191732/http://www.gei.de/das-institut.html. Zuletzt aufgerufen am: 17.05.2016

Gergen, Kenneth J: Konstruierte Wirklichkeiten. Eine Hinführung zum sozialen Konstruktionismus. Stuttgart: Kohlhammer, 2002

Glasnović Gracin, Dubravka: Mathematische Anforderungen in Schulbüchern und in der PISA Studie. Stand: 2012. URL: http://www.mathematik.uni-dortmund.de/ieem/bzmu2012/files/BzMU12_0100_Glasnovic_Gracin.pdf. Zuletzt aufgerufen am: 11.05.2016

Göhlich, Michael/Zirfas, Jörg: Lernen. Ein pädagogischer Grundbegriff. Stuttgart: Kohlhammer, 2007

Gold, Andreas: Lernschwierigkeiten. Stuttgart: Kohlhammer, 2011

Gräf, Lorenz: Online-Befragung. Berlin: LIT, 2010

Gräsel, Cornelia: Lehren und Lernen mit Schulbüchern – Beispiele aus der Unterrichtsforschung. In: Fuchs, Eckhardt/Kahlert, Joachim/Sand-fuchs, Uwe (Hrsg.): Schulbuch konkret. Bad Heilbrunn: Klinkhardt, 2010, S. 137-148

Grassmann, Marianne: Mathematik fachfremd unterrichten – wie kann das Lehrwerk helfen? In: Grundschule 38 (2006) 12, S. 26-29

Grünke, Matthias: Lernbehinderung. In: Lauth, Gerhard W./Grünke, Matthias/Brunstein, Joachim C. (Hrsg.): Interventionen bei Lernstörungen. Göttingen u. a.: Hogrefe, 2000, S. 65-77

Grünke, Matthias: Zur Effektivität von Fördermethoden bei Kindern und Jugendlichen mit Lernstörungen. In: Kindheit und Entwicklung 15 (2006) 4, S. 239-254

Grünke, Matthias/Grosche, Michael: Lernbehinderung. In: Lauth, Gerhard W./Grünke, Matthias/Brunstein, Joachim C. (Hrsg.): Interventionen bei Lernstörungen. Göttingen u. a.: Hogrefe, 2. Auflage 2014, S. 76-89

Hacker, Hartmut: Didaktische Funktionen des Mediums Schulbuch. In: Hacker, Hartmut (Hrsg.): Das Schulbuch. Funktion und Verwendung im Unterricht. Bad Heilbrunn: Klinkhardt, 1980, S. 7-30

Haeckel, Ernst: Generelle Morphologie der Organismen. Allgemeine Grundzüge der organischen Formen-Wirtschaft, mechanisch begründet durch die von Charles Darwin reformierte Descendenz-Theorie. Band 2. Stand: 1866. URL: http://www.biodiversitylibrary.org/item/52177#page/12/mode/1up. Zuletzt aufgerufen am: 19.03.2015

Haggarty, Linda/Pepin, Birgit: An Investigation of Mathematics Textbooks and their Use in English, French and German Classrooms: who gets an opportunity to learn what? In: British Educational Research Journal 28 (2002) 4, S. 567-590

Hanisch, Günter: Die Verwendung des Schulbuchs zur Vorbereitung und im Unterricht – eine empirische Untersuchung. In: Olechowski, Richard (Hrsg.): Schulbuchforschung. Frankfurt am Main u. a.: Peter Lang, 1995, S. 242-245

Hasselhorn, Marcus/Gold, Andreas: Pädagogische Psychologie. Stuttgart: Kohlhammer, 2006

Hattie, John: Lernen sichtbar machen. Überarbeitete deutschsprachige Ausgabe von „Visible Learning" besorgt von Wolfgang Beywl und Klaus Zierer. Baltmannsweiler: Schneider, 2013

Hechler, Karin: Wie wählen wir unsere Schulbücher aus? In: Fuchs, Eckhardt/Kahlert, Joachim/Sandfuchs, Uwe (Hrsg.): Schulbuch konkret. Bad Heilbrunn: Klinkhardt, 2010, S. 97-101

Hechler, Oliver: Reciprocal Teaching – Förderung des Textverstehens. In: Einhellinger, Christine/Ellinger, Stephan/ Hechler, Oliver/Köhler, Anette/Ullmann, Edwin (Hrsg.): Studienbuch Lernbeeinträchtigungen. Band 2: Handlungsfelder und Förderansätze. Oberhausen: Athena, 2014, S. 153-178

Heckt, Dietlinde H.: Unterrichtsrelevante Wissensquellen: Didaktische Texte und Unterrichtsmaterialien. In: Arnold, Karl-Heinz/Sandfuchs, Uwe/Wiechmann, Jürgen (Hrsg.): Handbuch Unterricht. Bad Heilbrunn: Klinkhardt, 2. Auflage 2009, S. 57-61

Heimlich, Ulrich: Lernschwierigkeiten. Bad Heilbrunn: Klinkhardt, 2009

Heimlich, Ulrich: Inklusion und Sonderpädagogik. In: Zeitschrift für Heilpädagogik 62 (2011a) 2, S. 44-54

Heimlich, Ulrich: Keine Insel der Glückseligen. In: Spuren 54 (2011b) 3, S. 14-18

Heimlich, Ulrich: Einleitung: Inklusion und Sonderpädagogik. In: Heimlich, Ulrich/Kahlert, Joachim (Hrsg.): Inklusion in Schule und Unterricht. Stuttgart: Kohlhammer, 2012a, S. 9-26

Heimlich, Ulrich: Schulische Organisationsformen sonderpädagogischer Förderung auf dem Weg zur Inklusion. In: Heimlich, Ulrich/Kahlert, Joachim (Hrsg.): Inklusion in Schule und Unterricht. Stuttgart: Kohlhammer, 2012b, S. 80-116

Heimlich, Ulrich: Teilhabe, Teilgabe oder Teilsein? Auf der Suche nach den Grundlagen inklusiver Bildung. In: VHN 83 (2014) 1, S. 1-5

Heimlich, Ulrich: Einführung in die Spielpädagogik. Bad Heilbrunn: Klinkhardt, 3. Auflage 2015

Heimlich, Ulrich/Lutz, Stephanie: Kooperationsklasse. In: Wember, Franz B./Stein, Roland/Heimlich, Ulrich (Hrsg.): Handlexikon Lernschwierigkeiten und Verhaltensstörungen. Stuttgart: Kohlhammer, 2014a, S. 200-201

Heimlich, Ulrich/Lutz, Stephanie: Sonderpädagogisches Förderzentrum (SFZ). In: Wember, Franz B./Stein, Roland/ Heimlich, Ulrich (Hrsg.): Handlexikon Lernschwierigkeiten und Verhaltensstörungen. Stuttgart: Kohlhammer, 2014b, S. 212-214

Heimlich, Ulrich/Ostertag, Christina/Wilfert de Icaza, Kathrin: Qualität inklusiver Schulentwicklung. In: Heimlich, Ulrich/Kahlert, Joachim/Lelgemann, Reinhard/Fischer, Erhard (Hrsg.): Inklusives Schulsystem. Analysen, Befunde, Empfehlungen zum bayerischen Weg. Bad Heilbrunn: Klinkhardt, 2016, S. 87-106

Heimlich, Ulrich/Wember, Franz B.: Lernschwierigkeiten, Lernbeeinträchtigung, Lernbehinderung. In: Wember, Franz B./Stein, Roland/Heimlich, Ulrich (Hrsg.): Handlexikon Lernschwierigkeiten und Verhaltensstörungen. Stuttgart: Kohlhammer, 2014, S. 51-54

Heitzmann, Anni/Niggli, Alois: Lehrmittel – ihre Bedeutung für Bildungsprozesse und die Lehrerbildung. In: Beiträge zur Lehrerbildung 28 (2010) 1, S. 6-19

Helmke, Andreas: Unterrichtsqualität und Lehrerprofessionalität. Seelze: Klett-Kallmeyer, 5. Auflage 2012

Herber, Erich/Nosko, Christian: Totgesagte leben länger – das Schulbuch der Zukunft. In: Blaschitz, Edith/Brandhofer, Gerhard/Nosko, Christian/Schwed, Gerhard (Hrsg.): Zukunft des Lernens. Wie digitale Medien Schule, Aus- und Weiterbildung verändern. Glückstadt: Werner Hülsbusch, 2012, S. 165-185

Hofmann, Franz/Astleitner, Hermann: Bildungsstandards und die Fortbildung von Lehrerinnen und Lehrern. Aufgezeigt am Beispiel des Schulbuchs als kritische Größe. In: Müller, Florian H./Eichenberger, Astrid/Lüders, Manfred/ Mayr, Johannes (Hrsg.): Lehrerinnen und Lehrer lernen. Konzepte und Befunde zur Lehrerfortbildung. Münster: Waxmann, 2010, S. 213-226

Höhne, Thomas: Schulbuchwissen. Frankfurt am Main: Johann Wolfgang Goethe-Universität, 2003

Hopf, Diether: Mathematikunterricht. Eine empirische Untersuchung zur Didaktik und Unterrichtsmethode in der 7. Klasse des Gymnasiums. Stuttgart: Klett-Cotta, 1980

Hoppe, Henriette: Schreiben in Unterrichtswerken. Frankfurt am Main: Peter Lang, 2011

Hradil, Stefan: Soziale Ungleichheit in Deutschland. Opladen: Leske + Budrich, 7. Auflage 1999

Iluk, Jan: Der Einfluss des terminologischen und syntaktischen Schwierigkeitsgrades von Lehrwerktexten auf die Lehr- und Lerneffizienz. In: Knecht, Petr/Matthes, Eva/Schütze, Sylvia/Aamotsbakken, Bente (Hrsg.): Methodologie und Methoden der Schulbuch- und Lehrmittelforschung. Bad Heilbrunn: Klinkhardt, 2014, S. 303-314

Interkantonale Lehrmittelzentrale ilz: ilz.fokus Was sind gute Lehrmittel? Stand: 2013. URL: http://www.ilz.ch/cms/ index.php/component/jdownloads/finish/8-ilz-fokus/89-was-sind-gute-lehrmittel?Itemid=0. Zuletzt aufgerufen am: 22.05.2014

Interkantonale Lehrmittelzentrale ilz: Beurteilungskriterien für Lehr- und Lernmittel. Stand: 2015. URL: https://www.ilz.ch/cms/index.php/component/jdownloads/finish/7-diverses/188-beurteilungskriterien-levanto?Itemid=0. Zuletzt aufgerufen am: 17.05.2016

Internationale Gesellschaft für historische und systematische Schulbuch- und Bildungsmedienforschung e.V.: Das alte Schulbuch als das neue Leitmedium? Stand: 2014. URL: https://www.philso.uni-augsburg.de/de/lehrstuehle/paedagogik/igschub/jahrestagungen/jahrestagung12/. Zuletzt aufgerufen am: 15.05.2016

Internationale Gesellschaft für historische und systematische Schulbuch- und Bildungsmedienforschung e.V.: Der Verein. Stand: 2015. URL: http://www.philso.uni-augsburg.de/de/lehrstuehle/paedagogik/igschub/verein/. Zuletzt aufgerufen am: 17.05.2016

Jacob, Rüdiger/Heinz, Andreas/Décieux, Jean Philippe: Umfrage. Einführung in die Methoden der Umfrageforschung. München: Oldenbourg, 3. Auflage 2013

Janík, Tomáš/Najvarová, Veronika/Janík, Miroslav: Zum Einsatz didaktischer Medien und Mittel – Ergebnisse einer videobasierten Studie. In: Knecht, Petr/Matthes, Eva/Schütze, Sylvia/Aamotsbakken, Bente (Hrsg.): Methodologie und Methoden der Schulbuch- und Lehrmittelforschung. Bad Heilbrunn: Klinkhardt, 2014, S. 289-302

Jank, Werner/Meyer, Hilbert: Didaktische Modelle. Berlin: Cornelsen, 10. Auflage 2011

Johansson, Monica: Teaching Mathematics with Textbooks. A Claasroom and Curricular Perspective. Luleå: Luleå University of Technology, 2006

Jürgens, Ulrike: Was macht ein Lehrwerk erfolgreich? In: Grundschule 39 (2007) 3, S. 51

Jürgens, Ulrike: Lehrwerke. In: Arnold, Karl-Heinz/Sandfuchs, Uwe/Wiechmann, Jürgen (Hrsg.): Handbuch Unterricht. Bad Heilbrunn: Klinkhardt, 2. Auflage 2009, S. 304-311

Kahlert, Joachim: Was wird es den Lehrern nützen ...? In: Grundschule 38 (2006) 12, S. 10-13

Kahlert, Joachim: Das Schulbuch – ein Stiefkind der Erziehungswissenschaft? In: Fuchs, Eckhardt/Kahlert, Joachim/Sandfuchs, Uwe (Hrsg.): Schulbuch konkret. Bad Heilbrunn: Klinkhardt, 2010, S. 41-56

Kahlert, Joachim/Heimlich, Ulrich: Inklusionsdidaktische Netze – Konturen eines Unterrichts für alle (dargestellt am Beispiel des Sachunterrichts). In: Kahlert, Joachim/Heimlich, Ulrich (Hrsg.): Inklusion in Schule und Unterricht. Stuttgart: Kohlhammer, 2. Auflage 2014, S. 153-190

Kanter, Gustav O.: Lernbehinderungen und die Personengruppe der Lernbehinderten. In: Kanter, Gustav O./Speck, Otto (Hrsg.): Pädagogik der Lernbehinderten. Handbuch der Sonderpädagogik. Band 4. Berlin: Marhold, 1977, S. 34-64

Killus, Dagmar: Das Schulbuch im Deutschunterricht der Sekundarstufe I: Ergebnisse einer Umfrage unter Lehrern aus vier Bundesländern. Münster u. a.: Waxmann, 1998

Kintsch, Walter/van Dijk, Teun A.: Toward a Model of Text Comprehension and Production. In: Psychological Review 85 (1978) 3, S. 363-394

Kiper, Hanna/Mischke, Wolfgang: Unterrichtsplanung. Weinheim u. Basel: Beltz, 2009

Kirchhoff, Sabine/Kuhnt, Sonja/Lipp, Peter/Schlawin, Siegfried: Der Fragebogen. Wiesbaden: VS Verlag für Sozialwissenschaften, 5. Auflage 2010

Klieme, Eckhard/Jude, Nina/Rauch, Dominique/Ehlers, Holger/Helmke, Andreas/Eichler, Wolfgang/Thomé, Günther/Willenberg, Heiner: Alltagspraxis, Qualität und Wirksamkeit des Deutschunterrichts. In: DESI-Konsortium (Hrsg.): Unterricht und Kompetenzerwerb in Deutsch und Englisch. Ergebnisse der DESI-Studie. Weinheim u. Basel: Beltz, 2008, S. 319-344

Knecht, Petr/Matthes, Eva/Schütze, Sylvia/Aamotsbakken, Bente (Hrsg.): Methodologie und Methoden der Schulbuch- und Lehrmittelforschung. Bad Heilbrunn: Klinkhardt, 2014

Knecht, Petr/Najvarová, Veronika: How do students rate textbooks? A review of research and ongoing challenges for textbook research and textbook production. In: Journal of Educational Media, Memory and Society 2 (2010) 2, S. 1-16

Knigge, Michael: Jetzt habe ich eine Forschungsfrage. Und wie gehe ich jetzt weiter vor? Arten von Forschungsdesigns und Untersuchungsplänen. In: Koch, Katja/Ellinger, Stephan (Hrsg.): Empirische Forschungsmethoden in der Heil- und Sonderpädagogik. Göttingen u. a.: Hogrefe, 2015, S. 57-67

Kober, Ulrich/Zorn, Dirk: Die Herausforderung der Digitalisierung: Pädagogik der Technik. In: Bertelsmann Stiftung (Hrsg.): Individuell fördern mit digitalen Medien. Gütersloh: Bertelsmann Stiftung, 2015, S. 8-11

Koch, Katja: Die soziale Lage der Familien von Förderschülern – Ergebnisse einer empirischen Studie. Teil I: Sozioökonomische Bedingungen. In: Sonderpädagogische Förderung 49 (2004a) 2, S. 181-200

Koch, Katja: Die soziale Lage der Familien von Förderschülern – Ergebnisse einer empirischen Studie. Teil II: Sozialisationsbedingungen in Familien von Förderschülern. In: Sonderpädagogische Förderung 49 (2004b) 4, S. 411-428

Koch, Katja: Soziokulturelle Benachteiligung. In: Walter, Jürgen/Wember, Franz B. (Hrsg.): Sonderpädagogik des Lernens. Handbuch Sonderpädagogik. Band 2. Göttingen u. a.: Hogrefe, 2007, S. 104-116

Koch, Katja: Woraus besteht der quantitative Forschungsprozess? Kopf oder Zahl – Grundsätzliche Überlegungen zum quantitativen Forschungsprozess. In: Koch, Katja/Ellinger, Stephan (Hrsg.): Empirische Forschungsmethoden in der Heil- und Sonderpädagogik. Göttingen u. a.: Hogrefe, 2015, S. 41-48

Konrad, Klaus: Mündliche und schriftliche Befragung. Landau: VEP, 2010

Kornmann, Reimer/Wagner, Hans-Jürgen/Biegel-Reichert, Susann: Lehrwerke als Lernbehinderungen: Die Vernachlässigung des Kommutativgesetzes in den Mathematiklehrwerken für die Klassen 1-4 der Schulen für Lernbehinderte (Förderschulen). In: Zeitschrift für Heilpädagogik 44 (1993) 9, S. 600-605

Krainer, Konrad/Posch, Peter: Intensivierung der Nachfrage nach Lehrerfortbildung. Vorschläge für Bildungspraxis und Bildungspolitik. In: Müller, Florian H./Eichenberger, Astrid/Lüders, Manfred/Mayr, Johannes (Hrsg.): Lehrerinnen und Lehrer lernen. Konzepte und Befunde zur Lehrerfortbildung. Münster: Waxmann, 2010, S. 479-495

Kratzer, Verena/Cwielong, Ilona. Quantitative Befragung mit Kindern. In: Tillmann, Angela/Fleischer, Sandra/Hugger, Kai-Uwe (Hrsg.): Handbuch Kinder und Medien. Wiesbaden: Springer VS, 2014, S. 183-198

Kretschmann, Rudolf: Lernschwierigkeiten. In: Arnold, Karl-Heinz/Sandfuchs, Uwe/Wiechmann, Jürgen (Hrsg.): Handbuch Unterricht. Bad Heilbrunn: Klinkhardt, 2. Auflage 2009, S. 448-451

Kricke, Meike/Reich, Kersten: Teamteaching. Eine neue Kultur des Lehren und Lernens. Weinheim u. Basel: Beltz, 2016

Kuhn, Leo/Rathmeyer, Bernhard: Statt einer Einleitung: 15 Jahre Schulreform – aber die Inhalte? In: Kuhn, Leo (Hrsg.): Schulbuch – ein Massenmedium. Wien u. München: Jugend und Volk, 1977, S. 9-17

Kuschel, Annett: Entwicklungspsychologische Grundlagen. In: Breitenbach, Erwin (Hrsg.): Psychologie in der Heil- und Sonderpädagogik. Kohlhammer: Stuttgart, 2014, S. 257-346

Lambert, Katharina: Rechenschwäche. Grundlagen, Diagnostik und Förderung. Göttingen u. a.: Hogrefe, 2015

Lamnek, Siegfried: Qualitative Sozialforschung. Weinheim u. Basel: Beltz, 5. Auflage 2010

Langer, Inghard/Schulz von Thun, Friedemann/Tausch, Reinhard: Verständlichkeit in Schule, Verwaltung, Politik und Wissenschaft. München, Basel: Reinhardt, 1974

Langfeldt, Hans-Peter: Behinderte Kinder im Urteil ihrer Lehrkräfte: eine Analyse der Begutachtungspraxis im Sonderschul-Aufnahme-Verfahren. Heidelberg: Programm „Ed. Schindele" im Univ.-Verlag Winter, 1998

Laucht, Manfred: Resilienz im Entwicklungsverlauf von der frühen Kindheit bis zum Erwachsenenalter. In: Frühförderung interdisziplinär 31 (2012) 3, S. 111-119

Laucht, Manfred/Schmidt, Martin H./Esser, Günter: Risiko und Schutzfaktoren in der Entwicklung von Kindern und Jugendlichen. In: Frühförderung interdisziplinär 19 (2000) 3, S. 97-108

Lauth, Gerhard W./Brunstein, Joachim C./Grünke, Matthias: Lernstörungen im Überblick: Arten, Klassifikation, Verbreitung und Erklärungsperspektiven. In: Lauth, Gerhard W./Grünke, Matthias/Brunstein, Joachim C. (Hrsg.): Interventionen bei Lernstörungen. Göttingen u. a.: Hogrefe, 2. Auflage 2014, S. 17-31

Lauth, Gerhard W./Mackowiak, Katja: Lernstörungen. In: Kindheit und Entwicklung 15 (2006) 4, S. 199-20

Lautner, Anja: Der Einsatz des Mathematikmaterials von Maria Montessori und dessen Auswirkung auf die Entwicklung des Zahlbegriffs und die Rechenleistung lernschwacher Schülerinnen und Schüler im ersten Schuljahr. Stand: 2012. URL: https://edoc.ub.uni-muenchen.de/15372/1/Lautner_Anja.pdf Zuletzt aufgerufen am: 08.08.2016

Leisen, Josef: Ein guter Lehrer kann beides: Lernprozesse material und personal steuern. In: Höhle, Gerhard (Hrsg.): Was sind gute Lehrerinnen und Lehrer? Immenhausen bei Kassel: Prolog, 2014, S. 168-183

Lorenz, Jens Holger: Rechenschwäche. In: Lauth, Gerhard W./Grünke, Matthias/Brunstein, Joachim C. (Hrsg.): Interventionen bei Lernstörungen. Göttingen u. a.: Hogrefe, 2. Auflage 2014, S. 43-55

Löser, Jessica M./Werning, Rolf: Computer und Internet im Unterricht. In: Wember, Franz B./Stein, Roland/Heimlich, Ulrich (Hrsg.): Handlexikon Lernschwierigkeiten und Verhaltensstörungen. Stuttgart: Kohlhammer, 2014, S. 103-104

Maier, Wolfgang: Grundkurs Medienpädagogik Mediendidaktik. Weinheim u. Basel: Beltz, 1998

Martial, Ingbert von: Unterrichtsmedien. In: Martial, Ingbert von/Ladenthin, Volker (Hrsg.): Medien in Unterricht. Baltmannsweiler: Schneider, 2. Auflage 2005, S. 15-25

Martial, Ingbert von/Ladenthin, Volker: Inhalt. In: Martial, Ingbert von/Ladenthin, Volker (Hrsg.): Medien im Unterricht. Baltmannsweiler: Schneider, 2. Auflage 2005, S. 3-10

Masendorf, Friedrich/Weber, Susanne: Praktische Erfahrung mit einem neuen Unterrichtswerk für den mathematischen Anfangsunterricht an der Schule für Lernbehinderte. In: Zeitschrift für Heilpädagogik 34 (1983) 2, S. 124-132

Matthes, Eva: Schulbücher im Rahmen einer reformorientierten Lehrerbildung (Vortrag auf der vom Verband deutscher Bildungsmedien, der LMU und der Universität Augsburg veranstalteten Schulbuchtagung in München am 26. November 2010). Stand: 2010. URL: http://www.bildungsmedien.de/index.php/veranstaltungen/item/download /287_67385f835af50b9ac7ca60ce18c25fe2. Zuletzt aufgerufen am: 15.05.2016

Matthes, Eva: Lehrmittel und Lehrmittelforschung in Europa. In: Bildung und Erziehung 64 (2011) 1, S. 1-5

Matthes, Eva: Aktuelle Tendenzen der Schulbuch- bzw. der Bildungsmedienforschung. In: Wrobel, Dieter/Müller, Astrid (Hrsg.): Bildungsmedien für den Deutschunterricht. Bad Heilbrunn: Klinkhardt, 2014, S. 17-26

Matthes, Eva/Heinze, Carsten (Hrsg.): Interkulturelles Verstehen und kulturelle Integration durch das Schulbuch. Bad Heilbrunn: Klinkhardt, 2004

Matthes, Eva/Heinze, Carsten (Hrsg.): Die Familie im Schulbuch. Bad Heilbrunn: Klinkhardt, 2006

Matthes, Eva/Schütze, Sylvia: Digitale Bildungsmedien in der Schule. Einleitung. In: Matthes, Eva/Schütze, Sylvia/ Wiater, Werner (Hrsg.): Digitale Bildungsmedien im Unterricht. Bad Heilbrunn: Klinkhardt, 2013, S. 7-13

Matthes, Eva/Schütze, Sylvia: Methodologie und Methoden der Schulbuch- und Lehrmittelforschung – Einleitung. In: Knecht, Petr/Matthes, Eva/Schütze, Sylvia/Aamotsbakken, Bente (Hrsg.): Methodologie und Methoden der Schulbuch- und Lehrmittelforschung. Bad Heilbrunn: Klinkhardt, 2014, S. 9-27

Maturana, Humberto/Varela, Francisco: Der Baum der Erkenntnis. Die biologischen Wurzeln des menschlichen Erkennens. Bern u. a.: Scherz, 1987 (Originalausgabe: 1984)

Mayer, Horst Otto: Interview und schriftliche Befragung. München: Oldenbourg, 5. Auflage 2009

Mayer, Richard E./Sims, Valerie/Tajika, Hidetsugu: A Comparison of How Textbooks Teach Mathematical Problem Solving in Japan and the United States. In: American Educational Research Journal 32 (1995) 2, S. 443-460

Mayring, Philipp: Qualitative Inhaltsanalyse. Weinheim u. Basel: Beltz, 10. Auflage 2008

Meder, Norbert: Klassifikation der Medien und ihre Funktionen. In: Macha, Hildegard/Witzke, Monika/Meder, Norbert/Allemann-Ghionda, Cristina/Uhlendorff, Uwe/Mertens, Gerhard (Hrsg.): Handbuch der Erziehungswissenschaft. Band III. Teilband 1: Familie-Kindheit-Jugend-Gender/Teilband 2: Umwelten. Paderborn: Schöningh, 2009, S. 743-749

Menck, Peter: Schulbuchforschung – Anmerkungen zu ihrer Methodik. In: Knecht, Petr/Matthes, Eva/Schütze, Sylvia/Aamotsbakken, Bente (Hrsg.): Methodologie und Methoden der Schulbuch- und Lehrmittelforschung. Bad Heilbrunn: Klinkhardt, 2014, S. 333-343

Menzel, Wolfgang: Vom langen Weg des Schulbuchs in den Unterricht. In: Grundschule 39 (2007) 3, S. 50-51

Merzyn, Gottfried: Physikschulbücher, Physiklehrer und Physikunterricht. Kiel: IPN, 1994

Meschenmoser, Helmut: Ayşe macht uns mit dem Internet was vor. Individualisierte Förderung von Medienkompetenz und systematischer Medieneinsatz mit pädagogischem Konzept. In: Werning, Rolf/Urban, Michael (Hrsg.): Das Internet im Unterricht für Schüler mit Lernbeeinträchtigungen. Stuttgart: Kohlhammer, 2006, S. 27-47

Michel, Gerhard: Die Rolle des Schulbuchs im Rahmen der Mediendidaktik – Das didaktische Verhältnis des Schulbuchs zu traditionellen Lernmedien und Neuen Medien. In: Olechowski, Richard (Hrsg.): Schulbuchforschung. Frankfurt am Main u. a.: Peter Lang, 1995, S. 95-115

Ministerium für Bildung, Frauen und Jugend Rheinland-Pfalz: MARKUS. Mathematik-Gesamterhebung Rheinland-Pfalz: Kompetenzen, Unterrichtsmerkmale, Schulkontext. Kurzbericht. Stand: 2002. URL: http://www.lars-balzer.info/publications/pub-balzer_2002-01_MARKUS2002-Kurzbericht.pdf. Zuletzt aufgerufen am: 19.05.2016

Moser Opitz, Elisabeth: Innere Differenzierung durch Lehrmittel: (Entwicklungs-)Möglichkeiten und Grenzen am Beispiel von Mathematiklehrmitteln. In: Beiträge zur Lehrerbildung 28 (2010) 1, S. 53-61

Nestle, Werner: Das lern- und entwicklungstheoretische Paradigma. In: Walter, Jürgen/Wember, Franz B. (Hrsg.): Sonderpädagogik des Lernens. Handbuch Sonderpädagogik. Band 2. Göttingen u. a.: Hogrefe, 2007, S. 117-127

Neumann, Dominik: Kostenloses Lehrmaterial auf dem Prüfstand. Analyse und Evaluation von kostenlos angebotenen Lehrmaterialien aus dem Internet zum Thema „Kreatives Schreiben". In: Wrobel, Dieter/Müller, Astrid (Hrsg.): Bildungsmedien für den Deutschunterricht. Bad Heilbrunn: Klinkhardt, 2014a, S. 86-98

Neumann, Dominik: Methoden der Lehrmittelnutzungsforschung. In: Knecht, Petr/Matthes, Eva/Schütze, Sylvia/Aamotsbakken, Bente (Hrsg.): Methodologie und Methoden der Schulbuch- und Lehrmittelforschung. Bad Heilbrunn: Klinkhardt, 2014b, S. 279-288

Neumann, Dominik: Bildungsmedien online. Bad Heilbrunn: Klinkhardt, 2015

Nezel, Ivo: Comenius als Lehrmittel- und Schulbuchautor. In: Golz, Reinhard/Korthaase, Werner/Schäfer, Erich (Hrsg.): Comenius und unsere Zeit. Baltmannsweiler: Schneider, 1996, S. 57-64

Niehaus, Inga/Stoletzki, Almut/Fuchs, Eckhardt/Ahlrichs, Johanna: Wissenschaftliche Recherche und Analyse zur Gestaltung, Verwendung und Wirkung von Lehrmitteln (Metaanalyse und Empfehlungen). Im Auftrag der Bildungsdirektion des Kantons Zürich. Stand: 2011. URL: https://www.ph-freiburg.de/fileadmin/dateien/mitarbeiter/hagemannfr/Zuerichstudie_Endfassung_2011_11_29.pdf. Zuletzt aufgerufen am: 23.05.2014

Obermayer, Annika: Bildungssprache im grafisch designten Schulbuch. Bad Heilbrunn: Klinkhardt, 2013

Oelkers, Jürgen: Bildungsstandards und deren Wirkung auf die Lehrmittel. In: Beiträge zur Lehrerbildung 28 (2010) 1, S. 33-41

Organisation für wirtschaftliche Zusammenarbeit und Forschung (OECD): PISA 2012 Ergebnisse: Was Schülerinnen und Schüler wissen und können. o. O.: Bertelsmann, 2013

Orthmann Bless, Dagmar: Das schulsystemische Paradigma. In: Walter, Jürgen/Wember, Franz B. (Hrsg.): Sonderpädagogik des Lernens. Handbuch Sonderpädagogik. Band 2. Göttingen u. a.: Hogrefe, 2007, S. 93-103

Ostertag, Christina: Rechenschwierigkeiten vorbeugen. Kinder mit Lernschwierigkeiten in der Entwicklung ihrer frühen mathematischen Kompetenzen unterstützen. Frankfurt am Main: Peter Lang, 2015

Paechter, Manuela: Wissensvermittlung, Lernen und Bildung mit Medien. In: Six, Ulrike/Gleich, Uli/Gimmler, Roland (Hrsg.): Kommunikationspsychologie – Medienpsychologie. Weinheim u. Basel: Beltz PVU, 2007, S. 372-387

Pepin, Birgit/Haggarty, Linda: Mathematics textbooks and their use in English, French and German classrooms: a way to understand teaching and learning cultures. In: Zentralblatt für Didaktik der Mathematik 33 (2001) 5, S. 158-175

Piaget, Jean: Probleme der Entwicklungspsychologie. Kleine Schriften. Hamburg: Europäische Verlagsanstalt, 1993 (franz. Originalausgabe: 1972)

Piaget, Jean: Theorien und Methoden der modernen Erziehung. Frankfurt am Main: Fischer, 1994 (franz. Original-ausgabe: 1972)

Porst, Rolf: Wie man die Rücklaufquote bei postalischen Befragungen erhöht. Stand: 2001. URL: http://www.ge-sis.org/fileadmin/upload/forschung/publi kationen/gesis_reihen/howto/how-to9rp.pdf Zuletzt aufgerufen am: 06.02.2013

Porst, Rolf: Fragebogen. Wiesbaden: VS Verlag für Sozialwissenschaften, 3. Auflage 2011

Pupeter, Monika/Hurrelmann, Klaus: Die Schule: Als Erfahrungsraum immer wichtiger. In: World Vision Deutsch-land e. V. (Hrsg.): Kinder in Deutschland 2013. 3. World Vision Kinderstudie. Weinheim u. Basel: Beltz, 2013, S. 111-134

Raab-Steiner, Elisabeth/Benesch, Michael: Der Fragebogen. Wien: Facultas, 2. Auflage 2010

Rauch, Martin/Tomaschewski, Lothar: Methoden Vergleichender Schulbuchforschung. In: Rauch, Martin/Toma-schewski, Lothar (Hrsg.): Schulbücher für den Sachunterricht. Frankfurt am Main: Arbeitskreis Grundschule e. V., 1986, S. 93-118

Rauch, Martin/Wurster, Ekkehard: Schulbuchforschung als Unterrichtsforschung. Frankfurt am Main: Europäischer Verlag der Wissenschaften, 1997

Rauh, Bernhard: Komorbidität von Lern- und Verhaltensstörungen. In: Sonderpädagogische Förderung heute 59 (2014) 3, S. 245-259

Reinders, Heinz/Ditton, Hartmut: Überblick Forschungsmethoden. In: Reinders, Heinz/Ditton, Hartmut/Gräsel, Cornelia/Gniewosz, Burkhard (Hrsg.): Empirische Bildungsforschung. Strukturen und Methoden. Wiesbaden: Springer VS, 2. Auflage 2015, S. 49-56

Rezat, Sebastian: Das Mathematikbuch als Instrument des Schülers. Wiesbaden: Vieweg + Teubner, 2009

Rezat, Sebastian: Mathematikbuch und Schüler – Ergebnisse einer Studie zur Schulbuchnutzung in den Sekundarstu-fen und Implikationen für die Schulbuchkonzeption. Stand: 2010. URL: http://www.mathematik.tu-dortmund. de/ieem/cms/media/BzMU/BzMU2010/BzMU10_REZAT_Sebastian_Mathematikschulbuch.pdf. Zuletzt auf-gerufen am: 12.06.2012

Rezat, Sebastian: Wie wählen Schülerinnen und Schüler Schulbuchinhalte aus? Ergebnisse zur selbstständigen Nut-zung von Mathematikschulbüchern. In: Doll, Jörg/Frank, Keno/Fickermann, Detlef/Schwippert, Knut (Hrsg.): Schulbücher im Fokus. Münster u. a.: Waxmann, 2012, S. 113-129

Richter, Tobias: Forschungsmethoden der Medienpsychologie. In: Batinic, Bernad/Appel, Markus (Hrsg.): Medienpsy-chologie. Heidelberg: Springer, 2008, S. 3-44

Röder, Mandy/Müller, Anna R.: Ich möchte Personen befragen. Wie führe ich eine solche Befragung durch? Befra-gungen mit einem Fragebogen. In: Koch, Katja/Ellinger, Stephan (Hrsg.): Empirische Forschungsmethoden in der Heil- und Sonderpädagogik. Göttingen u. a.: Hogrefe, 2015, S. 81-88

Sacher, Werner: Audiovisuelle Medien und Medienerziehung in der Schule. München: Kopäd, 1994

Sandfuchs, Uwe: Schulbücher in der Diskussion. In: Grundschule 38 (2006) 12, S. 6-9

Sandfuchs, Uwe: Förderunterricht. In: Arnold, Karl-Heinz/Sandfuchs, Uwe/Wiechmann, Jürgen (Hrsg.): Handbuch Unterricht. Bad Heilbrunn: Klinkhardt, 2. Auflage 2009, S. 271-276

Sandfuchs, Uwe: Schulbücher und Unterrichtsqualität – historische und aktuelle Reflexionen. In: Fuchs, Eckhardt/ Kahlert, Joachim/Sandfuch, Uwe (Hrsg.): Schulbuch konkret. Bad Heilbrunn: Klinkhardt, 2010, S. 11-24

Schäfer-Koch, Karin: Bedingungen des Medieneinsatzes in der Gymnasialen Oberstufe. Ergebnisse einer vergleichenden Studie an Gymnasien in den alten und neuen Bundesländern. In: Zeitschrift für Pädagogik 44 (1998) 3, S. 361-378

Schaumburg, Heike: Chancen und Risiken digitaler Medien in der Schule. Medienpädagogische und -didaktische Perspektiven. In: Bertelsmann Stiftung (Hrsg.): Individuell fördern mit digitalen Medien. Gütersloh: Bertelsmann Stiftung, 2015, S. 19-94

Scherer, Petra: Elementare Rechenoperationen. In: Walter, Jürgen/Wember, Franz B. (Hrsg.): Sonderpädagogik des Lernens. Handbuch Sonderpädagogik. Band 2. Göttingen u. a.: Hogrefe, 2007, S. 590-605

Scherer, Petra/Moser Opitz, Elisabeth: Fördern im Mathematikunterricht der Primarstufe. Heidelberg: Spektrum, 2010

Schlegel, Clemens M.: Schulbuch und Software als Medienpaket. Beurteilungskriterien und didaktische Einsatzmög-lichkeiten für integrierte Lernsoftware (ILS). In: Wiater, Werner (Hrsg.): Schulbuchforschung in Europa – Be-standsaufnahme und Zukunftsperspektive. Bad Heilbrunn: Klinkhardt, 2003, S. 175-189

Schlömerkemper, Jörg: Konzepte pädagogischer Forschung. Bad Heilbrunn: Klinkhardt, 2010

Scholl, Armin: Die Befragung. Konstanz: UKV, 2. Auflage 2009

Schoolbook Awards c/o European Educational Publisher Group: Categories. Stand: o. J. a. URL: http://web.archive. org/web/2013122807 3210/http://schoolbookawards.org/categories.html Zuletzt aufgerufen am: 17.05.2016

Schoolbook Awards c/o European Educational Publisher Group: Evaluation Criteria. Stand: o.J.b. URL: http://web. archive.org/web/20131 228073240/http://schoolbookawards.org/evaluation-criteria.html. Zuletzt aufgerufen am: 17.05.2016

Schor, Bruno J./Eckerlein, Tatjana: Das Sonderpädagogische Förderzentrum (SFZ) – auf dem Weg zum Kompetenzzentrum. In: Grohnfeldt, Manfred (Hrsg.): Grundwissen der Sprachheilpädagogik und Sprachtherapie. Stuttgart: Kohlhammer, 2014, S. 379-384

Schorb, Bernd: Stichwort: Medienpädagogik. In: Zeitschrift für Erziehungswissenschaft 1 (1998) 1, S. 7-22

Schulz, Andrea: Dyskalkulie bei Grundschulkindern – Ursachen, Diagnostik und Therapie. In: Schulte-Körne, Gerd (Hrsg.): Legasthenie und Dyskalkulie: Aktuelle Entwicklungen in Wissenschaft, Schule und Gesellschaft. Bochum: Dr. Dieter Winkler, 2007, S. 359-375

Schulz, Wolfgang: Unterricht – Analyse und Planung. In: Heimann, Paul/Otto, Gunter/Schulz, Wolfgang (Hrsg.): Unterricht. Analyse und Planung. Hannover: Schroedel, 6. Auflage 1972, S. 13-47

Schümer, Gundel: Medieneinsatz im Unterricht. Bericht über Ziel, Anlage und Durchführung einer Umfrage in allgemeinbildenden Schulen. Stand: 1991. URL: https://www.mpib-berlin.mpg.de/sites/default/files/schriften/Materialien/Materialien_039/pdf/Materialien_Bildungsforschung_MPIB_039.pdf. Zuletzt aufgerufen am: 26.11.2014

Schwier, Burkhard: Lernen an digitalen Medien an Förderschulen. Berlin: Logos, 2008

Sekretariat der Ständigen Konferenz der Kultusminister der Länder in der Bundesrepublik Deutschland: Empfehlungen zur sonderpädagogischen Förderung in den Schulen der Bundesrepublik Deutschland. Beschluß der Kultusministerkonferenz vom 06.05.1994. Stand: 1994. URL: http://www.kmk.org/fileadmin/veroeffentlichungen_beschluesse/1994/1994_05_06-Empfehl-Sonderpaedagogische-Foerderung.pdf. Zuletzt aufgerufen am: 28.04.2014

Sekretariat der Ständigen Konferenz der Kultusminister der Länder in der Bundesrepublik Deutschland: Empfehlungen zum Förderschwerpunkt Lernen. Beschluss der Kultusministerkonferenz vom 01.10.1999. Stand: 1999. URL: http://www.kmk.org/fileadmin/veroeffentlichungen_beschluesse/1999/1999_10_01-FS-Lernen.pdf. Zuletzt aufgerufen am: 28.04.2014

Senatsverwaltung für Bildung, Jugend und Wissenschaft Berlin: Lehr- und Lernmittel. Stand: o.J. URL: https://www.berlin.de/sen/bildung/unterricht/medien/lehr-und-lernmittel/. Zuletzt aufgerufen am: 15.05.2016

Shulman, Lee S.: Those Who Understand: Knowledge Growth in Teaching. In: Educational Researcher 15 (1986) 2, S. 4-14

Sikora, Simon: Welche Messinstrumente gibt es und woher weiß ich, welche davon gut sind? Messinstrumente. In: Koch, Katja/Ellinger, Stephan (Hrsg.): Empirische Forschungsmethoden in der Heil- und Sonderpädagogik. Göttingen u.a.: Hogrefe, 2015, S. 76-80

Spanhel, Dieter: Medienpädagogische Kompetenz als integraler Bestandteil der Lehrerprofessionalität. In: Herzig, Bardo (Hrsg.): Medien machen Schule. Bad Heilbrunn: Klinkhardt, 2001, S. 267-294

Speck, Otto: System Heilpädagogik. Eine ökologisch reflexive Grundlegung. München u. Basel: Ernst Reinhardt, 6. Auflage 2008

Sretenovic, Karl: Geschichtsverständnis, Geschichtslehrplan und Schulbücher für „Geschichte und Sozialkunde". In: Zeitgeschichte 17 (1990) 11/12, S. 452-462

Staatsinstitut für Schulqualität und Bildungsforschung München: Förderschwerpunkt Lernen. Weitere Informationen zum Rahmenlehrplan. Stand: o.J. URL: https://www.isb.bayern.de/foerderschulen/uebersicht/rahmenlehrplan-lernen-mehr/. Zuletzt aufgerufen am: 12.03.2015

Stadtfeld, Peter: Tradierte Lehrmittel, neue Medien, „moderner" Unterricht – Systematische Betrachtung und praktisches Modell. In: Bildung und Erziehung 64 (2011) 1, S. 69-84

Stanat, Petra/Edele, Aileen: Zuwanderung und soziale Ungleichheit. In: Reinders, Heinz/Ditton, Hartmut/Gräsel, Cornelia/Gniewosz, Burkhard (Hrsg.): Empirische Bildungsforschung. Gegenstandsbereiche. Wiesbaden: Springer VS, 2. Auflage 2015, S. 215-228

STANDARD Verlagsgesellschaft m.b.H.: Karmasin will digitale Schulbücher. Stand: 2015. URL: http://derstandard.at/2000011752587/Schulbuecher-Karmasin-will-digitale-Schulbuecher Zuletzt aufgerufen am: 01.07.2015

Statistisches Bundesamt (Destatis)/Wissenschaftszentrum Berlin für Sozialforschung (WZB), Zentrales Datenmanagement: Datenreport 2013. Ein Sozialbericht für die Bundesrepublik Deutschland. Stand: 2013. URL: https://www.destatis.de/DE/Publikationen/Datenreport/Downloads/Datenreport2013.pdf?__blob=publicationFile. Zuletzt aufgerufen am: 12.11.2015

Statistisches Bundesamt: Bildung und Kultur. Allgemeinbildende Schulen – Fachserie 11 Reihe 1 – Schuljahr 2012/13. Stand: 2014a. URL: https://www.destatis.de/DE/Publikationen/Thematisch/BildungForschungKultur/Schulen/AllgemeinbildendeSchulen2110100137004.pdf;jsessionid=D3CCC40EA500FF24BCD79755F602342E.cae1?__blob=publicationFile. Zuletzt aufgerufen am: 23.10.2014

Statistisches Bundesamt: Bildung und Kultur. Allgemeinbildende Schulen – Fachserie 11 Reihe 1 – Schuljahr 2013/14. Stand: 2014b. URL: https://www.destatis.de/DE/Publikationen/Thematisch/BildungForschungKultur/Schulen/AllgemeinbildendeSchulen2110100147004.pdf;jsessionid=5B1301C241BBBDD122594A5C7BB8F6BC.cae1?__blob=publicationFile. Zuletzt aufgerufen am: 01.12.2015

Stein, Gerd: Politikwissenschaft und Schulbuchforschung. In: Stein, Gerd (Hrsg.): Schulbuchkritik als Schulkritik. Saarbrücken: Universitäts- und Schulbuchverlag, 1976, S. 7-19

Stein, Gerd: Schulbuchwissen, Politik und Pädagogik. Kastellaun: Aloys Henn, 1977

Stein, Gerd: Schulbücher in berufsfeldbezogener Lehrerbildung und pädagogischer Praxis. In: Wiater, Werner (Hrsg.): Schulbuchforschung in Europa – Bestandsaufnahme und Zukunftsperspektive. Bad Heilbrunn: Klinkhardt, 2003, S. 23-31

Stiftung Bildungspakt Bayern: Lernreich 2.0 üben und feedback digital. Stand: 2014. URL: http://www.km.bayern.de/download/9004_bildungspakt_flyer_lernreich_januar_2014.pdf. Zuletzt aufgerufen am: 03.04.2014

Stöber, Georg: Schulbuchzulassung in Deutschland. Grundlagen, Verfahrensweisen und Diskussionen. Eckert. Beiträge 2010/3. Stand: 2010. URL: http://www.edumeres.net/fileadmin/publikationen/beitraege/2010/Stoeber_Schulbuchzulassung.pdf. Zuletzt aufgerufen am: 12.11.2014

Stöcklin, Nando: Von analog zu digital: die neuen Herausforderungen für die Schule. In: Blaschitz, Edith/Brandhofer, Gerhard/Nosko, Christian/Schwed, Gerhard (Hrsg.). Zukunft des Lernens. Wie digitale Medien Schule, Aus- und Weiterbildung verändern. Glückstadt: Werner Hülsbusch, 2012, S. 57-74

Strobel, Markus/Warnke, Andreas: Das medizinische Paradigma. In: Walter, Jürgen/Wember, Franz B. (Hrsg.): Sonderpädagogik des Lernens. Handbuch Sonderpädagogik. Band 2. Göttingen u. a.: Hogrefe, 2007, S. 65-80

Stürmer, Verena: Kindheitskonzepte in Fibeln der SBZ/DDR 1945-1990. Bad Heilbrunn: Klinkhardt, 2014

Tebrügge, Andrea: Unterrichtsplanung zwischen didaktischen Ansprüchen und alltäglicher Berufsanforderung. Frankfurt am Main: Peter Lang, 2001

Technische Universität Dortmund: Trends in International Mathematics and Science Study (TIMSS) 2011 Grundschule. Stand: 2015. URL: http://www.ifs.tu-dortmund.de/cms/de/Forschung/AG-Bos/Abgeschlossene-Projekte/TIMSS-2011-Grundschule.html. Zuletzt aufgerufen am: 30.10.2015

Tesch-Römer, Clemens/Albert, Isabelle: Kultur und Sozialisation. In: Schneider, Wolfgang/Lindenberger, Ulman (Hrsg.): Entwicklungspsychologie. Weinheim u. Basel: Beltz, 7. Auflage 2012, S. 137-156

Thonhauser, Josef: Was Schulbücher (nicht) lehren Schulbuchforschung unter erziehungswissenschaftlichem Aspekt (Am Beispiel Österreichs). In: Fritzsche, K. Peter (Hrsg.): Schulbücher auf dem Prüfstand. Frankfurt am Main: Diesterweg, 1992, S. 55-78

Thonhauser, Josef: Das Schulbuch im Spannungsfeld zwischen Wissenschaft und Ideologie. In: Olechowski, Richard (Hrsg.): Schulbuchforschung. Frankfurt am Main u. a.: Peter Lang, 1995, S. 175-194

Tietze, Uwe P.: Der Mathematiklehrer an der gymnasialen Oberstufe. Zur Erfassung berufsbezogener Kognitionen. In: Journal für Mathematik-Didaktik 11 (1990) 3, S. 177-243

Toman, Hans: Historische Belange und Funktionen von Medien im Unterricht. Baltmannsweiler: Schneider, 2006

Tulodziecki, Gerhard: Funktionen von Medien im Unterricht. In: Arnold, Karl-Heinz/Sandfuchs, Uwe/Wiechmann, Jürgen (Hrsg.): Handbuch Unterricht. Bad Heilbrunn: Klinkhardt, 2. Auflage 2009, S. 291-297

Tulodziecki, Gerhard: Medien im Unterricht. In: Kiel, Ewald/Zierer, Klaus (Hrsg.): Unterrichtsgestaltung als Gegenstand der Wissenschaft. Basiswissen Unterrichtsgestaltung Band 2. Baltmannsweiler: Schneider, 2011, S. 199-212

Tulodziecki, Gerhard/Herzig, Bardo/Blömeke, Sigrid: Gestaltung von Unterricht. Bad Heilbrunn: Klinkhardt, 2. Auflage 2009

Tulodziecki, Gerhard/Herzig, Bardo/Grafe, Silke: Medienbildung in Schule und Unterricht. Bad Heilbrunn: Klinkhardt, 2010

United Nations: Convention on the Rights of Persons with Disabilities. Stand: 2006. URL: http://www.un.org/disabilities/convention/conventionfull.shtml. Zuletzt aufgerufen am: 03.04.2014

Urff, Christian: Digitale Lernmedien zur Förderung grundlegender mathematischer Kompetenzen. Berlin: Mensch und Buch, 2014

Verband Bildungsmedien e. V.: Bildungskonferenzen. Stand: 2015. URL: http://web.archive.org/web/20150614075229/http://www.bildungsmedien.de/veranstaltungen/bildungskonferenz. Zuletzt aufgerufen am: 17.05.2016

Vogl, Ute: Die Qual der Wahl? In: Grundschule 38 (2006) 12, S. 14-16

Vollstädt, Witlof: Neue Medien und Schulentwicklung. In: Internationale Schulbuchforschung 24 (2002) 2, S. 161-173

Vygotskij, Lev Semënovič: Denken und Sprechen. Herausgegeben und aus dem Russischen übersetzt von Joachim Lompscher und Georg Rückriem. Weinheim u. Basel: Beltz, 2002 (russ. Originalausgabe: 1934)

Weidenmann, Bernd: Lehr-Lernforschung und Neue Medien. In: Herzig, Bardo (Hrsg.): Medien machen Schule. Bad Heilbrunn: Klinkhardt, 2001, S. 89-108

Weidenmann, Bernd: Lernen mit Medien. In: Krapp, Andreas/Weidenmann, Bernd (Hrsg.): Pädagogische Psychologie. Weinheim u. Basel: Beltz, 5. Auflage 2006, S. 423-476

Weinbrenner, Peter: Grundlagen und Methodenprobleme sozialwissenschaftlicher Schulbuchforschung. In: Fritzsche, K. Peter (Hrsg.): Schulbücher auf dem Prüfstand. Frankfurt am Main: Diesterweg, 1992, S. 33-54

Weinbrenner, Peter: Grundlagen und Methodenprobleme sozialwissenschaftlicher Schulbuchforschung. In: Olechowski, Richard (Hrsg.): Schulbuchforschung. Frankfurt am Main u. a.: Peter Lang, 1995, S. 21-45

Wellenreuther, Martin: Quantitative Forschungsmethoden in der Erziehungswissenschaft. Weinheim u. München: Juventa, 2000

Wellenreuther, Martin: Lehren und Lernen – aber wie? Baltmannsweiler: Schneider, 3. Auflage 2007

Wellenreuther, Martin: Lehren und Lernen – aber wie? Baltmannsweiler: Schneider, 6. Auflage 2013

Wember, Franz B.: Sonderpädagogische Ansätze zu einer entwicklungspsychologisch begründeten Unterrichtskonzeption nach Piaget. In: Zeitschrift für Heilpädagogik 39 (1988) 3, S. 151-163

Wember, Franz B.: Förderunterricht bei Lernproblemen im Lernbereich Mathematik durch mathematische Lebens- und Umweltkunde mit Hand, Herz und Verstand? In: Heimlich, Ulrich (Hrsg.): Zwischen Aussonderung und Integration. Neuwied u. a.: Luchterhand, 1997, S. 174-192

Wember, Franz B.: Forschungsdesign. In: Wember, Franz B./Stein, Roland/Heimlich, Ulrich (Hrsg.): Handlexikon Lernschwierigkeiten und Verhaltensstörungen. Stuttgart: Kohlhammer, 2014, S. 301-304

Wember, Franz B.: Didaktische Prinzipien und Qualitätssicherung im Förderunterricht. In: Heimlich, Ulrich/Wember, Franz B. (Hrsg.): Didaktik des Unterrichts im Förderschwerpunkt Lernen. Stuttgart: Kohlhammer, 3. Auflage 2016, S. 81-95

Wember, Franz B./Heimlich, Ulrich: Lernen. In: Wember, Franz B./Stein, Roland/Heimlich, Ulrich (Hrsg.): Handlexikon Lernschwierigkeiten und Verhaltensstörungen. Stuttgart: Kohlhammer, 2014, S. 54-58

Wember, Franz B./Stein, Roland/Heimlich, Ulrich: Sachregister. In: Wember, Franz B./Stein, Roland/Heimlich, Ulrich (Hrsg.): Handlexikon Lernschwierigkeiten und Verhaltensstörungen. Stuttgart: Kohlhammer, 2014, S. 331-338

Wendt, Heike/Tarelli, Irmela/Bos, Wilfried/Frey, Kristina/Vennemann, Mario: Ziele, Anlage und Durchführung der Trends in International Mathematic and Science Study (TIMSS 2011). In: Bos, Wilfried/Wendt, Heike/Köller, Olaf/Selter, Christoph (Hrsg.): TIMSS 2011. Mathematische und naturwissenschaftliche Kompetenzen von Grundschulkindern in Deutschland im internationalen Vergleich. Münster u. a.: Waxmann, 2012, S. 27-68

Wendt, Peter: Schulbuchzulassung: Verfahrensänderungen oder Verzicht auf Zulassungsverfahren? In: Fuchs, Eckhardt/Kahlert, Joachim/Sandfuchs, Uwe (Hrsg.): Schulbuch konkret. Bad Heilbrunn: Klinkhardt, 2010, S. 83-101

Werning, Rolf: Das systemisch-konstruktivistische Paradigma. In: Walter, Jürgen/Wember, Franz B. (Hrsg.): Sonderpädagogik des Lernens. Handbuch Sonderpädagogik. Band 2. Göttingen u. a.: Hogrefe, 2007, S. 128-142

Werning, Rolf: Konstruktivismus. In: Wember, Franz B./Stein, Roland/Heimlich, Ulrich (Hrsg.): Handlexikon Lernschwierigkeiten und Verhaltensstörungen. Stuttgart: Kohlhammer, 2014, S. 260-262

Werning, Rolf/Daum, Olaf/Urban, Michael: Nutzung des Internets in der Schule für Lernhilfe. Strategien für den Umgang mit Komplexität. In: Werning, Rolf/Urban, Michael (Hrsg.): Das Internet im Unterricht für Schüler mit Lernbeeinträchtigungen. Stuttgart: Kohlhammer, 2006, S. 14-26

Werning, Rolf/Lütje-Klose, Birgit: Einführung in die Pädagogik bei Lernbeeinträchtigungen. München: Ernst Reinhardt, 3. Auflage 2012

Werning, Rolf/Urban, Michael (Hrsg.): Das Internet im Unterricht für Schüler mit Lernbeeinträchtigungen. Stuttgart: Kohlhammer, 2006

Wesoly, Kurt: Rechenunterricht und Rechenbücher bis zur Mitte des 18. Jahrhunderts, mit besonderer Berücksichtigung des Herzogtums Berg. In: Hellekamps, Stephanie/Le Cam, Jean-Luc/Conrad, Anne (Hrsg.): Schulbücher und Lektüren in der vormodernen Unterrichtspraxis. Wiesbaden: Springer VS, 2012, S. 79-90

Wiater, Werner: Zu den Intentionen internationaler Schulbuchforschung. Einführende Gedanken. In: Wiater, Werner (Hrsg.): Schulbuchforschung in Europa – Bestandsaufnahme und Zukunftsperspektive. Bad Heilbrunn: Klinkhardt, 2003a, S. 7-9

Wiater, Werner: Das Schulbuch als Gegenstand pädagogischer Forschung. In: Wiater, Werner (Hrsg.): Schulbuchforschung in Europa – Bestandsaufnahme und Zukunftsperspektive. Bad Heilbrunn: Klinkhardt, 2003b, S. 11-21

Wiater, Werner: Argumente zugunsten des Schulbuchs in Zeiten des Internet. In: Wiater, Werner (Hrsg.): Schulbuchforschung in Europa – Bestandsaufnahme und Zukunftsperspektive. Bad Heilbrunn: Klinkhardt, 2003c, S. 219-221

Wiater, Werner: Das Schulbuch als Gegenstand pädagogischer Forschung. Stand: 2003d. URL: http://opus.bibliothek.uni-augsburg.de/opus4/files/5/Wiater_Schulbuch.pdf Zuletzt aufgerufen am: 02.05.2014

Wiater, Werner: Lehrplan und Schulbuch – Reflexionen über zwei Instrumente des Staates zur Steuerung des Bildungswesens. In: Matthes, Eva/Heinze, Carsten (Hrsg.): Das Schulbuch zwischen Lehrplan und Unterrichtspraxis. Bad Heilbrunn: Klinkhardt, 2005, S. 41-63

Wiater, Werner: Schulbuch und digitale Medien. In: Matthes, Eva/Schütze, Sylvia/Wiater, Werner (Hrsg.): Digitale Bildungsmedien im Unterricht. Bad Heilbrunn: Klinkhardt, 2013, S. 17-25

Wirthensohn, Martin: LEVANTO – Ein Tool zur praxisorientierten Schulbuchevaluation. In: Doll, Jörg/Frank, Keno/Fickermann, Detlef/Schwippert, Knut (Hrsg.): Schulbücher im Fokus. Münster u. a.: Waxmann, 2012, S. 199-213

Wocken, Hans: Andere Länder, andere Schüler? Vergleichende Untersuchungen von Förderschülern in den Bundesländern Brandenburg, Hamburg und Niedersachen (Forschungsbericht). Stand: 2005. URL: http://bidok. uibk.ac.at/ download/wocken-forschungsbericht.pdf Zuletzt aufgerufen am: 12.11.2015

Woolfolk, Anita: Pädagogische Psychologie. München u. a.: Pearson, 2008

Zentrum für Internationale Bildungsvergleichsstudien (ZIB): PISA 2015. Schülerleistungen im internationalen Vergleich. Stand: o.J. URL: http://www.pisa.tum.de/fileadmin/w00bgi/www/Broschuere/21_Pisa-Bro_2015_ Lay01_141201_Einzelseiten.pdf. Zuletzt aufgerufen am: 30.10.2015

Zierer, Klaus/Speck, Karsten/Moschner, Barbara: Methoden erziehungswissenschaftlicher Forschung. München u. Basel: Ernst Reinhardt, 2013

Zimmermann, Peter: Mathematikbücher als Informationsquellen für Schülerinnen und Schüler. Bad Salzdetfurth: Franzbecker, 1992

Juristische Literatur

Bayerisches Gesetz über das Erziehungs- und Unterrichtswesen (BayEUG) in der Fassung der Bekanntmachung vom 31. Mai 2000 (GVBl S. 414, ber. S. 632) BayRS 2230-1-1-K. Zuletzt geändert durch Art. 9a Abs. 18 Bayerisches E-Government-Gesetz vom 22. 12. 2015 (GVBl. S. 458). URL: http://www.gesetze-bayern.de/Content/Document/ BayEUG. Zuletzt aufgerufen am: 11.05.2016

Verfassung des Freistaates Bayern in der Fassung der Bekanntmachung vom 15. Dezember 1998 (GVBl. S. 991, 992) BayRS 100-1-I. Zuletzt geändert durch § 1 ÄndG vom 11. 11. 2013 (GVBl. S. 642). URL: http://www.gesetze-bayern.de/Content/Document/BayVerf. Zuletzt aufgerufen am: 11.05.2016

Verordnung über die Zulassung von Lernmitteln (Zulassungsverordnung – ZLV) vom 17. November 2008 (GVBl S. 902) BayRS 2230-3-1-1-K. Zuletzt geändert durch § 1 V zur Änderung der Zulassungsverordnung vom 11.3.2016 (GVBl. S. 65). URL: http://www.gesetze-bayern.de/Content/Document/BayZLV/true. Zuletzt aufgerufen am: 11.05.2016

Abbildungsverzeichnis

Tabellenverzeichnis

Abkürzungsverzeichnis

a. a. O.	am angegebenen Ort
Abs.	Absatz
ADHS	Aufmerksamkeitsdefizit- und Hyperaktivitätsstörung
Art.	Artikel
AV-Medien	audiovisuelle Medien
BayEUG	Bayerisches Gesetz über das Erziehungs- und Unterrichtswesen
bzw.	beziehungsweise
DESI	Deutsch Englisch Schülerleistungen International
d. h.	das heißt
DIPF	Deutsches Institut für Internationale Pädagogische Forschung
ebd.	ebenda
EMU	Evidenzbasierte Methoden der Unterrichtsdiagnostik und -entwicklung
ERIC	Education Resources Information Center
et al.	et alii
etc.	et cetera
f.	folgende Seite
ff.	folgende Seiten
FIS	Fachinformationssystem
GEI	Georg-Eckert-Institut
ggf.	gegebenenfalls
Hrsg.	Herausgeber
ICILS	International Computer and Information Literacy Study
ICT	information and communications technology
IEA	International Association for the Evaluation of Educational Achievement
IT	Informationstechnik
Kap.	Kapitel
KMK	Kultusministerkonferenz
LPO	Lehramtsprüfungsordnung
MARKUS	Mathematik-Gesamterhebung Rheinland-Pfalz: Kompetenzen, Unterrichtsmerkmale, Schulkontext
MiBs	Medienpädagogisch-informationstechnischen Beratungslehrkräfte
OECD	Organisation für wirtschaftliche Zusammenarbeit und Forschung
o. J.	ohne Jahr
o. O.	ohne Ort
o. S.	ohne Seite
o. V.	ohne Verlag
PISA	Programme for International Student Assessment
S.	Seite
SDFK	Sonderpädagogische Diagnose- und Förderklassen
SFZ	Sonderpädagogisches Förderzentrum
S. L.	Stephanie Lutz
StMBKWK	Bayerisches Staatsministerium für Bildung und Kultus, Wissenschaft und Kunst
TIMSS	Third International Mathematics and Science Study bzw. Trends in International Mathematics and Science Study[25]

---

25 Die alle vier Jahre stattfindende Untersuchung ist eine internationale Vergleichsstudie, die die naturwissenschaftlichen Fächer Biologie, Physik, Chemie und Mathematik untersucht und erstmalig 1995 durchgeführt wurde. Ab 2003 änderte sich die Bedeutung des Akronyms TIMSS von „Third International Mathematics and Science Study" zu „Trends in International Mathematics and Science Study".

u. a.	unter anderem
u. U.	unter Umständen
u. v. m.	und viele[s] mehr
vbw	Vereinigung der Bayerischen Wirtschaft e. V.
vgl.	vergleiche
vs.	versus
z. B.	zum Beispiel
ZIB	Zentrum für Internationale Bildungsvergleichsstudien
Ziff.	Ziffer
ZLV	Zulassungsverordnung

Offizielle Abkürzungen für die Bundesländer in Deutschland

BW	Baden-Württemberg
BY	Bayern
BE	Berlin
BB	Brandenburg
HB	Bremen
HH	Hamburg
HE	Hessen
MV	Mecklenburg-Vorpommern
NI	Niedersachsen
NW	Nordrhein-Westfalen
RP	Rheinland-Pfalz
SL	Saarland
SN	Sachsen
ST	Sachsen-Anhalt
SH	Schleswig-Holstein
TH	Thüringen